EL MÉTODO
WHOLE30®

Melissa Hartwig · Dallas Hartwig

EL MÉTODO WHOLE30®

30 DÍAS PARA CAMBIAR TU VIDA

TRADUCCIÓN DE JUAN JOSÉ ESTRELLA GONZÁLEZ

Planeta

A Atticus Stone

Eres nuestro mundo entero.

Título original: *The Whole 30*

© Whole9 Life, LLC, 2015
Whole30® es una marca registrada de Thirty & Co., LLC
El logo de Whole30 es una marca registrada de Thirty & Co., LLC

© de la traducción, Juan José Estrella González, 2019
© Editorial Planeta, S. A., 2019
Av. Diagonal, 662-664, 08034 Barcelona
www.editorial.planeta.es
www.planetadelibros.com

© de las fotografías del interior, Alexandra Grablewski, 2015

Estilismo de las recetas: Suzanne Lenzer
Estilismo: Nidia Cueva
Diseño de maqueta: Vertigo Design NYC

Primera edición: enero de 2019
Depósito legal: B. 28.397-2018
ISBN: 978-84-08-20151-9
Preimpresión: J. A. Diseño Editorial, S. L.
Impresión: Cayfosa
Printed in Spain – Impreso en España

El papel utilizado para la impresión de este libro es cien por cien libre de cloro y está calificado como **papel ecológico**

Sumario

Prefacio

La frase más citada de todo el método Whole30 es esta: «No es duro. No te atrevas a decirnos que esto es duro. Dejar la heroína es duro. Vencer el cáncer es duro. Tomar el café solo no es duro».

Desde que creamos el Whole30 en abril de 2009, miles de personas nos han contado que esa frase fue la que finalmente les motivó a iniciar el programa y dar un cambio a su vida. Si eres de los que reaccionan bien a eso que dicen de que «quien bien te quiere te hará llorar» (por lo que Whole30 es bien conocido), esa frase está escrita para ti. Se trata de una sacudida bien intencionada para que relativices el desafío, abandones las excusas y empieces a responsabilizarte de los cambios que quieres lograr en tu vida.

Esto no es nada duro. Te has enfrentado a cosas mucho más difíciles. Esto es algo que está a tu alcance. Es solo un mes.

Esa frase la vamos a dejar siempre así, sin modificarla, porque rememora dónde estábamos nosotros cuando creamos el Whole30, y la gran cantidad de gente a la que ha servido de inspiración. Dicho esto, ahora queremos compartir contigo algo más.

En realidad sabemos que sí es duro.

Tal vez no sea un reto físico tan importante como dar a luz, ni un desgaste emocional como la muerte de un ser querido, pero modificar nuestra manera de concebir la alimentación es duro.

Nuestra relación con la comida es de tipo emocional. Es nuestro consuelo, nuestra recompensa, una amiga de confianza, un amor de madre. Hay tradiciones, asociaciones y hábitos alimentarios que se remontan a la infancia. No eres capaz de imaginar cómo vamos a vivir (tan felices) sin ciertos alimentos. Y nosotros te pediremos que renuncies a esos alimentos durante todo un mes.

Sí, la idea resulta amenazadora. Asusta. Te paraliza, directamente. ¿Cómo vas a celebrar algo, gestionar el estrés, enfrentarte a un día duro en el trabajo, relacionarte con tu familia, disfrutar de la vida, sin pasteles, chocolate, vino o pan?

Y del queso, por ahora, mejor ni hablamos.

Si Whole30 fuera una dieta más, un apaño rápido a corto plazo o una prueba de fuerza de voluntad con una duración de 30 días, sería más fácil. Durante 30 días se puede hacer cualquier cosa, y creer que podrás regresar a tus viejos hábitos y alimentos con unos cuantos kilos menos encima cuando haya pasado el mes haría que las restricciones temporales fueran más soportables.

Pero el método Whole30 no es una dieta. Ni un apaño rápido. Ni siquiera es un método para perder peso. El Whole30 está pensado para cambiar tu vida. Se trata de una transformación monumental sobre tu concepto de la alimentación, tu cuerpo, tu vida, y lo que quieres hacer con el tiempo que te queda en este mundo. Abarca mucho más que la comida. Es un cambio de paradigma de esos que solo se experimentan unas pocas veces en la vida.

Y los grandes cambios de ese tipo siempre son duros.

Así que queremos que sepas que te entendemos. De hecho, por eso hemos escrito este libro. Porque sabemos que Whole30 puede ser un desafío y queremos que lo superes con éxito. Nuestra intención es enseñarte todo lo posible en los siguientes 30 días para que logres transformar tu vida.

Se empieza por la alimentación.

Para mejorar la calidad del sueño, tus niveles de energía, tu estado de ánimo, la concentración, tu composición corporal, tu motivación, tu confianza, tu autoeficacia y tu calidad de vida empiezas por cambiar la comida que pones en el plato. Sí, el Whole30 elimina los antojos, corrige los desequilibrios hormonales, arregla trastornos digestivos, mejora enfermedades y fortalece el sistema inmunitario.

Pero el método sirve para mucho más de lo que esperas. Lo sabemos porque lo hemos visto en miles de personas. Lo que empieza como una «dieta» acaba por extenderse a otras áreas de tu vida, ámbitos que ni siquiera sabías que podías mejorar simplemente comiendo bien. En los próximos 30 días se iniciará una reacción en cadena saludable que abarcará toda tu vida, te aportará una sensación de control, libertad, estabilidad y confianza que te motivará para perseguir otras metas de tu desarrollo personal, grandes y pequeñas.

Te sentirás mejor y querrás hacer más. Lo que a su vez te hará sentir mejor y querer hacer aún más. Es todo lo contrario del círculo en el que te has visto: sentirte mal, comer comida basura, sentirte aún peor, comer aún más comida basura. Hemos diseñado cuidadosamente el Whole30 para que adquieras nuevos hábitos y para que sigas avanzando de manera positiva, más coherente y sostenible que con cualquier dieta rápida de adelgazamiento que puedas seguir jamás.

Así pues, ya sabemos lo poderoso que es este método, pero también lo duro que puede ser, y por eso hemos querido darte algo más que normas y recetas. Hemos creado una guía de referencia rápida y a la vez exhaustiva para poder acompañarte en cada uno de los pasos del camino a lo largo de los próximos 30 días. Whole30 es el compendio de más de 5 años de experiencia con cientos de miles de participantes en el programa, varios grupos de estudio y decenas de encuestas colectivas.

Sabemos lo que necesitas para tener éxito.

SE EMPIEZA POR LA COMIDA

Nuestro primer libro, *It Starts With Food*, divulga los entresijos de nuestras recomendaciones nutricionales generales, las bases científicas que avalan nuestro plan y el contexto del Whole30. Te recomendamos leerlo antes de abordar el método, sobre todo si eres de los que quieren saber por qué hacen lo que hacen, de los que disfrutan teniendo datos científicos o de los que necesitan convencerse un poco más de que contamos realmente con unos cimientos sólidos para defender nuestras pautas.

Y aquí te lo damos todo, porque nada nos gustaría más que experimentaras los resultados milagrosos que tantos participantes del Whole30 han compartido con nosotros.

La primera parte del libro explica el qué, el porqué y el cómo del método. Detallaremos las reglas y recomendaciones del Whole30, te prepararemos a tope para tu viaje de 30 días, te anticiparemos cómo es el día a día del programa y te guiaremos por una tabla de reintroducción de muestra.

La segunda parte, «Todo lo que te hace falta saber», es la recopilación de preguntas frecuentes más extensa que se haya compilado nunca sobre el Whole30.

En serio.

Ahí es donde lo hemos dado todo, combinando los comentarios de nuestra página web, nuestro foro, las publicaciones de nuestras redes sociales y nuestros correos electrónicos para asegurarnos de incluir todas las respuestas a todas las preguntas que se hayan formulado nunca (eso esperamos), así como tantos consejos como hemos podido recabar de nuestro equipo y los expertos de nuestra área. Hablaremos de lo que puedes y no puedes comer y beber, y lo complementaremos con cuánto comer (aunque no de la manera que crees); cómo comprar comida; superar con éxito las comidas fuera de casa y los viajes; gestionar el ansia de comer, el estrés y la báscula; adaptar el método a poblaciones especiales; buscar soluciones a tus problemas con el Whole30; y, por primera vez en formato impreso, nuestra guía completa de reintroducción del Whole30.

En la segunda parte hay tantas cosas buenas... Pero todavía hay más.

La tercera parte, «Los básicos de la cocina Whole30», te ayudará a poner en orden tu cocina y te enseñará técnicas que te servirán en los próximos 30 días. Sabíamos que debíamos incluirla, porque cocinar puede ser uno de los aspectos más intimidatorios del Whole30 (da más miedo aún que la idea de renunciar al queso).

En todo caso, la lección que esperamos enseñarte aquí es que no tienes por qué preparar platos complicados con ingredientes raros. Lo único que te hace falta es saber preparar y cocinar unos platos básicos y sabrosos, que vamos a presentarte con tanto detalle que incluso los del «pero si yo casi no sé ni hervir agua» se sentirán competentes cocinando. De hecho, con lo que aparece en esta sección podrías cocinar los 30 días del programa, preparando lo que denominamos «comidas-ingrediente», unas comidas deliciosas, sabrosas y variadas que no precisan de recetas, sino solo de ingredientes frescos y saludables y de las técnicas de cocción adecuadas.

Al cabo de un tiempo seguro que empezarás a tener ganas de cocinar. Y eso nos lleva a la cuarta parte, en la que las recetas son la atracción principal, así que entrégate a ellas y regálate la vista con toda esa comida deliciosa que comerás durante los siguientes 30 días. El Culinary Institute del chef Richard Bradford, formado en Estados Unidos, ha creado más de cien recetas agrupadas en diez categorías distintas que van de lo supersencillo a lo ligeramente más elaborado (pero aun así totalmente accesible). No usa ingredientes especializados ni difíciles de encontrar, ni utensilios raros; de hecho,

vamos a darte una lista precisa de lo que vas a necesitar para cocinar lo que recomendamos en este libro a partir de la página 205.

Lo mejor es que todas estas recetas, incluso las más simples, están llenas de sabor. En este sentido, ha dado de lleno en la tríada de la comida: recetas que usan ingredientes sencillos, que son fáciles de preparar y muy sabrosas. No te dejes engañar por la breve lista de ingredientes o la sencillez de las especias: las delicias de la cuarta parte se irán apoderando de ti, ya lo verás.

Ah... Y, sí, vamos a darte un plan de comidas (en la página 215). Es posible, claro está, que no tenga el aspecto que tú quisieras que tuviera, pero te lo explicaremos todo.

Por último, en el anexo aportamos una lista exhaustiva de recursos para el Whole30: en qué otros sitios inspirarse para buscar, preparar y cocinar buena comida; dónde acudir si necesitas ayuda para el Whole30; cómo contactar con nosotros a lo largo de todo tu viaje de 30 días; y más cosas.

Ahora, mientras te dispones a embarcarte en este viaje, queremos que sepas que estamos contigo en todos los pasos del camino. Así que, antes de empezar, permítenos que reformulemos solo para ti nuestra famosa fase: «Esto no es duro».

Sí será duro. No lo harás todo perfecto. Nadie va a juzgarte ni a puntuarte y no hay penalización por admitir que es duro, te estás esforzando y necesitas ayuda. Ten paciencia contigo, porque los verdaderos cambios necesitan tiempo. Sé amable contigo y celebra incluso la más mínima de las victorias, porque solo hace falta una serie de pequeñas victorias para cambiar de vida. Finalmente, has de saber que no son 30 días. Es un día. Una comida. Un mordisco. Ve mordisco a mordisco si es necesario, porque lo estás haciendo para la causa más importante y digna del mundo: tú.

Te damos la bienvenida al Whole30.

Te deseamos lo mejor con salud,

Melissa Hartwig y Dallas Hartwig

PRIMERA PARTE

Te damos la bienvenida al Whole30

«*Decir que Whole30 te cambia la vida sería quedarse corto. Seguir este método me ha permitido asumir el control de mi salud, lo que ha repercutido en todos los demás aspectos de mi vida. Por supuesto que se producen cambios físicos: una indudable pérdida de peso, un aumento de la fuerza y el vigor y una sensación general de sentirme más a gusto en mi propia piel. Más importante aún es que yo sufría graves ataques de pánico y de ansiedad que me llegaban de pronto y que rayaban en la agorafobia. Y todo eso ha desaparecido. Mi actual actitud mental es algo que no tiene precio. Me siento en calma y optimista, alegre. Sigo teniendo días malos, pero me enfrento mucho mejor a ellos. Sinceramente, no me veo volviendo a comer mal, como antes. Me divierto cocinando para mí y siento que he descubierto una parte de mí que estaba oculta: una parte alegre, optimista, enérgica e innovadora.*»

DOMINIK Z.

¿Qué es el Whole30?

El método Whole30 es como apretar el botón de «reinicio» en tu salud, tus hábitos y tu relación con la comida. Nuestra premisa es sencilla: ciertos grupos de alimentos podrían estar teniendo un impacto negativo en tu composición corporal, en tu salud y en tu calidad de vida sin que tú lo sepas.

¿Tus niveles de energía son variables o directamente nulos? ¿Tienes algún dolor que no sea atribuible a las sobrecargas o lesiones? ¿Te cuesta perder peso por más que lo intentas? ¿Tienes algún tipo de dolencia (problemas de piel o digestivos, alergias estacionales o fatiga crónica) y la medicación no te ha servido de nada? Esos síntomas podrían estar directamente relacionados con los alimentos que ingieres, incluso los «saludables».

Así pues, ¿cómo puedes saber si esos alimentos te están afectando, y de qué manera? Eliminándolos completamente de tu dieta. Suprime todos los grupos alimentarios que puedan perjudicarte psicológicamente, desequilibrar tus hormonas o crearte trastornos intestinales o inflamatorios durante 30 días. Deja que tu cuerpo sane y se recupere de los trastornos que esos alimentos pueden estar causándote. Aprieta el botón de reinicio de tu metabolismo, de la inflamación sistémica y de los efectos derivados de los alimentos que has consumido. Descubre de una vez cómo lo que comes está afectando realmente a tu día a día y a tu salud a largo plazo.

Durante 30 días, el método elimina alimentos que, según se ha demostrado científicamente, y en nuestra experiencia, propician unas ansias de comer y unos hábitos que no son saludables, alteran el metabolismo, perjudican el aparato digestivo y afectan al sistema inmunitario. Al cabo de 30 días, con cuidado, reintroduces de manera sistemática esos alimentos y te fijas en el impacto que tienen en tus ganas desbocadas de comer, en tu estado de ánimo, en tu energía, en tu sueño, en tu digestión, en tu composición corporal, en tu rendimiento deportivo, en tu dolor y en los síntomas de tus dolencias físicas.

¿QUÉ ES NORMAL?

Pero ¿acaso no lo sabrías ya si esos alimentos te estuvieran restando salud? No necesariamente. Pongamos que tienes alergia a un árbol que se encuentra a la puerta de tu casa. Todas las mañanas te despiertas y te escuecen un poco los ojos, tienes algo de mucosidad, te duele la cabeza, pero no mucho. Pero día tras día, al exponerte a esa misma alergia, esas sensaciones empiezan a convertirse en algo «normal». Ya no te das cuenta de tu dolor de cabeza, de la congestión, del picor de ojos, porque así es como te sientes cada día. Pero un día te vas de vacaciones a un lugar en el que no hay árboles de esa especie. Al día siguiente te despiertas con la cabeza despejada y los ojos limpios. Te sientes maravillosamente y, al volver a casa, eres muy consciente de lo mal que te hacen sentir esos árboles. Pues eso es justo lo que intentamos hacer por ti con este método: eliminar todos los posibles desencadenantes alimentarios habituales para que te des cuenta realmente de lo distinta que podría ser tu vida sin ellos.

Con ese conocimiento podrás elaborar la dieta perfecta para ti: un plan nutricional que te resulte equilibrado y sostenible, basado en unos nuevos hábitos saludables, que te dé el mejor de los aspectos y te haga sentir y vivir al máximo.

¿Cuál es la razón más importante para probar el método Whole30?

Que te cambiará la vida.

Nunca haremos suficiente hincapié en este simple hecho: los próximos 30 días te van a cambiar la vida. Cambiarán tu manera de pensar en la comida, tus gustos, tus hábitos y tu ansia de comer. Es bastante probable que cambien la relación emocional que tienes con la comida y con tu cuerpo. Podrían cambiar tu alimentación durante el resto de tu vida. Eso lo sabemos porque nosotros hemos seguido el método, y cientos de miles de personas lo han seguido luego, y nos ha cambiado la vida (y a ellos también) de un modo permanente.

El método Whole30 tiene profundos beneficios físicos. Un 96 % de quienes lo siguen pierden peso y mejoran su composición corporal sin tener que contar ni restringir la ingesta de calorías. Además, por lo general refieren que aumentan de manera significativa sus niveles de energía, duermen mejor, mejora su concentración y su claridad mental, recuperan una función digestiva saludable, mejora su rendimiento deportivo y están de mejor humor. (Sí, muchos de quienes se gradúan en el Whole30 afirman sentirse «curiosamente alegres» durante y después de seguir el programa.)

Los beneficios psicológicos del Whole30 podrían ser incluso más espectaculares. Durante el programa, los participantes refieren un cambio efectivo, a largo plazo, de hábitos nocivos relacionados con la alimentación, el desarrollo de una imagen física más saludable, así como una reducción espectacular, o una eliminación total, de esas ansias de comer incontrolables, sobre todo azúcares y carbohidratos. ¿Qué palabras usan muchos participantes del método Whole30 para describir ese estado? «Libertad alimentaria.»

Por último, los testimonios de miles de participantes en el método Whole30 documentan una mejoría o la «curación» de varias dolencias o enfermedades relacionadas con el estilo de vida.

hipertensión • colesterol alto • diabetes de tipo 1 • diabetes de tipo 2 • asma • alergias • sinusitis • urticarias • trastornos dermatológicos • endometriosis • ovario poliquístico • infertilidad • migrañas • depresión • trastorno bipolar • acidez • reflujo gastroesofágico • artritis • dolor articular • déficit de atención e hiperactividad • disfunción tiroidea • enfermedad de Lyme • fibromialgia • fatiga crónica • lupus • permeabilidad intestinal • Crohn • colon irritable • celiaquía • diverticulitis • colitis ulcerosa • esclerosis múltiple

PERO SI NO ESTOY ENFERMO, ¿ESTO ES PARA MÍ?

En una palabra, sí. El método Whole30 es para todo el mundo. Son muchos los médicos que se han puesto en contacto con nosotros para compartir sus espectaculares resultados tras aplicarlo en sus pacientes (mejoras en el colesterol, la hipertensión, el dolor crónico, incluso la desaparición de la diabetes). Pero no hace falta estar enfermo para beneficiarse del método. Si quieres tener más energía, dormir mejor, perder peso y no volver a engordar; si has probado todas las dietas, pero no te han dado resultado a largo plazo; si te sientes impotente y sin control sobre lo que comes y sobre tus ataques de gula, Whole30 es para ti.

Nuestras buenas normas alimentarias

«Llevo más de un año siguiendo el método Whole30 y me ha cambiado la vida por completo. En 15 meses he pasado de 136 a 81 kilos, y de una talla 52 a una 40. Ya no dejo que la comida me controle. Ya no tengo ataques de hambre y soy capaz de prescindir por completo de todo lo que sé que mi cuerpo no necesita. Vosotros me habéis dado la motivación para creer en mí misma y darle la vuelta a mi vida, y ahora puedo jugar con mi hija sin cansarme. Ahora corro cinco días a la semana, ya que me ayuda a mantener mi estilo de vida saludable, y esta primavera he completado mi primer medio maratón. Cualquier cosa buena que diga del método Whole30 se queda corta. ¡Me ha cambiado la vida a mejor!»

KATIE K.

El éxito de tu Whole30 depende en gran medida de la supresión al 100 % de las comidas (y bebidas) «menos saludables», que eliminamos mientras dura el programa. Hemos escogido esos alimentos porque no cumplen con algunas de las cuatro buenas normas alimentarias (o con ninguna). Enseguida hablaremos de alimentos concretos, pero antes veamos de qué modo afronta el Whole30 cada una de las siguientes áreas clave para la salud.

OBJETIVO A BATIR: Una relación (tóxica) con la comida

El método Whole30 está especialmente pensado para abordar cualquier relación duradera, psicológicamente tóxica y emocional, con la comida, y para ayudarte a liberarte de los atracones y los malos hábitos. Eliminamos alimentos que son pobres en nutrientes, densos en calorías, bajos en capacidad saciante, que potencian el consumo excesivo (esas cosas que, una vez empiezas a comerlas, ya no puedes parar). Esas «comidas sin freno» son las galletas dulces y saladas, las patatas fritas, los bombones, el helado y otros alimentos que reconfortan y por los que notas una atracción irresistible cuando sientes estrés, tristeza, angustia o infelicidad.

Con el tiempo, el consumo excesivo de esos productos fija unos circuitos cerebrales de recompensa, placer, emoción y hábitos que potencian un círculo vicioso de atracones, consumo excesivo, sentimiento de culpa y remordimiento. El mero hecho de ceder a la gula (de nuevo) hace que te estreses, y el estrés emocional y psicológico trae consigo consecuencias físicas que, en parte, potencian más aún tu deseo de consumir azúcar.

Las reglas del método Whole30 están cuidadosamente estudiadas para aplacar tus ataques de gula (sobre todo los de azúcar y carbohidratos vacíos), identificar los alimentos que las desencadenan y enseñarte a encontrar otras fuentes de consuelo y recompensa, de manera que seas tú quien controle la comida, y no al revés.

OBJETIVO A BATIR: Un metabolismo lento

Las reglas del método Whole30 y las recomendaciones alimentarias también se ocupan del metabolismo lento, al ayudarte a restaurar un equilibrio hormonal saludable, a regular de manera eficaz el azúcar en la sangre y a convertirte en una persona «adaptada a la grasa» (capaz de usar la grasa alimentaria y la grasa corporal como combustible). Con el tiempo, el consumo excesivo de alimentos «sin frenos» condiciona a tu cuerpo y lo lleva a depender del azúcar para obtener energía, lo que te incapacita para quemar la grasa almacenada en tu cuerpo y te exige comer cada pocas horas para mantener la energía, la concentración y un comportamiento amable. También altera la capacidad de tu cuerpo para gestionar el azúcar en la sangre, el delicado equilibrio de hormonas clave como la insulina y la leptina, y la eficacia con la que los mensajes de dichas hormonas llegan a tu cerebro. Esos cambios no solamente potencian bajadas de energía, un hambre excesiva y grandes ansias de comer ciertas cosas que se traducen en un aumento de peso, sino que te llevan por la senda de enfermedades crónicas como la obesidad y la diabetes.

Los alimentos que vas a comer durante el método Whole30 potenciarán unos niveles estables de azúcar en la sangre, enseñarán a tu cuerpo a usar la grasa como combustible, regularán tus hormonas y harán que mejore su comunicación con el cerebro. En consecuencia, mientras dure tu Whole30, es probable que experimentes un aumento de la energía, una disminución del hambre entre comidas, una pérdida de peso y una mejora en indicadores como la presión arterial, el colesterol «bueno» y la concentración sanguínea de azúcar en ayunas.

OBJETIVO A BATIR: Un sistema digestivo alterado

Uno de los objetivos más importantes del método Whole30 es tu intestino, en concreto el intestino delgado, que es donde se digiere y se absorbe una inmensa proporción de lo que comes. Ciertos alimentos favorecen la aparición de permeabilidad intestinal, una enfermedad por la que el intestino delgado ya no puede absorber adecuadamente los nutrientes que ingieres. Ello implica que los alimentos saludables que masticas y tragas no llegan en realidad a nutrir tu cuerpo, y elementos como los alimentos parcialmente digeridos, las bacterias u otras toxinas consiguen «fugarse» desde los intestinos al torrente sanguíneo, donde no deben estar. Ello desencadena una reacción inmunitaria y favorece una inflamación sistémica crónica en todo el cuerpo, no solo en el tracto digestivo.

El Whole30 elimina los alimentos que, según se ha demostrado, causan o favorecen esa permeabilidad intestinal, lo que permite que tu tracto digestivo se cure y tu sistema inmunitario se calme. Ello contribuye a resolver una gran variedad de problemas digestivos (como la acidez de estómago, el reflujo gastroesofágico, el estreñimiento, la diarrea, los gases, la hinchazón y los dolores derivados) y a reducir o eliminar los efectos sistémicos de amplio espectro de la inflamación crónica.

OBJETIVO A BATIR: Un sistema inmunitario hiperactivo

Por último, pero no por ello menos importante, Whole30 es una dieta antiinflamatoria pensada para calmar un sistema inmunitario hiperactivo y reducir o eliminar los síntomas de la inflamación (dolores, molestias, así como problemas médicos que tal vez no hayas asociado nunca con tu alimentación). La inflamación sistémica se inicia en el intestino, pero dado que la actividad inmunitaria va allí donde llega el torrente sanguíneo, los síntomas pueden aparecer en cualquier parte, adoptar cualquier forma, incluso en el cerebro.

A ese tipo de inflamación se le llama muchas veces «inflamación silenciosa», pero nosotros creemos que en realidad no lo es tanto, si se le sabe prestar atención. He aquí una lista completa (aunque no exhaustiva) de las dolencias y enfermedades relacionadas con la inflamación sistémica o que tienen un componente inflamatorio. Si experimentas alguna de ellas, es bastante probable que tengas una cierta inflamación «silenciosa».

QUÉ ES LA INFLAMACIÓN SISTÉMICA CRÓNICA

La prioridad máxima de tu sistema inmunitario es defenderte de las amenazas externas (por ejemplo, combatiendo un resfriado o curando los tejidos cuando te tuerces un tobillo). Esa actividad inmunitaria es agresiva, pero dura poco (tu sistema inmunitario reconoce la amenaza, acude enseguida para atacarla y después regresa a un estado de «reposo» cuando la misión se ha completado). Durante esa fase de reposo, tu sistema inmunitario desempeña un papel clave en la reparación y el mantenimiento de diversas estructuras corporales. La inflamación sistémica crónica es la regulación a largo plazo, para todo el cuerpo, de la actividad del sistema inmunitario. Hay que pensar que la inflamación sistémica crónica es algo así como estar siempre un poco enfermos: cuando ciertos factores (como la alimentación) sobrecargan el sistema y lo llevan a trabajar siempre en exceso, este no es tan eficaz a la hora de ocuparse de sus otras funciones, como curar esa terca tendinitis o mantener las arterias libres de placas. La inflamación sistémica crónica se halla en la base de innumerables enfermedades y dolencias relacionadas con el estilo de vida, como las alergias, el asma, el eccema, las afecciones autoinmunes, el colesterol alto, las enfermedades cardiovasculares, las embolias, la diabetes y la obesidad.

Relacionados con la inflamación silenciosa

acidez/reflujo	dolor crónico	migrañas
acné	eccema	miositis
alergias	edema	nefritis
alopecia	embolias	obesidad
alzhéimer	endometriosis	osteopenia
anemia	enfermedad cardiaca	osteoporosis
artritis	enfermedad de Crohn	ovario poliquístico
artritis reumatoide	enfermedad de Graves	párkinson
asma	enfermedad de Lyme	periodontitis
aterosclerosis	enfisema	policondritis
bronquitis	esclerodermia	psoriasis
bursitis crónica	esclerosis múltiple	resistencia a la insulina
cáncer	fenómeno de Raynaud	sarcoidosis
carditis	fibromas uterinos	síndrome de Sjögren
celiaquía	fibromialgia	síndrome del colon irritable
cirrosis	gastroenteritis	síndrome del intestino irritable
cistitis intersticial	gingivitis	sinusitis
colitis	gota	temblor esencial
colitis ulcerosa	hepatitis	tendinitis crónica
demencia	hipercolesterolemia	tiroiditis de Hashimoto
depresión	hipertensión	trastorno bipolar
dermatitis	hipertrigliceridemia	trastornos circulatorios
diabetes (tipos 1 y 2)	infertilidad	tricotilomanía
diverticulitis	lupus	vasculitis
dolor articular	miastenia grave	vitíligo

Al eliminar los alimentos que muy probablemente están tanto deteriorando el intestino como provocando una inflamación sistémica crónica, Whole30 puede reducir o acabar con los síntomas relacionados con enfermedades y dolencias que dependen del estilo de vida, y mejorar de manera espectacular tu aspecto físico, tu estado mental y también tu calidad de vida.

Ya va siendo hora de que hablemos de alimentos. Sí, ya sabes, esos que influyen en tus atracones, destruyen tu metabolismo, alteran tu intestino y debilitan tu sistema inmunitario. Vamos a ir al grano y a enumerarlos.

Azúcar añadido y edulcorantes artificiales. Toda clase de alcohol. Todos los cereales (incluidos los integrales). Las legumbres, incluidos los cacahuetes y la soja. Los productos lácteos en casi todas sus formas.

Que nadie se alarme.

Somos conscientes de que en esta lista hay muchos alimentos apetecibles. Tal vez algunos sean tus favoritos. Tal vez lo sean todos. Es posible que te esté entrando el pánico. Quizás estés pensando: «No voy a poder hacerlo. Imposible». Tal vez creas que no puedes vivir sin _____. Y es muy probable que nos estés llamando de todo menos guapos.

Está bien, de acuerdo. Lo asumimos.

Y te aseguramos que sí puedes. Y que lo harás. Nosotros vamos a guiarte. Te daremos toda la información, el apoyo y los recursos que necesitas. Te enseñaremos a vivir sin esa comida sin la que creías que no podías vivir. Te daremos a conocer tus nuevos alimentos favoritos, es decir, comida que es igual de deliciosa, e incluso más saciante, y que no potencia ese espantoso ciclo de atracón-consumo excesivo-culpa-remordimiento del que tanto deseas liberarte.

Whole30 puede darte libertad alimentaria. Sigue leyendo con la mente abierta.

¿Y QUÉ HAY DE LA PÉRDIDA DE PESO?

Desde la concepción de nuestro método Whole30 en abril de 2009, hemos dejado algo claro de manera reiterada: no es un método para adelgazar. No es una dieta ni un régimen rápido, ni mucho menos un «plan de 17 días para adelgazar más que tus amigas». Pero ello no significa que no reconozcamos ni valoremos tu objetivo de adelgazar. Sabemos que la mayoría queréis perder peso y queremos ayudaros, sí, de una manera saludable y sostenible, animándoos a concentraros en vuestra salud. Cuando ganas salud de dentro afuera, suele verse una mejora de la composición corporal, de la autoestima y de la felicidad. Pero al revés no sucede lo mismo. Además, controlar el peso en una báscula es una de las maneras más rápidas de perder la motivación, aunque estés avanzando mucho en otras áreas («hoy solo he perdido doscientos gramos. ¡Este programa no funciona!»). No tiene nada de malo seguir el método Whole30 con la idea de perder peso, pero no permitas que esa idea te lleve a un lugar poco saludable, ni mental ni físicamente. Consulta las páginas 110-111 para saber más sobre la pérdida de peso y el método Whole30.

Alimentos que te restan salud

«Ya voy por mi tercera ronda de Whole30. En lugar de pensar en azúcar, galletas, pan o barritas de chocolate, ahora pienso en proteínas, frutas y verduras. Me he convertido en una maestra de la ensalada, en una lumbreras creativa con la batidora, y disfruto cocinando. Me asombra el cambio y el hecho de tener una perspectiva tan distinta sobre la comida. He perdido casi 6 kilos, uso dos tallas menos y me siento maravillosamente. Sé que con Whole30 voy por el buen camino.»

ETHEL LEE-MILLER

He aquí una panorámica general de las razones por las que estos cinco grupos de alimentos no pueden formar parte de nuestras buenas normas alimentarias, y por qué has de eliminarlos mientras dura tu Whole30.

Mata al dragón del azúcar

Los azúcares añadidos de tu dieta no te aportan salud... Aunque eso ya lo sabías. Los azucares añadidos, ya provengan del azúcar de mesa, la miel, el néctar de agave o el jarabe de arce, no contienen vitaminas, minerales ni fitoquímicos que ayuden a mejorar la salud general, pero sí contienen muchas calorías vacías.

El azúcar añadido potencia el consumo excesivo por placer y los circuitos cerebrales de recompensa. Ello crea una relación psicológica nociva con lo que comes y crea hábitos difíciles de romper, lo que lleva a más consumo excesivo y a una «adicción» al azúcar. El consumo excesivo lleva a una desregulación hormonal y metabólica, que inflama el cuerpo y favorece trastornos como la resistencia a la insulina, la diabetes y la obesidad. Además, el azúcar altera el delicado equilibrio de las bacterias intestinales, lo que genera problemas digestivos e inflamación intestinal.

Los edulcorantes artificiales o «no nutritivos» (incluidos la sucralosa, el aspartamo, la estevia, la sacarina, el xilitol, el maltitol, etcétera) también podrían potenciar la disfunción metabólica. De hecho, existen estudios que demuestran que las personas que dejan el azúcar y se pasan a los edulcorantes artificiales no pierden peso ni mejora su equilibrio hormonal. Nuevas investigaciones sugieren que algunos edulcorantes artificiales podrían incluso alterar las bacterias intestinales... ¡igual que

MENOS SALUDABLES

Para ser justos, no estamos diciendo que no tengan nada bueno: los cereales y las legumbres contienen fibra, y los lácteos, calcio. Aun así, no hay ninguna vitamina, mineral o fitonutriente presente en esos alimentos que no pueda encontrarse (a menudo en formas más biodisponibles) en carnes de alta calidad, verduras, frutas y grasas naturales... y sin las posibles desventajas metabólicas, digestivas e inflamatorias que traen consigo esos grupos de alimentos «menos saludables». Sigue leyendo...

¡el azúcar! Y, desde una perspectiva psicológica, los edulcorantes artificiales no son la solución a los atracones, sino todo lo contrario: perpetúan el ciclo de ansia, recompensa y consumo excesivo.

Los efectos del alcohol

El alcohol (como el azúcar) no es saludable. Es un neurotóxico, razón por la que tu cerebro no funciona tan bien cuando llevas ya unas copas. Se trata de una fuente muy concentrada de calorías (casi duplica en densidad calórica al azúcar, si se compara gramo con gramo), pero no contiene ningún «elemento nutritivo» real. Además, su consumo a menudo nos predispone a no acertar en nuestras decisiones* (sus efectos pueden convertir una madrugada de pizzas en un festival de carbohidratos que se alargue todo el fin de semana).

El alcohol, asimismo, dificulta que el cuerpo controle eficazmente los niveles sanguíneos de azúcar y potencia de manera directa los cambios en la capa protectora intestinal, lo que contribuye a la aparición de permeabilidad intestinal, generando una inflamación que se inicia en el intestino, pero que se traslada a cualquier parte del cuerpo.

Tanto si tu vicio es el vino tinto como el tequila, la cerveza sin gluten o el vodka, el denominador común (y lo que te resta salud) es el alcohol en sí mismo.

Ni siquiera cereales integrales

Este apartado se refiere a cereales y semillas similares: trigo, avena, cebada, maíz, arroz, mijo, alforfón, quinoa y demás. (Sí, hemos dicho arroz y maíz.) Tanto los cereales refinados como los integrales potencian un consumo excesivo, lo que

genera alteraciones hormonales y metabólicas. Además, contienen proteínas inflamatorias (como el gluten) y carbohidratos fermentables que pueden generar un desequilibrio de las bacterias intestinales y provocar inflamación corporal.

La inflamación que se inicia en tus intestinos, y que a menudo causa una gran variedad de trastornos digestivos, también «viaja» a través del cuerpo, ya que los componentes inflamatorios de los cereales permiten que varias sustancias atraviesen indebidamente las paredes intestinales y lleguen allí donde llega la sangre. Ello suele manifestarse en forma de dolencias como asma, alergias, problemas dermatológicos o de fertilidad, migrañas, dolor articular y otros síntomas que puedes no haber asociado nunca con lo que comes.

Los cereales también contienen los llamados «antinutrientes» (fitatos o ácido fítico), que hacen que el cuerpo no pueda aprovechar minerales tan valiosos como el calcio, el magnesio y el zinc, presentes en esos mismos cereales. A causa, en parte, de esos fitatos, todos los cereales (incluidos los integrales) son muy pobres en nutrientes, sobre todo si se comparan con la fruta y la verdura.

Pasa de cacahuetes (y de alubias, y de soja)

Las legumbres (alubias, guisantes, lentejas, soja y cacahuetes) presentan problemas similares a los de los cereales. Para empezar, suelen ser pobres en nutrientes comparados con la fruta y la verdura. Además, contienen antinutrientes (fitatos) que no pueden neutralizarse del todo mediante los métodos de preparación, como son su remojo prolongado y su posterior escurrido, cocción, germinado o fermentación. Esos antinutrientes roban al cuerpo valiosos minerales y, si no se cocinan bien, podrían incluso dañar las paredes intestinales y provocar inflamación sistémica.

---

* Nos referimos a decisiones alimentarias. De las otras, mejor no hablar.

Más importante aún, las legumbres contienen carbohidratos fermentables que pueden alterar las bacterias intestinales, y por lo general provocan gases, hinchazón, calambres, dolor y otros problemas digestivos cuando se consumen.

Otro problema, específico de la soja, sobre todo si se trata de productos procesados, es que contiene compuestos que se comportan como los estrógenos (esas hormonas sexuales femeninas) en el cuerpo humano. Esos compuestos, clasificados como fitoestrógenos o isoflavonas, se unen a los receptores de estrógenos y los estimulan (o en algunos tejidos, los inhiben). Y aunque las investigaciones generales sobre los productos derivados de la soja no son consistentes, en nuestra opinión se dan ciertas cuestiones alarmantes relativas al consumo de la soja y sus derivados. Creemos que no deberías interferir en el delicado equilibrio de las hormonas sexuales, y eso es lo que ocurre al ingerir fitoestrógenos en dosis «desconocidas» a través de productos derivados de la soja.

Por último, los cacahuetes son particularmente problemáticos, pues contienen unas proteínas (llamadas lectinas) que son resistentes a la digestión. Esas lectinas pueden llegar al torrente sanguíneo y favorecer la inflamación en cualquier parte del cuerpo, y por todo el cuerpo. Y tal vez sean ellas la causa de que la incidencia de la alergia a los cacahuetes sea tan prevalente en países como Estados Unidos en la actualidad.

La leche (y el queso, y el yogur) no hacen ningún bien al cuerpo

Los productos lácteos (derivados de las leches de vaca, oveja y cabra) contienen factores diseñados para ayudar a crecer deprisa a los mamíferos recién nacidos (como los terneros o los bebés humanos). Pero los factores de crecimiento presentes en los productos lácteos, junto con algunos factores inmunitarios y proteínas inflamatorias, pueden no resultar beneficiosos para nuestros cuerpos adultos.

La porción de carbohidratos de la leche (lactosa) junto con sus proteínas producen una respuesta sorprendentemente elevada a la insulina, que podría resultar inflamatoria en el cuerpo y que, además, potencia trastornos como la obesidad y la diabetes. Asimismo, las elevadas concentraciones de insulina, junto con otros factores de crecimiento de los lácteos, facilitan el crecimiento celular descontrolado. (Algo que tiene sentido si uno es un ternero que intenta triplicar su peso en cuestión de meses, pero no tanto para los adultos humanos.) De hecho, el crecimiento celular descontrolado es la causa subyacente del cáncer (la reproducción sin control de células mutadas) y es la razón de que, según ciertos estudios, se haya demostrado que el consumo de lácteos está relacionado con ciertos tipos de cáncer de origen hormonal.

Las proteínas lácteas también pueden provocar inflamación en el cuerpo (sobre todo la caseína, que aparece concentrada en el queso) y se han asociado a un aumento del riesgo de padecer enfermedades autoinmunes como la artritis reumatoide. Por último, los factores inmunitarios y las hormonas de las proteínas lácteas pueden generar reacciones cruzadas con nuestro sistema inmunitario, lo que lleva a los consumidores de leche a referir un empeoramiento de sus alergias estacionales, el acné y otros trastornos asociados.

Conclusión

Escucha bien: no estamos diciendo que estos alimentos sean «malos». No es una cuestión moral: la comida no es mala ni buena, y nosotros no somos ni malos ni buenos por comerla (o por evitarla). Ni siquiera estamos diciendo que esos alimentos sean malos para ti. Eso todavía no lo sabemos.

Y la cuestión es que tú tampoco lo sabes.

Hasta que no elimines esos alimentos de tu dieta, no sabrás de qué modo inciden en tu aspecto físico, tu estado de ánimo o tu vida. ¿Los lácteos te dan pesadez o dificultan tu respiración? ¿Los cereales te hinchan o te ponen triste? ¿Es tu dieta en general la que te lleva a padecer dolor crónico, la que hace que se te inflamen las articulaciones, la que perjudica tu tiroides?

La ciencia sugiere que podría ser así, aunque la verdad es que tú no lo sabes. Pero puedes averiguarlo en solo 30 días. Comprométete a eliminar esos alimentos de tu plato, completamente, durante un mes. Ni un solo bocado, ni un solo sorbo, ni un trocito. Ofrece a tu cuerpo la oportunidad de restaurar su equilibrio natural, de sanar, de recuperarse. Da a tu cerebro la ocasión de cambiar tus gustos, de crear nuevos hábitos, de encontrar nuevas recompensas. Presta atención. Observa qué cambia. Toma buena nota. Actúa con brutal sinceridad.

Al final de esos 30 días irás reintroduciendo esos alimentos uno a uno, de manera cuidadosa y sistemática, evaluando si te apartan del equilibrio saludable y, en caso afirmativo, de qué manera. Presta atención. Observa qué cambia. Toma buena nota. Sé brutalmente sincero.

Ahora sabes cómo hacerlo.

En cuestión de unas pocas semanas, has averiguado lo que los medios de comunicación generalistas, otras dietas, los nutricionistas e incluso tus propios médicos no han sido capaces de proporcionarte: la dieta perfecta para ti. La dieta que te parezca sostenible, satisfactoria, deliciosamente liberadora. La dieta que te haga verte y sentirte mejor, al tiempo que disfrutas de alimentos menos saludables cuando, donde y con la frecuencia que tú decidas. La dieta ha sido creada específicamente para ti, porque a través de nuestro protocolo, y con tu consciencia y determinación, la has creado tú.

Eso es libertad alimentaria.

Y ahora ya puedes empezar con el Whole30.

Las reglas del método Whole30

«Este es mi caso real: hace seis semanas pesaba 156 kilos, caminaba con bastón a causa de unos terribles dolores en mis articulaciones y me ponía 16 unidades de NovoLog (insulina inyectable) tres veces al día. Empecé el Whole30 y me comprometí. Hoy peso 133 kilos, mis niveles de azúcar están estabilizados, no necesito insulina y mis dolores son tolerables... ¡Sin bastón!»

DAVE S.

El primer paso de tu viaje es familiarizarte con las reglas del método Whole30. Estas son las pautas que deberás seguir durante los próximos 30 días, así que, cuanto mejor las conozcas, más fácil te resultará tomar decisiones alimentarias acertadas en el mundo real.

Nos pasaremos la inmensa mayoría del libro, desde la lista de la compra hasta las recetas, explicando con gran detalle lo que comerás durante los 30 próximos días. E incluso vamos a simplificarlo: las piezas de carne, pescado, marisco y huevos siempre se ajustan a las reglas. Están permitidas todas las verduras excepto el maíz, los guisantes y las habas. Toda la fruta está permitida. Las grasas saludables se exponen con detalle en nuestra lista de la compra (pág. 212). Y si tienes más preguntas sobre alimentos o bebidas específicos, búscalas en nuestra sección «¿Puedo tomar...?» (págs. 72-89).

Pasemos ahora a los productos no permitidos, y así nos los quitamos de encima. Repasa la siguiente lista con detalle varias veces, para que te quede bien claro qué debes evitar durante tu Whole30.

Las reglas del método Whole30

Te pedimos que cumplas las siguientes reglas a rajatabla mientras dure el programa: nada de engaños, excepciones ni ocasiones especiales.

- **NO CONSUMAS AZÚCAR AÑADIDO DE NINGÚN TIPO, NI REAL NI ARTIFICIAL.** Nada de jarabe de arce, miel, néctar de agave, azúcar de coco, sucralosa, aspartamo, xilitol, estevia, etcétera. Lee detenidamente las etiquetas de los productos, porque las empresas incorporan el azúcar en algunos de ellos y dificultan su identificación.

- **NO CONSUMAS ALCOHOL DE NINGÚN TIPO.** Nada de vino, cerveza, champán, vodka, ron, whisky, tequila, etcétera, ya sea solo o mezclado; ni siquiera para cocinar.

ESTAS SON LAS PAUTAS MÁS BÁSICAS:

SÍ: Come carne, pescado y marisco, huevos, verdura, fruta y grasas naturales.

NO: No consumas azúcar, alcohol, cereales, legumbres ni lácteos. No consumas bollería ni «caprichos». No te peses ni te midas.

- **NO COMAS CEREALES.** Aquí se incluyen trigo, centeno, cebada, avena, maíz, arroz, mijo, bulgur, sorgo, cereales germinados y todos los pseudocereales sin gluten como el amaranto, el trigo sarraceno o la quinoa. También se incluyen todos los derivados del trigo, el maíz o el arroz, como salvado, germen, almidón, etcétera. Una vez más, lee las etiquetas.

- **NO COMAS LEGUMBRES.** Aquí se incluyen alubias de todo tipo (negras, rojas, pintas, blancas, frijoles, habas, habones, etcétera), guisantes, garbanzos, lentejas y cacahuetes. Nada de mantequilla de cacahuete. Tampoco ningún tipo de soja, como salsa de soja, miso, tofu, tempeh, edamame y todas las maneras que tenemos de introducir la soja en otros alimentos (como el aceite y la lecitina de soja). Las únicas excepciones son las judías verdes, los tirabeques y las vainas de los guisantes tiernos (consulta la pág. 77).

- **NO CONSUMAS LÁCTEOS.** Aquí se incluyen productos derivados de la leche de vaca, cabra u oveja como la nata, el queso, el kéfir, el yogur y la nata agria. Las únicas excepciones son la mantequilla clarificada o *ghee* (consulta la pág. 201).

- **NO CONSUMAS CARRAGENANOS, GLUTAMATO MONOSÓDICO NI SULFITOS AÑADIDOS.** Si aparecen en cualquier forma en la lista de ingredientes de tus comidas o bebidas procesadas, han de quedar fuera de tu Whole30.

- **NO RECREES POR TU CUENTA REPOSTERÍA, «CAPRICHOS» O COMIDA BASURA CON INGREDIENTES PERMITIDOS.** Nada de tortitas de plátano y huevo, magdalenas de harina de almendra, «pan paleo» o helado de leche de coco. Tus ataques de gula y tus hábitos no cambiarán si sigues comiendo esas cosas, por más que estén elaboradas con ingredientes aceptados en el Whole30. (Consulta la pág. 107 para más información.)

- **NO TE SUBAS A LA BÁSCULA NI TE MIDAS.** Este método es mucho más que una dieta para perder peso y, si te concentras en tu composición corporal, pasarás por alto los beneficios más espectaculares y duraderos que te ofrece. Así que nada de pesarte, analizar tu grasa corporal ni medirte el cuerpo durante tu Whole30. (A partir de la pág. 41 encontrarás más detalles.)

La letra pequeña

Estos alimentos son excepciones a la regla, y sí están permitidos durante tu método Whole30.

- **MANTEQUILLA CLARIFICADA O GHEE.** La mantequilla clarificada (pág. 201) o *ghee* es la única fuente láctea permitida en el Whole30. La mantequilla de siempre no lo está, pues contiene proteínas lácteas que podrían incidir en los resultados de tu programa.

- **ZUMO DE FRUTAS COMO ENDULZANTE.** Los productos o recetas que incluyan zumo de naranja, manzana u otras frutas están permitidos, aunque te pedimos no excederte con ellos.

- **JUDÍAS VERDES, TIRABEQUES Y VAINAS DE GUISANTES TIERNOS.** Aunque técnicamente se trata de legumbres, son mucho más «vainas» que «legumbres», y la materia verde de las plantas suele ser beneficiosa.

- **VINAGRE.** Están permitidas casi todas las formas de vinagre, entre ellas el blanco, el balsámico, el de sidra de manzana, el de vino tinto, el de vino blanco, el de champán y el de arroz. Las únicas excepciones son los vinagres saborizados con azúcares añadidos y el vinagre de malta, que se cree que contiene gluten.

RESPIRA HONDO

Sabemos que todo esto parecen demasiados datos que recordar, pero te prometemos que le pillarás el tranquillo enseguida. Es fácil evitar grandes categorías de alimentos, como pan, cereales, pasta y alubias, y si compras comida sin etiquetar (como carne picada, espinacas o manzanas), sabes que vas sobre seguro. La clave del éxito con los alimentos envasados o las carnes procesadas que pueden o no ajustarse a las reglas es aprender a leer las etiquetas. Si adquieres caldo, tomate enlatado, hamburguesas de pavo o leche de coco, fíjate en la lista de ingredientes. Si contiene algo no permitido, queda fuera de tu plan Whole30. Tal vez tengas que ejercer un poco de detective, porque las empresas cuelan el azúcar en ciertos productos bajo una gran variedad de denominaciones, y los ingredientes que suenan a química tanto pueden ser nocivos como totalmente inofensivos. Descárgate nuestra guía de azúcares camuflados y la tabla de aditivos comunes trampa (en inglés) en *www.whole30.com/pdf-downloads*, que te ayudará a interpretar las etiquetas de manera sencilla.

Danos 30 días

Lo único que tienes que hacer durante tu programa Whole30 es centrarte en tomar buenas decisiones alimentarias. No hace falta que peses ni midas nada, ni que cuentes calorías, ni que te agobies sobre si los alimentos han de ser orgánicos, alimentados con hierba, criados en libertad o de kilómetro cero. Solo tienes que buscar la manera de cumplir con el método en cualquier situación, en cualquier circunstancia especial, al margen del estrés que sientas, durante 30 días seguidos.

¿Tu única obligación? Comer. Comida. Buena.

La única manera de que esto funcione es que le dediques los 30 días íntegros: nada de engaños ni de desliz, nada de «ocasiones especiales». Hace falta muy poca cantidad de esos alimentos inflamatorios para romper el equilibrio de la sanación; con solo un bocado de pizza, unas gotas de leche en el café o un lametón de la cuchara con la que se prepara un rebozado en el periodo de 30 días habrás acabado con el proceso de «reinicio» de tu salud y tu sanación y tendrás que regresar de nuevo al Día 1.*

Debes comprometerte con todo el método, tal como está escrito, durante esos 30 días. Si no lo cumples entero, no nos responsabilizamos de tus resultados ni de tus posibilidades de éxito. Además, tú y tus posibles resultados os quedaréis cortos.

Solo son 30 días.

Es por tu propio bien

He aquí la parte dura, tal vez la parte más famosa del Whole30. Es para aquellos que os estáis planteando implementar este mes que cambia la vida, pero no estáis seguros de poder llevarlo a cabo, sin engaños,

---

* No es que queramos hacernos los duros ni destrozarte la vida; no es nuestra intención convertir el Whole30 en una especie de novatada de mal gusto. Hay fundamentos científicos para sostenerlo. Consulta la pág. 68 si quieres conocer más detalles.

durante 30 días. Es para la gente que ha intentado llevar a cabo cambios en su estilo de vida, pero ha patinado o ha recaído, o simplemente «tuvo que comer _____ a causa de _____ ».

Lo decimos con cariño.

- **ESTO NO ES DURO.** No te atrevas a decirnos que esto es duro. Vencer al cáncer es duro. Tener un hijo es duro. Perder a los padres es duro. Tomar el café sin leche no es duro. Has hecho cosas más difíciles en la vida, y no tienes excusa para no culminar el programa tal como está escrito. Solo son 30 días, y es por la salud de lo más importante del mundo: el único cuerpo físico que tendrás en esta vida.

- **NI TE PLANTEES LA POSIBILIDAD DE UN «DESLIZ».** A menos que te tropieces, literalmente, y caigas de cara sobre una caja de dónuts, los «deslices» no existen. La decisión de comer algo que no es saludable es tuya. Siempre es una elección, así que no lo formules como si fuera un accidente. Comprométete con el método al 100 % durante los 30 días. No te pongas ni una excusa para fallar antes incluso de haber empezado.

- **NUNCA, NUNCA TIENES QUE COMER ALGO QUE NO QUIERAS COMER.** Ya somos todos mayorcitos. Madura. Aprende a decir «no» (o, si quieres que tu madre se sienta orgullosa, «no, gracias»). Aprende a salir en tu propia defensa. Que sea el cumpleaños de tu hermana o la boda de tu mejor amigo, o haya un piscolabis en la empresa no significa que tengas que comer nada. Es tu decisión, y esperamos que dejes de sucumbir a la presión del entorno.

- **SÍ QUE TE EXIGIRÁ ALGO DE ESFUERZO.** Comprar la comida, planificar las comidas,

¿CAMBIO DE VIDA?

Es curioso que muchos de nuestros testimonios empiecen así: «Cuando me dijisteis que el Whole30 me iba a cambiar la vida, pensé: "Sí, claro, claro". ¡Pero me la ha cambiado!». Nuestras propias historias son bastante espectaculares, y contamos con las de cientos de lectores y testimonios en nuestra página web (*www.whole30.com*), aunque si no te crees eso del «cambio de vida», está bien, no pasa nada. Pero tú sigue leyendo.

comer fuera, explicar el método a amigos y familiares y hacer frente al estrés será un reto en uno u otro momento del programa. Te hemos dado todas las herramientas, las directrices y los recursos que vas a necesitar en este libro y en nuestra página web, pero tú tienes que asumir la responsabilidad de tu propio plan. La mejora de la salud, la forma física y la calidad de vida es algo que no se da automáticamente solo porque ahora prescindes del pan.

- **TÚ PUEDES.** Ya has llegado demasiado lejos como para echarte atrás. Quieres hacerlo. Y nosotros sabemos que puedes. Así que deja de pensar y ponte en marcha. Ahora mismo. En este preciso minuto comprométete con el Whole30.

Queremos que participes. Queremos que te lo tomes en serio y que veas resultados asombrosos en aspectos inesperados. Incluso si no crees que esto vaya a cambiarte realmente la vida, pero estás dispuesto a dedicarle 30 breves días, inténtalo. Hasta ese punto es importante. Nos ha cambiado la vida y queremos que también te la cambie a ti.

Te damos la bienvenida al Whole30.

Empezar con el Whole30

«El Whole30 me ha cambiado la vida. En diciembre de 2011 pesaba 90 kilos. El cuerpo y las articulaciones me dolían todos los días. Siempre estaba cansada, no dormía bien, tenía acné y eccemas. Quería cambiar, pero no sabía cómo. Compré vuestro libro y me lancé de cabeza al Whole30 en enero de 2012. Ni que decir tiene que superó con mucho mis expectativas. Acabé siguiendo un Whole90 y perdí 14 kilos en tres meses. Dormía como un bebé, mi eccema mejoró y el acné desapareció, los dolores de la menstruación mejoraron enormemente, y tenía mucha más energía. ¡Me sentía muy positiva! Tres años y cinco Whole30 después, peso 30 kilos menos y he pasado de caber a duras penas en una talla 48 a poder ponerme holgadamente una 34. Ha llegado a apasionarme tanto la salud que he obtenido un certificado como coach de salud y acabo de terminar un curso de 200 horas de profesora de yoga.» HEATHER F.

Ahora que ya sabes a qué te expones, es el momento de comprometerte en firme. Sí, en efecto, te estamos pidiendo que te comprometas con el método en este preciso momento, pero eso no significa que debas empezar ahora mismo. Nos entusiasma que a ti te entusiasme, pero hay muchos preparativos de los que ocuparte antes de poder abordar con éxito el Whole30.

Tal vez a ti solo te hagan falta uno o dos días para ponerte en marcha, pero también es posible que necesites una o dos semanas para adaptar tu casa (y tu mente) a los cambios que estás a punto de introducir. No existe un espacio de tiempo perfecto: cada quién ha de decidir qué le va mejor.

En este megacapítulo vamos a exponer nuestro proceso en 5 pasos para prepararte para el Whole30: lo que hay que tener en cuenta, estrategias a considerar y aspectos a poner en orden antes del Día 1.

Por cierto, hablando del día 1...

PASO 1: Escoge un día de inicio

Aunque te animamos a empezar lo antes posible, hay algunos aspectos que tener en cuenta antes de marcar un día en el calendario. Aunque supongan solo un abrir y cerrar de ojos en el conjunto de tu vida, 30 días son, aun así, mucho tiempo, y queremos que te plantees a qué te enfrentas durante el Whole30 y justo después.

Si en el futuro inmediato tienes planificadas unas vacaciones de esas que se dan solo una vez en la vida, o un viaje a un destino desconocido, o una boda (¡sobre todo si es la tuya!), plantéate empezar con el Whole30 tras esos eventos. Moverte por el programa por primera vez en esas condiciones puede resultar de una dificultad extrema, y no nos interesa en absoluto que te estreses ya antes de empezar. Además, podrías acabar aborreciendo el plan Whole30 en lugar de aprender de él si te ves en la obligación de renunciar a la pasta en Italia, o de prescindir de tu propio pastel de boda porque estás en el Día 15.

PLANIFICACIÓN Y PREPARATIVOS

Esta es solo la primera de las 172 veces en que nos oirás decir «planificación y preparativos» a lo largo del libro (en realidad no las hemos contado, pero seguro que es una estimación bastante aproximada). Por favor, aun cuando te sientas impaciente por empezar, no te saltes el proceso de planificación. Las investigaciones sobre los hábitos muestran que cuando la gente se emociona mucho y pasa directamente de la contemplación (pensar en el método) a la acción (empezar con el método), es menos probable que culminen los cambios. ¿Por qué? Porque no se han tomado el tiempo de prepararse mental y físicamente y, en el caso del Whole30, eso es algo que anticipa posibles problemas.

Somos duros, sí, pero no hasta el punto de querer que renuncies a tu propia tarta nupcial.

También es importante que tu Whole30 no termine justo un día antes de unas vacaciones o de un acontecimiento especial en el que sabes que querrás comértelo todo. Como leerás en la sección de preguntas frecuentes sobre la reintroducción (pág. 147), la parte del método dedicada a la reintroducción es tan fundamental como los 30 días de eliminación. En condiciones ideales, debes dedicar 10 días enteros después de completar el Whole30 a seguir el programa tal como está pautado y después, ya sí, disfrutar de tus vacaciones, tu luna de miel o tu reunión familiar.

De hecho, si puedes planificar con suficiente antelación, empezar tu Whole30 justo 40 días antes del evento es perfecto. Te sentirás muy bien después de tu experiencia Whole30, tus nuevos hábitos te parecerán ya sólidamente afianzados y sabrás (gracias a la reintroducción) qué alimentos debes evitar porque sus consecuencias negativas no te compensan. Qué bien empezar así unas vacaciones o celebrar un acontecimiento especial, con toda esa confianza renovada, esa energía y esa consciencia que el Whole30 puede ofrecerte. Estamos seguros de que, si lo planificas así, tus vacaciones te parecerán más saludables y felices y no tendrás que pasarte las 6 semanas siguientes luchando para volver a ponerte a tono, que es lo que te ocurría antes siempre.

DEPORTISTAS PROFESIONALES

Si eres deportista profesional o patrocinado (o si te dedicas al deporte a tiempo completo), empieza tu Whole30 cuando no estés en temporada, y trabaja con tu *coach* o entrenador para implementar el método de un modo compatible con tus metas de rendimiento específicas. En todo caso, ten en cuenta que el Whole30 no es un programa dirigido específicamente al rendimiento. Ponemos el foco en la salud, y por eso no hemos diseñado las reglas y recomendaciones teniendo en mente a los deportistas de élite. La naturaleza antiinflamatoria del método, claro está, contribuye a mejorar la calidad del sueño, la recuperación, la absorción de nutrientes… y todo ello es beneficioso para el rendimiento. Pero tal vez tu *coach* y tú debáis escoger entre los beneficios para la salud del Whole30 y el mantenimiento de tus niveles óptimos de rendimiento, razón por la cual te disuadimos de empezar con el método hasta que haya concluido el tramo más exigente de tu temporada.

Además, si vas a participar en alguna competición atlética importante o en alguna carrera de primer nivel en el transcurso del siguiente mes, mejor que te plantees iniciar el método una vez haya pasado tu evento deportivo, porque tu rendimiento podría resentirse durante las primeras semanas del método. (Véase la pág. 141 para más información.)

Y ahora, seamos sinceros: si no te pagan por tu rendimiento deportivo, empezar antes o después no es tan importante.

No, al menos, si lo comparas con tu salud. Si vas a participar en alguna competición local, en una

carrera de obstáculos o en otra de larga distancia con fines benéficos, no retrases por esas cosas tu fecha de inicio del Whole30. Esos eventos tienen que ver más con la socialización, la camaradería y los buenos recuerdos que con mejorar una marca o una puntuación, ¿no es cierto?

Por último, echa un vistazo en tu agenda a los días en que te has propuesto seguir el Whole30 para ver qué compromisos laborales y personales tienes programados. Si hay prevista una cena familiar o un almuerzo de trabajo, o si en tu futuro inminente aparece una despedida de soltera, ¡excelente! Considéralo una oportunidad para poner a prueba tus hábitos del Whole30. Vas a tener que enfrentarte a multitud de situaciones nuevas durante el programa, así que anota esos eventos en tu planificación del mes (véase pág. 38), pero no permitas que estos te lleven a retrasar el inicio.

En resumen, nunca habrá un momento «perfecto» para iniciar el Whole30, así que plantéate a qué te enfrentas, escoge una fecha y márcala en tu calendario con un rotulador que no se borre. (Hazlo literalmente así: las investigaciones sobre hábitos demuestran que poner en papel un compromiso hace que aumenten las probabilidades de éxito.)

Y, una vez hecho, ya es oficial: ¡ya tienes una fecha de inicio para el Whole30!

HAZLO PÚBLICO

Una vez que hayas decidido cuándo vas a empezar… díselo a alguien. ¡A quien sea! ¡A todo el mundo! Anota la fecha de inicio en la pizarra del trabajo, cuéntaselo a todos en el gimnasio, preséntate en el Foro Whole30 y cuelga alguno de tus gráficos (véase pág. 420) en Instagram, Facebook o Twitter. Las investigaciones que estudian los cambios de hábitos afirman que si los compromisos se comparten con amigos y familiares, es mucho más probable cumplirlos. Saber que otras personas te preguntarán qué tal te va con el Whole30 será a la vez una fuente de motivación y te pondrá un poquito de presión saludable por parte de personas allegadas, y te dará la oportunidad perfecta para conseguir apoyo cuando las cosas se pongan difíciles. («Mañana empiezo mi Whole30. ¿Quieres ser mi contacto telefónico si siento la tentación de saltármelo?».) Además, es probable que tu compromiso público suscite el interés de tus familiares y amigos, y quién sabe si acabarás reclutando a uno o dos compañeros de Whole30.

PASO 2: Créate un equipo de apoyo

Para muchos, el Whole30 supondrá un cambio radical en el estilo de vida, y ese tipo de cambio es difícil si se asume en solitario. Encontrar la red de apoyos adecuada será fundamental para mantener la motivación y la responsabilidad durante el programa. Tú ya has dado el primer paso: escoger una fecha de inicio y anunciar públicamente tu compromiso. ¿Por qué no aprovechas la oportunidad para pedir el apoyo de alguna de las personas que más se preocupan por ti? No hace falta que sigan el programa contigo, sino tan solo que apoyen tus esfuerzos para mejorar tu salud durante los 30 días posteriores.

Es posible que te inquiete pedir ayuda a familiares o amigos. Pero la verdad es que no es algo tan difícil de hacer. Recuerda que te quieren y que solo desean lo mejor para ti.

El primer paso consiste en compartir algo del método. Explica que se trata de un cambio de estilo de vida, no una dieta rápida ni un plan para perder peso. Descríbelo como un experimento de 30 días tras el cual sabrás muchas más cosas sobre los alimentos que tienen un impacto negativo en tus ansias de comer, tu energía, tu sueño y tu salud. Haz hincapié en que no vas a reducir el consumo de calorías, carbohidratos ni grasas, que en realidad vas a ingerir tantos alimentos reales, íntegros y llenos de nutrientes como quieras, y que no vas a tener que comprar pastillas, sustitutos de alimentos ni comidas envasadas. De hecho, el método entero y otros muchos recursos se encuentran disponibles gratuitamente en internet.

También deberías comunicar a las personas que son importantes para ti por qué has optado por embarcarte en ese viaje. Si quieres contar con su apoyo, este no es el momento para divagar. Frases como «me puede venir muy bien para tener más energía» no atraen demasiado. Explícalo apelando a lo personal. Cuenta cuáles son tus batallas actuales, tus metas, y de qué manera crees que el programa te convertirá en una persona más saludable y feliz.

Si hablas con las personas que sientes más cercanas, hazlo desde el corazón y explícales los retos a los que te enfrentas en tu relación emocional con la comida, tus atracones, tus hábitos y tu salud. Al hablar con tus futuros colaboradores, no tienes por qué entrar en detalles gráficos; basta con una frase del tipo: «Cada día, sobre las tres de la tarde, siento la necesidad de echarme una siesta. Espero que el Whole30 me ayude a mantener mi nivel de energía sin tener que recurrir, como hasta ahora, a mi refresco y mis caramelos».

CÓMO NO HACER AMIGOS NI INFLUIR EN LA GENTE

Si quieres que la gente se ponga de tu parte, tienes que recurrir a aquello que sí vas a comer, no a la lista de lo que no comerás. Si empiezas la conversación diciendo: «No voy a tomar azúcar, ni cereales, ni legumbres, ni productos lácteos ni alcohol, porque resulta que todas esas cosas son perjudiciales para la salud», seguramente los alejarás de inmediato de tu proyecto. En primer lugar, es casi seguro que en su dieta consumirán algunos de esos productos, y tal vez les parezca que, ahora que tú te has apuntado a este plan saludable, vas a dedicarte a juzgar sus opciones alimentarias. En segundo lugar, puede ser que vean la lista de lo que no puedes comer y piensen: «¿Y qué diablos vas a comer?», e inmediatamente descarten el Whole30 por considerarlo una dieta extrema de moda. Ahora imagina por un momento que empiezas así: «Durante 30 días voy a comer un montón de alimentos frescos, nutritivos... ¡Y no voy a tener que contar calorías! Para desayunar puedo comer una frittata de verduras, fruta fresca y aguacate; para almorzar, una ensalada de espinacas y pollo a la plancha, manzana, pecanas y vinagreta de frambuesas y nueces. Y para cenar, tiras de cerdo con boniato asado y una ensalada de col. ¿A que suena bien?». Es una conversación totalmente distinta que es probable que suscite la aprobación total y tal vez incluso algún que otro «¿dónde hay que apuntarse?».

Por último, no te olvides de pedirles explícitamente su apoyo. Está bien que les cuentes más cosas sobre tu vida y tus aspiraciones, pero ¿cómo van a saber que tienen un papel que desempeñar si no se lo dices? Preguntar de manera directa «¿puedo contar con tu apoyo los próximos 30 días?» les transmite lo importante que es para ti este empeño, y hasta qué punto valorarías su apoyo y su ayuda. Mejor aún, pregúntales cómo creen que podrían apoyarte. Tal vez se les ocurran ideas creativas que tú has pasado por alto, y hacerlos partícipes del proceso hará que se sientan aún más comprometidos.

Con todo, y a pesar de ponerle todo tu empeño, existen razones por las que tus familiares y amigos tal vez no te apoyen precisamente en tu método Whole30. Pueden estar cansados, porque, sinceramente, tú ya te has «comprometido» a todas las dietas del mundo y las has dejado al cabo de una semana. Tal vez les preocupe tu salud porque malinterpreten los principios del Whole30 o lo tomen por una de esas dietas de moda. Es posible que se pongan un poco a la defensiva y se pregunten si tus nuevos hábitos saludables les harán sentirse culpables por sus conductas no precisamente ideales. O quizá, lisa y llanamente, sientan envidia y quieran cambiar de vida, pero no sepan cómo ni por dónde empezar. Si sigues el Whole30 sin contar con apoyos en el mundo real, hemos creado varias maneras de que los encuentres en el virtual, a través de nuestra comunidad.

Puedes hacer amigos en el foro del Whole30 (*www.w30.co/joinw30*). El foro es una manera de conectar con otras personas que siguen el método y de aprender de muchos «veteranos» que siguen ahí para ofrecer apoyo a los nuevos. Con decenas de miles de participantes y con un fantástico equipo de moderadores expertos en Whole30, nuestro foro es una comunidad de lo más amistosa, colaborativa y solidaria.

En concreto, los Whole30 Logs te permiten compartir tu experiencia diaria con tu comunidad y

RECLUTAR

Si esperas encontrar a alguien que siga el método contigo, comparte de manera estratégica tus motivaciones para seguirlo hasta el final. Es bastante posible que a tu mejor amigo sedentario no le motive oírte decir: «Quiero rebajar mi marca en la carrera de 5 kilómetros y el Whole30 me ayuda a recuperarme del ejercicio». En cambio, si encuentras un elemento común o algo que sepas que le preocupa, de pronto tus palabras adquirirán más sentido. A tu conocida con problemas de piel dile: «Yo llevo una temporada con la piel fatal. El Whole30 me ayudará a determinar qué alimentos son malos para mi piel; las fotos que he visto del antes y el después son increíbles». ¿Es eso ser astuto? Tal vez un poco sí..., pero nos gusta pensar que es por un bien mayor.

mantenerte en contacto con otras personas que han empezado el método el mismo día que tú. No te cortes a la hora de iniciar nuevos hilos, buscar respuestas a preguntas específicas o colgar entradas en los hilos de otros para conectar con nuestros fantásticos miembros mientras dura el programa (y después).

Por último, conecta con otros participantes del Whole30 en las redes sociales. Nuestros Facebook, Twitter e Instagram son una parte muy dinámica de nuestra comunidad Whole30 y una manera divertida de que participes y te conectes. Nuestra cuenta de Instagram y la etiqueta *#whole30* son especialmente activas: colgamos contenidos nuevos y divertidos varias veces al día y conectamos con participantes en el programa cuando nos etiquetan en sus entradas. Si te hace falta apoyo a las dos de la madrugada, si quieres una receta rápida para la cena o si tienes un momento de crisis a la hora de comprar comida, nuestras redes sociales son el lugar adecuado para encontrar algo de comprensión, apoyo y consejos enseguida. (Véase la pág. 420 para localizar nuestras cuentas en redes sociales.)

PASO 3: Pon a punto tu casa

Ahora que ya has escogido una fecha de inicio y tus apoyos, es hora de poner tu casa a punto. Eso significa, en parte, deshacerte de toda la comida basura y crear un plan estructurado para los miembros de la familia que no participan en el programa. Se trata de un paso fundamental para asegurar tu éxito, así que ni se te ocurra saltártelo. Recuerda, la planificación y los preparativos lo son todo cuando se trata de lograr un cambio radical de estilo de vida como es el Whole30.

También conviene hacerlo por un concepto denominado «descuento hiperbólico». Es un término acuñado en economía que, en sentido amplio, podría aplicarse a tu situación de «deshacerte de la basura». La idea es que se presta mucha más atención a lo que ocurre hoy, pero mucha menos a lo que ocurre en el futuro, porque pensamos que nuestro «yo futuro» va a tener mucho más tiempo libre, fuerza y capacidad. ¿En qué afecta todo ello a lo que aquí nos ocupa?

Hoy, tu nivel de entusiasmo es altísimo. Te sientes una persona fuerte y confiada, muy emocionada por el viaje que vas a emprender por el Whole30. Miras el chocolate y la bolsa de patatas fritas del armario y piensas: «Ya no me hacen falta. Ni siquiera las quiero». Y las apartas ligeramente, las retiras un poco, pero las dejas ahí, porque te fastidia pensar qué hacer con esas cosas y crees que tu yo futuro será tan fuerte, tendrá tanta confianza y tanta emoción como tu yo presente.

Pero no.

En algún momento (en muchos momentos), tu yo futuro se sentirá estresado, malhumorado, hambriento y dudará de su capacidad para seguir adelante. Tu yo futuro verá esa tableta de chocolate, ese paquete de galletas y esa bolsa de patatas fritas y le atormentarán enormemente. Hasta el punto de que tu yo futuro podría ceder al estrés y la tentación y comerse una sola, y desencadenar así el conocido ciclo de culpabilidad, vergüenza y remordimiento, y acabar con el proceso de reinicio que supone el Whole30.

No infravalores a tu yo futuro. Enfréntate a la comida basura ahora, porque ahora te sientes fuerte, y así tendrás algo de oxígeno cuando las cosas se pongan difíciles.

Tu yo futuro te lo agradecerá.

Casa limpia

En primer lugar, saca de casa todo aquello que no vayas a comer. Disponer de tentaciones sin freno por ahí cerca es un pasaporte a ese comer compulsivo al que sucumbes cuando estás a solas o cuando sientes estrés por las noches. La tentación constante desgasta deprisa la fuerza de voluntad. Así que aleja de ti esa bolsa de patatas fritas, ¿vale?

Ha llegado el momento de hacer limpieza de la despensa; y cuando decimos limpieza, queremos decir limpieza. Nada de medias tintas. Cuanto más estricta sea tu política ahora, más fácil lo tendrá tu yo futuro cuando lleguen los ataques de hambre. (Y no te creas que puedes salir del paso escondiendo esas cosas en una caja de zapatos al fondo del armario. ¿Acaso crees que tu yo futuro no sabrá dónde están?)

Así que tira todo eso que no vas a comer, o regálaselo a algún vecino o (si te parece bien) dónalo a algún banco de alimentos.

Volar en solitario

Una de las mejores cosas de ser adulto es la capacidad de tomar grandes decisiones sobre nuestra propia vida. Desgraciadamente, no podemos tomar esas mismas decisiones en nombre de los demás adultos presentes en nuestra vida, ni siquiera cuando nos parece que son las acertadas. No puedes obligar a tu pareja a comer lo que comes tú, pero sí puedes (y debes) comprometerte con el Whole30 hasta el fondo si crees que es lo mejor para tu salud y tu felicidad, aun cuando no se sume nadie más.

Puedes proponer que tus hijos se apunten al viaje, pero si tu pareja insiste en que ellos se «merecen» sus «premios» (e incluso llega a cuestionar tu autoridad en ese punto), no opongas resistencia en este momento. Este mes es para que a ti te cambie la vida y para que te afiances en tus nuevos hábitos, y esa ha de ser la prioridad hasta que tu estilo de vida te resulte fácil y manejable a ti.

Si eres la única persona de la casa que va a seguir el Whole30, es probable que tu familia no se tome demasiado bien que les quites sus postres y aperitivos favoritos. Reserva un cajón de la nevera y un armario alejado a los artículos de tu familia que te están vedados, y así no tendrás que esquivar un paquete de galletas cada vez que buscas la lata de leche de coco.

Pero al mismo tiempo has de expresar con total claridad que sus actos pueden ayudarte u obstaculizar tu propósito. Y especificar bien cuáles son tus expectativas sobre la comida basura o los tentempiés. «Por favor, no me ofrezcáis chocolate, ni siquiera en broma. Me costaría mucho rechazarlo, y de verdad que quiero mantener el compromiso con este método por el bien de mi salud.» En todo caso, no confíes en que vayan a cambiar del todo sus hábitos solo para adaptarse a ti. Ten presente que, si la noche de cine en casa suele incluir palomitas de maíz y chucherías, a ti te hará falta un plan alternativo para participar sin sentir que te quedas fuera, así que ten preparado algo (unas chips de kale y una infusión) antes de que ellos abran la bolsa de las palomitas.

Es posible que a tu familia le preocupe que les «amargues» sus tradiciones familiares, como la «noche de cine» o el desayuno con tortitas de los domingos, porque tú ahora has optado por otros alimentos. Como siempre, también aquí la comunicación es clave. Habla con tu familia sobre sus temores y escucha sus sugerencias sobre la mejor manera de preservar las tradiciones de un modo satisfactorio para todos. Propón una salida conjunta en bicicleta o jugar a un juego de mesa después de la cena en lugar del festín de helados y asegura a tus hijos que seguirás desayunando con ellos en pijama los domingos. ¡No te conviertas en anacoreta del Whole30! Busca la manera de disfrutar de las relaciones sociales, de una cita nocturna, de las fiestas de cumpleaños o de otros encuentros familiares manteniéndote fiel al Whole30. El apoyo lo conseguirás simplemente socializando, y tu familia se dará cuenta de que ese estilo de vida, en el fondo, no limita tanto.

Por último, si eres la persona de la casa que más se ocupa de hacer la compra y cocinar, determina con antelación qué modificaciones estás en disposición de aceptar en tu lista de la compra y en las comidas que vas a preparar. ¿Seguirás comprándoles patatas fritas, bollería y chucherías, o eso tendrán que comprárselo ellos? ¿Prepararéis desayunos y comidas separados, pero una sola cena que sea adecuada para todos? ¿Prepararás solo platos del Whole30 para que ellos se añadan un panecillo, o una guarnición de arroz o de salsa de soja si así lo deciden?

Comunica tu decisión a tu familia con bastante tiempo; no esperes a la hora de cenar para anunciar que esa noche no les has preparado la pasta que te habían pedido. Implícalos en el proceso, si están dispuestos. («¿Preferís boniato o calabaza cacahuete asada esta noche?») Y procura encontrar al menos un plato en cada comida que todos los que se sientan a la mesa puedan disfrutar juntos, como una ensalada con un aliño casero, un bistec a la plancha o nuestra ensalada de sandía (pág. 379) para que puedan saborear (literalmente) un poquito de tu Whole30.

Ahora que tienes sitio en la despensa y una estrategia alimentaria para tu familia, va siendo hora de que nos centremos en lo que vas a comer durante los próximos 30 días.

PREPARA EL ESCENARIO

Incluso si tu familia no te acompaña en tu viaje, sigue siendo importante que te apoye mientras dure. Pon por escrito tus motivaciones para seguir el método en lo que respecta específicamente a los miembros de tu familia: «Quiero tener más energía para jugar con vosotros los fines de semana». O «quiero sentir menos dolor en las articulaciones para que podamos ir todos juntos de excursión». Cuelga el papel donde puedas verlo todos los días. Comparte tu motivación con tu familia y explica por qué te comprometes con este programa. Comunícales por qué es importante para ti, pero acepta que no vas a insistir, molestarte ni discutir por lo que ellos decidan comer. Por último, elabora una lista de cosas con las que os podéis premiar (sin comida) durante estos 30 días, y dedicad ese tiempo en familia para llevarlas a cabo.

Planifica algunas comidas

Incluso si no eres una persona dada a la planificación, lo cierto es que es mejor tener planificadas las comidas de al menos los primeros días del Whole30. En primer lugar, como explicaremos en la sección «Comprar comida» (pág. 96), sale más barato, siempre que te asegures de comprar solo lo que necesitas y no tengas que tirar a la basura lo que al final no te has comido. Pero más importante aún es que nos interesa hacer todo lo posible por mantener contento al cerebro durante lo que sin duda será un viaje tumultuoso y...

Al cerebro le encanta planificar.

Ya en la década de 1920, un psicólogo ruso descubrió que las tareas incompletas o interrumpidas tienden a «quedarse» en el cerebro de la gente, por lo que nos distraen y nos estresan. Esa preocupación por las cosas que quedan por hacer exige tal esfuerzo cognitivo que impide que nuestro cerebro se concentre en otras cosas (más importantes). Sospechamos que tú también lo has experimentado: las distracciones, la incomodidad, el sueño inquieto que nace de no haber terminado un trabajo escolar que hay que entregar la semana que viene, las tareas pendientes en el trabajo o el correo electrónico que has de enviar mañana sin falta.

Y ahora apliquemos eso al Whole30.

Ya estás en disposición de empezar con el método. Tienes amistades que te apoyan. Y, cómo no, has planificado la compra de algunos productos adecuados para el Whole30. Pero piensas ir improvisando con las comidas. Después de todo, no puede ser tan difícil. Un trozo de carne, acabar de llenar el plato con unas verduras y añadir algo de grasa. Fácil.

Pues no lo es tanto para tu cerebro, que percibe que ahí hay algo por terminar. ¿Qué vas a comer exactamente? ¿La cena del lunes te dejará unas buenas sobras para el almuerzo del martes? Tienes una reunión a primera hora del miércoles..., ¿qué puedes prepararte para desayunar en solo 10 minutos? ¿Y qué diablos vas a hacer con esas coles de Bruselas que compraste? Esa incertidumbre desagrada enormemente a tu cerebro, lo que te causa distracciones, estrés e infelicidad.

No subestimes lo distintos que van a ser los próximos 30 días de tu situación anterior, aun cuando comieras de un modo bastante saludable. Ahora ya no vas a poder optar por una pizza si te vence el cansancio, ni a relajarte con una copa de vino tras una larga jornada laboral, ni a comerte un bocadillo de pan integral a toda prisa en tu mesa para poder resistir la reunión de la tarde.

Las coles de Bruselas no se pueden comer crudas en una reunión de empresa. Bueno, sí, pero parecería raro y, además, no saben demasiado bien.

Así que, sí, te hace falta planificar.

Elabora un plan de lo que vas a tomar para desayunar, comer y cenar durante los primeros 3-7 días de tu Whole30. Anótalo todo con detalle: el plato completo, la página de la receta o la técnica de cocción, los ingredientes que has de comprar, si harás de más para que sobre. («Preparar más pechuga de pollo el martes, y usar las sobras para la ensalada de pollo de la comida del miércoles».) Repasa tu calendario e identifica las circunstancias difíciles de ese periodo de tiempo: reuniones de primera hora, almuerzos de empresa, partidos deportivos, viajes... y pon por escrito cómo piensas enfrentarte a ellas. («Llevar una barrita de proteínas el miércoles por si mi avión se retrasa.»)

Ahora tu cerebro ya está satisfecho.

Aunque no hayas preparado, cocinado ni consumido esas comidas, tu cerebro tiene la sensación de que la tarea está completada porque tienes un plan. (Otra ventaja: dormirás mejor sin el pensamiento de «qué voy a desayunar mañana» dando vueltas en tu mente a medianoche.) Así que incluso si cocinas muy bien, comes sano o haces siempre lo que te da la gana... te pedimos que en este punto nos hagas caso. Al menos durante unos días, planifica.

Si quieres, improvisa el resto del Whole30, pero si

eso te estresa, ya sabes lo que tienes que hacer para volver a contentar a tu cerebro.

Vete de compras

¡Ya va siendo hora de hacer acopio de provisiones para el Whole30! Si te planteas usar nuestra tabla de comidas semanal, te hemos puesto la compra muy fácil. Simplemente, descárgate nuestra lista de la compra en *www.whole30.com/pdf-downloads* y llena tu carrito de la compra.

Si quieres crear tu propio plan de comidas, te interesará leer nuestros mejores consejos para ahorrar tiempo y dinero antes de decidir qué vas a comer. (Una estrategia de compra consciente y ajustada a presupuesto puede influir, de hecho, en tus decisiones al desayunar, almorzar y cenar.) Ve a la página 213 y lee toda esta sección antes de crear tu propia tabla semanal y hacer la compra.

> ### EL PLAN DE COMIDAS WHOLE30
>
> En la página 215 te proporcionamos una tabla semanal detallada, pero se trata más de una fuente de inspiración que de una directriz absoluta. Todos somos adultos y plenamente capaces de decidir lo que desayunaremos el jueves. Estudia nuestra tabla general y adáptala a tus propios gustos, estilo de vida, familia y presupuesto. Y, si no quieres complicarte la vida, síguela al pie de la letra durante la primera semana, para empezar. A nosotros no nos importa lo más mínimo y a tu cerebro, tampoco.

PASO 4: Planifica para tener éxito

A menos que pienses vivir como un recluso los próximos 30 días, tu Whole30 estará seguramente salpicado de obstáculos. Invitaciones espontáneas a cenar, reuniones de trabajo que se alargan, retrasos en viajes, un encuentro estresante que hasta ahora gestionabas con una copa de vino y helado... Por desgracia, cuando la gente se encuentra en esas situaciones difíciles e inesperadas, suele abandonar el Whole30 en ese mismo momento. ¿Por qué?

Porque no ha planificado.

¿Te suena?

Así que ahora mismo, antes de que tu Whole30 empiece de verdad, vamos a sentarnos y a pensar en los próximos 30 días. Vamos a anticiparnos a todos los obstáculos y a elaborar un plan que nos diga qué tendremos que hacer para enfrentarnos a ellos. Cuando diseñamos nuestros planes, nos gusta usar afirmaciones condicionales del tipo «si/entonces», así que vamos a seguir ese esquema para ayudarte a crear tus mejores estrategias de éxito en tu Whole30.

Prepara, prepara y prepara

Para empezar, pon por escrito todas las situaciones estresantes, difíciles o complicadas con las que puedas encontrarte durante tu Whole30. Entre ellas pueden estar los almuerzos de trabajo, las cenas familiares, los viajes, jornadas laborales muy largas, fiestas de cumpleaños, vacaciones, encuentros con compañeros de trabajo, estrés familiar, laboral, económico... En realidad, se trata de anotar cualquier cosa que creas que puede hacer descarrilar tu tren del Whole30.

Si no hay nada definido en tu calendario, que los precedentes te sirvan de guía. Si las últimas tres veces que visitaste a tu madre volviste a casa y te hinchaste a chocolate, eso ya es un «si». Si la última vez que viviste una larga tarde de estrés en el despacho abriste una botella de vino, ahí tienes otro. En este punto no te hará daño planificar de más: cuantas más situaciones tengas en cuenta, más relajado estará tu cerebro y más probable será que sigas con tu Whole30 cuando se te presenten los retos.

El siguiente paso del plan es crear la parte del «entonces» para cada una de las situaciones que puedan dificultar tu plan. «Si pasa esto, entonces haré esto.» Una vez más, hay que ponerlo todo por escrito. He aquí varios ejemplos:

COMIDA DE TRABAJO: Si mis colegas me presionan para que vaya a tomar una copa con ellos, les diré: «Estoy haciendo un experimento con la comida para ver si consigo mejorar mis alergias. Solo tomaré agua mineral, por favor». (O recurre a alguna de las estrategias que proponemos en el capítulo «Comer fuera de casa», en la pág. 101.)

CENA FAMILIAR: Si mi madre me invita a salir a cenar, entonces le recordaré que estoy siguiendo el Whole30 y le preguntaré si le importa venir a mi casa, así cocino yo.

CENA FAMILIAR (2): Si mi madre insiste en que salgamos a cenar fuera, entonces le pediré que vayamos a algún restaurante compatible con el Whole30, porque es mi favorito y hace siglos que no voy.

CENA FAMILIAR (3): Si la cena en casa de mi madre se convierte en un interrogatorio inquisitorial sobre esa «dieta insensata», entonces le diré que no tengo inconveniente en explicarle todos los detalles después de cenar, y cambiaré de tema preguntándole algo sobre su vida.

DÍA DE VIAJE: Si llego al aeropuerto y me retrasan el vuelo, comeré barritas de proteínas, manzanas, barritas de zanahoria y el paquete individual de mantequilla de almendra que llevo en mi equipaje de mano.

ATASCO: Si me veo en un atasco, entonces pondré mi podcast favorito y sacaré mi barrita de frutas y frutos secos que llevo en la guantera para casos de emergencia.

FIESTA DE CUMPLEAÑOS: Si se celebra una en mi oficina, me aseguraré de haber comido ya cuando llegue a la fiesta y rechazaré amablemente la tarta, pero me quedaré un buen rato y socializaré con mis compañeros de trabajo.

VACACIONES: Si me invitan a una comida al aire libre, entonces le preguntaré al anfitrión cuál es el menú y me llevaré un aperitivo y una guarnición que se adecúen al Whole30, y así sabré que habrá algo que podré comer.

TRADICIÓN FAMILIAR: Si mi pareja prepara tortitas el domingo, entonces yo prepararé una frittata contundente para que podamos comer juntos sin que yo sienta tentaciones.

RITUAL DIARIO: Si siento la tentación de picar patatas fritas mientras veo la tele por la noche, entonces me prepararé una infusión de hierbas, o no veré la tele con los demás y leeré un libro, o me daré un baño.

RITUALES DE VINO (sí, merecen una categoría aparte): Si me muero de ganas de tomarme una copa de vino al salir del trabajo, entonces crearé un nuevo ritual: me serviré kombucha en una copa bonita y me relajaré con mi pareja/hijos durante veinte minutos.

SITUACIÓN ESTRESANTE: Si siento estrés/soledad/ansiedad y me invade la tentación de comer aquello que normalmente me consuela, entonces llamaré a una de las personas de mi lista de apoyo y le pediré que charlemos un rato sobre ello, y después me prepararé una deliciosa cena Whole30 para tener una buena alimentación.

«DESENCADENANTE» CONOCIDO: Si discuto con mi pareja, entonces llamaré a un amigo o amiga y saldremos a tomar café o a comer algo permitido en el método Whole30.

JORNADA LABORAL LARGA EN LA OFICINA: Si llego a casa después de trabajar y me muero de hambre y estoy de mal humor y siento la tentación de pedir comida a domicilio, entonces me prepararé una comida de la lista rápida.

COMIDAS DE EMERGENCIA

Planifica tres comidas rápidas y fáciles que puedas preparar en un máximo de 10 minutos con los alimentos que siempre tienes a mano. Algunos ejemplos son los huevos revueltos de batalla (pág. 222) con las verduras que tengas en casa, rematados con salsa picante; las hamburguesas fáciles de salmón (pág. 366); una lata de atún mezclada con mayonesa casera, fruta fresca y nueces sobre una ensalada verde; o una «comida paleo» preparada con anterioridad, que puede sacarse directamente del congelador. Confecciona tu lista y cuélgala en la nevera para tener siempre un plan en esas noches en que las cosas se complican.

¡Uau! ¿Te ha salido una lista larga? ¡Bien! Eso significa que has pensado a conciencia en todos los retos a los que puedes enfrentarte en los próximos días, y le has dado un buen plan a tu cerebro para que sepa exactamente adónde ha de llevarte si se da tu situación «si».

Por último, siempre es una buena idea contar con un escenario «si/entonces» muy genérico para que, si surge algún imprevisto, tengas alguna manera de enfrentarte a él sin tener que renunciar a tu Whole30. Prueba con esto: «Si surge algo que no había previsto y siento la tentación de saltarme el plan, entonces...... (rellena el espacio vacío: llamar a un amigo, salir a pasear, prepararte un té, entrar en nuestros foros para buscar apoyo, cualquier cosa que te ayude a vencer el reto y a mantenerte en el Whole30 un día más).

Porque a veces es así como funciona este método.

Día a día, comida a comida, mordisco a mordisco.

PASO 5: Olvídate de la báscula

Este es tu último paso preparatorio para el Whole30, y el que tal vez te cueste más seguir. Nosotros, sin embargo, nos tomamos muy en serio esta regla, y tú deberías hacer lo mismo.

No hay manera más rápida de boicotear tu Whole30 que pesarte cada semana (o a diario). Si has sido víctima de la esclavitud de los números, ya va siendo hora de que te liberes, al menos durante los próximos 30 días.

¿Por qué insistimos tanto en no medir el «progreso» basándonos en el peso corporal?

Bueno, en realidad, las razones son muchas. Aquí las reduciremos a cuatro.

En primer lugar, el peso de la báscula fluctúa enormemente. Es positivo medir las cosas para controlar los avances y, si te pesaras una vez al mes, tal vez eso te ayudara a identificar tendencias en tu peso corporal (aumento, pérdida, mantenimiento). Sin embargo, en el curso de un día (o incluso de unas pocas horas), tu peso puede aumentar o disminuir hasta dos kilos o incluso más, y esas fluctuaciones no son representativas de la grasa corporal ganada o perdida. Es posible haber comido más carbohidratos y pesar uno o dos kilos más, o despertarse con deshidratación y «perder» esa misma cantidad de kilos.

Cuando se trata de peso corporal, la hora del día cuenta, la ropa que llevas cuenta, e incluso el lugar en el que te subas a tu báscula cuenta (a menos que tengas una báscula médica en el baño). Te recordamos que esa cifra te la proporciona un cacharro de plástico que te ha costado 15 euros en la tienda de electrodomésticos de la esquina. Pesarte a diario no te dice nada sobre la tendencia general y solo sirve para reforzar los tres puntos siguientes.

En segundo lugar, el peso de la báscula no dice nada sobre tu salud. ¿Quieres perder 10 kilos? Podemos conseguirlo. Reduce a la mitad tu ingesta de calorías y pásate dos horas diarias practicando actividad física de baja intensidad cardiovascular.

Eso hará que tu báscula baje hasta la cifra «correcta»... durante un mes. Hasta que se te acabe la fuerza de voluntad (porque esos comportamientos no son en absoluto sostenibles) y tu metabolismo, confundido, contraataque, momento en que recuperarás el peso perdido y algún kilo más. Pero vaya, durante unas semanas tu báscula te dirá que has perdido 10 kilos.

¿Esa cifra digital que sube o baja te informa de si estás en mejores o peores condiciones de salud? Por supuesto que no. (En el caso mencionado, la cifra de la báscula desciende, pero la salud, claramente, no está mejorando. Al contrario, podrías hacer buenos ejercicios de fuerza, dormir bien y comer de manera saludable y ganar masa muscular y, por tanto, peso, pero ese peso no implica que tu salud esté empeorando.) La cifra de la báscula por sí sola no te dice nada sobre tu relación con la comida, tus hormonas, tu aparato digestivo o tu situación inflamatoria. Esa cifra no refleja que ya no tienes tantos ataques de hambre, que duermes mejor, que estás de mejor humor ni que tu autoestima está más alta. Y esos factores inciden en tu salud mucho más directamente que tu peso corporal.

En tercer lugar, la báscula te impide ver los resultados reales que estás consiguiendo cada día que cumples el Whole30. Al centrar tanto la atención en la cifra de la báscula, dejas de observar eficazmente otros resultados de tu desempeño que son más significativos. Tu piel tiene mejor aspecto. El anillo de boda entra y sale mejor del dedo. Tu movilidad mejora. Te cuesta menos respirar cuando corres. No tienes la nariz tan tapada. En el trabajo, rechazas los dónuts que te ofrecen sin pensarlo dos veces. Tus hijos te la han liado y tú no les regañas. Has descubierto la pasión por cocinar. Esos resultados podrían motivarte a seguir con tus nuevos hábitos saludables, pero hasta que dejes de obsesionarte con la pérdida de 200 gramos, no llegarás a ver los avances emocionales, mentales y físicos que has hecho.

En cuarto lugar, la báscula controla tu autoestima. Esa es tal vez la razón más importante por la que debes romper con ella. Desde el punto de vista psicológico, no es sano permitir que una cifra, la que sea, determine lo que crees que vales, la confianza que tienes en ti. Pero eso es justo lo que

le ocurre a la gente que se obsesiona tanto con la báscula.

A nosotros eso nos rompe el corazón.

Es un drama que el acto de pesarte todos los días determine si vas a tener un buen o un mal día y si vas a sentirte bien. Los resultados de la báscula pueden robarte la autoestima en cinco segundos y convertirla en desprecio hacia tu persona, pero lo que te dice la báscula no es real. Estás trabajando duro para cambiar de hábitos. Estás venciendo obstáculos a diario. Te estás ocupando de ti mucho mejor de lo que has hecho en años. Estás haciendo lo que la gente desea hacer todos los días: mejorar su vida.

¿Sabes lo que nos gustaría decir?

Nos gustaría insultar a tu báscula.

Así que, por favor, durante los 30 próximos días olvídate de la báscula. Métela en el garaje, dásela a alguien para que te la guarde o, mejor aún, sácala a la calle y oficia un pequeño ritual pre-Whole30 destruyéndola a martillazos.

Si lo haces, por favor, grábalo en vídeo y envíanoslo. Nos encantaría verlo.

Tú te mereces algo mejor, y que dejes de pesarte todos los días es un hábito que de verdad queremos que adquieras durante tu Whole30.

Mide el «antes y después»

A partir de la página 55 te daremos una lista muy larga de maneras de medir tu éxito con el Whole30, incluyendo los numerosos beneficios físicos del método. Aun así, aunque no nos centramos en la pérdida de peso, la mayoría de la gente sí lo pierde o mejora su composición corporal, algo que sin duda puede ser el acicate para mantener los hábitos de vida saludables una vez concluido el Whole30.

¿TE SUENA?

Te levantas de la cama y te montas directamente en la báscula (sin ropa, claro; no puedes permitir que el factor ropa interfiera en tu peso diario). Cierras los ojos, cruzas los dedos y miras. ¡Bien! ¡Has perdido casi medio kilo! Hoy va a ser un gran día. Te metes en la ducha con renovado vigor y frescura, y te sientes capaz de enfrentarte a la mañana. Al día siguiente, la misma rutina, con la diferencia de que hoy, al abrir los ojos, descubres que has ganado casi un kilo. Un kilo entero. Al momento se te cae el alma a los pies y repasas toda la «comida mala» que tomaste ayer. ¿Fue esa ración generosa de patatas? ¿Lo que picaste antes de cenar? ¿La kombucha? De inmediato empiezas a pensar en la manera de «solucionar» la situación (hoy solo tomarás dos huevos para desayunar, no picarás nada pase lo que pase y tal vez harás un poco más de cardio en el gimnasio). Te vistes para ir al trabajo y no tienes duda de que tu aspecto es horrible (aunque llevas los mismos pantalones que eran tus favoritos la semana pasada). Inicias la jornada mal y crees que tienes un aspecto penoso.

MEDIR EL ÉXITO

No pretendemos que ignores a tu cuerpo durante los próximos 30 días, sino solo la fuerza de atracción que existe entre tu cuerpo y la Tierra. (En el fondo, eso es todo lo que mide la báscula.) Aun así podrás observar los cambios en tu cuerpo y ver los avances. Fíjate en cómo te sienta la ropa: ¿te va más holgada, te cuesta menos ponértela, abrochártela, subirte la cremallera? Presta mucha atención al cinturón (es posible que tengas que subir uno o dos agujeros antes de que acabe el programa). ¿Tienes el estómago más plano (lo que indica menos hinchazón, estreñimiento o retención de líquidos)? ¿Te cuesta menos quitarte los anillos (lo que denota una menor inflamación)? Estudia tu piel: ¿está menos seca, escamosa o cuarteada? ¿Empiezan a crecerte las uñas, se te cae menos el pelo o lo notas más espeso? ¡Todos esos cambios físicos son una señal más de que tu Whole30 avanza en la dirección adecuada!

En todo caso, entendemos que te cueste mucho evaluar tu propio progreso físico recurriendo solo al espejo. Tú te ves todos los días, y los pequeños cambios diarios pasan fácilmente desapercibidos. Así que, si bien no queremos que te peses ni te midas mientras dura el programa, sí te animamos a que compares el último día con el primero.

Pésate el Día 0, antes de empezar el Whole30. También puedes ir midiéndote el cuerpo si quieres: los brazos, el pecho, la cintura, las caderas y los muslos. También te animamos a que te hagas una foto antes, aunque te dé vergüenza. No tienes que enseñársela a nadie, pero queremos que la tengas para la posteridad.

Haznos caso en este punto.

Busca un fondo liso, posa con la menor cantidad de ropa posible (sin pantalones cortos ni camiseta en el caso de los hombres; y en top y pantalones cortos, o en bañador en el de las mujeres), y que alguien te tome unas fotos de cuerpo entero frontal, posterior y lateral. Después repite el proceso de la misma manera el Día 31.

Sentirás tanto orgullo por tus logros que querrás compartirlos con nosotros. Si es así, consulta la página 420 y te contamos qué tienes que hacer.

Dicho esto, ya ha llegado casi el momento de que pongas en marcha el método Whole30 usando la tabla que te has creado y los muchos recursos que tenemos a tu disposición aquí. Pero antes...

¿Quieres echar un vistazo a lo que es probable que te ocurra durante tu Whole30? Hemos creado una cronología aproximada del Whole30 (aunque es bastante precisa) para ayudar a los nuevos participantes a anticiparse a lo que cabe esperar. Como en cualquier proceso que implique una experiencia personal, tus resultados pueden variar, pero a continuación se expone cómo podrías vivir tu programa.

Cronología del Whole30

«Me diagnosticaron mastocitosis sistémica hace varios años. A causa de esta enfermedad pueden experimentarse reacciones alérgicas graves, y yo llevo años luchando contra urticarias, dolor articular y problemas gastrointestinales. A los siete días de empezar el Whole30 me levanté de la cama sin dolor de articulaciones. A los diez días ya había desaparecido el malestar gastrointestinal y la hinchazón que eran parte de mi vida «normal». El Whole30 me ha cambiado la vida, sin duda. Tengo mucha más energía, mis constantes demonios con la comida han desaparecido (ya no tengo esas ganas locas de comer las cosas que me ponen enferma) y me siento genial.»

SPAN ALIGN RIGHT ANNEMARIE G.

T e has empapado sobre el método, has escogido fecha de inicio y te has apuntado al diario Whole30. Has llegado incluso a reclutar a amigos o familiares para que se apunten al método contigo, o como mínimo has compartido con ellos tu compromiso.

Ya es oficial: ¡vas a seguir el Whole30!

Pero antes de que empieces de verdad, deberíamos hablar de lo que puedes esperar que ocurra durante los próximos 30 días, de los altibajos.

Un momento... ¿he oído «bajos»?

Sí, bajos. Porque a pesar de que la gente, en su mayoría, se siente genial al acabar el viaje del Whole30, el camino que te dispones a recorrer será duro en algunos momentos, y queremos que lo sepas de antemano. Queremos que confíes en nosotros y que sepas que nos preocupamos tanto por ti y tu experiencia Whole30 que estamos dispuestos a aclararte algunas de las partes más difíciles del método.

En pocas palabras, el próximo mes será algo así como una telenovela. Como comentó en Twitter una participante del programa: «Resumen de mi Semana 1 con el Whole30: me muero de hambre, estoy cansada, no me caes bien, me siento genial, vuelvo a tener hambre, me siento genial, esto es una tontería».

Este tuit nos pareció, sorprendentemente, bastante preciso.

Sentirás un gran entusiasmo. Agotamiento. ¡Alegría! Estarás de mal humor. Te sentirás en forma, saludable y genial un día, y al día siguiente creerás que la cosa no funciona. Te descubrirás pensando, a la vez, que el Whole30 es lo mejor que te ha pasado en la vida y que estás deseando que se acabe.

Todo esto ocurre porque cuando emprendes algo tan importante como es un cambio de vida, no es para menos. Ya sabemos que hemos dicho que no era difícil, y es verdad en ciertos aspectos; lo cierto es que te has enfrentado a cosas más duras que a prescindir de una magdalena medio dura durante la reunión semanal de personal. Pero también reconocemos que sí, que es difícil. Examinar tu relación emocional con la comida es difícil. Cambiar unos hábitos que se iniciaron en la infancia es difícil. Aprender a querer, a relacionarse con los demás (y contigo) sin usar comida basura como ofrenda es difícil.

Y esa es solo la parte mental.

Físicamente, llevas 5 (¿10? ¿20?) años desequilibrando tu cuerpo al consumir en exceso alimentos que fomentan los atracones, te alteran las hormonas, te dañan el intestino y sobrecargan tu sistema inmunitario. A través de tus decisiones alimentarias, sin saberlo, le has declarado la guerra a tu cuerpo. Iniciar el Whole30 es como decretar un alto el fuego, lo que significa que a la larga las cosas mejorarán... Pero antes ha de darse un inmenso esfuerzo de limpieza, que puede alterar tanto y parecer tan caótico como la guerra misma.

No todo es de color de rosa, y las cosas pueden empeorar antes de empezar a mejorar.

Pero durante el proceso también ganarás en confianza. Sentirás orgullo. Estarás más alegre, con más energía. Estarás «más presente» en la vida. Tendrás más energía, dormirás mejor y tus ataques de hambre disminuirán, si no desaparecen del todo.

Hay mucho color de rosa en el futuro, seguro.

Centenares de miles de personas ya han completado un Whole30 (y la mayoría ha vuelto a por más). A través de sus experiencias y de nuestra investigación científica hemos creado esta cronología del Whole30, una secuencia detallada de experiencias comunes para prepararte para algunos de los retos físicos y emocionales a los que podrías enfrentarte, y también para darte algo a lo que aferrarte cuando la cosa se ponga fea.

Cronología del Whole30

DÍA 1: No hay para tanto/qué he hecho

Son las tres de la tarde. No te ha costado nada pasar de los dónuts de la sala del café, y después de comerte la frittata del desayuno has notado satisfacción y sensación de saciedad. El café con leche de coco no está tan malo, y te has llevado una ensalada de proteínas al trabajo para comer. Has resistido las ganas de picar algo «bueno» a media

tarde, y te has comido una manzana. Ahora estás preparando algo a fuego lento en la cocina, y un delicioso aroma a pimiento inunda el espacio. De momento no entiendes que a nadie pueda parecerle tan difícil esto del Whole30.

Este engaño se parece un poco al primer episodio de cualquier *reality show* en el que a los concursantes se les obliga a vivir en la misma casa. Al final

---

CADA CASO ES DISTINTO

Nuestra cronología debería darte una idea aproximada de lo que puedes esperar durante los próximos 30 días, pero no hay que tomarla al pie de la letra. Se basa en las opiniones de miles de participantes en el Whole30, y casi todo el mundo dice que es casi demasiado precisa. En todo caso, es probable que tu experiencia no encaje totalmente con ella. Descubrirás que algunas de las fases no te cuentan nada, mientras que otras se te harán más cuesta arriba, o notarás que en tu caso las cosas llegan con un retraso de dos semanas. Tu historial de salud y tu dieta anterior desempeñan un papel importante en esta variabilidad; tu transición será mucho más fácil si llegas en buenas condiciones de salud, si ya te alimentabas de manera bastante saludable, si dormías bien y practicabas deporte con regularidad. En cambio, si llevabas 5 años comiéndolo todo bajo en grasas y alto en azúcares, o si sufres alguna enfermedad crónica, tus primeras 2 semanas del programa serán, tal vez, menos cómodas. Recuerda que con el Whole30 no hay dos experiencias idénticas y que la tuya se desfase de esta cronología no significa que estés haciendo nada mal.

de ese primer día, todos están seguros de que van a ser los mejores amigos para siempre.

Pero desde el otro lado de la pantalla no nos lo creemos.

Nos entusiasma que tú sientas el empoderamiento que te permite ir tomando decisiones acertadas a lo largo del día. Toma nota de esa sensación de subidón, apárcala y vuelve a sacarla una hora después.

Porque seguramente vas a necesitarla.

En el día de hoy, tal vez te pases las horas fluctuando entre dos sensaciones: o bien te sientes con mucha energía, o bien notas que la situación te supera. A lo mejor te preguntas cómo vas a soportar 30 días sin tu comida favorita, pero también puede ser que te dé pánico pensar en lo distintos que van a ser los días venideros. La idea de cambiar de vida es superemocionante, pero también da un poco de miedo.

Nuestra buena amiga Melissa Joulwan ha acuñado un término nuevo para expresar esa mezcla, «emoasustada».

Es algo totalmente normal.

Comparte tu entusiasmo cuando lo sientas. No reprimas los nervios, si los sientes, pero recuerda que tienes un gran plan, mucho apoyo y unos recursos fantásticos para pasar los próximos 30 días, de modo que en realidad no tienes motivos para el nerviosismo.

Bueno, tal vez uno sí.

Porque después de años (o décadas) de hábitos alimentarios no precisamente saludables, los siguientes días no van a ser precisamente de color de rosa.

DÍAS 2-3: La resaca

Suena el despertador el segundo día y saltas de la cama esperando sentirte genial, como ayer. Pero no. Te duele la cabeza, notas cierto embotamiento, la mente algo turbia…, como si tuvieras resaca. Sabes muy bien que no te has tomado cuatro tequilas mientras dormías. ¿Qué ha ocurrido entonces?

Repasemos un poco qué comías antes de empezar el Whole30.

Pizzas, galletas, cerveza o vino, comida rápida, patatas fritas, chucherías, magdalenas, pan (mucho pan). Y es ahora cuando el fantasma de tu pasado cargado de azúcares y carbohidratos, y pobre en nutrientes, regresa para darte una patada en el culo y, por lo que se ve, otra en la cabeza.

He aquí una ecuación matemática aproximada para los días 2-3: el malestar que experimentes en esta fase será directamente proporcional a la cantidad de basura que consumías antes de iniciar el método. Sobre todo si lo hacías de manera constante. (Esta fase es también un 34 % más difícil, aproximadamente, para los consumidores habituales de refrescos con gas, porque no solo hay que eliminar el inmenso chute de azúcar, sino también la cafeína de más.)

Casi todas las personas que siguen el Whole30 refieren dolores de cabeza, fatiga, embotamiento mental y un malestar general durante esta parte del método. A tu cuerpo le cuesta adaptarse a los nuevos alimentos que consume y prescindir de todos los productos pseudoalimentarios con azúcar que ingería. (Más información en la pág. 17.) En algunos casos afortunados este proceso dura un día, pero en otros puede alargarse varias jornadas. Relájate, bebe mucha agua, tómatelo con calma en el gimnasio y sigue tomando las decisiones acertadas con la comida.

Este también sería un buen momento para reclamar el apoyo y la comprensión de amigos y familiares, porque…

DÍAS 4-5: Mataría a todo el mundo

Amanece el Día 4 y, con cuidado, plantas un pie en el suelo, temiendo encontrarte como si el martillo de Thor hubiera descendido sobre tu cabeza. Pero no, curiosamente sientes la mente despejada. Las extremidades ligeras. ¡Podría ser un gran día! Te metes en la cocina y, cuando te encuentras con la sonrisa de algún ser querido, sientes el deseo de darle un puñetazo en la cara por estar tan alegre a esas horas de la mañana.

¡Enhorabuena! Has llegado al Día 4.

Durante los próximos dos días prepárate para sentir unas ganas irreprimibles de matar todo lo que se mueve. Tus hijos se encargarán de destrozarte los nervios; la manera de hablar, mascar chicle o incluso respirar de tus compañeros de trabajo te molestará en grado sumo, y tu mal humor espantará a las cajeras del supermercado y los camareros.

Tu cerebro no se alegrará precisamente cuando le retires las que hasta hace poco eran generosas recompensas de comidas superdulces, saladas o llenas de grasa, y un cerebro descontento es un cerebro estresado y ansioso. Eso por no mencionar que las hormonas intentan desesperadamente mantenerse al ritmo de tus nuevas decisiones alimentarias, que tu intestino está intentando curarse, que llevas tres días con dolor de cabeza y que echas mucho de menos tu refresco *light*.

Pero piensa que también esto pasará.

En el mejor tono posible, suplícale a tu pareja, a tus hijos, a tus padres y a tus compañeros de trabajo que tengan paciencia y te perdonen, a poder ser antes de decirles que dejen de respirar tan fuerte. Inspira hondo, come un poco de boniato y recuérdate por qué decidiste iniciar el Whole30. Te prometemos que pronto te sentirás mejor.

DÍAS 6-7: Yo solo quiero dormir un rato

Es el Día 6 y has pasado por la fase anterior sin matar a nadie. ¡Hurra! Pero la verdad es que hoy no te sientes con fuerzas para matar a nadie, aunque te fuera la vida en ello. Son las diez de la mañana y tú solo piensas en meterte debajo del escritorio a echar una cabezadita. A medida que avanza lentamente el día, esa mesa deja de ser dura y se transforma en una cosa blandita y cómoda como una almohada. Te vas al gimnasio en un estado de sopor, y te preguntas si alguien se dará cuenta si te echas en el suelo y te duermes en posición fetal.

Te controlas y no te acuestas hasta las ocho, una hora más razonable, pero después de dormir once horas no notas los efectos del descanso más que ayer.

Sabemos muy bien en qué estás pensando.

Madre mía, se suponía que todo esto del Whole30 era para que me sintiera mejor. ¿No dicen que comer así potencia mis niveles de energía?

A largo plazo, sí. Llevas mucho tiempo dependiendo del azúcar para obtener energía. Todas las magdalenas, los cafés con leche y la comida basura que te has metido han acostumbrado a tu cerebro a necesitar azúcar cada pocas horas para funcionar. Y tu cuerpo también puede funcionar muy bien usando grasa como combustible, pero tus mitocondrias (las «centrales energéticas» de tus células) necesitan tiempo para aprender a usar el cuerpo y la grasa corporal para impulsarte. Eso se traduce en que te encuentras en un limbo en el que ni ingieres la energía con la que sabes funcionar ni se te da bien usar la energía que ahora tienes a mano (más información en la pág. 138).

Existen estudios que demuestran que el proceso de «adaptación a la grasa» (la capacidad de usar la grasa como combustible) se inicia, de hecho, al cabo de pocos días, pero hacen falta unas semanas para aprovecharla al máximo. La buena noticia es que, por lo general, ese cambio se produce a lo largo de la segunda semana del método, así que si aguantas un poco más, cosecharás los mayores beneficios de la adaptación a la grasa, es decir, mañanas, tardes y noches con niveles sostenidos de energía.

Además, seguramente no te pasará nada si te saltas un día en el gimnasio.

DÍAS 8-9: ¡Noo! Los pantalones me aprietan más

Has sobrevivido a la resaca, has conseguido no matar a todo el mundo y ya notas que tienes más energía.

Y entonces vas y te pones los vaqueros.

Son solo unos pantalones vaqueros, ni siquiera los más ajustados. Unos vaqueros normales, cómodos. De hecho, te los pusiste hace tres días. (El cansancio hizo que no los lavaras. Está bien, lo entendemos.) Hace tres días te cabían. Pero esta mañana has tenido que respirar hondo para abrocharte el último botón.

¿En serio, Whole30? ¿En serio?

Por suerte, esta fase no la pasa todo el mundo, pero, si te afecta a ti, esta es la razón: los mismos procesos que te arrollaron como un camión en marcha hace unos días todavía siguen haciendo de las suyas en tu cuerpo. De hecho, tu composición física no está empeorando, eso te lo aseguramos. Pero las enzimas que digieren tu comida y los millones de bacterias que viven en tu intestino se están adaptando a tu nueva ingesta de carne y verduras y a la falta de azúcares de fácil acceso. Se trata de algo que hacen de manera natural y esas adaptaciones harán

---

¿FOD... QUÉ?

Tu mayor consumo de fruta y verdura podría ser el responsable en este caso. En primer lugar, aunque esas plantas son densas en nutrientes, también contienen algo que se conoce como FODMAP, un conjunto de carbohidratos y alcoholes de azúcar que se encuentra en varios alimentos, entre ellos la fruta y la verdura. Los FODMAP no se absorben bien y, por tanto, «nutren» a las bacterias intestinales y causan diversos síntomas, como, gases, hinchazón, alteraciones digestivas e inflamación sistémica. Además, aunque la fibra sea saludable, el aumento súbito de fibra insoluble a partir de alimentos como verduras de hoja verde, brócoli y coliflor puede irritarte el tracto digestivo. Recurre a nuestra guía de solución de problemas de la página 124 si quieres algo de ayuda digestiva en esta fase.

---

mucho para mejorar tu función intestinal a largo plazo. Pero también pueden resultar algo incómodas. Hinchazón, estreñimiento, diarrea, o las tres cosas, pueden aparecer (o reaparecer) cuando tu intestino empieza a curarse, a reequilibrarse y a procesar de manera eficaz los nuevos alimentos.

La buena noticia es que, en la mayoría de los casos, esta fase pasa relativamente deprisa y los pantalones vuelven a caber bien a los pocos días.

DÍAS 10-11: Los más duros

Basándonos en la observación de centenares de miles de personas en su paso por el programa, sabemos que lo más probable es que, si tú lo abandonas, sea en los días 10-11. Llegados a este punto, la novedad ya ha pasado. Ya has experimentado casi todos los hitos desagradables, pero todavía no has visto nada de la «magia» que promete. Todavía te cuesta establecer la nueva rutina (te salen los huevos por las orejas) y, aunque has hecho esfuerzos por mantener una actitud positiva, hoy eres muy consciente de toda la comida que «he optado por no comer de momento». Mires a donde mires, ves cosas que no puedes comer: el queso fundido de la hamburguesa de tu colega, el café cremoso de tu vecino, la cerveza fría en la nevera de tu amiga.

¡Aaaaah! ¡Qué duro es esto! ¿Serán los resultados tan buenos como dicen?

Estás irritable. Impaciente. Eres una persona adulta y puedes comer queso si te da la gana. Y, además, todo esto del Whole30 es un reto absurdo.

Ahora es cuando empiezas a experimentar de verdad el poder psicológico de tus elecciones y tus hábitos alimentarios. Has dedicado mucho esfuerzo a llegar a donde te encuentras ahora. Tu cerebro te exige algún tipo de recompensa (¡es que te la mereces!) y la comida siempre ha sido su premio inmediato. Pero en lugar de darle un capricho, te enfrentas cara a cara con la consciencia de que todavía te quedan por delante 20 días de privaciones.

En primer lugar, si sabes que esos días van a llegar, ya no lo harán sin avisar ni te pillarán por sorpresa. Prepárate para ellos y no lo pasarás tan mal. Sí, te mereces una recompensa por haberte esforzado tanto y no haberte saltado nada, pero ya va siendo hora de que redefinas tu idea de la recompensa. Piensa largo y tendido sobre las comidas que te mueres de ganas por comer y pregúntate qué necesidad esperas que cubran. ¿Sientes ansiedad y buscas reafirmarte? ¿Estás triste y buscas algo que te anime? ¿Te preocupa no acabar con éxito el método y es más fácil autoboicotearse que fracasar?

Ten presente que la comida no puede llenar ese vacío. ¿Cuándo una magdalena te ha hecho sentir una realización plena, te ha proporcionado una calma absoluta, ha hecho que percibas tu belleza? Así que búscate otra manera de cubrir esa necesidad. Programa una salida con algún amigo, regálate un nuevo aparato de cocina (puedes inspirarte en las págs. 157-163) o ve a que te den un masaje. Busca el apoyo de amigos, familiares, de nuestro foro o de nuestra comunidad en redes sociales. (Una entrada breve con la palabra «¡ayuda!» siempre capta nuestra atención.)

¿La buena noticia? Si superas esos dos días, las cosas mejorarán mucho.

DÍAS 12-15: Sueño con... ¿comida basura?

¡Hurra! El «bajón» ha pasado. La mayoría de la gente refiere que casi todos los síntomas negativos anteriores han desaparecido hacia el final de la segunda semana. Te vuelven a caber los pantalones. Tu energía ha vuelto a la normalidad. Vuelves a tener confianza en tu compromiso.

Pero te ocurre algo raro.

Sueñas. No es que tengas pesadillas locas ni extraños sueños surrealistas, sino sueños normales y de lo más realistas en los que salen... ¡dónuts! O pastelitos. O hamburguesas de comida rápida. Muchas veces la gente sueña con cosas que en realidad no ha comido ni bebido nunca en su vida real. Se trata de una experiencia muy común en el Whole30 y hay quien afirma que se parece mucho a los antojos y sueños que tienen las embarazadas. (Un participante del Whole30 dijo que durante esta fase se moría de ganas de comer pepinillos y Doritos juntos. Y estamos bastante seguros de que no estaba embarazado.)

Esos sueños suelen tener dos lecturas: o los disfrutas y despiertas riéndote, o en tu sueño crees que estás haciendo algo malo y te sientes culpable al levantarte de la cama.

Por favor, uno no puede sentirse culpable de lo que sueña. Las reglas del Whole30 son bastante exhaustivas, pero no pueden abarcar lo que ocurre en el subconsciente. Y eso es una muy buena noticia, porque algunos se ponen como cerdos cuando están en la fase REM.

El problema es que a veces esos sueños y esos ataques de hambre se trasladan a la vida real. Ese cartel luminoso de refresco *light* te llama por tu nombre y las cabezas de tus compañeros de trabajo se transforman, para tu incredulidad, en galletas gigantes delante de tus propias narices.

Bromas aparte, esta fase puede resultar muy intensa para algunas personas. Se trata de la parte del programa en que nuestro cerebro está más desesperado por devolvernos al consuelo de lo que antes comíamos para obtener una recompensa. Nuestras relaciones con la comida están muy arraigadas y se ven poderosamente reforzadas a lo largo de nuestras vidas, e intentar cambiarlas supone un proceso emocional difícil.

COMBATIR LOS ATRACONES

Según los estudios en personas que resisten a la tentación, el ataque de hambre dura 3 minutos de promedio, y la manera más eficaz de superarlo es distraerse. Ve a dar un paseo corto (aunque solo sea dar una vuelta a la oficina), paga una o dos facturas, tómate un vaso de agua, huele un aceite esencial de menta, envía un mensaje a algún amigo o lee algunas páginas de un buen libro. Este no es momento para regalarse un capricho dulce, aunque cumpla los requisitos del Whole30 (ni fruta deshidratada ni barrita de frutos secos), porque eso solo supone cambiar los ingredientes de tu recompensa, lo que no te ayudará a romper con tu hábito de sucumbir al ataque de hambre.

DÍAS 16-27: ¡Sangre de tigre!

Has llegado a la bajada del Whole30 y la vida es bella, lo que significa algo distinto para cada persona. Para algunas (generalmente las que llegaron al programa comiendo bien, haciendo ejercicio de manera regular y sintiéndose bastante bien de entrada), la sangre de tigre significa que te despiertas sintiéndote como si le hubieran dado a un interruptor y hubieran encendido la maravilla. Tienes la energía a tope, los ataques de hambre están bajo control, la ropa te sienta mejor, tienes más fuerza al practicar deporte... Te sientes imparable.

Para otras, la fase de la sangre de tigre se parece más a una sensación real de autoeficacia. No significa que las cosas sean perfectas, ni siquiera fáciles, pero te estás demostrando que eres capaz de hacer lo que estás haciendo, la situación mejora y empiezas a ver pequeños progresos casi a diario. Tus niveles de energía son más sostenidos, controlas mejor los ataques de hambre y juegas con alimentos nuevos y deliciosos. Tal vez notes que te concentras mejor, que tu composición corporal está cambiando, que no experimentas tantos cambios de humor, que tu rendimiento deportivo mejora, o sencillamente que estás más alegre estos días.

Es evidente que todo eso no tiene por qué ocurrir como por arte de magia justo a mitad del camino. Son muchos los factores que influyen en los beneficios que notarás, y en el momento en que los notarás. Si en tu caso llegas a ese punto medio y no notas ninguno de los cambios espectaculares que otros refieren, conviene que sepas una cosa: no estás haciéndolo mal.

Si iniciaste tu Whole30 con una enfermedad, un largo historial de hábitos alimentarios poco saludables o un estrés crónico, es posible que la magia tarde un poco más en aparecer, y seguramente no hará «clic» de un día para otro. Así que no te preocupes si no notas una sangre de tigre pura y dura: ten paciencia y fíjate en mejoras pequeñas, graduales, para no desmotivarte. Los lentos y seguros también ganan en esta carrera.

DÍA 21 (INTERLUDIO): Ya no puedo más

Te has plantado firmemente en la tercera semana del método, pero a pesar de los beneficios que ves, ayer te acostaste con pánico ante la idea de tener que desayunar. Y esta mañana no sentías mucho más entusiasmo. Ahora que lo piensas, te entusiasman tan poco tus opciones alimentarias actuales que si el chef Gordon Ramsay entrara de pronto en tu cocina y te preguntara qué te gustaría comer, lo más probable es que le respondieras simplemente: «Puaj».

Te encanta el modo en que tu cuerpo está respondiendo al programa, pero no sabes si podrás aguantar 9 días más. ¿El culpable? Un caso severo de aburrimiento alimentario. Para algunas personas, ese aburrimiento se hace tan abrumador que pierden por completo el apetito uno o dos días.

Tú sabes bien que la mezcla de aburrimiento y hambre es una receta segura para el desastre.

La solución: no dejar que te venza el hastío por la comida. Renueva tu apetito y tu entusiasmo por el método preparando algo nuevo gracias a las recetas que encontrarás en Instagram en @whole30recipes, organiza una cena con tus amigos de Whole30 en la que cada uno traiga algo o regálate un libro de cocina nuevo (véase pág. 422). Te garantizamos que no has probado toda la comida compatible con el Whole30, así que esfuérzate un poco y superarás este bache más deprisa.

DÍAS 22-25: La báscula (y el espejo) te llaman...

Durante la tercera semana, es posible que te descubras parándote frente al espejo con más frecuencia, tomándote una cantidad vergonzosa de *selfies* con poca ropa y contemplando con añoranza el punto del cuarto del baño en el que antes vivía tu báscula. Llevas tres semanas centrándote en tus demás victorias, no en la báscula, pero ya te mueres por saber... ¿ha cambiado algo en realidad? (Ese «algo» quiere decir tu cuerpo.)

Este es un periodo en que lo más probable es que incumplas la regla de prescindir de la báscula y te dediques a analizar, escrutar y juzgar si cada una de las partes de tu cuerpo se ha encogido, está más firme o ha experimentado algún cambio. Es algo que puede llegar a desconcentrar bastante. De hecho, es bastante probable que te despoje de ese espacio positivo y confiado que has ocupado durante la última semana, más o menos, y te devuelva a la duda, al discurso interior de la duda y al desánimo. (Es más probable aún que eso ocurra si te has pasado los días sin báscula impaciente por montarte en ella, fantaseando con la idea de pesarte.)

Es mejor que preveas que ese momento llegará y resistas las ganas de pesarte o analizarte en exceso. Retoma tus objetivos iniciales del Whole30 sobre la renuncia a la báscula y toma nota de los progresos que has hecho. Crea una lista de todo lo que quieres alcanzar con el método y concéntrate en conseguirlo. Haz el esfuerzo consciente de prescindir del espejo, a menos que realmente lo necesites (sí, se te ha quedado un trocito de kale entre los dientes), y di cosas bonitas a tus amigos y familiares por algo que no sea su aspecto físico. Te garantizamos que, si cambias el foco de atención, se te pasarán pronto las ganas

¿PROGRESO INVERSO?

También es posible que en esta fase notes que tus síntomas médicos están empeorando de nuevo. Existe una explicación científica para ello y lo que hayas hecho justo antes de empezar con tu Whole30 podría tener algo que ver. Ve a la página 113 para obtener más información y ten en cuenta que, si ese es tu caso, los síntomas casi siempre mejoran transcurrida una semana.

alimentos de una manera sistemática, consciente. Te has comprometido a cambiar de vida, y el compromiso concreto que hiciste fue dedicar 30 días, ni uno más ni uno menos.

Tómate en serio esas promesas. Si terminas ahora, lo que te estás diciendo es que los compromisos que firmas contigo están abiertos a concesiones. Te estás diciendo que no eres lo bastante importante

de pesarte, y regresarás de inmediato a tu rutina Whole30 con orgullo, alegría y confianza.

DÍA 28: 28 y 30 son casi lo mismo, ¿no?

Es el Día 28: ¡Ya casi estás! ¡Has superado todos los momentos difíciles, has vencido el aburrimiento por lo que comías, y la verdad es que te encanta el punto en el que te encuentras ahora mismo! Ahora todo esto del Whole30 es algo natural para ti, y sientes la motivación de superar el Día 28 sin despeinarte... hasta que llegas al trabajo.

Hoy se celebran los cumpleaños del mes en tu departamento y un colega te tienta durante la pausa: «Te has portado muy bien estos 28 días. Tómate un pastelito con nosotros para celebrarlo». Ignoras el comentario (a estas alturas ya te has inmunizado, o eso crees), pero la verdad es que te hace pensar: es verdad que te has portado muy bien. Y hace tanto tiempo... Prácticamente ya lo has terminado todo.

¿No da lo mismo 28 días que 30?

Pues no. No da lo mismo.

Te has comprometido a dedicarte 30 días enteros a comer bien y mejorar tus hábitos. Te has comprometido a terminar el Whole30 y a reintroducir los para respetar las promesas que te haces. Pero eso, sencillamente, no es verdad.

Tu sí eres importante.

Tú sí te mereces cumplir tus propias promesas.

Así que respira hondo y di: «No, gracias», y choca los cinco con las dos manos para celebrar que estás a punto de llegar hasta el final en tu compromiso. (Te prometemos que será mucho más satisfactorio que un pastelito comprado en una tienda.)

DÍAS 29-30: ¿Ayqueestoseacabayahora quévoyacomer?

Es el Día 29 y estás acabando el Whole30. La idea de tirar la toalla que tuviste ayer desapareció tan rápido como llegó. Pasas el día sin esfuerzo y te metes en la cama pensando alegremente: «¡Mañana es el Día 30!».

Un momento: mañana es día 30.

La idea no tarda en convertirse en algo que te causa un inmenso pánico. ¡Mañana es tu último día del Whole30! ¿Qué vas a hacer después? Has trabajado tan duro, has luchado contra toda la ira, el sueño y los ataques de hambre para llegar a sentirte tan bien como te sientes ahora. Y en todo este tiempo, nuestras reglas han sido tu espina dorsal, tu flotador, tu excusa para ser «esa persona» en situaciones sociales.

Y ahora, ¿qué se supone que tienes que hacer el Día 31?

Primero respira hondo y después relájate.

Es totalmente normal sentir algo de miedo cuando el Whole30 se acerca a su fin. Durante los últimos 30 días has vivido, respirado y comido (literalmente) nuestras reglas. Tu aspecto ha mejorado y te sientes mejor de lo que te has sentido en años.

Es natural que dudes ante la idea de hacer cambios, sobre todo si lo que temes es que, al reintroducir alimentos, desaparezca de inmediato tu sangre de tigre. Pero ten en cuenta que el Whole30 se ha pensado como un reseteado de corta duración y como experiencia de aprendizaje, y no como un plan permanente. Sabemos que asusta, pero tienes que aprender a trasladar al mundo real los hábitos que has creado aquí, lo que nosotros denominamos «montar en tu propia bicicleta».

Te hemos dado dos opciones para tu protocolo de reintroducción (más detalles en la pág. 54) y ambas son muy detalladas y especifican qué hacer durante esta parte del programa. Además, si no te sientes con la preparación necesaria para volver a ingerir alguno de los alimentos que consumías antes, has de saber que te ofrecemos una aproximación gradual a este proceso: está claro que no tienes por qué volver a comer pan, cereales y pasta desde el primer momento si no quieres.

Uf, qué alivio.

DÍA 31: Respira hondo y, tal vez, toma un poco de vino

Enhorabuena. Has terminado el Whole30. Es el momento de dedicar a uno de nuestros protocolos de reintroducción (que empiezan en la pág. 54) la misma atención que has prestado a los últimos 30 días, y mantener una actitud sincera respecto a las reacciones mentales, físicas y emocionales que te provocan las comidas y bebidas que vuelves a consumir.

Esta misma noche, ese proceso podría empezar con una copa de vino. Y no pasaría nada.

¡A tu salud, has superado el Whole30!

Whole30: la reintroducción

«Yo tenía serios dolores de barriga, que mi médico de cabecera había diagnosticado como síndrome de intestino irritable. El estómago me dolía siempre, comiera lo que comiera. El dolor siguió a pesar de consultar a dos especialistas, a un nutricionista y a un acupunturista. Me sentía como si estuviera loca. Cada vez me dolía más y ya llevaba un año así. Me habría ido a Urgencias, pero no podía ni levantarme de la cama y tomaba tres medicamentos para el estómago, además de somníferos y ansiolíticos. Decidí intentar el Whole30 porque no tenía nada que perder y, al seguirlo por primera vez, el dolor desapareció, y ahora ya no me medico y, además, he perdido 7 kilos y dos tallas de ropa. Whole30 me ha cambiado la vida.»

STEPHANIE J.

Es el Día 31. ¡Choca esos cinco! Has completado oficialmente nuestro método Whole30. Todavía te queda por seguir el protocolo de reintroducción, pero antes de que lo hagas y de que te subas a la báscula, vamos a dedicar un minuto a evaluar tus avances:

Espera un momento. ¿Qué dices?

Ya nos parece oírte: «Llevo 30 días aguantándome las ganas de pesarme, ¿y ahora queréis que espere más aún?».

Pues sí, así es.

La báscula todavía podría arrebatarte la sangre de tigre. Tal vez tú querías adelgazar 7 kilos y solo has perdido 4, o has ganado dos agujeros en el cinturón, pero la báscula dice que pesas lo mismo. La mañana del Día 31 te subirás a la báscula y dirás:

«¡El Whole30 no ha funcionado!». Pero te equivocas, y queremos ayudarte para que veas los beneficios reales que has alcanzado.

A continuación encontrarás una lista larguísima de los beneficios que puedes haber experimentado con el Whole30 (y estamos seguros de que encontrarás algunos más que no hemos incluido). Las llamamos «victorias sin báscula» y, de hecho, cuentan con su propia etiqueta en redes sociales (*non-scale victories*), porque creemos que es fundamental que evalúes tus propios resultados con el Whole30. Así que, antes de subirte a la báscula, dedica un momento a repasar con generosidad todo lo que hayas notado durante los últimos 30 días; has trabajado duro y debe llenarte de orgullo lo que has logrado.

Victorias sin báscula del Whole30

Físicas (por fuera)

- Menos manchas
- Piel radiante
- Adiós a las ojeras
- Mejora en erupciones cutáneas
- Menos granos
- Uñas más largas y fuertes
- Cabello más fuerte y grueso
- Ojos más brillantes
- Aliento más fresco
- Dientes más blancos
- Vientre más plano
- Aspecto más delgado
- La ropa sienta mejor
- Los anillos caben mejor
- Menos hinchazón
- Tono muscular más definido
- Articulaciones menos hinchadas
- Aspecto más joven
- Mayor seguridad con tu aspecto físico

Físicas (por dentro)

- Encías más sanas
- Articulaciones menos agarrotadas
- Menos dolor articular
- Menos síntomas de síndrome premenstrual
- Ciclo menstrual más regular
- Aumento de la libido
- Menos dolor de estómago
- Menos diarrea
- Menos estreñimiento
- Menos gases
- Menos hinchazón
- Mejora en la «regularidad»
- Menos episodios de enfermedad
- Menos alergias estacionales
- Menos alergias alimentarias
- Menos migrañas
- Menos ataques de asma
- Menos reflujo gástrico
- Menos ardor de estómago
- Menos dolor crónico
- Menos fatiga crónica
- Menos tendinitis/bursitis
- Menos dolores de rodilla/espalda/piernas
- Mejora de la tensión arterial
- Mejora del colesterol
- Mejor circulación sanguínea
- Mejor regulación del azúcar en la sangre
- Mejoría de los síntomas de tu enfermedad
- Reducción o eliminación de medicamentos
- Recuperación más rápida de heridas o enfermedades

Humor, emociones y psicología

- Estás más alegre
- Te muestras más sociable
- Tienes más paciencia
- Estás más optimista
- Te ríes más
- Sientes menos ansiedad
- Sientes menos estrés
- Gestionas mejor el estrés
- Tus hijos dicen que es más divertido estar contigo
- Menos cambios de humor
- Mejora del comportamiento (en niños)
- Menos rabietas (en niños)
- Mejora de los síntomas de depresión
- Mejora de síntomas en enfermedades mentales
- Menos atracones de dulces
- Menos atracones de carbohidratos
- Mejora de la autoimagen
- Mejora de la autoestima
- Mejora de la autoconfianza
- Menos dependencia de la báscula
- Mayor control de la comida

Función cerebral

- Mejora de la atención
- Mejora del rendimiento en el trabajo o la escuela
- Mejora de la memoria
- Mejores tiempos de reacción
- Menos síntomas de TDA/TDAH
- Mente más despejada
- Mayor productividad

Sueño

- Duermes más
- Te cuesta menos conciliar el sueño
- Duermes más profundamente
- Ya no necesitas sustancias para dormir
- Ya no te hace falta apagar el despertador una segunda vez
- Te despiertas con sensación de descanso
- Roncas menos
- Sudas menos de noche
- Menos apneas del sueño

- Menos síntomas del síndrome de las piernas inquietas
- Menos calambres nocturnos

Energía

- Más energía
- Niveles de energía más constantes
- Más energía por la mañana
- Ausencia de sopor a mediodía
- Más energía para jugar con tus hijos
- Más energía para hacer deporte
- Más energía para socializar
- Más energía en el trabajo o la escuela
- Ya no necesitas comer cada dos horas
- Ya no te pones de mal humor si no comes
- Te sientes con energía entre comidas
- Necesitas menos azúcar o cafeína para aumentar tu energía

Deporte, ejercicio y juego

- Has empezado a moverte o a hacer ejercicio
- Eres más constante con el ejercicio
- Puedes ejercitarte más tiempo, a un nivel más alto, más rápido
- Te sientes en mejor forma
- Puedes levantar cosas más pesadas
- Mejoras tus marcas en el gimnasio o en tu deporte
- Te recuperas mejor de tu ejercicio o tu deporte
- Confías en ti para iniciar nuevas actividades

- Juegas más con tus hijos o tu perro
- Coordinas mejor los movimientos
- Tienes más equilibrio
- Sales más

Comida y conducta

- Relación más saludable con la comida
- Menos trastornos alimentarios
- Comes con consciencia plena
- Sabes leer las etiquetas
- Sabes qué alimentos benefician o perjudican tu salud
- Comes y te sacias
- Escuchas a tu cuerpo
- Has dejado las dietas con efecto yo-yo y las radicales
- Ya no te da miedo la grasa alimentaria
- Has aprendido a cocinar
- No usas la comida como consuelo
- No usas la comida como recompensa
- No usas la comida como castigo
- No usas la comida para gestionar el estrés
- Ya no sientes dependencia del azúcar y los carbohidratos
- Conoces la diferencia entre el hambre y el ansia (ataques de hambre)
- Tienes menos ataques de hambre
- Tienes estrategias más saludables para combatir los ataques de hambre
- Tu dieta es más variada, más colorida, con más vitaminas y minerales
- La comida ya no tiene «efectos secundarios» no deseados

- Ya no hay culpa/vergüenza
- Ya no te das atracones
- Cuando te das un capricho, es de manera consciente
- Cuando te das un capricho, lo saboreas

Estilo de vida y socialización

- Nuevos hábitos saludables que transmitir a tus hijos
- Más conocimientos sobre nutrición
- Compras productos de tu zona y de temporada
- Conoces nuevas técnicas culinarias
- Sabes nuevas recetas
- La preparación de las comidas es más organizada y eficiente
- Has hecho amistades con ideas afines que apoyan tu estilo de vida
- Maximizas tu presupuesto en alimentación
- Inviertes menos tiempo y dinero en la consulta del médico
- Has creado otras metas de salud
- Los hábitos alimentarios saludables han unido más a tu familia
- Has entrado en una nueva comunidad
- Tus hijos llevan los mejores almuerzos al colegio
- La gente te pregunta qué haces para estar tan bien
- La gente te pide consejos sobre salud, alimentación y estilo de vida
- Eres Whole30

¡Qué bien! Ahora, repasa todos los puntos que has marcado y no te prives de un instante (o más rato) para sentir orgullo por lo conseguido y para atribuirte el mérito más que merecido por todo tu esfuerzo. Y, recuerda, el Whole30 es solo el primer paso en tu cambio de vida. Y los beneficios siguen llegando cuanto más tiempo mantengas los nuevos hábitos saludables que has aprendido.

Muy bien, ahora ya puedes subirte a la báscula, medirte y tomarte la foto del «después» para comparar. (Estamos seguros de que te sentirás un 72 %

¿DEBERÍAS SEGUIR?

Si consultas la lista de resultados y no te impresiona, tal vez necesites algo de tiempo con el método para experimentar sus máximos beneficios. Aunque 30 días es un gran comienzo, no siempre es posible corregir problemas médicos, hábitos muy arraigados o años de aumento de peso sostenido en solo un mes. Mucha gente refiere un beneficio extraordinario al añadir 15, 30 o incluso 60 días al método y, si ya has llegado tan lejos, ¿qué son unas pocas semanas más? Si has experimentado alguno de los beneficios del programa, pero aún esperas mejorar, plantéate la posibilidad de alargar tu Whole30, sobre todo si te enfrentas a enfermedades (como la artritis, la diabetes o la enfermedad de Lyme), a problemas causados por tu estilo de vida (como alergias o eccema) o a considerables ataques de gula en los que te apetecen cosas dulces y comida basura. Si te parece que prolongar el Whole30 podría beneficiarte, sigue adelante y regresa a esta sección cuando llegue el momento de la reintroducción.

más feliz con tu peso y tu talla después de pasar por nuestro ejercicio de «victorias sin báscula».)

La reintroducción del Whole30

Es el momento de iniciar la Fase 2 del Whole30: la reintroducción. Este proceso es fundamental para tu aprendizaje, así que, por favor, no te saltes esta parte.

En serio.

Esta es tu oportunidad de volver a introducir de manera lenta, cuidadosa y sistemática alguno de los alimentos «prohibidos» que echabas de menos en el entorno «limpio» que has creado gracias al Whole30. Ahora tienes la ocasión de evaluar de verdad cómo te hacen sentir esos alimentos en el contexto de una mejor relación con la comida, de un metabolismo mejorado, de un aparato digestivo más sano y de un sistema inmunitario más equilibrado. Permítenos que ilustremos con un ejemplo la importancia de este proceso.

Es el Día 31 y decides celebrar que has llegado al final del Whole30 dándote caprichos: unas tortitas, un bocadillo con patatas fritas, una cerveza (o dos), una porción de pizza, un cuenco de helado... Ah, y medio dónut que te has encontrado en la encimera de la cocina de la empresa. ¡Eh, has trabajado muy duro y te lo mereces!

Y el Día 32, cuando te sientas como si te hubiera atropellado un camión (cuando tu dragón del azúcar está por las nubes, no tienes energía y notas el estómago más hinchado que una pelota, y estás de un humor de perros, peor que en todo el mes), no sabrás por qué. ¿Han sido la pizza o el pan los culpables de que la piel se te haya irritado? ¿Han sido las tortitas las que te han desencadenado el ataque de gula, o ha sido el helado? ¿Tu estómago está reaccionando por el dónut, la cerveza o (lo más probable) todo el festival de comida basura que has introducido en tu aparato digestivo?

Treinta días de esfuerzo completamente malgastados, porque no has aprendido nada sobre el impacto que tienen en ti esas comidas menos saludables.

Así que no lo hagas. Por favor.

Ya has llegado hasta aquí, así que dedica un poco más de tiempo a cosechar los beneficios de nuestros programas de reintroducción, cuidadosamente diseñados. Ten paciencia y lleva contigo el resto de tu vida las lecciones que aprenderás los próximos días. Si pasas con prisas por este proceso, no le sacarás ni mucho menos todo el partido.

Pues muy bien, ahora que ya lo hemos dejado claro, te informamos de que hemos creado dos vías de reintroducción para que escojas una: la «vía rápida» y el «paseo». ¿Cuál es la diferencia?

El plan de reintroducción por la vía rápida es exactamente eso, aplicar nuestro protocolo completo de reintroducción en solo 10 días. Está pensado para personas que saben muy bien qué echan de menos y quieren determinar lo antes posible en qué medida esos alimentos tienen un efecto negativo en ellas, a fin de empezar a aplicar enseguida, en el mundo real, lo que han aprendido. Si estás conforme con los resultados de tu Whole30 y te sientes en disposición de volver a incluir alguno de esos otros alimentos en tu vida, este es tu plan.

Nuestro plan de «paseo» es mucho más gradual y dura tanto tiempo como cada quién quiera. No se basa en nuestra cronología, sino en la tuya. Es para la gente que se siente tan bien después del Whole30 que no está en disposición de reintroducir alimentos menos saludables por el mero hecho de reintroducirlos; de hecho, ya le va bien seguir comiendo fundamentalmente Whole30 hasta que se le presente algo realmente increíble, aunque para eso tenga que pasar otro mes entero. Este escenario vale sobre todo para aquellos que han experimentado una mejora significativa en sus problemas de salud durante el Whole30 y sospechan que sus síntomas regresarán con energías redobladas una vez que empiecen a salirse de los límites.

En los dos casos, la premisa es simple: tratar el plan como un experimento científico en el que el Whole30 es tu «grupo de control» y cada alimento específico, el «grupo experimental». Irás introduciendo los alimentos en tu dieta uno a uno, al tiempo que mantienes el resto de tu dieta en consonancia con las reglas del Whole30. Ello implica que deberás planificar cuidadosamente y no combinar grandes grupos de alimentos mientras dure el periodo de reintroducción. (No te preocupes; te vamos a dar unos horarios y unos días de muestra para cada caso.)

Verás que no hemos añadido una cronología fija para reintroducir el azúcar en ninguno de los dos planes. La verdad es que no hace ninguna falta, puesto que ya ingerirás azúcares añadidos cuando introduzcas esos alimentos «prohibidos» y, además, resulta casi imposible distinguir los efectos del azúcar o de los alimentos con un alto contenido de carbohidratos del impacto de otros elementos menos saludables presentes en esos mismos alimentos. Tú fíjate solamente en el impacto del azúcar sumado a

¿NO LO ECHAS DE MENOS?

En ambos planes, si no echas de menos una comida o bebida en particular que sabes que no es muy saludable, no la reintroduzcas. ¿No echas de menos el tofu, los frijoles, el queso *cottage* o la pasta? Si existen indicios de que estos alimentos no son buenos para tu salud y no contienen ningún nutriente vital que no estés recibiendo de los alimentos saludables que estás comiendo, no hay razón alguna para incorporarlos de nuevo a tu dieta. Reintroduce solo los alimentos que imaginas que querrás incluir de nuevo en tu dieta de vez en cuando, y deja el resto felizmente atrás.

otros grupos de alimentos (por ejemplo, si reaccionas más negativamente cuando te comes un dónut que cuando te comes el borde de una pizza, puedes tener la certeza de que la combinación de cereales con gluten y azúcar es particularmente nociva en tu caso. (Si realmente te interesa la idea de reintroducir el azúcar como un elemento aislado, consulta la pág. 148.)

Iremos detallando los dos planes de reintroducción de uno en uno, te daremos cronologías detalladas y días de muestra para cada uno. Lee hasta el final las dos opciones antes de decidir cuál vas a seguir, porque seguramente obtengas información valiosa a partir de la descripción de cada planteamiento.

Plan de reintroducción: la vía rápida

El beneficio de nuestro programa de vía rápida es que te sacas de encima la fase de reintroducción en un tiempo relativamente corto y eres libre para aplicar en el mundo real lo aprendido. Tal vez encuentres una gran libertad y alegría al poder reintroducir de manera rápida algunos de esos alimentos en tu dieta habitual, y al mismo tiempo hacerlo de un modo que te permita seguir avanzando hacia lo que es «más saludable». Además, dado que el plan está muy estructurado, dispondrás de un método claro para reevaluar esos alimentos sin que los efectos de un grupo alimentario entren en conflicto con los de otro. Por último, al contar con el beneficio de saber exactamente cuándo vas a reintroducir esos alimentos, puedes estructurar las cosas de manera que cualquier efecto secundario negativo no te arruine la vida del todo.

La mayor desventaja es que podría ser que pasaras unas dos semanas bastante malas. Reintroducir tantos alimentos «prohibidos» en un periodo tan breve de tiempo (sobre todo cuando tu organismo lleva un tiempo feliz sin ellas) implica que tu

CÓMETELO TODO

En realidad, nos sorprendería que siguieras queriendo darte un banquete de comida basura cuando llegue el Día 31. En un estudio realizado en 2014 con más de 1.300 participantes que seguían el Whole30, el 76 % dijo que, aunque al principio pensaron que apenas llegara el Día 31 se darían toda clase de caprichos, cuando acabaron realmente el método, ya ni siquiera les apetecía probar esos alimentos.

energía, tu sueño, tu humor, tus ataques de hambre, tu piel, tu digestión y tus síntomas médicos podrían aflorar todos de golpe.

¿Te acuerdas de que hace unos pocos días tenías ganas de volver a tu querida pizza, a tus cervezas y a tu helado?

Lo único que te decimos es: ¡prepárate!

¿La buena noticia? Una vez lo hayas hecho, podrás seguir avanzando e implementar un plan nutricional saludable y equilibrado que te servirá para el resto de tu vida.

A continuación detallamos la muestra de un plan de reintroducción por la vía rápida. (Ten en cuenta que los alimentos que seleccionamos para estos días de muestra no tienen por qué ser los que escojas tú.)

DÍA 1 (opcional): Evalúa un alcohol libre de gluten al tiempo que mantienes el resto de la dieta totalmente Whole30. Para quienes habéis echado de menos el vino tinto, el tequila 100 % de agave o la cerveza sin gluten, aprovechad esta oportunidad para reintroducirlos. Tómate una copa o dos (¡no te pases!) en algún momento del día, prestando atención a lo que notas durante y después de la experiencia. A continuación, vuelve a seguir el

Whole30 durante 2 días y observa cómo va todo. Presta atención, evalúa y decide cómo, con qué frecuencia y en qué cantidad incorporar el alcohol a tu vida... si es que quieres.

DÍA 1 (O 4): Evalúa las legumbres, al tiempo que mantienes el resto de la dieta totalmente Whole30. Prueba una buena cucharada de mantequilla de cacahuete sobre tu manzana verde para desayunar, una sopa miso y salsa de soja en tu sashimi del almuerzo, y una guarnición de alubias negras para cenar, y fíjate bien en lo que notas. Después, vuelve al método Whole30 durante 2 días y observa cómo va todo. Presta atención, evalúa y decide cómo, con qué frecuencia y en qué cantidad incorporar las legumbres a tu vida... si es que quieres.

DÍA 4 (O 7): Evalúa los cereales sin gluten,* al tiempo que mantienes el resto de la dieta totalmente Whole30. Tómate un cuenco de avena, una ración de arroz blanco, nachos de maíz, un bocadillo con pan sin gluten, y fíjate en cómo te sientan. Después vuelve a seguir el Whole30 durante 2 días y observa cómo va todo. Presta atención, evalúa y decide cómo, con qué frecuencia y en qué cantidad incorporar los cereales sin gluten a tu vida... si es que quieres.

DÍA 7 (O 10): Evalúa los lácteos, al tiempo que mantienes el resto de la dieta totalmente Whole30. Tómate un yogur natural por la mañana, añade leche o nata al café, remata la ensalada con queso por la tarde, y pon mantequilla y nata agria en la patata asada de la cena, y fíjate en cómo te sientes. Después vuelve a seguir el Whole30 durante 2 días y observa cómo va todo. Presta atención, evalúa y decide cómo, con qué frecuencia y en qué cantidad incorporar los lácteos a tu vida... si es que quieres.

> ### ADVERTENCIA
>
> Se trata de una vía rápida, no de una vía corta. Ni te plantees acortar más este programa; si lo haces, los efectos secundarios menos saludables empezarán a acumularse, te sentirás aún peor y te resultará más difícil determinar qué alimento causó qué síntoma negativo. Sigue el método Whole30 durante como mínimo dos días entre cada grupo de reintroducción (consulta «La reintroducción del Whole30: preguntas frecuentes» en la página 147 para obtener más información).

DÍA 10 (O 13): Evalúa los cereales con gluten,** al tiempo que mantienes el resto de la dieta totalmente Whole30. A lo largo del día, tómate un cuenco de trigo integral o una magdalena, dos rebanadas de pan integral, alguna galleta salada y una cerveza, y fíjate en cómo te sientes. Después vuelve a seguir el Whole30 durante 2 días y observa cómo va todo. Presta atención, evalúa y decide cómo, con qué frecuencia y en qué cantidad incorporar los cereales con gluten a tu estilo de vida... si es que quieres incorporarlos.

¡Enhorabuena! Técnicamente, tu plan de reintroducción ya ha terminado, y ahora ya puedes poner en práctica durante el resto de tu vida lo que has aprendido. Evidentemente, solo tú puedes decidir qué te compensa y qué no. Si el vino te daba migraña, la leche te producía muchos gases o el pan hacía empeorar tu eccema, depende de ti decidir si esos efectos secundarios te merecen la pena. Tal vez el vino

---

* Maíz, arroz blanco o integral, avena sin gluten certificada, quinoa, etcétera.

** Cualquier producto elaborado con trigo, centeno o cebada: pan, cereales, pasta, galletas saladas, cerveza, etcétera.

te gusta tanto que decides cambiar una copa por un dolor de cabeza. En ese caso, ¡a tu salud! Ahora eres responsable de cuándo, cuánto y con qué frecuencia decides reincorporar esos alimentos a tu vida, y poner el límite aquí o allá depende enteramente de ti.

En todo caso, ¿no te alegras de saberlo?

Gracias a tu conciencia Whole30, sabes que es mala idea tomar vino durante un almuerzo de trabajo, o un gran vaso de leche antes de tu primera cita, o pan antes de una sesión de fotos. Ahora ya sabes lo bien que te hacen sentir los alimentos incluidos en el Whole30 y cómo te afectan exactamente los excluidos. Esas son las ventajas de la reintroducción: la conciencia que aporta y la libertad que tendrás ahora para crear una dieta saludable, equilibrada y sostenible que te mantenga durante toda tu vida en ruta hacia lo «más sano».

No está nada mal a cambio de un mes de esfuerzo.

Plan de reintroducción: de paseo

El plan de paseo no marca plazos de tiempo. La idea es que sigas comiendo principalmente según el método Whole30 hasta que algo muy especial o delicioso se ponga en tu camino y decidas que estás en disposición de darte un capricho y evaluar los efectos.

La ventaja es que seguirás con tu vida diaria sintiéndote imparable, rebosante de energía gracias a una dieta Whole30 que te funciona muy bien. Además, mantendrás tu actual calidad de vida, viviendo sin síntomas (o con menos) siempre y cuando te ajustes al plan. Asimismo, si solo reintroduces alimentos cuando te resulten absolutamente irresistibles, los saborearás más y sentirás menos tentaciones ante otros no tan especiales que «simplemente están ahí». Por último, dado que solo reintroduces pequeñas cantidades de comidas «prohibidas» cada vez (un postre en un día especial, una copa de tu vino favorito, el pan casero de tu madre...), es posible que los efectos secundarios no sean tan

severos ni duren tanto como los de los días de reintroducción por la vía rápida.

La desventaja es que, en vez de reservar tres días para reintroducir y evaluar unos alimentos específicos, los estarás probando «a pelo», sin saber cómo van a afectarte. Ello implica que podrías pasarte tu

UNA CONSIDERACIÓN SOBRE EL PASEO

Hay una manera de mantener tu dieta diaria más sostenible sin poner en peligro tu sangre de tigre. Para darte un pequeño respiro en este plan de reintroducción extendido, plantéate la posibilidad de relajar la prohibición de tomar azúcar añadido cuando llegues al Día 31. Ello no implica que te comas un pastel con glaseado y lo acompañes de una bebida energética, pero si quieres un poco de beicon curado con azúcar para acompañar los huevos, o ponerle un poco de kétchup a la hamburguesa, o tomar la vinagreta que viene con la ensalada en el restaurante, no te cortes. En realidad, con esto no estás modificando demasiado tu dieta: tú ya comías carne, condimentos y ensaladas con aliños durante tu Whole30. Lo único que hacemos es ampliar un poco tus opciones, de una manera que no te hará salir pitando hacia la primera pastelería. Evidentemente, si sospechas (o sabes) que algún alimento desatará a tu dragón del azúcar, no lo consumas. Las mantequillas de frutos secos azucaradas o las mantequillas de coco, el chocolate negro o las natas que acompañan al café podrían llevarte directamente al camino de los ataques de hambre y el consumo excesivo.

fin de semana de aniversario enfrentándote a dolores de barriga, retención de líquidos o descomposición, y eso no es precisamente romántico.

Además, cuando se da un conflicto en torno a si algo merece la pena o no, o bien tendrás que prescindir de un alimento o bebida que en realidad te apetece, o perderás algo de la conciencia que podrías haber alcanzado a partir de un plan más estricto. Pongamos, por ejemplo, que asistes a una cena familiar y te apetece mucho tomar el pan de maíz de tu madre y la tarta de manzana de tu abuela. Se te plantea un dilema: o bien comes las dos cosas y renuncias a saber con seguridad si algunos de los efectos negativos te los causa el maíz, el gluten, el azúcar o una combinación de las tres cosas, o bien prescindes de una y tal vez lamentes habértela perdido.

Si para ti los beneficios de la reintroducción lenta superan las posibles desventajas, a continuación encontrarás un diario de muestra que ilustra cómo funciona. En todo caso, conviene que entiendas que es solo un ejemplo: tu plan dependerá de cuándo te tropieces con algo que te merezca la pena.

DÍA 31: ¡Ya he terminado el Whole30! Lo celebro con un chocolate con el 90 % de cacao, pero de momento no voy a reintroducir nada más. Esta sangre de tigre me hace sentir muy bien.

DÍA 35: Mi madre ha preparado tarta de manzana de postre, pero no es mi favorita y en realidad no me apetecía, así que no he comido. ¡Y ha sido fácil!

DÍA 42: Esta noche celebro mi cumpleaños y me apetece mucho tomarme una copa de vino con la cena, pero también quiero postre. Cuando llegue al restaurante, decidiré si en realidad me apetece alguna de las dos cosas.

DÍA 43: El vino me da dolor de cabeza, pero estaba delicioso. Vuelvo a mi Whole30, más o menos

(básicamente Whole30 + kétchup y una cucharada de miel en el té).

DÍA 47: Noche de cine en casa, y me muero de ganas de comerme unas palomitas calientes con mantequilla. ¡A por ellas! Todavía me queda mantequilla clarificada, así que voy a probar qué tal me sienta el maíz.

DÍA 48: No me sentó mal. Sin efectos apreciables, más allá de que comer unas pocas palomitas me hizo querer comer muchas palomitas. Vuelvo al Whole30 unos días.

DÍA 50: Estamos en México, y me muero de ganas de comerme un buen churro recién hecho. Reintroduzco el gluten. (Bueno, en realidad, no, pero es que me apetece mucho el churro.)

DÍA 51: Mal, mal, mal. A mi cuerpo no le gustan los churros. En absoluto. El gluten no me va bien y me lo pensaré mucho antes de volver a comerlo.

Llegas al punto en el que sigues con tu dieta cuasi-Whole30 hasta que algo espectacular se te cruza en el camino. Decides reintroducirlo. Prestas atención, regresas al Whole30 estricto durante al menos 2 días, y repites.

Es un maratón, no un esprint

Una de las cosas que más nos gustan de la reintroducción de paseo es que hace hincapié en un aspecto muy importante: la reintroducción es un proceso que dura toda la vida. Ahora que tienes una guía para conseguir un mejor aspecto y sentirte lo mejor posible (el Whole30), cada vez que vayas a comer una comida menos saludable deberías saborearla inmensamente a la vez que prestas mucha atención a cómo te afecta.

Cuanta más experiencia tengas con el método

EFECTO ACUMULATIVO

Otra nota de cautela: el impacto de algunos de esos alimentos en nuestro cuerpo puede ser acumulativo. Tal vez no notes ningún problema si te comes un cuenco de palomitas de maíz, pero si repites la operación tres días seguidos, a tu estómago no le gustará nada y empezarán los picores por toda la piel. Por eso es importante que sigas fijándote en tu respuesta a esas comidas, incluso cuando el plan de reintroducción ya ha terminado. Tal vez descubras que debes moderar no solo la inclusión de ciertas comidas en tu dieta, sino también las dosis.

Whole30, más consciente serás, y más capaz serás de identificar los matices sutiles de la comida y sus efectos en ti. Cuando vayas por tu segundo o tercer Whole30, y por su respectiva reintroducción, descubrirás que te fijas en cosas en las que nunca te habrías fijado antes: que el hecho de que comer gluten te pone triste, o que demasiado azúcar te provoca mal humor durante los 2 días siguientes.

Por último, si realmente estás prestando atención, descubrirás que el concepto de «merecer la pena» o «compensar» va cambiando a medida que pasa el tiempo. Con cierta frecuencia deberías evaluar de manera crítica lo que te merece la pena, prestando mucha atención a tu experiencia cuando ingieres ciertos alimentos. ¿La idea de comer eso era mejor que el hecho en sí de comértelo? ¿Antes te encantaba algo, pero ahora ya no te dice nada? ¿Podrías pasar tranquilamente hoy sin algo sin lo que ayer creías que no podías vivir? Pues no tengas miedo de cambiar en este punto: tú eres el jefe, y tu capricho favorito de hoy podría convertirse en un «esto no es para mí».

Avanzar con cautela (atención: ataques de hambre)

Un último punto importante, que lleva a muchos participantes del Whole30 a tropezar durante su proceso de reintroducción. Si en algún momento empiezas a sentir que no controlas tus elecciones alimentarias (como si lo que has reintroducido hubiera despertado a tu dragón del azúcar), regresa al Whole30 tanto tiempo como te lleve estabilizarte. No esperes, no lo retrases, no intentes convencerte de lo contrario. Si no lo haces así, te descubrirás bajo una capa de azúcar lustre, sorbiendo un *mocha latte* grande mientras pides una pizza por teléfono para comer y preguntándote por qué te aprietan tanto los pantalones otra vez.

Sabes muy bien de qué estamos hablando.

Esto ocurre con más frecuencia al reintroducir alimentos azucarados o cereales con gluten: comer de nuevo magdalenas, chocolate, «postres» o pan puede provocar en algunas personas un deseo imperioso de consumir carbohidratos procesados y azúcar. Así que alerta con los ataques de hambre, por si asoman sus feas cabezas, y frena ese proceso antes de que domine tu cerebro regresando a un Whole30 estricto.

¿Este consejo te parece algo extremo? Pero bueno, ¿de veras me descontrolaré después de apenas un día comiendo alimentos excluidos? Pues sí, podría pasarte. Y aquí nos tomamos muy en serio la adicción al azúcar y a los carbohidratos, así que, por favor, haznos caso y no sientas como un fracaso tener que regresar al Whole30 unos días más para que las cosas se calmen. En realidad estás triunfando, porque no tienes miedo de hacer lo que es mejor para ti, para tu salud a largo plazo y para tu relación con la comida. ¡Tú ganas!

La buena noticia es que probablemente solo te hagan falta unos días para regresar a terreno firme, sentirte muy bien y controlar la situación. Y habrás aprendido a tener aún más cuidado a la hora de reintroducir esos alimentos «desencadenantes».

SEGUNDA PARTE

Todo lo que te hace falta saber

«*El 4 de mayo de 2014 descubrí por casualidad* It Starts With Food. *Pesaba 11 kilos de más, y ya tenía reservado mi primer viaje a Italia. Salía al día siguiente. Me leí todo el libro aquella noche y cancelé el viaje. Perdí todo el dinero. Tenía que empezar. Empecé el Whole30 el 5 de mayo. He pasado de 111 kilos a 97, de una talla 44 a una 38. Pero lo mejor de todo es que ya no siento esas ganas locas de tomar azúcar. Tengo 65 años y lo que más lamento es no haber descubierto todo esto hace 60 años. Todos los días me maravilla el hecho de que, por primera vez en mi vida, no estoy a dieta. Gracias, muchísimas gracias.*»

JEFF M.

Tú tienes preguntas; nosotros, respuestas

Ya dominas las reglas del Whole30, tienes un grupo de amigos y familiares que te apoyan en tu viaje (en persona u online), y has dado cinco pasos fáciles pensados para poner en orden tu casa, tu mente y tu plan Whole30. Pero sigues teniendo preguntas.

Lo sabemos. Ya contábamos con ello. De hecho, nos encantan las preguntas. Incluso las que pueden parecerte tontas. ¿Sabes por qué?

Porque las preguntas significan que estás intentando hacer las cosas bien de verdad.

Nosotros respondemos a todas las preguntas que recibimos de los seguidores del Whole30, tanto en las redes sociales como a través del foro. Incluso preguntas que ya hayamos respondido 1343 veces. Porque cuando tú preguntas algo, nos haces saber que el Whole30 es importante para ti. Nos estás demostrando que te planteas de manera crítica los siguientes 30 días de tu vida, que te interesa profundizar en tu comprensión de las reglas y sumarte al espíritu y la intención del programa. Tus preguntas nos transmiten tu implicación y tu entusiasmo y, lo más importante de todo, tu compromiso. Y eso nos encanta.

Así pues, en las 15 secciones siguientes hemos documentado más de 5 años de preguntas y respuestas sobre el Whole30: los aspectos técnicos («¿puedo comer hummus?», «¿puedo comulgar?»), los retos relacionados con los estilos de vida («¿cómo me enfrento a un restaurante?», «¿qué me llevo en un vuelo de larga duración?») y las preocupaciones emocionales («¿por qué no puedo pesarme?», «¿qué pasa si como algo "prohibido" sin querer?»).

Hemos respondido todas esas preguntas y más, a veces en un formato de preguntas/respuestas, a veces de forma narrativa. Hemos agrupado en un mismo sitio nuestro aprendizaje, experiencia, dominio y sentido común sobre el Whole30.

Si se llama «Todo lo que te hace falta saber» es por algo. Esa es la parte fácil.

Pero ahora viene lo difícil.

Nosotros somos más partidarios de «enseñar a pescar» que de «regalar peces». Eso significa que preferimos que seas tú quien descubra dónde encontrar las respuestas que dártelas masticadas. Evidentemente, con estas secciones te damos una gran ventaja de partida, pero, aun así, es posible que descubras que te planteas algo que nosotros no hemos cubierto aquí.

¿Puedo tomar polen de abeja? (Sí.)

¿Volverá a crecerme el pelo si sigo el Whole30? (Probablemente, no.)

¿Puedo ponerme leche en el café si soy madre lactante y es mi propia leche? (Esto es algo que nos ocurrió en realidad y la respuesta es: tú, sí, pero tu marido, no.)

Así que, si te encuentras con una pregunta cuya respuesta no aparece en este libro, lo que tienes que hacer es buscar en nuestro foro online en *whole30.com*. Es gratis, las búsquedas son rápidas y te garantizamos que prácticamente todas tus preguntas ya han sido formuladas y respondidas con anterioridad. Si no es así, inicia un nuevo hilo y lanza la pregunta: nuestros experimentados veteranos y los moderadores del foro te ofrecerán los mejores consejos de inmediato.

¿No eres mucho de foros? ¡Pues busca en Google! Ahí aparecerán resultados de nuestro foro, cosas que tal vez ya hayamos respondido en las redes sociales, o entradas de blog sobre el tema de otros seguidores del Whole30.

¿Sigues sin encontrar lo que estás buscando? Tu última opción es preguntarnos directamente en las redes sociales. Escoge un medio: Facebook, Twitter o Instagram, y dirígete a la página 420 para saber exactamente cómo encontrarnos. Obtendrás una respuesta autorizada de alguien del equipo Whole30 en el transcurso de un día, aproximadamente, aunque es muy posible que los miembros de nuestra comunidad actúen incluso antes. (¡Tus nuevos amigos del Whole30! ¡Sí!)

Así que ahí lo tienes: muchas respuestas, muchas opciones, todas ellas a tu alcance. No sabemos bien qué más podríamos hacer, más allá de meternos en tu casa y cocinar por ti. Algo que, por cierto, alguien nos pidió que hiciéramos a través de Twitter.

Denise, ojalá hubiéramos podido. En serio.

Quienes vais sobrados podéis leer esta sección de principio a fin ahora mismo, y os ayudará a prepararos mejor antes de empezar el método. A los que ya os sentís algo desbordados, debemos deciros que no pasa nada. Tenéis que saber que estas respuestas, consejos y trucos estarán ahí cuando los necesitéis, así que adelante con vuestro Whole30, y regresad a esta sección si surge una pregunta o necesidad específica. También puede optarse por una combinación de ambas: hojear ahora la sección, y regresar a ella si

GRUPOS DE FACEBOOK

Hay muchos grupos de Facebook relacionados con el Whole30, y nos encanta constatar que los miembros de nuestra comunidad se unen para apoyarse unos a otros en su viaje. Pero conviene ser cauto, sobre todo si se es nuevo en el método. Esos grupos no los gestiona ni supervisa el equipo del Whole30, lo que significa que la información que presentan podría no ser exacta. Sin ninguna duda, únete (o crea) un grupo para encontrar amistad y apoyo, y para compartir buenas recetas. Pero si tienes alguna pregunta sobre las normas, los alimentos o los fundamentos científicos del método, asegúrate de visitar la página oficial del Whole30 en Facebook o nuestro foro online para obtener directamente nuestra respuesta.

hace falta un pequeño recordatorio o una motivación extra durante el Whole30.

¿A punto para empezar?

Seguro que sí.

Preguntas frecuentes sobre el Whole30

«Acabo de terminar mi primer Whole30 y quería dar las gracias. Siempre he estado en forma y he comido bien, pero a los 50, a mi cuerpo le hacía falta una puesta a punto. Además, tenía el colesterol alto (252), algo que preocupaba a mi médico. Empecé con el Whole30. Perdí dos kilos, casi todos de la zona abdominal, que no está mal; ahora mi cintura mide 78 cm. Me han hecho analíticas y los resultados han sido excelentes. Me ha bajado el colesterol a 207, los triglicéridos están a unos niveles normales, el colesterol LDL es normal y el HDL ha bajado hasta niveles saludables. Y, por si todo eso fuera poco, disfruto cocinando para mí y mi familia.»

BILL B.

¿Tanto importa un trocito de pizza o una jarra de cerveza?

SÍ. No es que nos interese hacernos los duros, sino que son evidencias científicas. El sentido de toda dieta de eliminación es apartar de tu vida por completo el 100 % de los alimentos posiblemente problemáticos durante 30 días seguidos. Sin esa supresión completa, tu cuerpo no experimenta lo que es la vida sin esos desencadenantes. Tal vez te parezca que un bocado aquí y un sorbo allá no sean para tanto, pero si eres sensible a esos alimentos,[*] solo hace falta una cantidad muy pequeña para acabar con el reseteado que supone el Whole30; para alterar el intestino, disparar el sistema inmunológico y desencadenar posiblemente los síntomas de tus dolencias.

Tal vez digas: «Pero si fuera sensible, lo sabría». Pues no. No lo sabrías. Nadie sabe si es sensible a algo hasta que ocurre algo que le hace darse cuenta

de que lo es. Conocemos a personas celíacas que se han pasado años comiendo pan antes de darse cuenta de que había un problema. La razón de ser del Whole30 es identificar esas sensibilidades. Así que hasta que hayas cumplido a rajatabla con el Whole30 (es decir, que lo hayas respetado al 100 % durante al menos 30 días), es posible que no lo sepas.

He comido algo «prohibido». ¿Tengo que empezar desde el principio?

LA RESPUESTA CORTA ES SÍ. Principalmente porque así lo exigen las evidencias científicas. Introduces algo inflamatorio en un entorno «recién limpio» y tienes que empezar de nuevo desde el principio. Es que, además, así son las reglas. El método Whole30 es muy claro: no hay que saltarse nada, no hay que hacer trampas, no existen las ocasiones especiales. El programa exige 30 días seguidos de cumplimiento estricto y, si no, hay que volver a la casilla de salida, al Día 1. ¿A que es fácil de entender? Pero no empieces de nuevo porque nosotros lo queramos así; hazlo porque te has prometido llegar hasta el final. Porque te has comprometido contigo. Has decidido pulsar

---

[*] Eso es especialmente así en el caso de los cereales (sobre todo del gluten), los productos lácteos, la soja, los cacahuetes y el alcohol.

el botón para resetear tu salud, tus hábitos y tu relación con la comida y cambiar de vida a través del Whole30. Así que debes llegar hasta el final con tu compromiso, porque tú te lo mereces.

He comido algo prohibido sin querer. ¿En serio tengo que empezar de nuevo?

PONGAMOS QUE TE ENCUENTRAS en casa de tu madre el Día 22 y le has preguntado tres veces si la comida lleva cereales o legumbres y ella te ha dicho que no. Entonces, cuando ya vais por la mitad del primer plato, tu madre te dice: «El ingrediente secreto de este pastel de carne es... ¡la salsa de soja!» (problema doble en este caso, porque la salsa de soja suele contener tanto soja como trigo). En una situación así, tú has hecho todo lo posible. Has preguntado y te han respondido, y has cumplido a rajatabla con el Whole30, al menos que tú supieras.

Aun así te aconsejaríamos empezar de nuevo. Las reglas son las reglas, y solo obtendrás los máximos beneficios si te das 30 días seguidos según el protocolo. Pero si el estrés de empezar de nuevo o el nivel de resentimiento hacia tu madre van a hacerte más mal que bien, entenderíamos que te limitaras a considerarlo una experiencia de aprendizaje y siguieras con el programa hasta terminarlo. A fin de cuentas, todos somos adultos, y al final es decisión tuya si empiezas de nuevo o no.

¿Es el Whole30 un método bajo en carbohidratos?

EL WHOLE30 NO ESTÁ PENSADO COMO DIETA BAJA EN CARBOHIDRATOS. Aquí no se cuentan calorías ni carbohidratos, no se restringe el consumo de estos ni se da ninguna guía sobre los gramos de carbohidratos que hay que comer. (Tampoco es una dieta sin carbohidratos; la gente piensa que estos solo están en el pan, los cereales y las pastas, pero la verdura y la fruta también los contienen.) Gracias a los alimentos ricos en nutrientes por los que optarás, tu dieta seguramente incluirá menos carbohidratos

de los que consumías, pero es muy probable que eso sea algo bueno. A menos que seas una persona con una inmensa actividad física o practiques deportes de resistencia o ejercicios vigorosos varias veces a la semana, no te hacen falta montones de carbohidratos para obtener energía. De todos modos, si te encuentras en una de esas categorías, tendrás que incorporar específicamente a tu dieta diaria verduras y frutas ricas en carbohidratos para asegurar un nivel suficiente de combustible para tus actividades. Preocúpate de comer patatas, calabazas de invierno, plátanos o bananas, entre otras frutas, todos los días, para que tus reservas de energía te permitan entrenar.

¿Es el Whole30 como la dieta Atkins?

EN REALIDAD, NO. La Atkins es una dieta deliberadamente baja en hidratos de carbono y alta en grasas con el propósito fundamental de perder peso. Controlar la ingesta de calorías y carbohidratos es obligatorio para cumplir con las cantidades estipuladas de carbohidratos de cada fase. A quienes la siguen se les anima a comer comida «de verdad», pero también se les ofrece una gama de comidas envasadas, batidos y barritas para complementar las comidas. El queso, la leche, los edulcorantes artificiales y los refrescos *light* también están permitidos en ese método.

Comparativamente, el Whole30 no es ni bajo ni alto en nada; nuestro patrón de comidas (pág. 213) es, de hecho, bastante moderada en cuanto a las cantidades recomendadas de proteínas, carbohidratos y grasas. Y, lo que es más importante, la finalidad del Whole30 es resetear tu salud, tus hábitos y tu relación con la comida. No está pensado para perder peso, aunque quienes lo siguen lo pierden como consecuencia de la mejoría de su estado de salud. Por último, el Whole30 no exige pesarse ni medirse (algo que en general no gusta), sino que se centra mucho más en la calidad de la comida y ataca específicamente los atracones y las adicciones alimentarias.

¿Es el Whole30 como una dieta paleo?

EN UN SENTIDO GENERAL, SÍ. El Whole30 se basó originalmente en el marco paleo y suele omitir alimentos que no forman parte de una dieta paleo típica, como son los cereales y las legumbres. Sin embargo, nosotros no nos basamos en la evolución ni en la historia (lo que nuestros antepasados del Paleolítico comían o dejaban de comer). A nuestro método le interesa sobre todo el impacto que tiene la comida en nuestra salud y nuestros hábitos en el mundo moderno. Excluimos algunos de los alimentos que hay quien técnicamente consideraría «paleo» (como la miel o los productos horneados hechos con harina de almendras) y, en cambio, permitimos otros que, por lo general, no se incluyen en las dietas paleo (como las patatas y las judías verdes). En todo caso, sí es cierto que ambos programas se solapan en muchos puntos; mucha gente llega al Whole30 desde una dieta paleo, o descubre que las tablas de comidas paleo más generales les funcionan bien una vez que han culminado su Whole30.

¿Por qué 30 días?

LAS INVESTIGACIONES SOBRE HÁBITOS demuestran que, de promedio, se necesitan 66 días para afianzar un nuevo hábito, pero cuanto más complejo y difícil es un cambio, más se tarda en que arraigue la conducta nueva. A partir de esos estudios sobre hábitos, no teníamos mucho margen a la hora de diseñar el método. Podríamos haberlo convertido en un Whole66 (o más largo), pero la idea de cambiar de dieta de esta manera durante más de 2 meses habría asustado y disuadido a la gente. Podríamos haberlo hecho más corto (pongamos por caso un Whole14), pero sabíamos que así, seguramente, no te llegarían los increíbles beneficios del método. Así que optamos por una vía intermedia. Treinta días es tiempo suficiente para crear nuevos hábitos y notar unos resultados asombrosos, pero no tanto como para asustarte y no atreverte a hacerlo.

¿Puedo seguir el método durante menos de 30 días?

EN CIRCUNSTANCIAS ESPECIALES, SÍ. Creemos que incluir un Whole7, o un Whole10, en tu vida en momentos clave es una manera extraordinaria de realizar un reseteado efectivo que te ayude a ponerte a tono. La parte mala es que, para que sirva de algo, antes tienes que haber seguido un Whole30 entero y mantener tus nuevos hábitos bastante más a menudo que antes. Cuanto más cumplas con el Whole30 y más se ajuste tu vida diaria a los mínimos que exige, con más rapidez superarás cualquier consecuencia negativa y alcanzarás la fase de la sangre de tigre. (¿Te acuerdas de la sangre de tigre de nuestra cronología?) Pero si te apuntas a un Whole7 a pelo, o tras 6 meses de un festival de carbohidratos, acabarás notando todos los efectos desagradables sin ver ninguno de los beneficios.

Para los participantes con experiencia en el método Whole30, recomendamos seguir un Whole7 o un Whole10 la semana anterior o posterior a unas vacaciones, o durante momentos de estrés, cuando la comida sana te ayudará a enfrentarte más fácilmente a los retos. Las reglas son exactamente las mismas. Además, no te limites a 7 o 10 días: tú sigue hasta que sientas que vuelves a estar en el buen camino de la salud, que controlas tus hábitos alimentarios.

¿Debería plantearme alargar el Whole30 hasta 45 o 60 días?

NOS REFERIMOS A ELLO EN LA SECCIÓN DE REINTRODUCCIÓN (pág. 57), pero si tienes una enfermedad crónica, o autoinmune, o un largo historial de hábitos poco saludables o de adicciones, tal vez te interese alargar más de 30 días tu Whole30. Si bien el programa básico es lo bastante largo como para ponerte en la dirección correcta y procurarte algunos de los resultados que esperas comprobar, no es razonable suponer que años (o décadas) de síntomas médicos o de hábitos alimentarios vayan a revertir en un solo mes. Las enfermedades autoinmunes precisan de 6 meses o más de intervención en la dieta y el estilo de vida para que se produzca una sanación significativa y una remisión de los síntomas. Si te crees capaz de comprometerte con el método hasta convertirlo en un Whole45, Whole60 o Whole90 ya desde tu primera vez, ¡adelante! Otra opción es ir paso a paso, y no decidir si alargas el programa hasta el Día 31.

¿Se puede hacer el Whole30 para siempre?

SI DE VERDAD LO QUISIERAS, claro que podrías seguir con el Whole30 el resto de tu vida. A diferencia de otras «dietas», el Whole30 no tiene ningún periodo de inducción temporal, no restringe las calorías y te proporciona abundantes vitaminas, minerales, fitonutrientes y fibra esencial para que goces de buena salud a largo plazo, lo que implica que, si siguieras el programa siempre, te mantendrías en un estado de salud óptimo. Sin embargo, no creemos que debas implementar un Whole365. Desde un punto de vista práctico, respetar las reglas del Whole30 todos los días podría llegar a ser bastante estresante; además, eliminarías por completo la oportunidad de permitirte algunos alimentos extraordinarios, realmente especiales, que quedan excluidos del programa. (No tienes por qué comer pasta fresca en Italia ni brindar con champán en la boda de tu mejor amiga, pero a nosotros nos gustaría que sintieras que, si quisieras, podrías hacerlo.) Recuerda que en algún momento vas a tener que trasladar al mundo real lo que has aprendido y tomar tus propias decisiones sobre lo que consideras que merece la pena y lo que no. Si nunca las pones en práctica (si siempre recurres a las reglas del Whole30 para que sean ellas las que decidan por ti) nunca alcanzarás una verdadera libertad con la comida.

¿Debo empezar el Whole30 si coincide con festividades y celebraciones (Navidad, Acción de Gracias, Janucá, etcétera)?

NO LO RECOMENDAMOS. En primer lugar, el Whole30 tiene que ver sobre todo con la conciencia.

La única manera de aprender cómo afectan ciertos alimentos a tu salud es prestar mucha atención durante ese periodo de eliminación de 30 días y en el posterior periodo de reintroducción. Durante las celebraciones nadie tiene tiempo para fijarse en nada, de modo que, sencillamente, no vas a poder dedicarle al método la energía que se merece. Además, las fiestas ya son de por sí bastante estresantes, con sus reuniones, sus regalos, los desplazamientos…, por no hablar de los caprichos y las tentaciones. Podrías estar predisponiéndote a un abandono si intentas cumplir con un método tan riguroso como el Whole30 en un momento ya de por sí estresante. Por último, las festividades están hechas para celebrar tradiciones familiares, para rendir homenaje a nuestras culturas y patrimonios culturales, y casi siempre incluyen platos caseros especiales. Esa clase de comidas deberían respetarse, saborearse y compartirse en compañía de los seres queridos y, si estás siguiendo el Whole30, te perderás una experiencia que solo sucede una vez al año.

Ello no implica que tengas que enterrar la cara en todos los cuencos de chucherías con los que te tropieces. No renuncies a probar el Whole30 antes de una época de celebraciones para ponerte a tono y potenciar las posibilidades de éxito durante las fiestas, e intercala algunos días comiendo al estilo Whole30 entre festividades, encuentros y eventos. (Y asegúrate de seguirnos en *whole30.com* cada 1 de enero para nuestro «arranque» oficial de Año Nuevo.)

¿Qué fundamentos científicos avalan vuestras recomendaciones?

LAS BASES CIENTÍFICAS de nuestras recomendaciones nutricionales generales se exponen con detalle en *It Starts With Food*. Además, incluimos en las referencias de dicho libro más de 400 estudios revisados por pares que avalan nuestras recomendaciones.

Alimentos

«Yo no sabía cocinar. Me moría de ganas de comer cosas dulces, y para mí comer sano era tomarme un pollo con verduras. ¡Qué aburrimiento! El Whole30 me ha motivado y me ha llevado en una dirección totalmente nueva. Me lo paso muy bien usando vuestras directrices y recetas y experimentando para ver qué sabores nos gustan, y el Whole30 nos ha animado a ir más allá de la lechuga, las judías verdes y el brócoli. Mi meta para este año era aprender a cocinar y, gracias a vosotros, voy por el buen camino.» Amanda M.

ACEITE DE SÉSAMO: sí

Aunque es apto durante el método, la mejor manera de usarlo es en pequeñas cantidades, como ingrediente de un aliño o una salsa, o salpicando con él un guiso justo antes de apagar el fuego. Cocinar con un aceite tan frágil (sobre todo a altas temperaturas) puede llevar a la oxidación, lo que a su vez potencia la inflamación corporal cuando se consume.

ACEITES VEGETALES: algunos a regañadientes (porque a veces tienes que cenar fuera)

Aunque no creemos que los aceites vegetales sean nunca una opción saludable, no los prohibimos expresamente en el Whole30. Si lo hiciéramos, no podrías comer fuera de tu cocina, porque todos los restaurantes los usan de una forma u otra en sus elaboraciones. Nuestra intención es crear el método más saludable posible, pero también tiene que ser asumible para aquellos que viajan por negocios o placer, o que simplemente quieren comer fuera durante ese mes.

Los aceites de maíz, salvado de arroz, soja y cacahuete quedan excluidos del método porque vetamos los cereales en todas sus formas (maíz y arroz) y las legumbres (soja y cacahuetes) en el Whole30. Sin embargo, el aceite de canola (también conocido como aceite de colza), el de alazor (o cártamo), el de girasol y el de semillas de uva están permitidos, aunque no animamos a su consumo.

⭐ CONSEJO: *Elimina el consumo de aceites vegetales en casa, incluso si no sigues el Whole30, y asegúrate de que tu dieta se base en las opciones más saludables posibles, sobre todo si comes fuera con frecuencia. Nuestros mejores consejos y trucos para comer fuera los encontrarás en la página 101.*

ÁCIDO CÍTRICO: sí

Se trata de un agente conservante y saborizante común en los alimentos enlatados o envasados como tomates y aceitunas. En cualquier caso, añadir ácido cítrico a la comida no afecta a los resultados durante el Whole30.

ADITIVOS: lee el etiquetado

La mayor parte de los alimentos procesados contienen aditivos para mantener el color, retrasar su caducidad, estabilizarlos o emulsionarlos. No siempre resulta fácil determinar cuáles son saludables y cuáles no, pero aquí te lo simplificamos para que durante tu Whole30 excluyas solo el glutamato de sodio, los sulfitos y los carragenanos (véanse las entradas concretas para saber por qué). Todos los demás aditivos, incluido el ácido cítrico, el gluconato ferroso y la goma guar son aceptables, aunque desde aquí te animamos a que intentes encontrar productos sin ningún aditivo.

⭐ CONSEJO: *Si no sabes bien qué es determinado aditivo ni para qué sirve, búscalo en Google. Wikipedia es una buena fuente de información básica, y tal vez te tranquilice descubrir que algo de nombre tan temible como el «ácido ascórbico» que se añade a tus frambuesas es en realidad un término rimbombante para referirse a la vitamina C.*

ALFORFÓN O TRIGO SARRACENO: no
Es un pseudocereal; desde el punto de vista botánico no lo es, pero contiene componentes que pueden causar problemas similares. Todos los cereales y pseudocereales son incompatibles con el Whole30.

ALGARROBA: sí
Aunque técnicamente la algarroba es una legumbre, el polvo de algarroba suele extraerse, en general, de la vaina de la planta, no de la semilla. Dado que todas las partes posiblemente problemáticas se encuentran en la semilla, el polvo de algarroba no presenta problemas en el Whole30, aunque en este caso también hay que aplicar la misma prohibición de elaborar postres chocolateados.

ALIÑOS: prepáralos en casa
Casi todos los aliños comerciales incorporan ingredientes vetados, como aceite de soja o azúcar añadido. Resulta muy fácil prepararlos en casa (encontrarás recetas de aliños en la pág. 322).

BARRITAS DE FRUTAS O FRUTOS SECOS: lee el etiquetado y consúmelas con prudencia
Existen numerosas marcas y variedades de barritas de fruta y frutos secos que son aceptables durante el Whole30, pero hay que leer las etiquetas. Asegúrate bien de que no lleven ningún azúcar añadido ni otros ingredientes vetados, como cacahuetes o cereales sin gluten.

⭐ CONSEJO: *Recomendamos usar estas barritas como tentempiés de emergencia, o como comida durante un viaje, o como combustible durante una práctica deportiva de resistencia. Son lo más cercano a una chuchería que se puede consumir durante el Whole30 (incorporan dátiles como aglutinante), así que no las uses para satisfacer ataques de hambre de azúcar. Tu cerebro no distingue entre una barrita de chocolate y una de frutos secos.*

BEICON: lee el etiquetado
Resulta dificilísimo encontrar beicon sin azúcar añadido, pero si lo encuentras, puedes consumirlo sin problemas. (Recuerda, si hay azúcar en cualquier formato en la lista de ingredientes, el producto no es apto para el Whole30, por más que la etiqueta diga que el contenido de azúcar es de 0 gramos.) Puedes investigar en tu tienda de productos naturales, o preguntar a algún granjero local o carnicería de confianza.

⭐ CONSEJO: *El mejor beicon es el que incluye los términos «orgánico» o «de pastoreo» en la etiqueta; mejor aún, pregúntale al criador local si sus cerdos se crían en un entorno natural y siguen una dieta natural.*

BROTES DE ALUBIA: sí

La planta de la alubia (el brote) puede comerse sin problemas. Los componentes problemáticos se encuentran en la alubia misma, que es la semilla.

CACAO (100 %): sí

El cacao 100 % es genial si se usa para dar sabor a recetas. No hay ningún problema si lo añades al café o al té, o si te lo preparas solo, como sustituto del café. Pero, según las normas del método, no está permitido mezclar el cacao con dátiles u otras frutas para preparar postres «chocolateados» ni «chocolate caliente» endulzado.

CARNE, HUEVOS Y GRASAS ANIMALES DE CRIANZA CONVENCIONAL: sí

Queremos que comas alimentos de la mejor calidad que puedas permitirte, sobre todo por lo que se refiere a productos animales. La mejor carne, los mejores pescados y mariscos, los mejores huevos y grasas animales proceden de animales criados en su entorno natural (en condiciones ideales, orgánicamente) y con una alimentación natural. Ello se traduce en buscar en las etiquetas descripciones como «alimentado con hierba», «orgánico», «de pasto», «de pesca salvaje». En todo caso, se trata de una recomendación sobre lo que es mejor, pero no un requisito para el método Whole30. Los productos animales criados de manera convencional (en granjas tipo fábrica) también son aceptables.

CARRAGENANO: no

El carragenano es un extracto de algas concentrado y procesado que se usa para espesar alimentos procesados, y se encuentra en todas partes, desde fiambres hasta yogures y chocolates. Es inflamatorio si atraviesa la pared del intestino y entra en el organismo, algo que podría pasar si sufres de permeabilidad intestinal. (De hecho, el carragenano se usa en estudios de laboratorio para «crear» inflamación en animales.) Es más, el carragenano de mala calidad puede descomponerse en componentes capaces de atravesar barreras intestinales sanas. Por todo ello, excluimos específicamente el carragenano del Whole30.

⭐ CONSEJO: *Puede resultar difícil encontrar fiambres (como pavo o roast beef) sin azúcares añadidos o carragenano, pero existen marcas aptas en tiendas de alimentación saludable. Ten paciencia, lee todas las etiquetas y pregunta en la charcutería; a veces, los fiambres envasados contienen carragenano, pero los que se cortan al momento en el mostrador, no.*

CEREALES «PALEO»: no

Las recreaciones de cereales «paleo» suelen confeccionarse con una base de frutos secos y semillas, y casi siempre están edulcoradas para parecerse a los cereales favoritos de tu infancia. Si bien los frutos secos y las semillas son aptos en el Whole30, los recomendamos en cantidades limitadas porque el tipo de grasa que contienen no es el más saludable. Además, comerse un cuenco grande de «cereales» no deja mucho sitio para otros alimentos más ricos en nutrientes (como los huevos, el salmón, las espinacas o los frutos rojos) a la hora del desayuno. Por último, replicar el bol de cereales (que muchos de nosotros usábamos antes en grandes cantidades) no es el comportamiento potenciador del cambio de hábitos que queremos propiciar con nuestro método. Si quieres, puedes hacerlo mejor.

CHÍA: sí

Esas «semillas» no pertenecen a la misma familia botánica que el resto de las semillas que eliminamos junto a los cereales y las legumbres, por lo que no hay ningún problema en consumirlas durante el Whole30.

⭐ CONSEJO: *No es probable que las semillas de chía te causen ningún problema grave, pero tampoco son el superalimento rico en omega-3 que nos dicen que son. La chía debe considerarse igual que cualquier otro fruto seco o semilla, y consumirse en cantidades limitadas.*

CHICLE: no

Todas las gomas de mascar contienen una u otra forma de edulcorante añadido (incluido el xilitol) que no son aceptables en el Whole30.

⭐ CONSEJO: *Masticar durante horas seguidas envía al cerebro el mensaje de que estás comiendo. Si te pasas mucho tiempo masticando, pero no comes, tu cuerpo se mostrará bastante confundido en sus respuestas, entre otras la de secretar ácido en el estómago y saliva en ausencia de comida entrante. Plantéate la posibilidad de cepillarte los dientes más a menudo o de comer pequeñas cantidades de hojas de menta o semillas de hinojo para tener un aliento fresco.*

CHOCOLATE NEGRO: no

Todo lo que no sea cacao 100 % está vetado durante el Whole30. Incluso los chocolates negros con un 90 % de cacao están endulzados y, por tanto, se consideran «dulces».

COMUNIÓN: sí

Dejémoslo claro: Dios está por encima del Whole30, y decidir si se comulga durante el método es algo totalmente personal. Si bien las hostias, en su mayoría, contienen gluten, y este podría afectar al proceso de «reseteado» y a los resultados del

Whole30, nunca te pediríamos que renunciaras a tu fe para cumplir con nuestras reglas.

⭐ CONSEJO: *Actualmente, algunas iglesias progresistas ofrecen hostias sin gluten, y comulgar con ellas contribuiría en tu empeño por tener una mejor salud intestinal. Podrías aprovechar la ocasión para hablar con tu comunidad o tus líderes eclesiásticos para averiguar si hay otros miembros que preferirían la opción sin gluten.*

DÁTILES: sí

Toda la fruta, incluidos los dátiles, está permitida en el Whole30. Pero, por favor, no intentes convertir los dátiles en una forma de edulcorante añadido (por ejemplo, no los hiervas hasta convertirlos en una pasta tipo jarabe): aunque técnicamente respetarías las reglas, algo así va contra el espíritu y la intención del método.

⭐ CONSEJO: *Estas pequeñas bombas de azúcar son todo un chute, y lo más cercano a una chuchería que puedes comer en el Whole30. Te desaconsejamos encarecidamente que los uses como un «premio» para alimentar a tu dragón del azúcar.*

ESPECIAS: lee el etiquetado

Las especias, las hierbas y las mezclas de especias son una manera estupenda de añadir sabor y emoción a la comida, pero conviene leer la etiqueta y evitar las que lleven ingredientes vetados.

EXTRACTO DE VAINILLA: no

Para ser sinceros, creemos que esta regla es algo estúpida: nadie usa el extracto de vainilla para ponerse a tono. Pero debemos ser coherentes con las directrices para evitar confusiones. Todos los extractos de vainilla contienen alcohol o azúcar de alcohol, que están vetados en el Whole30. (Si ves «extracto de vainilla» en alguna lista de ingredientes, también puedes darlo por descontado de tu Whole30.)

⭐ CONSEJO: *Sí puede usarse polvo de vaina de vainilla 100 % en lugar de extracto de vainilla, o rascar el interior de una vaina de vainilla. Nosotros lo usamos en una proporción de 1:1 en recetas; una cucharada de extracto de vainilla = una cucharada de vaina de vainilla o de polvo de alubia de vainilla.*

GLUTAMATO MONOSÓDICO: no

Se trata de un potenciador del sabor habitual en numerosos productos alimentarios procesados. Se ha demostrado que ese ingrediente químicamente estructurado tiene efectos neurotóxicos y está, además, relacionado con la obesidad. Como creemos que es perjudicial, lo excluimos expresamente del Whole30, así que, si lo ves en alguna etiqueta (en una lata de atún, por ejemplo), búscate una alternativa más saludable. La buena noticia es que la mayoría de los productos con glutamato monosódico ya quedan fuera del programa, pero de todos modos puedes descargarte nuestra hoja *Common Additive Cheat-Sheet* en *www.whole30.com/pdf-downloads* para descubrir otros nombres bajo los que se disfraza el glutamato monosódico.

GOMA GUAR: sí

Se trata de una goma vegetal, un espesante común que se encuentra a menudo en la leche de coco enlatada, y no debería tener ninguna consecuencia negativa importante para la salud durante el Whole30. (Lo mismo puede decirse de otras «gomas» espesantes, estabilizantes y emulsionantes, como la goma de garrofín, la goma xantana o la goma gelana.)

⭐ CONSEJO: *Son muy pocas las personas que refieren sensibilidad a la goma guar, pero si notas algún problema digestivo después de consumir leche de coco, intenta reducir en primer lugar la cantidad que consumes de una vez. Si no mejoras, pásate a alguna marca que no la contenga.*

HARINA DE ALMENDRA/HARINA DE COCO: sí

Sí, se puede comer harina de almendra, de coco, de tapioca y otras harinas que no provengan de cereales, pero es algo que depende del contexto. Pueden usarse en vez de pan rallado para las albóndigas, para rebozar un filete de pollo o para espesar una salsa o un guiso. No pueden usarse para horneados «paleo», es decir, para elaborar tortitas, pan, tortillas mexicanas, galletas, magdalenas, masa de pizza, gofres o cualquier otra cosa por el estilo. Recuerda que esos alimentos quedan expresamente suprimidos durante el Whole30 (véase «Caprichos, fijaciones con la comida y báscula», pág. 107).

HELADO «PALEO»: no

Da igual si está hecho de leche de coco o de plátanos congelados; la única finalidad de ese producto elaborado es imitar el sabor, la textura y la sensación de recompensa de un helado. (No nos digas que obtendrías la misma satisfacción si te comieras un plátano congelado porque te retamos a probarlo.) Además, el añadido de cacao, mantequillas de frutos secos, frutos secos u otras frutas hace que este preparado cremoso entre de lleno en el territorio del «capricho dulce», algo que está expresamente prohibido durante el Whole30. (Véase «Caprichos, fijaciones con la comida y báscula», pág. 107.)

HOJA DE ESTEVIA: no

Si bien no se trata de un ingrediente altamente procesado, como sí lo son sus primos en forma líquida o en polvo, la única finalidad de la estevia es endulzar algo que no es lo bastante dulce. Y eso es algo que pretendemos que evites durante el Whole30. No lo hagas y aprende a apreciar los sabores naturales de los alimentos, y no consumas cosas dulces que harán que aumenten tus ganas de más azúcar.

⭐ CONSEJO: *Recuerda que el mero hecho de que una comida sea «natural» no la convierte automáticamente en saludable. Seguro que oirás mucha propaganda sobre la estevia, el néctar de coco y el jarabe de agave como alternativas más saludables al azúcar blanco, pero los centros de tu cerebro que se encargan de las recompensas y los hábitos no discriminan entre el azúcar de mesa y esos jarabes de maíz con elevados índices de fructosa. Por eso decimos que «el azúcar es azúcar», porque desde una perspectiva psicológica, todo es lo mismo.*

HUMMUS: no
El hummus tradicional se confecciona con garbanzos, que son legumbres. Una alternativa puede ser el *baba ganoush* (crema de berenjenas).

JUDÍAS VERDES: sí
El problema con las legumbres viene cuando se consume la semilla. Como ocurre con los tirabeques o con las vainas de guisantes tiernos, las judías verdes son sobre todo verdura (la vaina) y solo contienen unas semillas diminutas, inmaduras. Por tanto, no nos preocupan demasiado sus posibles desventajas: si las judías verdes son lo peor de tu dieta Whole30, eso es que lo estás haciendo bien.

KÉTCHUP: hazlo en casa
Casi todos los kétchups comerciales contienen azúcar añadido en una forma u otra. Si no, puedes sustituirlo por salsa de tomate mexicana, o preparar nuestro kétchup de la página 343. De todos modos, no esperes un sabor tan dulce como los kétchups que tomabas antes; el del Whole30 no sabe tanto a caramelo dulce, y tiene un punto avinagrado más marcado.

LEVADURA NUTRICIONAL: sí
Aporta una textura deliciosa y un sabor tostado a los guisos, las guarniciones de verduras y las ensaladas. Vigila bien su origen y asegúrate de que la opción escogida sea sin gluten.

MAYONESA: prepárala en casa
Te costará encontrar una mayonesa comercial que no contenga ingredientes vetados, sobre todo azúcar añadido. Incluso la mayonesa «con aceite de oliva» está elaborada en su mayor parte con aceite de soja. La buena noticia es que es muy fácil prepararla en casa cumpliendo con las reglas del Whole30. (Véase la receta de nuestra mayonesa básica, pág. 197.)

MOSTAZA: lee el etiquetado
La mostaza es una buena elección, pero hay que leer atentamente la etiqueta. Las mostazas amarillas suelen ser aptas, pero casi todas las demás variantes contienen sulfitos, que están vetados.

⭐ CONSEJO: *Mucho cuidado con las mostazas tipo Dijon, porque en su mayoría contienen vino blanco.*

PAN «PALEO»: no
En realidad, habríamos querido decir: «¡No, por Dios!». Comprar (o preparar en el horno de casa) pan paleo durante tu Whole30 es no haber entendido nada. Te estamos pidiendo que cambies de hábitos alimentarios, no solo de ingredientes. Pan es la definición misma de una comida sin frenos

y pobre en nutrientes, y no cumple en absoluto las normas, por más que esté hecho con harina de coco. Además, todo pan elimina alimentos más nutritivos del plato. Simplemente di «no» y mete el fiambre entre hojas de lechuga si te apetece un bocadillo. O setas portobello, o rodajas de berenjena asada.

⭐ CONSEJO: *Lo mismo pasa con las tortillas mexicanas, los wraps, las galletas, los panecillos ingleses, el pan ácimo, de pita, o cualquier otro producto similar al pan que puedas ver recreado con ingredientes aptos para el Whole30 en una tabla de Pinterest. Te diríamos que lo sentimos, pero no sería sincero: tu cerebro, tan amante del pan, nos dará las gracias cuando acabes el Whole30.*

PATATAS CHIPS: no

Aunque reconocemos que las patatas son comida de verdad, también sabemos que consumidas en forma de patatas fritas (de freidora o de bolsa) dejan de ser un simple «producto» para convertirse en un producto comercial adulterado. Es fácil encontrar chips de boniato, remolacha o verduras que sí cumplen con los requisitos del Whole30, pero no es nada fácil consumirlas de un modo compatible con el espíritu del Whole30. Cuesta encontrarles un sitio adecuado en nuestra tabla de comidas (no, media bolsa de chips de remolacha y verduras fritas no es una manera adecuada de consumir la cantidad diaria recomendada de verdura), y es todavía más difícil dejar de comerlas una vez que la ración asignada ha terminado. Para la mayoría de nosotros, las chips son un claro ejemplo de comida sin frenos, y pertenecen a esa zona oscura y profunda de alimentos menos saludables que, teóricamente, sí cumplen las normas de los ingredientes permitidos. Por ello, durante el Whole30 no permitimos freír verduras con almidón para convertirlas en chips. (En cambio, si quieres asar un poco de kale o col rizada hasta que esté crujiente, o cortar muy fina una jícama para comer con guacamole, adelante.)

PATATAS FRITAS: no

Es más o menos el mismo argumento que en el caso de las chips: cualquier cosa sumergida en aceite vegetal y frita es, por defecto, no muy saludable, y las patatas fritas son uno de esos alimentos sin frenos contra los que te advertimos. Para la mayoría de nosotros, las patatas fritas son un claro ejemplo de comida sin frenos, y están en esa zona oscura y profunda de alimentos menos saludables con ingredientes teóricamente aptos. Por ese motivo no permitimos las patatas fritas en freidora, ya sean comerciales o caseras, durante el Whole30 (pero sí se aceptan las patatas de cualquier variedad en formato hervido, asado, al vapor, pasadas por la sartén con poco aceite, a la parrilla, al microondas o rustidas).

PEPINILLOS EN VINAGRE: lee el etiquetado

Muchas marcas conocidas de encurtidos contienen ingredientes vetados (como el azúcar) o aditivos de resonancias químicas (como el polisorbato 80). Hay que leer las etiquetas y tal vez acudir a una tienda de productos saludables si tienes antojo de pepinillos.

POLVO DE ARRURRUZ: sí

Es una buena elección como espesante y puede resultar particularmente útil en salsas. Pero, como ocurre con la harina de almendra, su uso no es apropiado en productos horneados.

QUINOA: no

Es un pseudocereal (no lo es desde un punto de vista botánico, pero contiene componentes que podrían causar problemas similares). Todos los cereales y pseudocereales están vetados en el Whole30.

SABORIZANTES NATURALES: sí

Esta categoría de ingredientes puede desconcertar incluso a los más avezados lectores de etiquetas. Resulta imposible saber qué incluyen esos sabores o de dónde vienen, pero no quedan explícitamente excluidos del Whole30.

SAL: sí

Al suprimir comidas envasadas y procesadas, se elimina la inmensa mayoría del sodio de la dieta. Añadir sal a tus platos Whole30 no te hará sobrepasar los límites de sodio saludables y, si la retiras totalmente, corres el riesgo de provocarte un desequilibrio de electrolitos (por no hablar de lo aburrido que es comer sin sal). Te animamos a consumir una mezcla de sal de mesa yodada y sal marina.

⭐ CONSEJO: *¿Sabías que toda la sal de mesa yodada contiene azúcar? El azúcar (a menudo en forma de dextrosa) es químicamente esencial para impedir que se oxide y se pierda el yoduro de potasio. Por eso la sal es una excepción a la regla del Whole30 que obliga a prescindir de todo «azúcar añadido». Sin esa excepción nunca podrías comer fuera de casa, porque la sal de mesa yodada se usa en todos los restaurantes y comidas precocinadas.*

SALCHICHAS: lee el etiquetado

Como ocurre con el beicon, puede ser difícil encontrar salchichas sin azúcares añadidos ni ingredientes excluidos, pero si lo consigues, adelante. (Recuerda, si en la lista de productos aparece azúcar en alguna de sus formas, no es apto para el Whole30, por más que en la etiqueta ponga «azúcar: 0 gramos».) Consulta en tu tienda de productos saludables, pregunta a los criadores locales o a tu carnicero/charcutero de confianza o prepárate tus propios medallones de salchicha usando nuestra receta de la página 180.

⭐ CONSEJO: *Si buscas la salchicha más saludable, busca las palabras «orgánicas» o «de pastos» en las etiquetas o, mejor aún, pregunta a tu criador local si sus cerdos se alimentan en un entorno natural y siguiendo una dieta natural.*

SALSA PICANTE: lee el etiquetado

Aunque es una manera estupenda de dar sabor y alegría a los platos Whole30, conviene leer con atención las etiquetas.

SEMILLAS DE CÁÑAMO: sí

Estas semillas no pertenecen a la misma familia botánica que las que eliminamos junto a los cereales y las legumbres, así que pueden comerse durante el Whole30.

SEMILLAS DE LINO: sí

Estas «semillas» no pertenecen a la misma familia botánica de las semillas que excluimos junto a los cereales y las legumbres, así que se pueden consumir durante el Whole30.

⭐ CONSEJO: *No es probable que las semillas de lino te causen ningún problema grave, pero tampoco son el superalimento rico en omega-3 que nos dicen que son. El lino debe considerarse igual que cualquier otro fruto seco o semilla, y consumirse en cantidades limitadas.*

SOLANÁCEAS: sí

Es un grupo de plantas con componentes que podrían resultar inflamatorios para ciertas poblaciones (por ejemplo, las personas con enfermedades autoinmunes o las que sufren inflamación crónica o dolor de articulaciones). Si bien las solanáceas podrían resultar inflamatorias para ciertas personas, para la mayoría son una opción saludable y rica en nutrientes. No te prives de disfrutar de las solanáceas en todas sus formas durante el Whole30, a menos que las elimines específicamente a causa de una hipersensibilidad conocida.

⭐ CONSEJO: *Algunas de las solanáceas son: ashwagandhas, pimientos morrones (dulces), tomates de arbusto, uvilla, coconas, berenjena, hierba mora, bayas de goji, guindillas o pimientos picantes (chiles, jalapeños, habaneros...), kutjera, naranjillas, pepinos dulces, pimientos del piquillo, patatas (rojas, blancas, baby, moradas, etcétera; pero no boniatos o ñames), tamarillos, tomatillos, tomates y especias como la cayena, los copos de chile, el polvo de chile, el curry, la paprika y el pimentón.*

SULFITOS: como aditivos, no (pero si se dan de manera natural, adelante)

Los sulfitos aparecen de manera natural en muchas comidas y bebidas, y son una consecuencia de la fermentación. Se encuentran en la mayoría de los vinos y vinagres de vino tinto y balsámicos, pero también se añaden a comidas procesadas para retrasar su caducidad, preservar el color e inhibir el crecimiento microbiano. Los sulfitos pueden causar importantes síntomas dermatológicos, pulmonares, gastrointestinales y cardiovasculares en personas sensibles, razón por la cual los excluimos explícitamente durante el Whole30. Lee las etiquetas: si aparece cualquier forma de sulfito entre los ingredientes (incluido el metabisulfito de potasio, un aditivo corriente de la leche de coco), está vetado.

TAHINI: sí

Es una pasta elaborada con semillas de sésamo. Las semillas de sésamo son aptas durante el Whole30, de modo que el tahini también lo es, siempre y cuando todos sus demás ingredientes cumplan también las reglas del método.

TAPIOCA: sí

Es el almidón que se extrae de la mandioca o yuca, y puede presentarse en forma de harina, copos o perlas. Es perfectamente apto como espesante en el Whole30, aunque hay que ir con cuidado, porque algunas «harinas de tapioca» son en realidad una mezcla de tapioca y trigo. Como siempre, conviene leer las etiquetas.

⭐ CONSEJO: *La tapioca es almidón puro: prácticamente no tiene nutrientes y es todo carbohidratos. Tal vez resulte práctico para deportistas que los necesitan, pero la mayoría de nosotros no necesitamos esa concentración de calorías ni de energía a diario. Si tienes un historial de disfunción metabólica o inflamación, los platos con tapioca no son la elección más acertada en tu Whole30.*

TIRABEQUES Y VAINAS DE GUISANTE: sí

El problema de las legumbres está en el consumo de las semillas. Como ocurre con las judías verdes, los tirabeques y las vainas tiernas de guisante son sobre todo verdura (la vaina) e incorporan apenas unas semillas diminutas, inmaduras. Como tales, no nos preocupan demasiado sus desventajas.

TORTITAS: no

Pues no, no puedes comer tortitas ni crepes. No, ni siquiera si solo llevan plátano y huevo. En primer lugar, están explícitamente vetadas según las directrices del Whole30. Ello ya debería bastarte para descartarlas, pero por si todavía no entiendes por qué («¡pero si solo son plátanos y huevos!»)...

Las tortitas, en cualquiera de sus formas, no facilitan el éxito del método Whole30. Alcanzar las metas saludables depende de comprometerse con las reglas, el espíritu y la intención del método. El Whole30 está diseñado principalmente para modificar tu relación con la comida. Y el impacto psicológico de comerte unas tortitas como parte de tu alimentación saludable es algo que no puede pasarse por alto.

Tomar huevos, un plátano y aceite de oliva no es lo mismo que combinar esos ingredientes para formar con ellos una tortita. Hay estudios que demuestran que la manera que nuestro cerebro tiene de percibir la comida influye en la saciedad. Es algo que se cita a menudo en el caso de los alimentos líquidos (batidos), pero que en realidad se experimenta también con los sólidos en función de cómo se combinen. Las tortitas suscitan una respuesta psicológica totalmente distinta a unos huevos fritos y un plátano. Y es en esa respuesta psicológica (y emocional) en la que intentamos centrarnos con nuestro método.

Tal vez a ti las tortitas no te digan nada, pero a nosotros nos parece que a la mayoría de las personas que completan nuestro método les va mejor sin ese tipo de comidas de consuelo o desencadenantes. Así pues, dado que tenemos que crear un programa que abarque a la mayor cantidad de gente posible, descartamos esas recreaciones «paleo». Según nuestra experiencia, ello hace que aumenten para todos las probabilidades de acabar con éxito el Whole30. Y, por supuesto, lo que decidas hacer cuando pasen estos 30 días depende enteramente de ti. (Véase también «Caprichos, fijaciones con la comida y báscula», pág. 107.)

VERDURAS Y FRUTAS ENLATADAS: sí

Aunque tal vez los productos enlatados no tengan la potencia micronutricional de sus equivalentes frescos o congelados, nosotros no hacemos distinciones. Si los vegetales enlatados te ayudan a aumentar su consumo, los aceptamos. Pero, eso sí, comprueba que no haya ingredientes añadidos como azúcar o sulfitos, y evita la fruta conservada en almíbar.

Bebidas

«Cuando empecé el Whole30 pesaba 98 kilos, mi cintura medía 93 centímetros y no tenía nada de energía. Llevaba 8 años tomando una medicación para el reflujo gástrico. Si me la saltaba un día, experimentaba un ardor insoportable. Han pasado solo 30 días y peso 90 kilos, mido 86 de cintura y no he tomado una sola pastilla para el reflujo durante todo el programa.»

JEREMY M.

AGUA CARBONATADA: sí

Se trata simplemente de agua con gas (y tal vez algo de sal). Es compatible con tu Whole30.

AGUA CON GAS: lee el etiquetado

El agua con gas puede ser una manera estupenda de animar un poco tus bebidas rutinarias durante el Whole30. Busca marcas que contengan solo agua y sabores naturales de hierbas/frutas, y evita cualquier azúcar añadido. Además, no confundas el agua mineral con la tónica, que siempre lleva endulzantes.

AGUA DE COCO: lee el etiquetado

La mayoría de las aguas de coco son teóricamente aptas, porque solo contienen los azúcares naturales del coco. Sin embargo, algunas marcas añaden azúcar a sus ingredientes, así que conviene leer las etiquetas. Y, recuerda, si aparece cualquier cosa que contenga azúcar en su lista de ingredientes, queda fuera del Whole30.

⭐ CONSEJO: *El agua de coco es, básicamente, un zumo de fruta «light». Si practicas deportes de resistencia, trabajas en un entorno propicio a la deshidratación o sencillamente te apetece un capricho refrescante, el agua de coco puede ser una buena opción para la rehidratación. (Aunque añadirle una pizca de sal al agua de coco la convierte en una bebida hidratante mucho mejor cuando hay que recuperar agua en el organismo.) No dejes que el agua de coco sustituya al agua en tu vida diaria.*

AGUA MINERAL: sí

El agua mineral es simplemente agua carbonatada o no con algunos minerales (como calcio o sodio) que brota de alguna fuente natural. En todas sus marcas es apta durante el Whole30.

AGUA TÓNICA: no

Esta bebida carbonatada siempre contiene azúcar, por lo que queda descartada del Whole30.

BATIDOS DE PROTEÍNAS: casi siempre, no

Casi todos los polvos de proteínas contienen ingredientes vetados como suero de leche, caseína, soja, proteína de guisante, salvado de arroz o edulcorantes artificiales. Además, tú sabes hacer mejor las cosas. Cualquier cosa que puedas obtener de un polvo de proteínas (salvo tal vez extractos químicos, azúcar añadido o componentes de nombres raros) puedes obtenerlo de alimentos enteros durante tu Whole30, y en formas mucho más satisfactorias y ricas en nutrientes.

Además, los batidos procesados, de fórmula, que se usan como sustitutos de comidas siempre están vetados en este método. Se trata de productos que no se acercan siquiera a nuestra definición de comida real, entera, y todos incluyen ingredientes vetados como la proteína de guisante, el salvado de arroz y la estevia.

Sin embargo, el polvo de proteína a partir de ingredientes aprobados, como el de claras de huevo 100 % o el de grillo (¡sí, la proteína de grillo existe!) están permitidos en el Whole30, siempre que no contengan edulcorantes añadidos.

⭐ CONSEJO: *A nosotros nos interesa que te pases un mes aprendiendo a apreciar la comida de verdad, su sabor, la satisfacción que te proporciona prepararte tu propia comida, y de qué manera las comidas del Whole30 sirven como combustible antes, durante y después del ejercicio. Ya volverás a tomarte tus batidos de proteínas dentro de 30 días; por el momento, céntrate en obtener las proteínas de alimentos enteros después del ejercicio físico. Huevos duros, fiambres aptos, pollo o atún son fuentes de proteínas fáciles de obtener y de llevar al gimnasio.*

BEBIDAS DE CACAO PURO: SÍ

Las bebidas de cacao puro están elaboradas con un 100 % de granos de cacao que se muelen y se tuestan exactamente igual que el café. Contienen una pequeña cantidad de cafeína (aproximadamente el 25 % del que se encuentra en una taza de café normal) y pueden constituir una alternativa deliciosa a los que buscan reducir su consumo de cafeína. En todo caso, no esperes que sepa a chocolate caliente: el cacao puro es más amargo y de sabor más fuerte que la bebida dulce que se presenta en paquetes. (Y, recuerda, aquí hay que aplicar las mismas reglas del Whole30 respecto a la cuestión de añadir azúcar o leche en polvo.)

CAFÉ: SÍ

Sí, puedes tomar café. Adelante. Puedes tomarlo solo, añadirle leche de coco o de almendra apta para el Whole30, o añadirle canela o vainas de vainilla molidas. Pero ten en cuenta que las directrices del Whole30 excluyen la leche, la crema, los sustitutos de la leche no aptos y cualquier forma de azúcar añadido y edulcorante. Y prepárate, que vienen curvas: si dices que no te gusta el café solo, puede ser, o bien porque no compras buen café, o porque en realidad no te gusta el café (solo te gusta el aditivo dulce que le pones).

⭐ CONSEJO: *Por lo general no recomendamos más de una o dos tazas al día, siempre antes de mediodía, para que la cafeína no te impida dormir. Sí, es verdad, no nos has pedido nuestra opinión.*

CAFÉ SABORIZADO: lee el etiquetado

Algunos cafés saborizados usan ingredientes naturales como la canela y las vainas de vainilla para que aporten algo de emoción a sus granos, y en esos casos pueden consumirse durante el Whole30. En todo caso, hay que evitar los cafés saborizados a base de extractos (que normalmente usan una base de alcohol), sabores artificiales, edulcorantes añadidos o productos químicos. Los ingredientes no siempre aparecen en los paquetes de café en grano, de modo que deberás conectar con tu marca de café favorita para obtener más detalles sobre el proceso seguido.

CREMAS «PALEO»: no

Sabemos que circula por ahí una receta en la que los huevos, la leche de coco y una cantidad significativa de dátiles, más un poco de magia de vudú, se combinan con unos cuantos rezos para crear un mejunje espeso y cremoso que puede usarse como sustituto de la leche o la crema a fin de transformar una vez más tu aburrido café solo en un capricho dulce, de ensueño. Pero, como ocurría con las tortitas de leche de almendra, recurrir a esa recreación a partir de productos aptos, aunque sea técnicamente respetuoso con el Whole30, no casa bien con una relación saludable con la comida (ni con el café). Sí te animamos, en cambio, a que te preguntes por qué necesitas todas esas cosas. ¿De verdad te gusta el café o lo tomas por el chute de azúcar?

KÉFIR DE AGUA: leer el etiquetado

Siguiendo la misma lógica que con la kombucha, no tenemos inconveniente con el kéfir de agua. Si lo preparas en casa, haz todo lo posible para asegurarte de que el azúcar lo consuman las bacterias (lo que en general se consigue permitiendo un tiempo adecuado de fermentación). Si lo adquieres hecho, evita las marcas que incorporan el azúcar a la lista de ingredientes.

¿Quieres ofrecer algo más elaborado que el agua la próxima vez que tengas invitados? Consulta nuestras recetas de bebidas festivas de la página 410.

KOMBUCHA: seguramente, sí; lee el etiquetado

La kombucha puede aportar beneficios probióticos (sobre todo si la preparas tú) y creemos que es un complemento líquido adecuado en tu menú. Pero conviene leer las etiquetas con cuidado: si aparece azúcar en la lista de ingredientes, suele querer decir que se ha añadido después de la fermentación, lo que lo convierte en no apto.

LECHE DE ALMENDRAS: lee el etiquetado o prepárala en casa

Aunque existe, cuesta encontrar una leche de almendras de producción comercial que cumpla con los requisitos. Ingredientes como el azúcar añadido (en cualquiera de sus formas) o el carragenano harán que la mayoría de las leches de almendras que compras en tiendas normales estén vetadas durante el Whole30. La alternativa es prepararla en casa, pero, recuerda, nada de añadir edulcorantes.

> ⭐ CONSEJO: *Los frutos secos y las semillas no son tu mejor opción en términos generales, y beberte los alimentos siempre es menos saludable que comértelos. Así que, incluso si te la preparas en casa, nosotros preferimos que te comas las almendras. En todo caso, si sigues con interés por prepararte tu propia leche de almendras, consulta la receta de nuestra amiga Stephanie Gaudreau en StupidEasyPaleo.com.*

SMOOTHIES O BATIDOS: mejor no

Esta es una pregunta muy popular con una repuesta muy impopular. Los *smoothies* (que en general se preparan usando mucha fruta) son en teoría aptos durante el Whole30, pero desde aquí recomendamos encarecidamente no consumirlos. Los alimentos bebidos envían al cerebro una señal de saciedad distinta que los comidos. Así que, cuando te bebes la comida, tu cerebro no obtiene la reacción que necesita para decirle a tu cuerpo que ya has comido y vuelves a sentir hambre enseguida, aunque acabes de ingerir un montón de calorías (casi todas en forma de azúcar). Además, al estar, por lo general, llenos de fruta, los desayunos con batidos te predisponen a los ataques de hambre y a unos niveles de energía volátiles a lo largo de la jornada. En resumen, cómete la comida y prescinde del batido, sobre todo a la hora del desayuno.

TÉ: lee el etiquetado

El té verde, negro o blanco, y las infusiones (calientes o heladas) son un complemento ideal durante el Whole30, pero conviene leer las etiquetas. Hay tés con ingredientes no aptos, como la estevia, el salvado de arroz o la soja.

⭐ CONSEJO: *Recuerda que muchos tés contienen cafeína, por lo que debes seguir nuestras directrices generales y tomar solo tés descafeinados o infusiones a partir de cierta hora.*

ZUMOS DE FRUTA: sí, pero, por favor, no los tomes

El zumo de frutas es un ingrediente añadido en platos o una bebida apta durante el Whole30. (Técnicamente podría considerarse un endulzante, pero teníamos que trazar una frontera en algún punto de la categoría de «azúcares añadidos».)

⭐ CONSEJO: *Aunque, teóricamente, beberse un vaso de zumo no contraviene las reglas del método, en realidad no podemos recomendarlo, por más que te lo prepares tú en casa. Al licuar las frutas, las despojamos de la mayoría de sus nutrientes (que en muchos casos se encuentran en la pulpa y la piel), pero les dejamos todo el azúcar. Tú nunca te comerías ocho naranjas de una sentada, pero no te parece mal tomarte un cuarto de litro de zumo. Desde el punto de vista de la saciedad, el azúcar y la salud en general, te recomendamos que te comas la fruta.*

ZUMO DE VERDURAS: sí

No somos muy partidarios de ingerir la comida en formato líquido, pero aprobamos el uso de zumos de verduras como modo de obtener más nutrientes a lo largo del día. En todo caso, el zumo nunca debe tomarse para evitar comer esas verduras. Masticar y tragar la comida siempre ha de ser la máxima prioridad durante el Whole30. Seguramente querrás prepararlo tú (o usar algún tipo de batidora o licuadora), porque la mayoría de los «zumos de verduras» envasados contienen sobre todo frutas o ingredientes vetados.

⭐ CONSEJO: *Asegúrate de que tus preparados sean en su gran mayoría totalmente de verduras (puedes añadir un toque de fruta para potenciar el sabor). Y ten en cuenta que incluso algunas bebidas hechas solo a partir de verduras (como las que son ricas en remolacha y zanahorias) pueden contener más azúcar del que te interesa incorporar a tu jornada. Lee las etiquetas y calcula la cantidad de azúcar que aportan.*

Suplementos y otros

«El colesterol me ha bajado 70 puntos. Eso por no hablar de que la depresión/ansiedad ha desaparecido, mis cambios de humor han mejorado claramente, ya no me pican los oídos, se me ha ido una falta de tono muy rara que había notado durante 15 años en la parte alta de la pantorrilla izquierda, ya no sufro asma cuando practico ejercicio, y esta temporada no he tenido alergias.»

MARY B.

¿Qué suplementos debería tomar durante mi Whole30?

En primer lugar, no tienes por qué tomar nada; los suplementos no son elementos obligatorios en nuestro método. Sobre la base de nuestra experiencia y de la literatura científica, creemos que mucha gente se beneficiaría de tomar grasa de pescado de alta calidad, vitamina D3, magnesio y tal vez alguna ayuda digestiva, como enzimas o probióticos. Pero ninguno de esos suplementos son necesarios para terminar con éxito el Whole30.

Además, el Whole30 tiene que ver sobre todo con determinar los efectos de lo que comes en tu aspecto físico, en tu manera de sentirte y de vivir. Si te dedicas a añadir un montón de suplementos a tu nuevo plan de alimentación, es posible que te cueste diferenciar sus efectos. Mantén una actitud conservadora a la hora de añadir suplementos nuevos a tu rutina del Whole30: en este caso, más no significa mejor. Siempre puedes usar los primeros días posteriores a tu reintroducción Whole30 para experimentar añadiendo uno o dos suplementos nuevos a tu rutina.

⭐ CONSEJO: *El magnesio tiene múltiples beneficios, como el alivio de calambres en piernas y otros músculos, y la mejora de los síntomas del estrés crónico. Pero no hacen falta pastillas para obtener aportes extra de magnesio: un baño con sales de Epsom también resulta efectivo. Controla que el agua esté tibia, no muy caliente, añade uno o dos vasos (¡nada de tacañería!) y sumérgete en ella durante 20 o 30 minutos para obtener el máximo beneficio.*

¿Me hace falta un complejo multivitamínico?

Tal vez no sea mala idea. Sí, sabemos que estás comiendo alimentos naturales, «de verdad». Y, sí, toda esta comida saludable está cargada de vitaminas, minerales y fitonutrientes. Entonces, ¿por qué habrías de necesitar un complejo multivitamínico? Porque la tierra no es tan rica en minerales como antaño, lo que implica que la fruta y la verdura que consumimos podría no contener tantos nutrientes como la que consumían nuestros abuelos. No siempre podemos comer productos de animales orgánicos alimentados en pastos, y la carne y el pescado de granjas no resulta tan nutritivo. Además, a veces comemos fuera de casa y consumimos aceites vegetales que acaban con nuestras reservas de antioxidantes. Así que, aunque estemos haciendo todo lo posible por comer alimentos de verdad, nuestra salud podría beneficiarse de un chute de micronutrientes como los que se encuentran en ciertos complejos multivitamínicos buenos, que son los que están bien equilibrados. En todo caso, asegúrate de que no incorporen elementos vetados.

¿Necesito un suplemento de calcio?

Para desarrollar unos huesos fuertes y saludables tiene que haber más que calcio y (a pesar de lo que da a entender la publicidad) no hace falta consumir productos lácteos para tener unos huesos fuertes. Si consumes una buena variedad de alimentos auténticos, reales, con micronutrientes como las vitaminas K2 y C, magnesio y fósforo, si obtienes una cantidad adecuada de vitamina D3 del sol o de algún suplemento, si generas densidad ósea levantando pesas y gestionas bien el estrés, no te hará falta un suplemento de calcio para mantener fuertes los huesos. Y hay estudios que demuestran que los suplementos de calcio por sí solos no sirven para evitar fracturas causadas por la pérdida de masa ósea: estos aportan inyecciones a corto plazo que ayudan a la densidad ósea, pero con el tiempo las hormonas actúan contra ese calcio extra, y es posible que tus huesos acaben siendo más quebradizos que antes. En resumen, prescinde de los suplementos de calcio y céntrate en llevar una vida sana; tus huesos te lo agradecerán.

⭐ CONSEJO: *Los caldos caseros a base de huesos (véanse recetas en la pág. 194), las verduras (como kale o col rizada, espinacas, mostaza, remolacha y bok choy), las algas marinas como la nori, la carne y el pescado (como sardinas, anchoas, gambas, ostras y salmón enlatado con espina), y los frutos secos y las semillas (como almendras, avellanas y nueces) son fuentes excelentes de las vitaminas y* los minerales necesarios para tener unos huesos fuertes y sanos.

¿Y los suplementos «verdes» (vegetales)?

Aunque la idea de tomar suplementos verdes suena saludable, estos suelen contener «rellenos» vetados como salvado de arroz integral o salvado de avena. Además, no existen pruebas científicas consensuadas que avalen los beneficios espectaculares para la salud que estos suplementos prometen. Aun a riesgo de sonar como discos rayados, repetimos que comer comida de verdad (en este caso, verdura) es siempre la opción más saludable, así que es mejor prescindir del verde embotellado.

¿Puedo tomar medicamentos que se venden sin receta médica?

Si tienes un resfriado muy molesto, o te duele la garganta, o sufres cualquier otra enfermedad estacional, tal vez descubras que los medicamentos sin receta que acostumbrabas a tomar no cumplen en absoluto con las reglas del Whole30. Si bien te animamos a tratar tus enfermedades con métodos más naturales, si decides que para ti dormir bien o respirar mejor es más importante que cumplir con las reglas del Whole30, siempre serás libre de tomar la decisión que consideres mejor para tu salud.

⭐ CONSEJO: *Entre los medios naturales para tratar el resfriado están la vitamina C, el zinc y la equinácea; las infusiones con limón; los caldos caseros hechos con huesos, mucho reposo e hidratación. Con todo, tu bienestar (y las órdenes de los médicos) siempre están por encima de las reglas del Whole30, de modo que, si de veras necesitas un jarabe para la tos, cuentas con nuestra bendición. ¡Que te mejores!*

¿Puedo tomarme mis medicamentos recetados?

Las órdenes de tu facultativo siempre están por encima del Whole30, incluso cuando tus medicamentos recetados contienen elementos vetados como los aglutinadores a base de trigo o de almidón de maíz, o azúcar añadido. En cualquier caso te animamos a que hables del Whole30 con tu médico y a que le preguntes si existen maneras más naturales y saludables de abordar tu enfermedad, más allá de la simple administración de medicamentos con receta. (Esta sería una gran ocasión de compartir con él los esfuerzos que estás haciendo para comer de manera más saludable.) Si la persona encargada de velar por tu salud te ha recetado algún suplemento, lee las etiquetas para ver si este incluye ingredientes vetados. En caso afirmativo, pídele que te recomiende alguna otra marca equiparable, pero con ingredientes aptos. Si no hay ninguna disponible, por favor, cumple las órdenes del médico.

¿Y si mi suplemento no incorpora ingredientes aptos?

Si sigues un plan de suplementos que te hayas confeccionado tú, por favor, lee las etiquetas. Entre los ingredientes vetados están los azúcares añadidos (en cualquiera de sus formas), los cereales (trigo en todas sus formas, almidón de maíz, salvado de arroz, salvado de avena o cualquier otro producto derivado de los cereales), los productos lácteos (suero, caseína o cualquier otro derivado de la leche) o la soja (incluso en forma de lecitina). Además, algunos fabricantes se niegan a aclarar en qué consiste su «mezcla registrada», lo que impide saber qué es lo que contiene realmente el suplemento. Ello obliga a descartar automáticamente el suplemento durante el Whole30. Te queda la opción de prescindir de él durante 30 días o buscar otro del mismo tipo con ingredientes aptos.

★ CONSEJO: *Incluso en el caso de que un posible suplemento sea apto para el Whole30, cuesta saber si te va a aportar algún beneficio o si simplemente te va a vaciar la billetera. Usa nuestro cuestionario de evaluación de suplementos para determinar si la pastilla o los polvos en cuestión te merecen la pena.*

- **¿El producto está pensado para sustituir a los alimentos reales, frescos y de alta calidad de tu dieta?** Los batidos de sustitución de comidas, las verduras en pastilla o las barritas de desayuno prometen tantos beneficios como la comida real de tu dieta diaria, pero no existen polvos, pastillas ni batidos en el mundo capaces de sustituir las vitaminas, los minerales, los fitoquímicos y la fibra presentes en los alimentos frescos y saludables.

- **¿Las propiedades que se publicitan sobre el producto son demasiado buenas para ser ciertas?** La industria de los suplementos carece por completo de regulación, lo que implica que los fabricantes pueden afirmar lo que sea sobre los ingredientes y los beneficios de sus productos. Ojo con los anuncios exagerados y poco fundados que suenen demasiado buenos para ser ciertos y que no cuenten con el aval de investigaciones verificadas.

- **¿La etiqueta se centra en los cambios estéticos?** En su mayoría, las pastillas, los polvos y los batidos para adelgazar o ganar tono contienen ingredientes que pueden ser perjudiciales para tu salud, como estimulantes y diuréticos. Y, admitámoslo: si pierdes algún kilo tomando una pastilla, pero sin modificar de manera efectiva tus hábitos alimentarios, ¿qué probabilidades hay de que no vuelvas a aumentar de peso?

- **¿Tu idea de adquirir el suplemento te ha surgido tras una campaña de ventas muy agresiva?** Si es así, desconfía del miedo que intentan meterte («si no te tomas esta pastilla, no te irá bien») o del intento de incorporarte a un pensamiento grupal generalizado («todos los deportistas que compiten en eventos usan este batido»). Piénsatelo dos veces.

- **¿Te va a costar una cantidad exagerada de dinero, más que si compraras comida de buena calidad?** Incluso si los suplementos cumplen con todos los criterios expuestos arriba, pero para poder permitírtelos te ves en la obligación de recortar tu presupuesto en comida real, sencillamente no merece la pena.

Si has sometido el suplemento en cuestión a todo nuestro cuestionario de evaluación y aun así supera la prueba, entonces te toca a ti hacer uso de tu sentido común. En el peor de los casos, tus vitaminas, minerales o suplementos van a costarte poco dinero y no te aportarán los beneficios anunciados; malgastarás algo, pero no tendrá efectos negativos en tu estado general de salud y de forma física. En el mejor de los casos, el suplemento te proporcionará una inyección de energía que se sumará a la comida de alta calidad que ya estás consumiendo y te ayudará a completar esas pequeñas piezas que faltan en tu dieta diaria y en tu estilo de vida.

¿Puedo fumar cigarrillos convencionales o electrónicos, o mascar tabaco?

No. El tabaco o la nicotina de cualquier clase no están autorizados en el método. Si aún fumas, es posible que pienses: «Es imposible que deje de fumar y haga a la vez estos cambios en mi dieta». Y sí, puede que tengas razón. Si te parece que todos esos cambios te resultan demasiado abrumadores, te animamos a que primero te libres del tabaco y después regreses al Whole30. De todos modos, si estás buscando un programa que te ayude a dejar de fumar, el Whole30 podría ser lo que buscas. Muchos exfumadores nos han contado que han usado el Whole30 como parte de su programa de deshabituación al tabaco, y que eliminar el azúcar y otros alimentos psicológicamente perjudiciales al mismo tiempo hizo que su proceso les resultara mucho más fácil. En cualquier caso, te animamos a buscar ayuda para acabar con tu adicción a la nicotina, renunciar al tabaco y empezar con el Whole30 en cuanto sientas que estás a punto.

¿Puedo fumar o consumir marihuana?

La marihuana es una planta, claro, y es posible que sea incluso legal donde tú vives, pero ello no la convierte en una opción saludable. Fumar tiene siempre consecuencias negativas, pero, más concretamente, fumar maría tiende a potenciar los ataques de hambre de cosas poco saludables y bloquea los mecanismos inhibidores de la gente. Queremos que elijas bien tu alimentación durante los siguientes 30 días, lo que significa que, a menos que te lo recete la persona que vela por tu salud, no hay que consumir marihuana en ninguna de sus formas (y mucho menos horneada en unos *brownies* «paleo»).

Tu plato Whole30

«Antes de mi primer Whole30, solo sabía cocinar siguiendo las instrucciones de los envases. Y llegaba a sentirme orgullosa cuando aquellos platos me salían bien. La carne me era totalmente desconocida. Odiaba cocinarla porque siempre me daba miedo que me quedara poco hecha o que estuviera mala. Ahora mi nevera está siempre llena de platos cocinados por mí. Ya sé trabajar con los ingredientes de que dispongo, sé cómo enfrentarme a la preparación previa y cómo alimentar a mi familia con comida buena, y no con platos envasados. Seguiré aprendiendo gracias a lo que me ha enseñado el Whole30.» KIMBERLY H.

¿Todas mis comidas deben seguir vuestra tabla Whole30?

No se trata de una regla oficial del Whole30, pero es una buena directriz general para no descarrilar en el método. La tabla propone un equilibrio de proteínas, grasas y carbohidratos en cantidades que mantendrán tu saciedad entre comidas, te aportarán la energía necesaria para mantener tus niveles de energía y te proporcionarán una variedad saludable de micronutrientes. Evidentemente, no todas tus comidas van a ser exactamente iguales a las de la tabla de la página 215 (a veces comes un guiso, un plato a la cazuela o una frittata en que se mezclan la carne, las verduras y la grasa). No te estreses: se trata tan solo de calcular las porciones, comer despacio y masticar mucho, esperar 10 minutos y determinar si todavía tienes hambre. En caso afirmativo, tómate un segundo plato. Es muy difícil comer en exceso cuando se trata de comida de verdad y cuando todo lo que incluye tu tabla Whole30 es beneficioso para tu cuerpo.

¿Todas vuestras recetas siguen la tabla de comidas?

No, porque no todas nuestras recetas incluyen una proteína y una guarnición de fruta o verdura. (La excepción son nuestros «Platos de una sola cazuela», pág. 352). Sin embargo, para todos los platos que no siguen nuestra tabla modelo te damos una serie de recomendaciones para incluirlos en una comida completa, lo que te ayudará a crear tu propio plato Whole30. Por ejemplo, si estás preparando pecho de ternera braseado (pág. 234), te sugerimos que lo acompañes de boniato, calabaza o zanahorias para conseguir una comida completa. O te ofrecemos sugerencias para combinar dos recetas: por ejemplo, el fletán con glaseado de cítricos y jengibre (pág. 260) combina bien con la ensalada de col verde (pág. 302) y con el arroz de coliflor (pág. 292).

Si cocinas a partir de nuestra sección de técnicas básicas (pág. 164), también tendrás que crearte tú la comida completa. Empieza con nuestra tabla, incluyendo las cantidades de proteínas que se adecúen a tu contexto y tus objetivos, llena el resto del plato con verduras, añade algo de fruta (si así lo decides) y aporta también algo de grasa saludable (ya sea en forma de grasa de cocción, grasa añadida o ambas). Por ejemplo, prepara nuestra pechuga de pollo sellada perfecta (pág. 175), haz a la parrilla unas judías verdes, pimiento, cebolla y champiñones recurriendo a la técnica que se expone en la página 381, y acompáñalo todo de una ensalada del huerto aliñada con una de nuestras variaciones de vinagreta (pág. 346) para obtener el aporte de grasa añadida.

¿Y no debería contar las calorías?

¡No! ¿A que es una buena noticia? Una de las metas de nuestro método es que vuelvas a conectar con los mecanismos reguladores naturales de tu organismo; en este caso, a confiar en tus sensaciones de hambre y a saber de manera intuitiva cuándo debes dejar de comer. Ello implica que, al cabo de unas semanas de alimentarte de comida «con frenos» (que te nutre y al mismo tiempo sacia), comerás cuando tengas hambre y pararás cuando te hayas llenado. Cuando termines tu Whole30, esas señales funcionarán de verdad, tal vez por primera vez en muchos años. Además, hemos pensado específicamente en las cantidades y las proporciones que recomendamos en nuestra tabla de comidas para que no tengas que contar calorías ni pasar tu comida por un contador de calorías, ni siquiera si lo que quieres es perder peso.

⭐ CONSEJO: *Por favor, confía en nosotros en este punto. Uno de los mayores errores que podrías cometer sería hacer caso a cualquier contador de calorías que encuentres en internet en vez de a las señales que te envía tu propio cuerpo. Prescinde de pesarte y tomar medidas de tu cuerpo durante 30 días: te ayudará a potenciar una relación más saludable con los alimentos y hará de tus comidas experiencias relajantes y disfrutables, en vez de sesiones arbitrarias de matemáticas.*

¿Puedo picar entre horas?

Esta tampoco es una regla del Whole30, así que, si optas por hacerlo, que sea con alimentos compatibles con el programa. En todo caso, no es algo que recomendemos en general por varias razones de peso: comer entre horas convierte tus hábitos dietéticos diarios en un constante picoteo,

lo que puede alterar el funcionamiento normal de tus hormonas y potenciar un consumo excesivo inadvertido. De todos modos, es posible que tardes un poco en averiguar cuáles son las porciones adecuadas en tu caso, por lo que, si te das cuenta de que has comido demasiado poco en una comida en concreto y necesitas más, preferimos que piques algo a que te pases el resto de la tarde de mal humor, con fatiga y con hambre. Lo ideal sería que tus tentempiés fueran como comidas en miniatura; no tomes solo verdura o fruta, porque en sí mismas no resultan demasiado saciantes.

Si descubres que tus comidas nunca te resultan lo bastante saciantes, entonces ha llegado el momento de aumentar un poco las raciones en cada una de ellas. Empieza por añadir más proteínas y algo más de grasa. (Ya estás llenando tus platos de verduras, así que en ese aspecto vas bien.) Conviene proceder despacio: sigue añadiendo más a tu plato hasta que encuentres la cantidad que te permita llegar sin hambre de una comida a la siguiente.

⭐ CONSEJO: *Si estás en tránsito y no puedes planificar una «minicomida», haz caso de la siguiente norma aproximada: incluye al menos dos de los tres macronutrientes cada vez que comas: estos pueden ser proteína y grasa (por ejemplo, huevos duros y un puñado de nueces de macadamia), proteína y carbohidratos (lonchas de pavo y una manzana), o grasa y carbohidratos (palitos de zanahoria con guacamole). Si sigues esa norma, tu tentempié te llevará hasta la siguiente comida y sabrás que ingieres las calorías suficientes a lo largo del día.*

Estoy embarazada o doy el pecho. ¿Puedo picar entre horas?

Sí, pero aun así es mejor que tomes más minicomidas y no que te dediques a picotear todo el día como un pájaro. En las primeras etapas del embarazo, tal vez las náuseas te impidan comer grandes platos. En etapas posteriores, es posible que, por razones físicas, tu estómago no sea capaz de contener suficientes nutrientes como para mantenerte saludable con solo tres comidas al día. (Y cuando das el pecho, tus horarios pueden acabar siendo tan locos que te descubres comiendo cada tres horas, en función de las tomas de tu bebé.) En esas circunstancias especiales, come con más frecuencia y toma raciones más pequeñas para asegurarte de que ingieres los nutrientes y las calorías necesarios. Si es posible, intenta que pasen 2-3 horas entre una comida y otra; desde el punto de vista hormonal, es mejor ingerir cinco comidas pequeñas que pasarse el día picoteando. (En la pág. 122 hay más consejos para personalizar el Whole30 durante el embarazo y la lactancia.)

¿Y si tengo hijos en edad de crecimiento? ¿Pueden ellos sobrevivir con solo tres comidas al día?

Los niños son otra excepción: crecen tan deprisa (y sus estómagos son tan pequeños) que probablemente van a necesitar comidas más frecuentes o en cantidades menores, o tentempiés entre comidas. Nuestra norma general para niños pequeños es que, si tienen hambre, que coman. Pero una vez pasada la primera infancia, lo ideal es ir acostumbrándolos a comer tres veces al día, preferentemente en compañía de la familia. No hay ningún problema en añadir algún tentempié entre comidas para que aguanten mejor y para que se nutran bien e ingieran todas las calorías que necesitan; limítate, eso sí, a seguir nuestras directrices anteriores sobre picar entre horas. (En la pág. 130 hay más consejos para adaptar el Whole30 a niños.)

Mi jornada laboral es muy larga. ¿Puedo tomar más de tres comidas al día?

Por supuesto. Si te levantas muy temprano y te acuestas muy tarde, tal vez te hagan falta cuatro (o incluso cinco) comidas para mantener los niveles de energía a lo largo de todo el día. Intenta, eso sí, que la separación entre ellas sea de unas 3-4 horas, si puedes; si las juntas mucho, es muy posible que tus hormonas no tengan tiempo de desempeñar bien su función.

Soy una persona muy activa, o hago ejercicio con regularidad. ¿Puedo comer más de tres veces al día?

Sí, puedes y debes, sobre todo si participas en algún programa de ejercicios de alta intensidad, en uno de *bodybuilding* o en una actividad de resistencia como correr o ir en bicicleta. Tomar una comida extra al terminar los entrenamientos (tal como se detalla en el patrón de la pág. 213) es la mejor manera de asegurarte de que el cuerpo obtiene los nutrientes y las calorías extras que te ayudarán a mantener tus niveles de actividad. Programar esa comida justo después del entrenamiento (idealmente, menos de media hora después de que este termine) también te ayuda a acelerar y optimizar el proceso de recuperación. Tómate una ración (del mismo tamaño que la de cualquier otra comida) de proteínas fácilmente digeribles, como claras de huevo, pechuga de pollo o salmón; y algún carbohidrato en forma de vegetal rico en almidón, como patatas o calabaza. (Que no te preocupe añadir grasa, pues es menos importante en el caso de esta comida posterior al ejercicio.) Y 60-90 minutos después tómate la comida que te toque con total normalidad.

⭐ CONSEJO: *También somos partidarios de tomar un tentempié antes del ejercicio, para enviar una señal al cuerpo de que se acerca una actividad. Toma una ración pequeña de proteína y algo de grasa entre 15 y 60 minutos antes de iniciar el entrenamiento, pero en este caso prescinde de los carbohidratos. Prueba con un huevo duro y un puñado de nueces de macadamia, o unas tiras de carne seca y un poco de aguacate. Si practicas ejercicio a primera hora de la mañana, siempre es mejor algo que nada, así que haz lo que puedas. ¿No te entusiasma la idea de comer antes del ejercicio? Pruébalo durante una semana. Tal vez te sorprenda descubrir que te sientes mucho más fuerte y te ejercitas mejor con algo en el estómago.*

No me gusta desayunar. ¿Puedo saltarme el desayuno?

Eres una persona adulta y eso significa que, en teoría, puedes hacer lo que quieras. Pero, ya que nos lo preguntas, nosotros desaconsejamos de todas todas saltarse el desayuno. Si no tienes hambre a primera hora de la mañana, eso significa que tienes las hormonas «apagadas». Una de las mejores maneras de ponerlas a funcionar de nuevo es comer algo por la mañana, cuando sea biológicamente adecuado. Si empiezas a comer demasiado tarde, todo tu ritmo hormonal puede rezagarse, y así, cuando llega la noche, tiendes a experimentar más ataques de hambre. Un hambre, por cierto, que no suele ser de cosas buenas. Eso se traduce en que, después de cenar, recorres la despensa en busca de algo que picar, lo que a su vez lleva a más alteraciones hormonales. En resumen, desayuna como máximo una hora después de levantarte para mantener en orden tu metabolismo.

⭐ CONSEJO: *Si realmente no tienes nada de hambre a primera hora de la mañana, esta es nuestra norma general: no tomes café antes de desayunar. Sí, ya lo sabemos, detestas la idea, pero el café es un supresor del apetito y, si lo tomas, aún te costará más comer. Así que calienta la sartén antes de conectar la cafetera; es por tu bien.*

Siempre tengo hambre.

Se trata de algo común, sobre todo durante las primeras dos semanas del método. Seguramente recurrías al azúcar para obtener energía, pero ahora ya no tomas azúcar constantemente, así que tu cuerpo te pide energía. Ello se traduce en hambre, incluso cuando en realidad no necesitas las calorías. La buena noticia es que tu cuerpo cuenta con una fuente alternativa de combustible (la grasa), que dentro de una semana o dos ya sabrás usar muy bien. Así que, recuerda, esta fase también pasará. Entretanto, si tienes hambre, no te cortes y toma otra comida o tentempié, pero asegúrate de que siga nuestras directrices. Si intentas elevar tus niveles de energía con puñados de frutos secos o con un batido de frutas, solo estarás obstaculizando tu propia causa.

Nunca tengo hambre.

Eso también es común, sobre todo en las dos primeras semanas del método. La comida que estás consumiendo ahora es mucho más saciante que esos «alimentos sin frenos» que comías antes, y tu cuerpo no está acostumbrado a estar tan bien alimentado. Ello puede hacer que tengas menos hambre cuando llega la hora de la comida o de la cena. En todo caso, tres comidas al día son el mínimo, tanto desde el punto de vista de las calorías como de los micronutrientes, así que no te saltes ninguna. Por lo general, tu apetito se autorregulará hacia la segunda o tercera semanas, y descubrirás que ya estás en disposición de tomar con gusto desayuno, comida y cena.

¿Cuánta fruta es demasiada?

Eso depende de diversos factores. ¿En qué estación del año estás? Es normal comer mucha más fruta en verano, cuando es fresca y está más disponible, y cuando la gente suele estar más activa (porque camina más, va en bicicleta y pasa más tiempo al aire libre). ¿Por qué te la comes? Si te tomas un plátano o unas uvas para saciar tus ganas de azúcar, te diríamos que te lo pienses dos veces. No te interesa terminar con los mismos ataques de hambre que tenías al empezar el método y, si sigues alimentando tu cerebro con los productos más dulces permitidos cada vez que este tiene una pataleta, no estarás cambiando de hábitos. ¿Cuál es tu nivel de actividad? Si eres deportista, si te dedicas a hacer mucho ejercicio los fines de semana o eres una persona generalmente activa, puedes incorporar fruta a propósito en tu día a día para obtener más carbohidratos.

En resumen, la cantidad de fruta que consumas depende de ti. Nosotros, por lo general, recomendamos empezar con dos raciones de fruta al día, con las comidas (no solas), pero no te preocupes si acabas tomando cuatro o cinco raciones un caluroso día de verano, ni si te pasas todo un frío día de invierno sin tomar nada de fruta.

⭐ CONSEJO: *Ve con muchísimo cuidado con los frutos secos y la fruta seca; son, básicamente, las golosinas de la naturaleza (sobre todo los dátiles), así que resérvalos para las actividades al aire libre, como largas caminatas o excursiones en bicicleta, o cuando vas de viaje y tienes una emergencia. Además, conviene leer siempre las etiquetas cuando se trata de alimentos como arándanos o cerezas deshidratados· hay que asegurarse de que no estén endulzados (ni siquiera con zumo de manzana).*

¿Cuántos huevos son demasiados?

Lo tendrías difícil para comer demasiados huevos de una sentada (Dallas se prepara tortillas de 5 huevos algunas mañanas). No hay que tener miedo de la grasa ni del colesterol de los huevos si se sigue una dieta saludable y antiinflamatoria como la del Whole30. Evidentemente, conviene variar la fuente de proteínas: si comes huevos para desayunar todas las mañanas, te estarás perdiendo los distintos micronutrientes presentes en el salmón, los filetes y otras fuentes de proteínas. Pero que no te preocupe comerte 2, 3 o hasta 5 huevos de una vez.

⭐ CONSEJO: *Los huevos orgánicos, de gallinas criadas en libertad, suponen un gran aporte de proteínas y, aunque cuesten 5 euros la docena, eso es poco más de un euro por comida (de promedio). Busca las palabras «de pastoreo» en la caja (que no es lo mismo que «de corral» o «de gallinas no criadas en jaulas») o, mejor aún, pregunta a tu criador local de qué se alimentan las gallinas y cómo viven.*

Es mucha carne.

Bueno, en realidad esto no es una pregunta, ¿no? Tal vez pienses que vas a comer «mucha carne» porque te pedimos que incluyas una fuente de proteína animal en cada comida. Pero conviene tener en cuenta que las raciones que proponemos son bastante moderadas (tres raciones al día que cabrían, cada una, en la palma de una mano), algo que encaja con la Cantidad Diaria Recomendada en Estados Unidos y que se equilibra con muchísimos vegetales. Además, no hace falta que en todas las comidas se incluya carne roja, beicon ni salchichas; se puede comer pescado, marisco, aves, cerdo y huevos para obtener una gran variedad de aminoácidos y micronutrientes.

Es mucha grasa.

Sabemos que podría parecer que estamos consumiendo montañas de grasa en cada comida, pero eso es así solo porque nos han condicionado a ver la grasa como algo malo. Si intentas entrenar a tu cuerpo para que use la grasa a modo de combustible, tienes que aportarle cierta cantidad de ese mismo combustible, ¿no? Además, la grasa es un factor fundamental de la saciedad y hace que la comida sepa un 73 % mejor (lo dice la ciencia). Así que no tengas miedo de incluir medio aguacate o unas cucharadas de aceite en cada comida. De hecho, tal vez descubras que necesitas añadir más grasa de la que indica la tabla de comidas si eres una persona grande o muy activa.

⭐ CONSEJO: *Nosotros ya hemos incorporado un tipo de pérdida de peso segura, saludable y sostenible en nuestro modelo, porque sabemos que se trata de una meta importante para la mayoría, así que no reduzcas el consumo por debajo de nuestra recomendación mínima. Si intentas engañar al organismo para perder peso más deprisa, podría salirte el tiro por la culata. Tu delicado equilibrio emocional se verá alterado si te sometes a una desnutrición crónica y, además, siempre tendrás hambre y tus niveles de energía descenderán bruscamente, y estarás de mal humor por culpa del cansancio y el hambre. Así que quédate con el mínimo de nuestro espectro si quieres, pero resiste la tentación de reducir aún más la ingesta de grasas, porque por más contradictorio que parezca, tomar menos podría ser contraproducente para perder peso.*

¿Debo añadir menos grasa si mi fuente de proteínas es grasa?

No. En algunas comidas, tu carne será más grasienta (como en el caso del salmón o la chuleta de ternera) y en otras, más magra (el pollo o las costillas de cerdo). Dado que a lo largo de la semana varían las proteínas, al final todo se equilibra. Tú guíate por la tabla y añade las cantidades recomendadas de grasa en cada comida, al margen de cuál sea tu fuente de proteínas.

¿La grasa de cocción cuenta como grasa añadida?

Sí, pero, por lo general, no es bastante para satisfacer tus necesidades de «grasa añadida». (Normalmente se usan solo una o dos cucharadas de grasa por comida, y una parte se queda en la sartén.) Si la grasa de cocción es la única que figura en la receta, o si optas por extraer la grasa que de manera natural se da en tu comida (como en el caso de la carne de ternera picada), asegúrate de añadir algo de grasa en alguna otra forma. Además, no te cortes a la hora de mezclar distintas grasas en una sola comida; escoge, eso sí, la cantidad más baja del espectro si comes más de una. Por ejemplo, si quieres rematar tu hamburguesa perfecta (pág. 171) tanto con salsa Búfalo (pág. 324) como con guacamole (pág. 328), ponte porciones más pequeñas y problema resuelto.

⭐ CONSEJO: *¡No te estreses! Usa las señales de hambre y saciedad de tu cuerpo como guías, y recuerda que como estás comiendo una gran variedad de comida, varias veces al día, un poco más de grasa en una de ellas se equilibrará de manera natural con la menor cantidad de grasa que ingerirás en otro momento de la semana.*

Cuando preparo estas recetas, al final no me llegan para dos personas, o me sobra comida.

Las raciones son orientativas; es imposible escoger un tamaño de ración que se adecúe a las necesidades de todo el mundo. Si descubres que a ti te hace falta más proteína en cada comida, aumenta las cantidades en cada receta (a menos que lo que necesites sea duplicar la cantidad de carne, en principio no te haría falta adaptar las cantidades de aliños, salsas o especias. Si ves que siempre te quedan sobras, reduce las cantidades. (Y, si quieres, no pasa nada por añadir más verdura a nuestros platos.)

Comprar comida

«Como deportista profesional, el combustible que le doy a mi cuerpo es de una gran importancia para mí. Para obtener los mejores resultados debo saber exactamente qué es lo que ingiero en cada comida, pero antes del Whole30 no era tarea fácil. Soy sensible al gluten y a los lácteos, pero antes no sabía dónde se ocultaban esos ingredientes. El Whole30 me ha sido muy útil, me ha convertido en una gurú de las etiquetas. Ahora voy en busca de productos o ingredientes simples, enteros, o de comidas con muy pocos ingredientes. Sé cómo evitar azúcares ocultos, gluten y lácteos, y he aprendido a traducir etiquetas que contienen nombres que suenan científicos y saludables, pero que son perjudiciales para mí. Como he seguido varios Whole30, ya no me cuesta nada comprar comida y preparar los platos más sabrosos y saludables que he comido en mi vida.»

ERICA TINGEY

Una de las dificultades más comunes a las que se enfrentan quienes siguen el Whole30 por primera vez es hacer la compra. Ya no se puede ir al supermercado y escoger lo de antes, de cualquier manera; durante el programa, todos los productos con etiquetado deben someterse a una revisión crítica, y es posible que debas llevar a tu cocina algunos alimentos que no solías adquirir.

Asimismo, es posible que la compra te salga más cara que antes. Eso es algo que queremos abordar de entrada y relativizarlo. Comer comida de verdad cuesta más dinero que comer comida rápida muy procesada, y llenar tu cocina con productos aptos para el Whole30 puede exigir comprar artículos más costosos, como algunos aceites de cocina y especias. Pero ¿acaso no merece la pena gastar un poco más para comer alimentos integrales, ricos en nutrientes y saludables? La gente, en su mayoría, prefiere dar prioridad a la comida saludable una vez que descubre que empieza a sentirse mejor, y está dispuesta a gastar un poco menos en otros aspectos de su vida (como en la factura del teléfono, en los cafés caros o en el último modelo de teléfono inteligente) a cambio de poder acceder a carnes de animales de pastoreo y a verduras orgánicas.

Mucha gente descubre que, en realidad, ahorra dinero durante el Whole30 porque cocina en casa y no se gasta dinero en comida basura, caprichos o alcohol, o en comer fuera. Sea como sea, entendemos que ni tu presupuesto ni tu tiempo son ilimitados, así que aquí vamos a explicarte cómo sacar el mejor partido de la experiencia de comprar comida durante el Whole30.

Primero hay que planificar

Lo más importante que puedes hacer para ahorrarte tiempo, dinero y frustraciones puede resumirse en tres palabras: planifica tus comidas.

Ya hemos hablado de esto antes, ¿verdad? (Refresca la memoria retrocediendo hasta la pág. 37.) Al planificar tus comidas Whole30 con algunos días de antelación y hacer una lista de la compra detallada para cada comida, adquirirás solo los ingredientes que necesitas y no sentirás tanto la tentación de añadir «extras» a tu carro (y esos extras suelen encarecer mucho la cuenta final). Además, de ese modo, seguramente no malgastarás tanta comida, porque todo lo que compres lo usarás en esta o aquella receta.

Contar con un plan de comidas permite también eliminar mucho estrés. Saber que tu cena ya se está preparando en tu olla de cocción lenta significa que tienes una preocupación menos en tu jornada laboral, y una tentación menos de pedir una pizza por teléfono cuando llegas a casa con hambre y de mal humor.

PLAN PARA PLANIFICAR

Las investigaciones sobre hábitos y cambios demuestran que los mejores planes son los detallados, pero no hasta el punto de resultar abrumadores. Planificar con demasiada antelación (por ejemplo, todo un mes de comidas) es mucho trabajo; ¿y si no te apetece comerte un bistec dentro de dos semanas? Planificar entre 3 y 7 días es perfecto, porque de ese modo te liberas de pensar en lo que vas a comer todos los días, pero como el periodo de tiempo cubierto es corto, no te sientes atado al plan. Además, planificar así ayuda a tu cerebro a alcanzar rápidamente «pequeñas victorias» y a superar tus primeros días de comidas Whole30, lo que te aporta la confianza que necesitas para seguir adelante. Decide en cuántos días se basará tu plan y con qué frecuencia puedes ir a comprar comida, así como qué flexibilidad tendrás en tus decisiones alimentarias y en tu presupuesto.

Una vez hayas decidido qué comidas preparar, puedes convertir tu decisión en una lista de la compra detallada. Para que crear tu lista de la compra te resulte más fácil, descárgate nuestra plantilla gratuita en *www.whole30.com/pdf-downloads*, marca los artículos que vas a necesitar y anota el tipo (paleta de cerdo frente a costillas de cerdo), cantidad o cantidad junto al ingrediente.

Ahora que ya tienes un plan de comidas y una lista de la compra, es hora de dirigirte a la tienda de alimentación. Pero, espera un momento..., ¡para eso también te hace falta un plan!

En primer lugar, dedica bastante tiempo a hacer la compra, sobre todo si es la que vas a hacer antes de iniciar el Whole30 y pretendes «llenar la despensa». No te metas en el establecimiento con la idea de pasar como máximo 20 minutos, como siempre. No. Leer las etiquetas y encontrar los ingredientes nuevos lleva su tiempo. Si tienes hijos, déjalos en casa a ser posible. Dedicar una hora a solas a comprar, y poder hacerlo relajadamente, reducirá el estrés que tal vez sientas y te dará la oportunidad de practicar algunas de estas directrices antes de que vuelvas a la tienda, esta vez con niños.

Si tu pareja quiere comprar y aprender contigo, mejor aún, a menos que te dé miedo que vaya a comportarse como una criatura pequeña, en cuyo caso tal vez lo mejor sea dejarla también en casa.

Compra inteligente

Ahora que ya estás en la tienda con la lista de la compra en la mano..., ¿por dónde empiezas?

Para sacar el máximo partido a tu presupuesto, hay que comprar estratégicamente. Si las proteínas figuran en primer lugar en nuestra lista de la compra es por algo: concéntrate en la carne, el pescado y los huevos primero, y, si puedes, cómpralos de pastoreo. Si tu presupuesto es muy ajustado, tal vez te interese organizar las comidas en función de lo que esté de oferta en el folleto del supermercado, o escoger recetas que se preparen con los cortes más económicos de la carne (como nuestro pecho de ternera braseado de la pág. 234, el bacalao con cobertura de setas y pimiento rojo de la pág. 262, o la paleta de cerdo asada con calabaza, col rizada y tomates de la pág. 364), en lugar de comprar caros solomillos o fletán.

No descartes de antemano las hamburguesas, las gambas ni el salmón congelados, pues son una manera económica de comprar carne y pescado de buena calidad. Conviene, eso sí, leer con atención las etiquetas, porque muchas hamburguesas preparadas incorporan ingredientes vetados. Por último, a 5 euros la docena, los huevos de pastoreo y orgánicos siguen siendo tu fuente de proteínas más barata.

ESTRATEGIA DE COMPRA

Si acudes a las tiendas cuando hay menos gente, irás con menos prisa y te sentirás más libre para explorar productos y leer etiquetas a tu antojo. Pregunta en tu tienda de proximidad cuáles son sus horarios de reparto a domicilio y sus ciclos de ventas, y programa tu visita para que coincida con los días en que los estantes están más llenos y hay más cosas de oferta. Pero no vayas a comprar al salir del trabajo, pues a esa hora las tiendas están llenas de gente que entra a comprar «solo una cosa». Lo mejor que puedes hacer es irte a casa, cenar y volver a la tienda. Lógicamente, en las tardes de los fines de semana es cuando los supermercados están más concurridos y, en general, cuando los estantes están más vacíos, pues muchas familias dedican sus domingos a «preparar comida». La clave está en escoger una estrategia que te funcione y convertirla en parte de tu rutina semanal.

PRIORIZAR LAS PROTEÍNAS

«Optar por lo orgánico» no forma parte de las reglas del Whole30, aunque lo recomendamos si puedes permitírtelo. Si tu presupuesto solo te da para comprar algunos productos orgánicos, te diríamos que priorices tus fuentes de proteína animal sobre la fruta y la verdura. Los pesticidas no son deliciosos, pero creemos que las consecuencias negativas para la salud de la cría industrial son tan perjudiciales para los animales (y para la carne que producen) que es fundamental que te alimentes de animales criados en un entorno natural y alimentados con una dieta natural. Busca que en las etiquetas figuren los términos «alimentado al 100 % con hierba», «terminado de criar con hierba», «de pastoreo» u «orgánico», o pregunta en tu carnicería cómo se han criado y alimentado los animales de los que procede la carne que venden.

A continuación, acércate a la sección de frutas y verduras, y cómpralas orgánicas solo si puedes permitírtelas. Prioriza la compra de productos orgánicos que no se puedan pelar (lechugas, bayas, etcétera), pero si se pueden pelar (aguacates, cebollas), cómpralos convencionales. Las hierbas aromáticas frescas añaden mucho sabor a las comidas, y también se encuentran en la sección de frutas y verduras. (El cilantro y el perejil suelen estar junto a las cebollas tiernas, mientras que la albahaca, el eneldo, el tomillo y otras suelen presentarse en paquetes pequeños de plástico.)

Las verduras enlatadas también son una opción económica: venden boniatos y calabazas en lata (hemos dicho calabaza, no relleno de calabaza) en

ALIMENTOS DE TEMPORADA

Gracias a las prácticas agrícolas modernas, hoy en día es posible encontrar casi cualquier fruta y verdura durante todo el año, pero aprender qué alimentos están en temporada según los meses es una estrategia de compra saludable y económica. Comprar frutas y verduras cuando son frescas y están en temporada se traduce en que resultan más nutritivas. (Dado que es posible que los productos que están fuera de temporada procedan de miles de kilómetros de distancia y se pasen muchos días viajando, inevitablemente han de perder parte de sus nutrientes clave.) También resultan más económicas, porque para poder comprar uvas en marzo hay que sumar largos tiempos de envío, elevados costes de combustible y otros factores que acaban sumándose al precio final. Por último, comer productos de temporada garantiza una variedad saludable en tu dieta, lo que implica que tu cuerpo obtiene un amplio abanico de micronutrientes para mantenerse sano. Si quieres, descárgate nuestra guía de productos de temporada en *www.whole30.com/pdf-downloads*.

casi todos los grandes supermercados. Asegúrate de que las conservas sean a base de agua o zumo de fruta, y no de almíbares.

Por último, apuesta por los congelados. La verdura congelada es una manera económica y fácil de consumir «verde» (y amarillo, y rojo). Asegúrate de que tu mezcla de verduras no contenga montones de maíz, alubias blancas u otras «verduras» vetadas, y de que no está bañada en salsas azucaradas. La fruta congelada (como en el caso de los frutos rojos) también es una excelente manera de saborear un trocito de verano en febrero sin tener que pagar los precios de las frutas de importación.

A continuación, dirígete a los estantes en busca de grasas saludables y productos de despensa. Es mejor ir acumulando las grasas saludables en un periodo más largo de tiempo, porque son los artículos más caros de la lista después de las proteínas. En primer lugar, adquiere unas pocas grasas de cocción distintas, dado que vas a tener que usarlas todos los días. Da preferencia al aceite de oliva virgen extra, al aceite de coco sin refinar y a la mantequilla (clarificarla en casa es más barato que comprar *ghee*), porque serán lo que uses con más frecuencia en tus recetas. No son baratos, pero solo tendrás que reponerlos una vez al mes, o cada dos meses, así que plantéate si te merece la pena la inversión.

Después, añade las grasas que usarás con las comidas, como el aguacate (que está en la sección de frutas y verduras), la leche de coco entera, o los copos de coco, y compra también algunas aceitunas envasadas como refuerzo. Por último, compra frutos secos y semillas, que han de formar parte de tu plan de comidas y que también te sirven como fuente de grasas cuando estás fuera de casa. Compra solo la cantidad que necesites, a granel; sale más económico que comprar una bolsa entera. Y si compras cócteles de frutos secos, asegúrate bien de que no contengan cacahuetes.

Por último, llena la despensa con aquello que vas a necesitar para tu plan de comidas y, si puedes, llévate también algunos productos básicos (usa nuestra lista de la compra de la pág. 211 a modo de guía). Entre estos figuran las especias más usadas (sal, pimienta, mostaza molida, comino, pimentón, ajo en polvo y cebolla en polvo), y con el tiempo puedes ir añadiendo más a tu colección si puedes permitírtelo.

¿Con qué frecuencia hay que hacer la compra? Eso depende de ti. Comprar más a menudo tiene algunas ventajas (varias veces a la semana en vez de una sola). En primer lugar, dado que todos los

ingredientes que compras son perecederos, ir a comprar con más frecuencia reduce las probabilidades de que toda esa comida fresca se te estropee antes de que puedas usarla (otro consejo para ahorrar dinero). Además, si compras varias veces a la semana, no hace falta que planifiques tus comidas con tanta antelación, lo que te deja más libertad para incluir nuevos alimentos a precios rebajados, o adaptarte mejor a los gustos o peticiones de tu familia.

De todos modos, tal vez no tengas tiempo para planificar las comidas, prepararlas y comprar tan a menudo. Ir a comprar una vez a la semana facilita las cosas desde una perspectiva temporal y puede ayudarte a controlar mejor el presupuesto. Si ese es tu caso, te interesa alargar tu plan de comidas a 7 días, y habrás de dedicar algo de tiempo para confeccionar una lista de la compra detallada para cada plato. Parte de una nevera limpia (¡cómete esas sobras de la semana anterior!), porque te va a hacer falta sitio para el nuevo cargamento. Por último, deja claro a los miembros de tu familia que lo que figura en el plan es exactamente lo que vas a comer, pero que aceptas sugerencias para el próximo viaje al supermercado.

Comer fuera de casa

«He seguido este plan durante 30 días y unos pocos más. Era diabética de tipo 2 y necesitaba insulina, y ahora no tomo ningún medicamento (con la supervisión de mi médico). No creía que fuera posible, pero lo ha sido. Me gustaría animar a la gente a probarlo durante 30 días, tal como se propone. A mí me ha cambiado la vida de verdad.» JOANN H.

E s probable que en tu Whole30 debas enfrentarte al menos a la carta de un restaurante. Tal vez quienes viajan a menudo por trabajo, o quienes deben asistir a comidas o cenas de negocios, se encuentren en un restaurante o en la zona de restauración de un aeropuerto más veces de las que quisieran. Cuando esta manera de comer es nueva para ti, comer fuera puede ser una experiencia difícil y estresante. Nuestra meta es hacer que tus comidas de negocios, tus cenas familiares o tus viajes te resulten más fáciles (y más deliciosos).

Pero antes aclaremos algo de entrada.

Acepta desde ahora mismo que a veces vas a ser el «bicho raro». Sí, ya sabes, esa persona que lo pregunta todo, que pide que le cambien un ingrediente por otro y que, aun así, cuando le llega el plato, pide que se lo retiren.

Pues sí, es posible que seas tú.

Asúmelo. Acepta nuestro consejo y hazlo sin desesperar al camarero, al chef o al resto de los comensales. Si sigues nuestras estrategias, conseguirás lo que te propones, el camarero estará encantado de haberte ayudado y los comensales ni siquiera se darán cuenta de que no te comes el pan. Todos saldréis ganando.

Este es nuestro plan para vivir una aventura feliz y saludable en un restaurante.

Antelación

En primer lugar, cuando comas fuera de casa en grupo, lleva tú la iniciativa y sugiere un restaurante que cumpla con tus requisitos siempre que tengas la oportunidad. «¿Adónde quieres ir?» «No lo sé. ¿Adónde quieres ir tú?» Ahí es donde intervienes y dices: «Vayamos a tal sitio. Se come muy bien. Os encantará». Quedarás estupendamente por mostrar tanta decisión, y controlarás mejor el entorno de la comida.

Investiga un poco sobre el restaurante antes de ir. Si lo organizas con antelación, podrás averiguar más cosas. Repasa la carta online y toma nota de cualquier acompañamiento especial obsequio de la casa (como pan recién hecho o patatas chips con salsa). Fíjate en

---

¡BUSCA EN GOOGLE!

Los restaurantes locales suelen estar más dispuestos a aceptar cambios o adaptaciones de platos que los que pertenecen a grandes cadenas. Si no conoces la zona, introduce términos como «desayuno orgánico», «de la granja a la mesa» o «hamburguesa de pastoreo» en alguna página web con reseñas de restaurantes tipo Yelp, o directamente en internet.

las especificaciones sobre alérgenos, o en si tienen menú sin gluten, y presta atención a cualquier política de la casa (por ejemplo, que avisen de que no se aceptan devoluciones de platos una vez servidos podría ser un problema para ti en tu situación). Escoge ya lo que piensas pedir para no sentir la tentación de optar por otros platos menos saludables cuando llegues.

Si tienes tiempo, llama al restaurante. Pregunta por el tipo de grasas que usan para cocinar y averigua hasta qué punto están en disposición de adaptarse a tus necesidades dietéticas especiales. Haz saber a la persona responsable de sala, o al gerente, que vas a pedir algunas cosas concretas, y agradéceles por adelantado su buena disposición para adaptarse.

A la hora de pedir

Y ahora, una arenga: en vez de sentir vergüenza por lo que estás a punto de pedir, saca pecho. Las cosas se pueden pedir de manera directa y clara sin imponer nada, sin condescendencia ni antipatía. Además, si le das mucha importancia a esta «dieta loca» que estás siguiendo, los demás comensales también lo harán. Si pides las cosas con confianza y sin grandes

aspavientos, como si tal cosa, los demás te seguirán la corriente y ni siquiera comentarán nada.

Informa a las personas encargadas de serviros que tienes algunas restricciones alimentarias y que deseas formular algunas preguntas sobre la carta. Si tienes alergias o sensibilidades probadas, especifícalas con claridad. Y hazles saber que agradeces su ayuda. (Más adelante hablaremos de las maneras de mostrar agradecimiento.) Si demuestras paciencia y respeto con el personal del restaurante, ellos te tratarán con la misma cortesía.

Pregunta sobre ingredientes ocultos (como el queso o los picatostes en las ensaladas) o sobre los métodos de preparación de todo lo que piensas pedir. Muestra firmeza a la vez que amabilidad en tus peticiones. Di cosas del tipo: «¿Podría tomarlo al vapor en vez de frito?» o «por favor, ¿podrían traerme un poco de aceite de oliva y limón en vez del aliño?».

Pide que te preparen la verdura al vapor, asada, horneada o salteada con aceite de oliva en vez de frita con otros aceites vegetales. Asegúrate de que todas las patatas asadas vengan sin nada, no empapadas de mantequilla no clarificada, queso o nata agria. A las tortillas o los huevos revueltos suelen la ensalada, y, si no eres muy sensible al ingrediente en cuestión, siempre puedes apartarlo y no comerlo para seguir disfrutando de la comida. Pero si el plato llega con arroz, o con un acompañamiento de pan, devuélvelo o come lo que puedas (a menos que sufras alergia, en cuyo caso no te quedará más remedio que devolverlo).

Si debes devolver un plato a la cocina, no des por descontado que ha sido culpa del camarero, y no montes ninguna escenita. Es posible que tu petición no haya sido fácil y que para satisfacerla haya habido que sustituir ingredientes o peticiones especiales que la cocina no está acostumbrada a elaborar. Con calma, claramente, explica dónde está el error y da las gracias al camarero por ocuparse de solucionarlo. Tratar al personal de servicio con respeto da una buena imagen de nuestra comunidad (y, por lo general, es lo correcto).

Por último, recuerda que se supone que ese compromiso social es para pasarlo bien. Haz lo que puedas con la carta de que dispones, no te estreses si todo no es perfecto y ten en cuenta que si la hamburguesa está sosa y la ensalada es aburrida, estás allí para pasar un rato con los demás comensales. (Siempre te puedes tomar un RxBar de tu kit de emergencia después de la comida, si aún tienes hambre.)

añadirles leche o harina de tortita para que resulten más esponjosos, así que pide huevos pasados por agua o pochados. Pide botellitas individuales de aceite de oliva y vinagre, y limón fresco para usarlos como aliño de ensaladas, verduras o carne.

Es probable que debas prescindir de todas las salsas y aliños que acompañan tus comidas, porque seguramente van a contener azúcar. (Sí, el kétchup también.) Pide salsa picante fresca, guacamole, aceite de oliva, limón o lima si quieres alegrar un poco tus platos.

Prestar atención

Presta mucha atención al plato que te traen a la mesa. Aunque te hayas expresado con claridad, a veces el camarero te trae lo que no es. A veces se trata de algo fácil de retirar, como unos picatostes en

Enfrentarse a las preguntas

Si, en algún momento, tus acompañantes te preguntan sobre tus preferencias, no te agobies. En primer lugar, reconoce que ese no es el momento para explicarles los beneficios del Whole30. Fíjate en ellos, en serio. Están todos comiendo pan, aros de cebolla, pizza o bocadillos, y tal vez se están tomando una copa. ¿De verdad quieres darles una clase magistral sobre las proteínas inflamatorias y la «comida sin frenos»?

Para nosotros, esa es la mejor manera de «perder amigos y alejar a la gente».

Recuerda que, al quedar para comer, en realidad

lo que importa no es la comida, sino la compañía y la interacción social. Si alguien comenta tus preferencias o le extraña lo que has pedido, tú puedes responder, simplemente, «este mes estoy haciendo un reseteado nutricional, y como un poco distinto». Si quiere saber más detalles, ofrécete con entusiasmo a enviarle más información por correo electrónico, o cuando volváis a veros en la oficina. Y a continuación cambia de tema formulando una pregunta al grupo: «¿Alguien vio el partido ayer por la noche?», o «¿alguien ha ido a jugar al golf últimamente?».

Si todos los comensales parecen interesados en tu nuevo plan de alimentación saludable (y a ti no te importa compartir con ellos los detalles), centra tu explicación en lo que comes y no en lo que evitas, y expón algo personal sobre tu experiencia. «Durante 30 días solo como productos reales, ricos en nutrientes, sin procesar. Se parece bastante a la manera de comer de antes; nuestros bisabuelos comían así, más o menos. Me siento muy bien, mis niveles de energía han mejorado.» Y a continuación ofrécete a explicar

más detalles después de la comida, y cambia (una vez más) de tema.

Si sientes una presión incómoda o notas que tus decisiones alimentarias se someten a un escrutinio nada favorable, recula. Suelta un comentario gracioso pero amable, del tipo: «No me gusta hablar de comida cuando como. Vamos a disfrutar y ya nos burlaremos luego de mi dieta rara». Y acto seguido cambia de tema o discúlpate y vete al baño para dar a los demás la oportunidad de encontrar otro tema de conversación.

La cuenta, por favor

¡Bien! ¡Lo has conseguido! La comida ha terminado y ya estás en disposición de mostrar tu aprecio a la persona que te ha atendido y que ha trabajado duro. Cuando se trata de expresar agradecimiento en un restaurante, el dinero es elocuente. Deja una buena propina a la persona que os ha atendido, sobre todo si se trata de un restaurante al que piensas volver. Si pagáis la cuenta a partes iguales, dale tú algo más y dile: «Gracias por atender mis peticiones especiales».

Y dicho esto, ya puedes salir, alegre, saludable, a la calle. ¡Buen provecho!

Viajes

«Mi fisioterapeuta, que me trataba de unas migrañas con acupuntura, me recomendó probar el Whole30. ¡Y ha sido un milagro para mí! Unas migrañas crónicas que había tenido casi toda mi vida han desaparecido casi por completo, junto con muchos otros problemas de salud. He podido reducir o eliminar los medicamentos que tomaba.» GAYLE G.

Tanto si viajas en avión con frecuencia como si pasas muchísimo tiempo en el coche o planeas una acampada en familia, cumplir con el Whole30 durante un viaje no es tan difícil como podría parecer. La clave, como nos oirás decir 172 veces a lo largo de este libro, está en la planificación y la preparación.

En general, lo más difícil de obtener cuando se viaja es proteína en cantidades adecuadas. Por eso hay que planificar con tiempo y llevar reservas. Prepara pollo o salmón la noche anterior al viaje, hierve una docena de huevos o hazte una ensalada de proteínas (pág. 179) En condiciones de temperatura normal con cierta climatización, todas esas cosas se conservan varias horas sin necesidad de refrigerar, de modo que son perfectas para un viaje en avión o por carretera.

Muchas veces se pasa por alto la opción del salmón ahumado, pero los de captura salvaje son una estupenda fuente de ácidos grasos omega-3 y de proteínas. Córtalo fino, enrolla alrededor de un trozo de melón o de mango, fija con un palillo y envuélvelo bien. También aguanta sin nevera hasta tres horas.

Nosotros evitaríamos el atún, las sardinas y las anchoas de lata, a menos que quieras soportar horas de miradas de odio de los demás pasajeros.

La fruta es una fuente fácil de carbohidratos durante los viajes, pero no te olvides de la verdura. Las zanahorias, el apio y las tiras de pimiento morrón

CONSIDERACIONES SOBRE VIAJES

He aquí algunas preguntas que conviene hacerse al planificar un viaje:

- ¿Cuánto va a durar el viaje? (¿Es un vuelo de 3 horas o un desplazamiento por carretera de 24 horas?)

- ¿Comeré en restaurantes, de la comida que llevo preparada, o las dos cosas?

- ¿Hay tiendas de alimentación saludable cerca de donde voy, o tengo que llevarlo todo desde casa?

- ¿Tendré un frigorífico o podré llevar una fresquera?

- ¿Dispondré de espacio para preparar comida (un hornillo de cámping o un fogón pequeño), o voy a tener que comer lo que lleve tal cual?

- ¿Puedo llevar comida o mi espacio es limitado?

- ¿Hay restricciones sobre lo que puedo llevar (como líquidos en los vuelos)?

Si vas a pasar un tiempo al aire libre, sobre cuatro ruedas, pide guarniciones de verduras para acompañar las proteínas, o llévate tu propia ensalada de patata, tus tubérculos asados o una sopa para completar la comida. Y de premio: lleva trozos grandes de piña para asarlos en la hoguera y ya ni siquiera echarás de menos esos malvaviscos quemados.

son una manera crujiente de obtener carbohidratos, y son perfectos para untar en guacamole o en salsas. Si puedes, viaja con una tabla de cortar flexible y un cuchillo afilado para preparar cosas durante los trayectos. (Y lleva siempre cubiertos de plástico y alguna servilleta por si vas con prisa en el aeropuerto o tienes poco tiempo cuando paras a repostar combustible.)

Los vegetales en lata como el boniato o la calabaza también son una buena idea, aunque tal vez te cueste pasarlos por los sistemas de seguridad del aeropuerto. En ese caso, los «potitos» de comida de bebé (de 100 gramos o menos) son la mejor opción disponible en lo que a carbohidratos se refiere.

Pasa por alto las miradas de desconfianza del personal de seguridad cuando te descubran toda esa comida de bebé y vean que no viajas con ningún niño.

Por último, no te olvides de la grasa. Te ayudará a mantener el nivel de saciedad durante tu viaje, y te alejará de la sección de chucherías de las estaciones de servicio. Los frutos secos y las semillas son una fuente de grasa fácil de comer y transportar, pero también es fácil sobrepasarte. Prueba con unas aceitunas. Se transportan fácilmente, no necesitan refrigeración y en proporción contienen mucha menos grasa que los frutos secos, por lo que se pueden comer más. Lo que hay que hacer es escurrirlas bien y empaquetarlas en plástico antes de un viaje en avión. También

puedes llevar una lata de leche de coco (o unos pocos mililitros si vuelas), copos de coco, mantequilla de coco o un aguacate entero.

Consulta nuestra guía de viaje (pág. 214), con recomendaciones más detalladas sobre alimentos para viajes y consejos útiles.

VIAJES DE NEGOCIOS, POR MELISSA HARTWIG

Nosotros viajamos mucho para asistir a seminarios y eventos, pero también investigamos con antelación, y hemos conseguido superar con éxito muchos Whole30 mientras nos desplazábamos de un lado a otro. Ya antes de montarme en un avión sé dónde se ubican las tiendas de alimentación más cercanas, y qué restaurantes de la zona tienen pinta de ofrecer platos que puedo comer. (Yelp va muy bien para informarse.) Siempre pido que las habitaciones de hotel tengan nevera, o una cocina incorporada si es posible. Si cocinamos en una habitación de hotel, me llevo algo de aceite de coco o alguna otra forma de grasa de cocción, porque no quiero comprar una botella entera cada vez que aterrizo en un destino nuevo. Por último, damos por sentado que cuando estamos de viaje vamos a comer cosas más o menos aburridas (a menudo nos conformamos con una hamburguesa: sin pan, sin queso, sin beicon) y una ensalada de guarnición en situaciones comprometidas. Y por eso nos aseguramos de que la variedad y la calidad de la comida sean extraordinarias cuando estamos en casa, para compensar la escasez nutritiva y de sabor que sufrimos durante los viajes. Por último, siempre llevamos comida de viaje para situaciones de emergencia, como un vuelo retrasado o un atasco de tráfico. (Véase la pág. 214 para más detalles.)

Caprichos, fijaciones con la comida y báscula

«A lo largo de los años he pasado de una dieta a otra. Ese círculo vicioso me llevó a sufrir importantes problemas corporales y a un trastorno de alimentación. El Whole30 ha tenido muchísimo que ver en mi transformación, ya que ha cambiado mi relación con la comida. Ya no lucho contra los atracones y esto ya no es una dieta, sino mi forma preferida de comer. Mis desagradables pataletas por falta de azúcar también han desaparecido. Ese era, seguramente, uno de mis principales problemas cuando combatía mi trastorno alimentario. Antes el azúcar era una fuente de preocupación para mí, y ahora ya ni siquiera me apetece.» ELISE H.

Si los ingredientes están permitidos, ¿por qué no puedo tomar caprichos o cosas horneadas?

En pocas palabras: porque una galleta es una galleta, y las galletas (o las tortitas, el pan o los *brownies*) no tienen cabida en el Whole30. Si quieres que te lo explique largo y tendido: el Whole30 tiene que ver con el cambio de los comportamientos que te han llevado a ataques de hambre persistentes, relaciones poco saludables con la comida y sensación de descontrol con tus decisiones alimentarias. (Sospechamos que eso es, en gran medida, lo que te ha traído hasta aquí.) ¿De verdad quieres pasarte todo el Whole30 comiendo las mismas comidas de «recompensa», pobres en nutrientes, sin frenos, que has comido siempre? Si terminas el método con los mismos hábitos, atracones y decisiones alimentarias que tenías cuando lo empezaste, tienes escasas probabilidades de mantener tus logros a largo plazo. Después de todo, son esos mismos hábitos, atracones y decisiones los que te han llevado al problema que tienes. Aprovecha el Whole30 para modificar tus hábitos, para acabar con atracones nada saludables y para crear una relación nueva y sana con la comida. Si sigues esta regla, no lo lamentarás, y mantendrás el resto de tu vida los nuevos hábitos y patrones que crees.

Pero es que mis tortitas llevan solo huevo y plátano.

En serio, nada de tortitas. Es una norma. Sigue leyendo, por favor.

¿No debería ser cosa mía decidir qué excede los límites?

Bueno, técnicamente, sí. Ya sois personas adultas, y nosotros no vamos a entrar en vuestra cocina a llevarnos vuestras tortitas. Pero las reglas del programa las hemos creado nosotros, y en esas normas se especifica que ciertas cosas están vetadas, y este es el programa con el que os habéis comprometido. Comprometerse con el programa y luego quejarse de las reglas es como apuntarse a un equipo de fútbol y enfadarse porque no se puede tocar la pelota con las manos. Si quieres cosechar los beneficios físicos del método, cúmplelo exactamente tal como está pensado, lo que incluye evitar esas preparaciones horneadas o caprichos que nosotros consideramos específicamente vetados. Y, recuerda, son solo 30 días. Es más, si la idea de no comer tortitas durante un mes te causa ansiedad, tal vez deberías hacértelo mirar.

⭐ CONSEJO: *El problema de esas comidas es que son casi tan buenas como las que tú comías antes, pero no tanto. La pizza con borde de almendra en vez de queso no es igual que esas pizzas de masa gruesa que te encantan, pero se parece lo bastante para que tu cerebro siga pensando: «Quiero pizza». Si durante el método sigues comiendo las versiones menos satisfactorias, tu cerebro seguirá deseando la recompensa que obtiene de los caprichos y la comida basura. Y un día, cuando sientas mucho estrés, o soledad, o tengas un disgusto, decidirás que esas recreaciones mal conseguidas no te sirven, y que eres una persona adulta y que, si te apetece una pizza de verdad, tienes que poder comértela. Y, sin darte cuenta, tu Whole30 habrá terminado, y volverás al mismo ciclo de culpa/vergüenza/recompensa del que con tanta desesperación intentabas salir. No merece la pena... Y son solo 30 días.*

Además de pan, tortitas y helado, ¿qué otras cosas son inaceptables en el método?

Algunas de las comidas vetadas son: tortitas, pan, tortillas mexicanas, galletas, crepes, magdalenas y *cupcakes*, *cookies*, masa de pizza, gofres, cereales, patatas fritas y patatas chips, y esa receta en la que se combinan huevos, pasta de dátil y leche de coco con unos cuantos rezos para crear un mejunje espeso y cremoso pensado para usar como sustituto de la leche o la crema a fin de transformar una vez más tu aburrido café solo en un capricho dulce. En todo caso, si bien lo que figura en esta lista está vetado para todo el mundo (incluso para quienes «no tienen ningún problema» con el pan y las tortitas), en tu lista de cosas excluidas pueden aparecer otras cosas.

Un momento, ¿estas no son las únicas cosas que pertenecen a esta categoría?

No necesariamente. Estas comidas están expresamente prohibidas, pero puede haber otras que se encuentren en esa «zona gris», y te pedimos que asumas cierta responsabilidad personal en esos casos. Por ejemplo, algunas barritas de frutos secos están técnicamente aprobadas por el Whole30, y son una gran opción para quienes participan en un maratón o recorren el camino de Santiago. Pero si las comes como sustituto de tus chucherías de las tres de la tarde y cuando lo haces (o después) notas que no controlas del todo, te animamos a identificar ese hábito menos saludable y a que digas: «Esta comida no me va bien durante mis 30 días. Es una comida desencadenante, y si lo que intento es cambiar de hábitos, debo apartarla de mi plato».

¿Por qué están permitidos los «bollos» de boniato, las chips de col rizada y los fideos de calabacín durante el Whole30? ¿No se recrean también comidas menos sanas en este caso?

Aquí, realmente, el factor determinante es este: ¿estás intentando recrear el aspecto exacto, la textura y el sabor de la comida vetada? El pan «paleo» está pensado para que se parezca lo más posible al pan de verdad; lo mismo ocurre con las tortitas de harinas alternativas, los *brownies* o las magdalenas. Pero los bollos de boniato, las chips de kale o los fideos de verduras son solo un sustituto del pan, las patatas o la pasta a las que reemplazan, no una recreación. El cerebro no va a pensar que sigue comiendo pan cuando se coma una hamburguesa metida entre dos rodajas de boniato, lo que implica que, en la práctica, estás rompiendo con tu hábito de comer pan, no alimentándolo.

¿Cómo sé si una comida ha de estar vetada en mi caso?

En primer lugar, pregúntate: ¿estoy intentando duplicar o recrear el aspecto exacto, la textura y el sabor de algo que no es saludable y que me muero por comer, pero con ingredientes permitidos, o simplemente busco un sustituto más sano y nutritivo de esa comida? En el primer caso, di que «no». Además, si la comida en cuestión es algo a lo que recurrirías después de una dura jornada laboral o situación estresante, seguramente lo mejor es prescindir de ella. Si bien la mayonesa comercial no es la decisión más saludable de todas las posibles (a causa de ciertos aceites vegetales y azúcares añadidos), es muy raro que alguien llegue a casa después de un día de trabajo y entierre sus penas en un tarro de mayonesa, lo que significa que la recreación, probablemente, no será un problema. Por último, en caso de duda, es mejor pasar de algo. Se puede sobrevivir sin esa comida dudosa durante 30 días, y si a ti te parece que no puedes o te pones de mal humor solo de pensarlo, tal vez te interese prestar más atención a tu relación con esa comida.

Pero es que yo no tengo problema con las tortitas.

Seguimos con el tema de las tortitas, ¿no? Pues ahí va: se trata de una de las reglas del método, como la de «nada de cereales» y la de «nada de azúcar añadido». Tú puedes tener o no tener problemas con todas las comidas que eliminamos, pero hasta que las elimines durante 30 días, nunca tendrás la certeza absoluta. También es posible que te sorprenda el poder que algunos de esos productos horneados o caprichos tienen sobre ti, algo de lo que no te habrías percatado hasta que se los niegas a tu cerebro. Así que, por favor, sigue el método a nuestra manera durante 30 días y al final podrás volver a comer tortitas si realmente te apetecen. Aunque sospechamos que no será tu caso.

Acabo de empezar mi Whole30 y solo pienso en comida. Qué voy a comer dentro de un rato, qué plan tengo para mañana, qué puedo comer y qué no… ¿Eso es sano?

A corto plazo, sí. Comer así sigue siendo algo nuevo para ti, así que se trata más de un aumento de la conciencia que de una obsesión perjudicial. Te has apuntado a un programa que exige planificar y preparar, revisar con detalle los etiquetados y cumplir unas directrices específicas (que no te resultan familiares). Es natural pasarse la primera semana, más o menos, pensando mucho en la comida, teniendo en cuenta que hay que comer tres veces al día y que tus menús, seguramente, no se parecen mucho a los de antes. Para combatir eso, planifica las comidas (véase pág. 37) y prepáralas todas con antelación un par de veces por semana para no tener que pasar todo el día pensando en lo que vas a comer; familiarízate con las reglas para identificar fácilmente lo que está permitido y lo que no; y compra alimentos sencillos con pocos ingredientes en las etiquetas, o directamente sin etiquetas. Si sigues ese enfoque, hacia el octavo día no te costará nada tomar tus decisiones sobre la comida.

Si siento que no controlo del todo cuando como algunas «comidas aprobadas» como mantequilla de frutos secos, dátiles o uvas congeladas, ¿debo eliminarlas durante el método?

Sí, al 100 %. A veces, a los participantes les parece que renunciar a los *brownies* y la pasta no es tan duro como creen, pero al poco tiempo se descubren metiendo la mano hasta el codo en un tarro de pasta de almendras cada noche después de cenar. Esos alimentos aceptados que te llevan a comer compulsivamente, te dan un hambre excesiva o te inducen a comer cuando no tienes hambre deben quedar fuera del método.

¿Y restringir ciertas comidas no nos llevará a un atracón de pasteles cuando acabe el Whole30?

Aunque los atracones de comida se dan después de seguir dietas muy restrictivas, no son comunes en el Whole30. En primer lugar, nuestro plan no limita las calorías, causa común del efecto rebote de las dietas rápidas. Como sientes saciedad y satisfacción durante todos los días de tu Whole30, es mucho menos probable que sientas una limitación real. En segundo lugar, nuestro plan se basa en cambiar los gustos y acabar con los atracones, por lo que, cuando termina el Whole30, las comidas basura que antes te encantaban te resultan, de pronto, mucho menos atractivas. Por último, tú te has metido en esto para conseguir resultados a largo plazo, no un éxito inmediato. Quieres cambiar de hábitos, así que no has de pasarte los 30 días con la mente obsesionada en lo que no comes, lo que significa que, aunque creas que te vas a hinchar a pizzas, cervezas y helados cuando termines el Whole30, el

76 % de la gente* afirma que ni siquiera le apetecen esas cosas cuando culminan el método.

¿Por qué no puedo pesarme durante el Whole30?

El Whole30 no es una dieta para perder peso, sino que está pensado para alcanzar una salud óptima durante el resto de tu vida. La cifra de la báscula no dice nada sobre el estado general de salud, y en parte es lo que te tiene como rehén de tu relación tóxica con la comida. Así que regálate un paréntesis merecido y largamente postergado en tu preocupación por el peso corporal. Te lo mereces. Pasados los 30 días, si la cifra de la báscula es menor, ¡premio! Pero mientras sigas el método, céntrate en mejorar tu salud, no en reducir la fuerza de la gravedad de tu masa corporal.

¿No demuestran ciertos estudios que la báscula puede motivar en el empeño de perder peso?

Así es, pero nuestra investigación y nuestra experiencia demuestran que es más probable que la báscula anime a los participantes a replantearse su persistencia en el programa y los lleve a ignorar los avances que la báscula no mide. Una simple cifra en una báscula digital puede hacer que la gente reduzca sus raciones hasta hacerlas poco saludables, a pasarse en el gimnasio más tiempo del que pueden soportar sus niveles de energía, a castigarse con pensamientos negativos o a abandonar el método porque «no funciona». Si te motiva ver un avance continuo, eso está muy bien, pero vamos a encontrar entonces un motivador que no esté relacionado con el peso y que puedas valorar a diario. Inténtalo con

* Según una encuesta de 2014 a más de 1300 participantes en el Whole30.

la calidad de tu sueño, por ejemplo, o con tus niveles de energía, o con tu estado de ánimo, o con tu autoestima, aquello que sí marca la diferencia en tu salud. (Y si resulta que te das cuenta de que la ropa te va más holgada, puedes aplaudirte.)

Pero ¿voy a perder peso con el Whole30?

Nuestro plan nutricional hará que mejore tu salud en general, y eso se refleja casi siempre en una mejora de la composición corporal. Es decir, si te centras en comer mejor, en dormir mejor y en potenciar la buena salud, todo ello se reflejará en una mejora de tu composición corporal. Así que confía en nosotros y ten paciencia. Vamos a llevarte hacia una pérdida de peso de manera saludable, de la manera correcta, de una forma que podrás mantener el resto de tu vida. Y ahora sí vamos a responder a tu pregunta: en una encuesta realizada a más de 1600 participantes en el Whole30, el 96 % afirmó haber perdido peso, haber mejorado su composición física, o ambas cosas a la vez, durante el programa. La mayoría perdió entre 3 y 7 kilos en 30 días. De modo que sí: está demostrado que el programa incluye una pérdida de peso sin tener que pensar siquiera en ella.

Me he pesado. ¿Eso cuenta como un incumplimiento de las reglas? ¿Tengo que empezar de nuevo?

Una pregunta difícil. Verás, las directrices de nuestro método están más que claras. Se trata de un programa general, de amplio alcance, pensado para modificar muchas cosas a la vez. La meta es incrementar la conciencia sobre lo que comemos y los hábitos que rodean tu alimentación cotidiana y cambiar los que resultan perjudiciales para tu cuerpo y tu cerebro. Si incumples una norma, nosotros siempre recomendamos empezar el Whole30 desde el principio. (La próxima vez que la báscula te llame, piensa en volver a empezar por el Día 1. ¿Merece la pena? Pues no.) En todo caso, eres una persona adulta y eso debes decidirlo tú. Nosotros te pediríamos que no te engañes y que trabajes con ahínco para romper tu dependencia de la báscula como fuente de validación.

Para mí perder peso es importante. ¿Cómo puedo tener la seguridad de que voy en la dirección correcta?

Para la mayoría de la gente, la pérdida de peso llega sin esfuerzo y con una salud mejorada, así que te animamos a buscar indicadores de una mejora en tu estado de salud, que son los que te harán saber que vas por el buen camino. Algunas cosas en las que fijarse son: ¿están mejorando tus atracones? ¿Sientes que tienes más control sobre tus decisiones alimentarias? ¿Eres capaz de confiar más en la señal de «hambre» de tu cuerpo? ¿Tienes más energía, más constante? ¿Te ha mejorado la digestión o retienes menos líquidos? ¿Están disminuyendo los síntomas de tus dolencias? ¿Te notas más alegre, con más confianza, tienes más capacidad para concentrarte? ¿Mejora tu rendimiento en el gimnasio, te recuperas más rápido después del ejercicio? Todas ellas son señales que indican que vas en la dirección correcta para cambiar de vida y crear nuevos hábitos saludables.

Muy bien. No puedo concentrarme en el peso. ¿Qué puedo usar para mantener la motivación?

Céntrate en tus logros diarios, lo que llamamos «pequeños triunfos». ¿Has pasado todo el día comiendo alimentos permitidos? ¡Genial! ¿Has resistido la tentación, por duro que fuera? ¡Bien por ti! ¿Has llegado a las tres de la tarde sin necesitar ese café de más? ¡Maravilloso! ¿Has encontrado la manera de recompensarte sin comida? ¡Asombroso! Esas son las victorias que queremos que celebres durante este proceso; y, si dedicas tiempo a fijarte en esos pequeños triunfos, te asombrará lo mucho que, de hecho, estás consiguiendo día a día.

¿Puedo contar calorías o macronutrientes?

Técnicamente, la advertencia de evitar contar calorías y macronutrientes es solo una recomendación, no una norma. Pero aun así te lo desaconsejamos por las mismas razones por las que te desaconsejamos la báscula. Tu cuerpo sabe mejor cuánto debe comer que cualquier cuentacalorías que encuentres por internet, y una vez que comas alimentos saludables, podrás confiar en las señales que te envía el cuerpo. Además, a algunas personas se las ha condicionado tanto para restringir las calorías y los macronutrientes que, incluso si se sienten muy bien comiendo, pueden sentir la tentación de reducir la cantidad una vez que constatan la suma total. No dejes que unas cifras en unas hojas de cálculo te confundan ni incidan negativamente en tus resultados del Whole30. Por el momento, sigue nuestro patrón de comidas (pág. 213) y deja que la información que te da tu propio cuerpo (hambre, energía, ataques de hambre, estado de ánimo, rendimiento deportivo y tiempo de recuperación) te guíe a la hora de comer más o menos.

Problemas médicos

«Sufro tiroiditis de Hashimoto, enfermedad de Raynaud, psoriasis, asma y alergias. Soy asistente médico, y sabía que mis trastornos autoinmunes iban en aumento. A mis 28 años tenía poca energía, presentaba unos síntomas espantosos, cada vez menos pelo, dolores de cabeza casi a diario, dolor de articulaciones, erupciones cutáneas recurrentes y una mala digestión. Los indicadores de inflamación en la sangre aumentaban, pero con el reumatólogo había llegado a un punto muerto. Por aquella época seguí mi primer Whole30. Desde entonces he hecho dos más, y he mantenido ese mismo estilo de vida durante el último año y medio. Tengo una energía que ya no creía poder recuperar. Mis digestiones son saludables. Tengo más pelo y la piel fina. Ya no se me ven las manos enrojecidas, secas ni cuarteadas. No tomo medicación para tratar mis enfermedades diagnosticadas. Y transmito el mensaje del Whole30 a mis pacientes, amigos y familiares casi a diario. Lo comparto con todos ellos porque sé que llevar ese estilo de vida beneficia mi salud hasta un punto que nunca imaginé.» MEGAN M.

Un breve recordatorio: nosotros no somos médicos, y con esta sección no pretendemos dar consejos médicos. Todo el mundo debería hablar siempre con su profesional de salud antes de iniciar una nueva dieta o régimen de suplementos. Y con más motivo las personas con problemas médicos, sobre todo si se tratan con medicamentos.

Hemos pedido al doctor Luc Readinger que nos ayude a responder algunas de la siguientes preguntas desde su perspectiva, en tanto que médico que lleva desde 2011 usando el Whole30 para tratar con éxito los problemas médicos de sus pacientes.

Enfermedades autoinmunes o crónicas

El Whole30 resulta ideal para ayudar a normalizar un sistema inmunitario hiperactivo, rebajar la inflamación sistémica y reducir o eliminar los síntomas de la enfermedad autoinmune, el dolor crónico o las enfermedades de carácter inmunitario (como la enfermedad de Lyme). Sin embargo, hay alimentos aprobados por el Whole30 que son saludables para la mayoría de las personas, pero que podrían exacerbar tus síntomas o disparar tu sistema inmunitario. El problema es que no existe solo una lista de alimentos que tengan un efecto negativo en todas las enfermedades crónicas.

Somos únicos, como los copos de nieve. Ello implica que los alimentos que pueden irle perfectamente bien a alguien con tu misma enfermedad podrían en cambio empeorar tus síntomas, y viceversa. Ello dificulta enormemente crear un protocolo que funcione bien en todas las personas con una misma disfunción inmunitaria. Los huevos, los tomates, los pimientos, la berenjena, las patatas, el café instantáneo, los frutos secos y las semillas, la ternera, el cordero, las naranjas, el pomelo, los limones y las limas... De todos esos alimentos se sabe que, o bien son comúnmente problemáticos para las personas con enfermedades autoinmunes, o bien causan sensibilidad alimentaria en aquellas personas con el intestino más permeable.

Y esta lista ni siquiera es exhaustiva.

Seguir comiendo cosas que te causan problemas te llevará (sí, lo has adivinado) a una inflamación sistémica y a la reacción exagerada de tu sistema inmunitario, lo que implica que tus síntomas no van a mejorar tanto como tú quisieras.

Entonces, ¿cómo saber si algunos de esos alimentos saludables no lo son tanto en tu caso? Ojalá tuviéramos una respuesta fácil que ofrecerte. Cuesta saber si esos alimentos te resultan perjudiciales sin que los elimines, pero, si lo haces, tu Whole30 se vuelve mucho más restrictivo. Además, el mero hecho de añadir esos alimentos a tu lista de «vetados» es algo así como disparar a una diana en la oscuridad; puedes acabar eliminando comidas que no tendrías por qué eliminar, e incluyendo otras a las que, de hecho, eres sensible.

Si tienes una enfermedad autoinmune, o un color crónico, o el síndrome de fatiga crónica, tienes dos opciones respecto al Whole30:

OPCIÓN 1: Completa los protocolos del Whole30 tal como están escritos (suprimiendo también, opcionalmente, los huevos y las solanáceas), y después evalúa y toma decisiones sobre cómo proceder a continuación.

OPCIÓN 2: Pasa del Whole30 y ve directamente a una dieta médica de eliminación, siguiendo los consejos de un profesional de la medicina que cree un plan específico solo para ti. Analicemos los pros y los contras de ambos planteamientos.

OPCIÓN 1:
Empieza con el Whole30

Este planteamiento presenta algunas ventajas. En primer lugar, comparado con una dieta médica de eliminación, el Whole30 exige muchos menos cambios en tu dieta general, lo que implica que es más fácil de seguir y resulta menos estresante. Además, los cambios pueden iniciarse de manera inmediata, lo que hace que el alivio y los resultados lleguen más rápido. Y resulta mucho más barato: en teoría podrías seguir todo el Whole30 sin tener que pagar, evitando los costosos honorarios de los médicos y unas analíticas que son caras.

La desventaja es que tal vez no experimentes todos los beneficios que esperas ver porque puedes estar incluyendo en tu dieta alimentos que en tu caso podrían resultar problemáticos. El Whole30 no es un planteamiento estructurado de eliminación basado en tu historial de salud, en tus síntomas ni en los resultados de tus analíticas, lo que implica que podría ser menos eficaz en tu contexto específico de lo que lo es para la mayoría de la gente. Podrías llegar al final del método y pensar: «Esto no funciona».

Nosotros te aseguramos que sí funciona.

Estamos seguros de que experimentarás otros beneficios gracias al método, y calmar el sistema inmunitario es un gran paso en la dirección correcta, por más que no le hayas sacado todo el partido. De la misma manera que un Whole30 que no lleva a una pérdida de peso no se considera un fracaso ni una decepción si nos fijamos en todos los cambios que afectan a áreas más subjetivas de la vida. Pero la expectativa de obtener resultados «milagrosos» y no verlos el Día 30 puede resultar descorazonador, y ese es, de hecho, el mayor riesgo del presente planteamiento.

Dicho esto, seguimos pensando que es ahí donde deberías empezar.

Prácticamente todos los programas médicos de eliminación de alimentos van a excluir los azúcares refinados, el gluten, los lácteos, la soja y el alcohol (además de otros alimentos específicos), de modo que, ya puestos, puedes adelantarte antes de empezar a trabajar con un profesional de la medicina funcional. Además, no está de más ganar algo de confianza y sentirse más saludable antes de ponerse a hacer algo más rígido y restrictivo como es una dieta personalizada de eliminación. Las mejorías que verás durante el Whole30 (¡porque las verás!) te servirán para mejorar también tu propia eficacia y te ayudarán a sentirte más preparado y motivado

---

HUEVOS Y SOLANÁCEAS

Tal vez mejores tus resultados si restringes también el consumo de huevos y solanáceas. La clara de huevo contiene proteínas que, de manera indirecta, pueden aumentar la actividad inmunitaria, un factor que contribuye a la aparición de enfermedades de tipo inmunitario. Las solanáceas son un grupo de plantas que contienen elementos que favorecen la irritabilidad intestinal, la inflamación, el dolor articular o el agarrotamiento en individuos sensibles a ellas. Entre las solanáceas se encuentran la patata (de todas las variedades, excepto los boniatos o ñames), el tomate, todos los pimientos dulces y picantes, la berenjena, especias como la cayena, el pimentón picante, el curry, la paprika, el pimentón dulce y los copos de pimiento. Estos dos grupos son los que suelen dar más problemas en personas con enfermedades autoinmunes, dolor crónico y otras enfermedades de tipo inmunitario, por lo que no estaría de más que te plantearas renunciar a ellos durante el Whole30 si estás en esa situación.

UN APUNTE SOBRE LA MEDICACIÓN ANTIINFLAMATORIA

Hay algo que deberías saber sobre los medicamentos antiinflamatorios no esteroideos (AINE) como la aspirina, el ibuprofeno, el naproxeno y el celecoxib. Se ha demostrado que alteran de manera directa el recubrimiento intestinal, lo que lleva a la permeabilidad del intestino (intestino poroso), un factor que contribuye a la aparición de enfermedades autoinmunes y a dolencias de tipo inmunitario. Si tomas AINE por prescripción facultativa para controlar el dolor, recuerda que las órdenes de un médico siempre prevalecen sobre las recomendaciones del Whole30. Con todo, dado el impacto que esos medicamentos tienen sobre la integridad del intestino y la función inmunitaria, te animamos a hablar con la persona encargada de velar por tu salud sobre métodos alternativos para gestionar tu dolor. Si en este momento no estás en disposición de dejar de tomar AINE, no pasa nada, sigue con el resto del protocolo Whole30 y consulta con tu médico para evaluar los síntomas que se vayan presentando. Tal vez descubras que puedes reducir el uso de antiinflamatorios a medida que tus síntomas de inflamación empiezan a disminuir.

para abordar un planteamiento más restrictivo si es que decides seguir ese camino.

Si decides empezar con el Whole30, asegúrate de seguir el protocolo estándar al pie de la letra, y lleva un diario de tus síntomas autoinmunes. Si constatas alguna mejora cuando llegue el Día 30, sabrás que vas por el buen camino. Si tus síntomas han desaparecido y te gustan tus avances, pasa a la fase de reintroducción tal como figura en la página 57. Pero si no te sientes tan bien como esperabas, puedes, o bien prolongar el Whole30 (a 60 o incluso 90 días, para comprobar si siguen produciéndose beneficios), o bien empezar a trabajar con un profesional de la medicina funcional (véase pág. 424) para ver si en tu dieta existen otros desencadenantes.

Al mismo tiempo, siéntete con libertad de eliminar los desencadenantes alimentarios más comunes desde ya mismo (como el gluten, los lácteos y la soja), porque seguramente esas son las primeras cosas que te prohibirán.

Sea cual sea el planteamiento que escojas, te animamos a tener paciencia, y recuerda que en las enfermedades autoinmunes, las mejoras no llegan de la noche a la mañana. Cuando nuestro sistema inmunitario está sobrecargado y confundido, pueden pasar 6 meses o más de dedicación a un protocolo como el Whole30, o a algún otro de eliminación con supervisión médica, hasta verse resultados, así que no te desanimes si tus síntomas no desaparecen por completo en solo un mes. Concéntrate en las mejoras que percibes, y que sean estas las que te motiven a seguir con el régimen escogido.

¿Qué hay del protocolo autoinmune paleo?

Este protocolo está a medio camino entre el Whole30 y un plan médico de eliminación porque se te exige que elimines algunos de los alimentos permitidos en el Whole30, además de muchos otros que suelen ser problemáticos en personas con enfermedades autoinmunes. Puede ser un enfoque intermedio adecuado si has terminado el Whole30 y aún no has resuelto todos tus síntomas, pero no te ves en condiciones de trabajar a tiempo completo con un profesional médico. Visita The Paleo Man (*www.thepaleoman.com*) o Paleo AIP (*www. autoimmune-paleo.com*).

Diabetes

En primer lugar, no renuncies a intentar el Whole30 porque estés tomando insulina o medicación contra la diabetes. Nosotros creemos que los posibles beneficios compensan con creces el lío de tener que hablar con tu profesional de la salud y ajustar la medicación; además, hemos sido testigos de casos de desaparición de la diabetes de tipo 2 en solo 30 días.

Dicho esto, es fundamental que hables con tu médico antes de iniciar el Whole30. Aunque no está específicamente pensado para ser bajo en carbohidratos, el método tiende a incorporar menos que la Dieta Americana Estándar (SAD, por sus siglas en inglés), y menos de los que ingiere la gente cuando come sin restricciones. Si te inyectas insulina o tomas medicamentos sensibilizadores a la insulina y disminuyes drásticamente el consumo de carbohidratos sin ajustar tu dosis de insulina, tu azúcar en sangre podría descender demasiado y las consecuencias médicas podrían ser graves.

Ello es especialmente así en el caso de los diabéticos de tipo 1; de hecho, tu profesional de la salud y tú podríais decidir hacer una entrada suave en el Whole30 en lugar de sumergiros en él a bocajarro, para poder monitorizar mejor tu azúcar en sangre y adaptar tus dosis de insulina de larga y corta duración.

Habla con tu facultativo sobre la manera de abordar el Whole30 antes de iniciar el método, y pauta visitas de seguimiento para asegurarte de que el valor de azúcar en sangre se mantiene en unos márgenes razonables.

Síndrome del intestino irritable (SII) y enfermedad inflamatoria intestinal (EII)

Si bien el Whole30 es ideal para curar el intestino y mejorar los problemas digestivos, recomendamos encarecidamente a las personas con SII o EII que consulten con un profesional de la medicina funcional cualificado, ya que podrían requerir analíticas específicas y suplementos probióticos. Si decides probar el Whole30 antes de buscar ayuda profesional, plantéate restringir, además de aquello que está vetado en el Whole30, los alimentos con muchos FODMAP (pág. 144), porque se sabe que inciden negativamente en las bacterias intestinales y hacen empeorar los síntomas del SII y la EII.

Lo sentimos.

Sabemos que parece muy cuesta arriba. Pero recuerda que son solo 30 días y que vas a aprender mucho sobre ti, tus síntomas y los desencadenantes de tu enfermedad gracias a este sacrificio a corto plazo. Todos esos conocimientos serán de incalculable valor si optas por trabajar con un profesional durante tu Whole30 o después. A continuación exponemos otras recomendaciones para asegurar que tu Whole30 sea lo más saludable posible, dada tu situación.

Las verduras ricas en fibra son buenas para tu digestión, pero a tu organismo puede costarle procesarlas, sobre todo si tienes una disfunción intestinal. Puedes facilitar su paso por el tracto digestivo cociéndolas mucho, o rompiéndolas manualmente en trozos más pequeños. Prueba a cocinarlas a fuego lento como ingredientes de un guiso, o usando un procesador de alimentos para convertir tus verduras en una sopa o un puré. Minimiza el consumo de verduras crudas y de grandes ensaladas, sobre todo si, para ti, seguir el Whole30 implica aumentar radicalmente tu consumo de verduras.

Ten cuidado incluso con la fruta con pocos FODMAP, porque existe una estrecha relación ente la mala absorción de la fructosa y el SII. Asegúrate de pelar toda la fruta, evita lo que no puedas pelar (como las uvas y las cerezas) y cómetela lo más madura que puedas, porque es más fácil de digerir. Deberías también evitar la fruta con semillas y exteriores duros (como las bayas), que pueden resultar difíciles de digerir. Aunque nadie lo sabe a ciencia cierta, muchas personas refieren un incremento de los síntomas del SII después de haber consumido

LA CURA DEL CAFÉ

Dejar de tomar café de repente puede ser estresante para nuestro organismo, sobre todo si a lo largo de tu vida lo has consumido en grandes cantidades. El doctor Readinger ofrece a sus pacientes dos opciones para dejar el café como parte de un protocolo de eliminación: hacerlo de un día para otro o con un enfoque gradual. De un día para otro es exactamente eso: levantarse una mañana y no tomar café; los síntomas de la abstinencia pueden ser duros durante los 3 primeros días, pero se supera rápido. El planteamiento gradual es algo así: limítate a tomar una taza de café solo durante unos días. Después, mezcla café con cafeína con café descafeinado, y tómalo así durante otros 5 días. A continuación mezcla una cuarta parte de café normal con tres cuartas partes de café descafeinado, y tómalo así entre 3 y 5 días. El último paso es tomar solo café descafeinado entre 3 y 5 días. Y luego ya no tomarás más café. Así la gente se ahorra la severidad de los síntomas de la primera opción. Escoge la que a ti te vaya mejor según tu situación, consumo habitual y personalidad.

cítricos, así que tal vez es mejor que te abstengas de tomarlos. Por último, nada de frutos secos ni zumos, que llevan demasiado azúcar en muy poco volumen para las personas con trastornos gastrointestinales graves.

Y ahora, la noticia más triste de todas: evita todas las formas de café, incluso descafeinado. Sí, ya lo sabemos, y lo sentimos. En serio, no es nuestra intención destrozarte la vida. Lo que pasa es que el café es un potente irritante del tracto gastrointestinal, e incluso el café descafeinado puede desencadenar espasmos abdominales y diarrea en las personas con SII o EII. Además, el café con cafeína es doblemente problemático, porque esta sustancia acelera todos los sistemas del organismo (incluido el colon), lo que puede provocar diarrea, seguida de estreñimiento. (¡Diversión por duplicado!) El café también puede provocar un incremento del ácido estomacal, lo que contribuiría a la inflamación del tracto gastrointestinal. En su lugar, prueba a tomar infusiones y bebe mucha agua a lo largo del día (pero no con las comidas, porque puede inhibir una correcta digestión al diluir los ácidos estomacales y las enzimas digestivas).

Por último, te advertimos de que tu digestión podría empeorar antes de mejorar. Cuando tu tracto gastrointestinal empiece a sanar, tu capa de mucosa se irá ajustando, las bacterias intestinales nocivas empezarán a morirse, las bacterias sanas iniciarán la repoblación y la pared intestinal empezará a reconstruirse, cubriendo y rellenando espacios y huecos. Ello puede llevar a la aparición de gases, hinchazón, diarrea o estreñimiento. Con dolencias como la EII y el SII, no es raro que esos problemas digestivos perduren entre 3 y 6 meses después de haber iniciado esos cambios radicales en la dieta; sin embargo, se trata de un primer paso necesario para restaurar la salud y la integridad intestinal, así que sigue adelante.

Descárgate nuestra lista de la compra de productos bajos en FODMAP en *www.whole30.com/pdf-downloads*.

Vesícula biliar

Si te han extirpado la vesícula biliar, puede intimidarte la idea de apuntarte a una dieta «con muchas grasas» como es el Whole30. Sin embargo, te aseguramos que este método podría ser una de las cosas más saludables que hagas por tu digestión.

Antes que nada, pongamos las cosas en contexto. La vesícula biliar es un almacén y una concentración de bilis (un fluido que ayuda a hacer la digestión), que se produce en el hígado. Al cuerpo le gusta tener una reserva concentrada de dicho fluido, porque el hígado lo produce de manera bastante lenta, más por goteo que «a chorro».

Cuando comes algo con una cantidad considerable de grasa, tu hígado no puede enviar una cantidad suficiente de bilis al intestino delgado lo bastante rápido, de modo que envía una gran cantidad de las reservas almacenadas en la vesícula, la suficiente para digerir adecuadamente las grasas que acabas de ingerir.

Cuando te extirpan la vesícula, ya no hay depósito disponible para almacenar la bilis y poder disponer de ella cuando las comidas sean grasientas. Si tomas mucha grasa de una sentada (y necesitas más bilis de la que el hígado puede enviar), parte de esa grasa se queda sin digerir y atraviesa rápidamente tu organismo, lo que produce heces aceitosas y sueltas, diarrea y dolor abdominal. Por eso, tu médico puede haberte pedido que comas alimentos bajos en grasas e integrales, o que comas solo ciertos tipos de grasa (evitando en general las grasas animales), y sobre todo que no sigas dietas «ricas en grasas» como la Atkins, la Paleo o el Whole30.

Pero el Whole30 no es una dieta rica en grasas. Sí, es posible que consumas más grasas de las que comías antes, pero es que antes te «alimentabas» solamente de comidas muy procesadas, endulzadas, con poca grasa... ¿Y qué tal te iba? Nuestras recomendaciones sobre la grasa añadida son en realidad muy moderadas, lo que implica que tu falta de vesícula no debería afectar demasiado a tu Whole30.

En primer lugar, tal vez debas pasar de tres comidas copiosas al día a cuatro o cinco más pequeñas, sobre todo si tienes cierta corpulencia y un nivel de actividad considerable (y por tanto necesitas más grasa para obtener energía). Ello te ayudará a comer una cantidad suficiente de grasa durante el día sin que a tu hígado le pase factura. Aun así, no tienes por qué ir picoteando como un antílope, y menos alimentos con alto contenido en grasa como son los frutos secos y las semillas, porque eso podría ir en contra de la capacidad de tu hígado para enviar la suficiente bilis, lo que le impediría hacer su trabajo.

Y no te plantees siquiera la opción de someterte a ayunos intermitentes. Es imposible que puedas ingerir las calorías suficientes durante un periodo breve y aun así digerir bien toda esa grasa si no tienes vesícula. (Si ni siquiera sabes qué es el ayuno intermitente, mejor que mejor; no es para ti.)

Además, toma mucha agua a lo largo del día, pero no durante las comidas. Beber agua mientras comes hace que la poca cantidad de bilis disponible durante la digestión se diluya, por lo que disminuye aún más su eficacia.

Tal vez quieras experimentar también con distintos tipos de grasa. Los triglicéridos de cadena media presentes en el coco (aceite, copos, mantequilla o leche) son más fáciles de digerir, y el aceite de coco en concreto se digiere sin necesidad de bilis. Es posible que tus digestiones sean más fáciles si consumes menos grasa animal pero añades más aceite de coco cuando comes o durante la cocción.

Por último, los suplementos de bilis de buey pueden muchas veces proporcionarte toda la ayuda digestiva que necesitas, incluso si tomas comidas más copiosas, más parecidas a las recomendadas en nuestra tabla de comidas. Además, puede ser que notes que tu capacidad para digerir grasas aumenta después de la operación; el cuerpo tiene una capacidad notable de adaptarse a la nueva situación, y podrías descubrir que un año después de la intervención eres capaz de disfrutar de comidas más copiosas, con más grasas, sin grandes problemas. Como siempre, habla con tu médico antes de empezar, y trabajad en estrecha colaboración para realizar los cambios necesarios en tu dieta.

Otras enfermedades que exigen medicación

Existen otros problemas médicos y medicaciones con receta que podrían verse afectados por los cambios alimentarios que vas a introducir con el Whole30, a veces ya desde la primera semana del método.

Si tomas algún medicamento para la hipertensión, consulta con tu profesional de la salud antes de apuntarte al Whole30. Muchas personas han declarado que después del Whole30 ya no necesitan medicarse para la hipertensión, lo que implica que tu médico y tú deberéis controlar la presión arterial y las dosis de medicación a lo largo de todo el programa. Si el médico lo ve bien, puedes comprarte un medidor de presión arterial de esos de pulsera y tomarte la tensión en casa dos veces al día mientras dure tu Whole30. Si tu presión arterial cae por debajo de cierto nivel (predeterminado por tu médico) o si tienes síntomas de hipotensión (mareos, especialmente si te pones de pie después de sentarte, fatiga generalizada, etcétera), entonces tu médico podría decidir si ha llegado la hora de reducir la cantidad de medicación que tomas. Esos cambios suelen darse de manera gradual, no de golpe, por lo que es fácil adaptar la medicación.

En cuanto a los problemas de tiroides, el hipotiroidismo crónico responde lentamente a los cambios de medicación y a las intervenciones en la dieta. Consulta a tu médico antes de embarcarte en el Whole30, y comprueba tus niveles de hormona tiroidea antes y después del programa. Sobre todo si tienes una enfermedad autoinmune de la tiroides, como la tiroiditis de Hashimoto, que podría reaccionar bien a esta dieta sin gluten, curativa para el intestino.

Por último, si tomas medicamentos con estatinas como la atorvastatina, no dudes en seguir tomándola mientras realices el Whole30. No sabemos de ningún peligro inmediato ni a largo plazo derivado de combinar estatinas con una dieta basada en alimentos completos como es el Whole30, pero si no has hablado con tu facultativo sobre por qué estás tomando una estatina, este podría ser un buen momento para hacerlo. Hemos recibido muchos testimonios de personas cuyos niveles de colesterol y triglicéridos han descendido muy por debajo de la cifra que sus médicos consideraban posible alcanzar solo con cambios en la dieta, y mucha gente consigue dejar de tomar estatinas después del Whole30.

No hemos tratado ni mucho menos la totalidad de los problemas médicos y enfermedades que requieren medicación y que se ven afectados por el Whole30; sería imposible, pues no parece haber enfermedad, síndrome o síntoma que no se vea afectado positivamente por una dieta antiinflamatoria que repare el intestino. En general, te animamos a trabajar en estrecha colaboración con tu médico antes de iniciar el Whole30 y a que te mantengas en contacto mientras dure el programa, sobre todo si observas cambios en tu salud o en tus síntomas.

¿Te inquieta hablar con tu médico del Whole30? Sigue los buenos consejos del doctor Readinger en www.whole30.com/talktoyourdoc.

Trastornos de alimentación

Nosotros admiramos tu dedicación en el intento de conseguir una relación saludable con la comida, y creemos que comer alimentos reales, ricos en nutrientes, sin procesar, es la manera más sana de alimentar tu cuerpo y romper con atracones y hábitos perjudiciales. Sin embargo, si te han diagnosticado un trastorno de alimentación (o tienes un largo historial de trastornos de ese tipo), por favor, ve con mucho cuidado a la hora de apuntarte a un método como el Whole30.

Hay personas con trastornos de alimentación (en activo o en vías de recuperación) que han encontrado una libertad increíble con la alimentación. El hecho de que no contemos ni restrinjamos las calorías, de que te animemos a comer alimentos saludables hasta saciarte y que excluyamos pesos, medidas y básculas de nuestro método podría constituir el cambio de paradigma que necesitas para recuperar una relación más sana con la comida.

Sin embargo, seguramente habrá la misma cantidad de gente a la que la rigidez, las reglas y la estructura del método Whole30 le habrán recordado demasiado a sus trastornos. Para esas personas, el Whole30 «tal como está recetado» es un desencadenante de su trastorno alimentario y resulta más perjudicial que beneficioso en su proceso. Las restricciones podrían llevar a una limitación excesiva de calorías o macronutrientes en el caso de la anorexia, o a comer compulsivamente en el caso de personas con historial de atracones y compulsiones.

Si tienes un historial de trastornos alimentarios y te preguntas si el Whole30 es adecuado en tu caso, nosotros no podemos responder esa pregunta por ti. De hecho, no deberías intentar aclararla sin ayuda. Si esa es tu situación, tienes que trabajar con un asesor cualificado o con profesionales de la salud mental para determinar si el Whole30 es adecuado en tu caso antes de iniciar el método.

Si las personas que te aconsejan y tú decidís que el programa es adecuado en tu caso, también podéis decidir conjuntamente modificar las reglas o relajar las restricciones. Sabemos que eso va en contra de todo lo que hemos escrito sobre el método y la necesidad de seguirlo al pie de la letra, pero es que tu situación es excepcional. Si bien insistimos en que el Whole30 hay que completarlo exactamente tal como está escrito para beneficiarse de todas sus ventajas, lo cierto es que no hemos elaborado el método pensando en personas con trastornos alimentarios. Si lo exponemos así es para que la gente no crea que puede comer un poco de esto ahora y beber un poco de aquello sin que pase nada. Pero en tu situación, si quien te aconseja y tú veis la necesidad de adaptar las reglas, la duración o la estructura del programa para que sea eficaz, sin duda debéis hacerlo. Si seguir solo una parte escogida de nuestro método saludable te ayuda a avanzar en tu recuperación, nos alegra tenerte con nosotros.

En todo caso, incluso si trabajas con un profesional de confianza, es posible que tu compromiso con el Whole30 te lleve a cruzar un territorio psicológico peligroso. Las señales no son iguales para todos, pero puedes ayudarte de las siguientes preguntas fáciles para detectar si tu Whole30 se adentra por lugares poco sanos:

- **¿La idea de comer algo vetado por error o deliberadamente te causa, literalmente, insomnio?**

- **¿Crees que debes medir, trazar y analizar cada bocado que comes (y no poder hacerlo te provoca ansiedad)?**

- **¿Eres una persona hiperselectiva respecto a la cantidad de comida o las decisiones sobre lo que comes solo por tu empeño en seguir el método de manera «más estricta» (las zanahorias tienen demasiado azúcar; la fruta y los frutos secos están vetados)?**

- **¿Has cambiado deliberadamente el método (eliminando calorías, gramos de grasa, carbohidratos o elecciones de platos) hasta el punto de que ya no resulta todo lo saludable que podría ser?**

- **¿Sientes la tentación de alterar el método por razones que no tienen que ver con la salud?**

Si has respondido afirmativamente a alguna de las preguntas, dedica un tiempo a pensar seriamente en tu motivación para seguir nuestro programa, y en si quieres continuar. Si has respondido afirmativamente a más de una pregunta, deja de seguir el método durante un tiempo y habla con un profesional de confianza antes de retomar el Whole30.

Para más información sobre trastornos alimentarios durante el Whole30, incluidos testimonios de lectores, consulta www.w30.co/w30ed.

Embarazo y lactancia

«Soy quiropráctica y madre de dos hijos. El Whole30 me salvó de la depresión posparto. Unos 4 meses después de dar a luz, estaba agotada por la falta de sueño y realmente deprimida por los casi 10 kilos de más que tenía. Mi dieta estaba descontrolada. La gota que colmó el vaso fue cuando, una mañana, mi hijo de 3 años entró entusiasmado en mi habitación, con ganas de empezar un nuevo día, y yo le respondí mal, porque me sentía fatal. Me parecía que era muy mala madre, y sabía que algo debía cambiar. Mi marido y yo empezamos el Whole30 al día siguiente, y nos ha cambiado la vida. Los dos notamos un incremento de energía, una energía, además, que se mantenía estable a lo largo de la jornada. Dormimos mejor y no tenemos ataques de hambre ni ganas de comer cosas "malas". Ya no tengo las articulaciones inflamadas y puedo hacer ejercicio. Me cabe toda la ropa que usaba antes del embarazo. Los dos hemos perdido entre 6 y 7 kilos. El Whole30 también me sacó de la depresión, y gracias a eso ahora puedo presentarme ante el mundo como la madre, la esposa y la doctora que quiero ser. Además, las recuperaciones de mis pacientes han sido más rápidas y duraderas con el foco añadido en la dieta. Seguir el Whole30 me ha enseñado que, en efecto, todo empieza por la comida.»

DRA. MICHAELA MCCLURE

Si estás embarazada o das el pecho, ya sabes lo importante que es la nutrición de la madre para la salud y el desarrollo del bebé. La dieta que sea más sana para ti también va a ser la más sana para tu bebé, y cuanto más nutritiva sea tu dieta, más nutrientes podrás transmitir a tu bebé. No nos imaginamos que a tu médico se le ocurra una dieta más nutritiva que una alimentación basada en carnes enteras, no procesadas, pescado y marisco, huevos, un montón de verduras y frutas, y grasas naturales, pero en todo caso consulta siempre con tu profesional de la salud cuando realices cambios en la dieta o el estilo de vida cuando estás embarazada o eres madre lactante.

Le hemos pedido a Stephanie Greunke, dietista y experta en embarazo, que redacte unas recomendaciones saludables en el marco del Whole30 para esta etapa tan especial de tu vida.

Embarazo

Si bien nuestro método no tiene por qué modificarse para adaptarse al bebé que crece en ti, sí te va a interesar proceder con cautela ante algunas de nuestras recomendaciones generales. En primer lugar, una dieta muy rica en proteínas no es la más saludable para tu bebé, por lo que las embarazadas deberían limitar el consumo de proteínas a un máximo del 20 % de las calorías totales.

Si te riges por la zona baja de nuestro patrón de

comidas (pág. 213) no saldrás del umbral seguro. (La naturaleza suele ayudar en este punto: muchas mujeres refieren aversión o falta de apetencia por proteínas durante el embarazo, sobre todo durante el primer trimestre.) En todo caso, si tú, de manera natural, tiendes hacia una dieta rica en proteínas, tendrás que consumir más carbohidratos y grasas de manera consciente para compensar las calorías que te faltan. Además, si eres una de las afortunadas que no siente aversión por las proteínas, podrías encontrarte con que tienes que reducir deliberadamente la cantidad de carne, pescado, marisco y huevos que consumes. Controlar y llevar un registro de las calorías y los macronutrientes podría resultarte útil en este sentido, al menos hasta que le cojas el tranquillo a tu nueva dieta baja en proteínas.

Además, aunque en realidad no «comes para dos», sí es fundamental que consumas la cantidad suficiente de calorías. Durante el primer trimestre, en realidad no necesitas comer más que antes del embarazo. Pero en los meses posteriores, unas 300 calorías extras al día son suficientes para alimentar a tu bebé: el equivalente a comerse un aguacate más. Incorporar más verduras con almidón y algo más de grasas saludables es una manera fácil de asegurarte de que no te estás alimentando mal, ni alimentas mal a tu bebé. Este no es el momento de limitar o reducir tu ingesta de carbohidratos, pues tu bebé necesita las calorías y los nutrientes presentes en la fruta y la verdura que comes, y realizar una dieta baja en carbohidratos resulta estresante durante el embarazo. Si llegas al Whole30 con una dieta baja en grasas o has seguido muchas dietas en general, tal vez debas hacer el esfuerzo de consumir deliberadamente suficientes grasas con cada comida. Si haces ejercicio durante el embarazo, asegúrate de incluir suficientes patatas, calabaza, plátano macho y fruta para sostener tu nivel de actividad.

Por último, tal vez debas saltarte nuestra recomendación de «no picar entre horas», sobre todo en el tercer trimestre del embarazo. Como te contará cualquier embarazada, a medida que el bebé crece, falta un poco de sitio ahí dentro, y es posible que no tengas el suficiente espacio en tu estómago para introducir en él mucha comida. Tal vez debas recurrir a comidas más frecuentes a lo largo del día, aunque de todos modos evita pasarte toda la jornada picando. Si es posible, deja tres o cuatro horas entre esas comidas más pequeñas para que tus hormonas tengan tiempo de hacer su trabajo.

Alimentos a evitar

Algunos de los alimentos ricos en nutrientes que recomendamos como parte de una dieta saludable Whole30 pueden no ser los más saludables durante el embarazo. Los expertos recomiendan evitar, por lo general, pescados que contengan mercurio, como el atún, el pez espada y el pez vela; los huevos crudos, el

> ### POTENCIADOR DE PROTEÍNAS
>
> La descomposición de los aminoácidos (a partir de las proteínas) genera la producción de amoniaco, un compuesto tóxico. De hecho, si al amonio se le permitiera acumularse en el organismo, las consecuencias podrían ser fatales. Por suerte, el hígado consigue convertir el amoniaco en urea, una sustancia mucho menos tóxica, que posteriormente eliminan los riñones y se excreta por la orina. Sin embargo, durante el embarazo disminuye la capacidad del organismo de convertir el amoniaco en urea, razón por la cual una dieta rica en proteínas durante el embarazo podría traducirse en un bajo peso al nacer del bebé, una lactancia deficiente y otros efectos negativos para la salud que podrían arrastrarse hasta la vida adulta.

SOBRE EL AUMENTO DE PESO

Durante el embarazo, el aumento de peso normal y saludable está entre los 9 y 22 kilos. Se trata, sí, de un margen muy amplio, pero es que cada mujer es distinta, y cada cuerpo reacciona a su manera al embarazo. Es importante que no intentes limitar tu aumento de peso, porque hacer dieta no es sano ni para ti ni para tu bebé; pero tampoco creas que un embarazo es una barra libre para comer toda la comida basura que te apetezca. Una buena nutrición es fundamental durante este periodo, y aumentar excesivamente de peso es tan poco saludable como no aumentar lo suficiente. Si en general comes comida real, rica en nutrientes y saciante (como la que incluimos en el Whole30), podrás confiar en las señales de hambre que te envía el cuerpo. Come cuando tengas hambre, deja de comer cuando estés llena, y permite que la naturaleza siga su curso. Cuanto más sana te mantengas durante el embarazo, más fácil te resultará quitarte «el peso del bebé» después de dar a luz.

pescado crudo (como el sushi) y la carne cruda o poco hecha. Ello implica renunciar a básicos del Whole30 como la mayonesa casera, y cocinar los filetes y las hamburguesas hasta que estén muy hechos.

Por último, se trata de decisiones personales que es mejor que consenses con tu profesional de la salud; nosotros no podemos decirte si los huevos biológicos, camperos y locales son peligrosos si se consumen crudos. (La buena noticia es que, aunque decidas no consumirlos, podrás preparar nuestra mayonesa sin huevo de la pág. 198.)

Náuseas matutinas y aversión a comidas

Otro reto del Whole30 durante el embarazo puede ser que tal vez te dé asco la idea de tomar huevos, carne, ciertas especias o las verduras que antes te encantaban. Las náuseas matutinas (que, por desgracia, pueden producirse en cualquier momento del día) y las aversiones a ciertas comidas pueden hacer que tu Whole30 te plantee aún más desafíos, así que a continuación exponemos nuestras estrategias para cumplir con las reglas del Whole30 durante esta difícil etapa. (Y no te hundas, porque la mayoría de las mujeres descubre que esos síntomas mejoran mucho después del primer trimestre.)

- **LLÉVATE A CASA EL SUPERMERCADO ENTERO.** Tus aversiones pueden variar de semana a semana, pero si tienes la posibilidad de ir «de compras» a la nevera o al armario de tu casa y buscar ahí productos permitidos, tarde o temprano acabarás encontrando algo que te apetezca comer. Ello obliga a ir más veces a la tienda de alimentación, pero solo son tres meses, y para eso están parejas/padres/familiares.

- **SÉ FLEXIBLE.** Tal vez descubras que los huevos no te sientan bien cuando acabas de levantarte, pero que sobre las once de la mañana empiezan a apetecerte. Así que busca algo que comer en la primera comida del día (una hamburguesa, atún de lata, salmón ahumado: te sorprenderá lo que te apetece comer en esas semanas) y cómete los huevos más tarde. Sé metódica a la hora de evaluar cómo te sientan las comidas: que no te hayas comido una salchicha de pollo sobre las doce no significa que no puedas comértela a las tres de la tarde. Acostúmbrate a planificar las comidas en el último momento (y advierte a tu familia, además, de que las cosas van a ser así), porque es bastante probable que no sepas lo que te va a apetecer en la cena hasta diez minutos antes de empezar a prepararla.

- **NO TE OBSESIONES CON LA RACIÓN PERFECTA.** A estas alturas, lo importante no es crear comidas equilibradas tres veces al día, sino que la madre obtenga las calorías para que no se le acaben y se sienta más cansada aún. Si en cada comida no hay una cantidad de proteínas que quepa en la palma de la mano, no pasa nada. Si las zanahorias son la única verdura que comes durante 3 días seguidos, adelante. Si necesitas introducir tu comida en una batidora para meterte algo en el cuerpo, hazlo. Hazlo lo mejor que puedas con lo que tienes y, recuerda, que todo lo que comas sea rico en nutrientes y saludable para el bebé, porque eso es lo más importante.

- **HAY QUE SABER CUÁNDO DARLE UN RESPIRO AL WHOLE30.** Si tienes unas náuseas matutinas espantosas o si tus aversiones a ciertas comidas son tan severas que no te alimentas bien y te sientes agotada, tal vez haya llegado el momento de interrumpir el Whole30. Busca alimentos enteros, sin procesar y ricos en nutrientes que te apetezca comer (en condiciones ideales, cereales sin gluten; lácteos de pastoreo no desnatados, y alimentos enteros, no procesados, que sepas por experiencia que te sientan bien) y recupera tus niveles de energía. Después, tan pronto como tu profesional de la salud lo estime conveniente, regresa al Whole30.

Suplementos durante el embarazo

En primer lugar, es importante que hables con tu profesional de la salud antes de tomar cualquier suplemento, y más si estás embarazada. En todo caso, nosotros creemos que hay algunos suplementos que podrían resultar beneficiosos para tu salud y la de tu bebé durante esta época especial.

VITAMINAS PRENATALES. El problema de muchos multivitamínicos prenatales es que contienen demasiados nutrientes posiblemente nocivos (como el hierro y el ácido fólico) y, en cambio, carecen, en cantidades adecuadas, de aquellos elementos que realmente necesita la mujer embarazada (como vitamina D3, folato y K2). Lo mejor es cubrir en la medida de lo posible las necesidades nutricionales con comida, incluso cuando se está embarazada o se da el pecho. Dicho esto, las cantidades recomendadas de ciertos nutrientes, como el folato, la vitamina K2 y la vitamina D3, durante el embarazo pueden ser difíciles de obtener solo a partir de la alimentación. Por ello, tomar unas vitaminas prenatales con los nutrientes adecuados y en las dosis y formas correctas puede ser una buena póliza de seguros. Interesa consumir al menos 1000 unidades internacionales (UI) de vitamina D3, 500 microgramos de vitamina K2 (formato MK-4) y 800 mcg de folato (no ácido fólico).

ÁCIDOS GRASOS OMEGA-3. Los ácidos grasos antiinflamatorios EPA, y sobre todo DHA, aportan excelentes beneficios al desarrollo neurológico y visual temprano de tu bebé, y podrían reducir el riesgo de complicaciones durante el embarazo, como la preeclampsia, la diabetes gestacional, la depresión posparto y el parto prematuro. Si ya consumes mucho pescado graso de aguas frías (como salmón salvaje, caballas, sardinas o arenques), tal vez no necesites ninguno de esos suplementos. Pero si no es tu caso, te recomendamos que tomes un suplemento de DHA al día durante el embarazo, aunque sin exceder el total de 1 gramo de EPA y DHA combinados. La manera más fácil de tomar un suplemento de EPA/DHA es consumir aceite de pescado de gran calidad; en los etiquetados consta la cantidad de EPA y DHA por cucharilla.

ACEITE DE HÍGADO DE BACALAO FERMENTADO. Esta saludable fuente de grasas omega-3 también contiene vitaminas A, K2 y D, y te ayuda a cumplir tus otras necesidades nutricionales. Alterna un suplemento de 300 mg de DHA procedente de aceite de pescado con una o dos cucharaditas de aceite de hígado de bacalao fermentado. (Recuerda: independientemente de la fuente, mantén la dosis total de omega-3 por debajo de 1 gramo diario.)

VITAMINA D3. La vitamina D3 no es, en realidad, una vitamina sino una hormona, y desempeña un papel muy importante en tu salud, sobre todo durante el embarazo. Hay estudios que demuestran que las madres que toman suplementos de vitamina D3 reducen el riesgo de diabetes gestacional, parto prematuro y complicaciones relacionadas con el embarazo, así como la depresión posparto.

Normalmente, la vitamina D3 se produce exponiendo la piel al sol, pero cuanto más lejos del Ecuador se vive y cuanto más oscuro es el tono de la piel, más cuesta hacerlo durante las primeras y las últimas horas del día, y en invierno. En otoño e invierno, en climas que quedan más al norte, el ángulo del sol hace que los rayos ultravioletas no penetren en la atmósfera de la tierra, por lo que la piel no produce suficiente vitamina D, si es que la produce. (Como norma general, si tu sombra es más larga que tú, no estás produciendo vitamina D.) Durante esos meses, los suplementos son la única opción para mantener los niveles adecuados para ti y tu bebé. Los médicos afirman que las embarazadas pueden tomar hasta 10 000 UI de vitamina D sin riesgo, aunque el Consejo de la Vitamina D estadounidense recomienda dosis de entre 4000 y 6000 UI diarias durante el embarazo. (En días de verano en que estás totalmente expuesta al sol, puedes prescindir de este suplemento.)

APORTE EXTRA DURANTE EL EMBARAZO

Recomendamos medir los niveles de vitamina D antes del embarazo, durante el primer trimestre y al principio del tercer trimestre, cuando el esqueleto del feto se desarrolla rápidamente y aumenta la necesidad de la madre de consumir vitamina D. El baremo aproximado está entre 40 y 70 ng/ml. Si estás por debajo, consulta con tu facultativo para que te recete un suplemento con la cantidad adecuada.

CALDO DE HUESOS. Tal vez no concibas un caldo de huesos casero (pág. 194) como un suplemento, pero es una muy buena fuente de calcio, magnesio, fósforo, colágeno y aminoácidos que no se encuentran en la carne. Dado que en el último trimestre del embarazo se transfieren al feto entre 25 y 30 gramos de calcio, incluir una o dos tazas de caldo de huesos en la dieta de la madre puede ayudar a asegurar que el bebé crezca fuerte y sano sin dejarla a ella con déficit de minerales.

COMPLEJO DE VITAMINA B. Las 8 vitaminas B son fundamentales para el crecimiento y desarrollo del cerebro del bebé, pero las madres embarazadas pueden descubrir también que tomar ese complejo vitamínico les ayuda a combatir las náuseas matutinas y la fatiga, sobre todo durante el primer trimestre.

PÍLDORAS DE HÍGADO. Son inmensos los beneficios de consumir carne de vísceras durante el embarazo. El hígado, sobre todo, es una buena fuente de vitaminas, como A, D y E, así como de hierro y colina, todos ellos elementos esenciales para un embarazo saludable. Si tienes cómo conseguirlo o te desagrada la idea de comer hígado, tomar un suplemento de hígado de pastoreo, desecado por congelación, te proporcionará todos los beneficios sin tener que pasar por el mal trago. Toma 28 gramos (seis cápsulas) algunas veces por semana.

Por último, conviene entender que, durante el embarazo, los suplementos de buena calidad son más importantes que las reglas del Whole30, sobre todo si te los receta un médico. Por desgracia, algunos de los mejores suplementos del mercado incluyen trazas de soja o lácteos en las cápsulas. Depende de ti y de tu facultativo decidir si los beneficios de consumir cualquier suplemento o medicación superan los de evitar esos ingredientes no tan saludables. (En este caso creemos que sí, y solo recomendamos suplementos con trazas de esos ingredientes en unas cantidades que no suelen ser problemáticas.)

Lactancia

El Whole30 es una de las mejores cosas que las madres lactantes pueden hacer por la salud y la felicidad de sus bebés, pero también sirve para que ellas gocen de buena salud y energía y duerman bien (lo mejor posible, al menos), y tengan el sistema inmunitario fuerte. Cuando das el pecho, la salud del bebé es la máxima prioridad de tu cuerpo. Ello implica que los micronutrientes almacenados en tu cuerpo y presentes en los alimentos que consumes pasan al bebé a través de tu leche. Se trata de algo tan importante que tu cuerpo va a sacrificar su propia salud y sus reservas de micronutrientes para asegurarse de que el bebé tiene bastante. Mantener una dieta rica en vitaminas, minerales, fitonutrientes y grasas saludables con el Whole30 asegura que la cantidad sea suficiente para mantenerte a ti y al bebé bien nutridos.

Además, si la madre no consume alimentos potencialmente inflamatorios, ello implica que el bebé tampoco lo hace. Las madres refieren que sus bebés se muestran menos inquietos, maman mejor, tienen menos problemas digestivos y dermatológicos, y duermen más cuando se ven «sometidos» al Whole30.

Solo por esto último ya deberías convencerte de que merece la pena intentarlo. Confía en nosotros. Melissa, que tiene un hijo de 2 años, recuerda con precisión cómo eran aquellos días dedicados íntegramente a dar el pecho, y la falta de sueño. Ella empezó el Whole30 cuando su hijo tenía cuatro meses, y no solo descubrió que seguía teniendo mucha leche, sino que ella y su bebé dormían mejor, lo que se traducía en un menor estrés para ella, y en que le costaba aún menos mantener un suministro de leche saludable.

Mantener la cantidad de leche durante el Whole30

Lo más importante a la hora de mantener una cantidad abundante de leche es algo muy sencillo: cuanto más a menudo y más productivamente mame tu bebé, más leche tendrás. Durante el embarazo y los primeros días tras el parto, el suministro de leche es inducido por las hormonas, lo que significa que la leche se produce en función de

---

ENCUESTA SOBRE LACTANCIA

La pregunta más frecuente que nos hacen las madres lactantes es: «¿Mantendré la misma cantidad de leche durante el Whole30?». De hecho, en una encuesta realizada en 2014 entre 600 mujeres que empezaron el Whole30 mientras daban el pecho, el 90 % afirmó que su cantidad de leche se mantenía estable o aumentaba durante el programa.

los cambios hormonales que siguen al embarazo. El suministro de leche se regula entre 6 y 12 semanas después, y a partir de los 3 meses se basa sobre todo en la demanda previa.

Así pues, el mejor consejo que podemos darte para mantener el suministro de leche, tanto si sigues el Whole30 como si no, es que amamantes a demanda ya desde el primer día. No te guíes por ningún «horario» predeterminado: que sea tu bebé quien decida cuándo y con qué frecuencia mama. Además, un pecho vacío conlleva una producción más rápida de leche, así que conviene asegurarse de que se vacíe, bien dando de mamar, bien con sacaleches, bien con una combinación de ambas cosas cada vez que el bebé mame.

Las calorías, los macronutrientes y la nutrición también desempeñan un papel fundamental en el suministro de leche. Una caída súbita en la ingesta de calorías o carbohidratos puede poner en riesgo tu suministro. Para las que son nuevas en esto del Whole30, es fácil comer menos de lo debido. Las comidas sacian más, puedes sentir algo de fobia a las grasas, y tal vez comas tanta verdura de hoja que te olvides de incluir otra con más almidón, y fruta. En una situación así, es recomendable llevar durante unos días un control de las calorías y los macronutrientes ingeridos, sobre todo si eres nueva en el Whole30. Consumir menos de 1800 calorías al día puede poner en peligro tu producción de leche, así que debes asegurarte de comer lo bastante y no ingerir menos de 100 gramos de carbohidratos al día.

Los niveles de hidratación también afectan de manera significativa a la producción de leche. Tal vez notes que tienes una sed exagerada mientras das el pecho, pero, aunque no notes nada, ten siempre a mano una botella grande de agua y ve bebiendo a lo largo del día.

Además, comer solo tres veces al día siguiendo nuestro patrón de comidas (pág. 213) puede resultar imposible con tus horarios de sueño y lactancia, así que plantéate tomar cuatro, cinco o seis comidas más

pequeñas cuando te resulte conveniente. Asegúrate de que cada comida incluye una buena porción de proteína, otra de grasa saludable, y carbohidratos. Recuerda que no tienes por qué limitar las proteínas una vez que haya nacido el bebé; de hecho, un bebé en fase de crecimiento necesita las proteínas que secretas con la leche, así que no te saltes la carne, el pescado o marisco, o los huevos. Guíate por el límite inferior de nuestras recomendaciones de grasa (como mínimo) para asegurarte de que consumes una cantidad suficiente, e incorpora también vegetales con almidón como patatas, calabaza y alguna variedad de fruta, para tener la certeza de que consumes una cantidad suficiente de carbohidratos.

Por último, debes entender que hay un gran número de factores que contribuyen a que tu bebé se alimente bien y a que tú produzcas abundante leche, como el sueño, el estrés, los medicamentos que puedas estar tomando, lo bien que el bebé o el sacaleches vacíen el pecho, etcétera; incluso aspectos como dormir boca abajo o llevar un sujetador demasiado apretado pueden inhibir la producción de leche. Con tantos elementos en juego, lo mejor es buscar la asesoría de profesionales con experiencia en lactancia y de tu profesional de la salud para consensuar una estrategia exhaustiva que te ayude a mantenerte sana (y con abundancia de leche) mientras das el pecho y sigues adelante con tu Whole30.

Suplementos durante la lactancia

En primer lugar, es importante que hables con tu facultativo antes de tomar cualquier nuevo suplemento, sobre todo si estás embarazada o das el pecho. En cualquier caso, a nosotros nos parece que sí existen suplementos que podrían ser beneficiosos para tu salud y la de tu bebé durante esta época especial.

ÁCIDOS GRASOS OMEGA-3. Es importante seguir tomando suplementos de DHA, sobre todo después del parto, pues, al dar el pecho, la madre transmite sus reservas de DHA al bebé a través de la leche. (El DHA sigue siendo fundamental para el desarrollo del bebé.) Sigue tomando 300 mg al día de DHA procedente de aceite de pescado o aceite de hígado de bacalao, pero tampoco ahora excedas la dosis total de 1 g de EPA y DHA combinados.

VITAMINA D3. Sigue tomando 4000-6000 UI al día mientras das el pecho para poder pasar una cantidad razonable de vitamina D al bebé a través de la leche. (Aunque en días de verano en que estés muy expuesta al sol, puedes saltarte este suplemento.)

CALDO DE HUESOS. Mientras das el pecho, el caldo de huesos puede ayudarte a mantenerte sana, al reforzar tu sistema inmunitario y mantener elevados tus niveles de minerales. Incorpora una o dos tazas al día como parte de tu plan de comidas saludable.

FENOGRECO. Esta especia que se usa para dar sabor al curry en polvo o a los jarabes de arce procesados es una manera poco arriesgada de potenciar o mantener la producción de leche. (A Melissa le dio muy buenos resultados el fenogreco durante su Whole30.) El fenogreco puede potenciar la producción de leche en cuestión de 24 horas, y una vez has alcanzado la cantidad deseada, puedes dejar de consumirlo sin perder ni una gota. Sin embargo, hay estudios que demuestran que menos de 3,5 g al día no aportan beneficios, y los expertos en lactancia recomiendan una consumo diario de 6 g, lo que puede suponer tomar 12 cápsulas al día (mucho más de lo que recomienda el etiquetado). Las dosis elevadas pueden conllevar hipoglucemia o alteraciones gástricas, así que tu profesional de la salud y tú tendréis que decidir cuál es la dosis adecuada en tu caso.

OTROS GALACTOGOGOS. Consulta con tu asesora en lactancia o profesional de la salud para que te prepare un plan de lactancia a medida que sea seguro, sobre todo en lo relativo a los suplementos.

Visita la sección especial sobre embarazo y lactancia de nuestro foro Whole30 (www.w.30.com/w30forum) si necesitas apoyo durante el programa.

Niños

«El Whole30 me cambió la vida: se acabaron la hipertensión y la apnea del sueño y ¡he perdido unos 45 kilos! También le ha cambiado la vida a mi mujer: su diabetes de tipo 2 ha revertido y ha perdido mucho peso. Pero lo más importante de todo es que ha puesto en mis hijos unos cimientos nutricionales y saludables de los que van a beneficiarse el resto de su vida. No tengo palabras para expresar todo lo que ha significado.» STEPHEN S.

¿El Whole30 es sano para los niños?

Para empezar, no somos médicos, así que te animamos a hablar con el pediatra de tu hijo, o con tu médico de familia, antes de cambiar su dieta, sobre todo si tiene algún problema médico, un trastorno de conducta o un trastorno de procesamiento sensorial. Pero, ya que lo preguntas, creemos que el Whole30 es perfectamente saludable durante la infancia. Piensa en todas las comidas ricas en nutrientes que van a comer: obtendrán proteínas, vitamina B12 y hierro hemínico de carnes de calidad y consumirán vitaminas, minerales (como calcio y magnesio), antioxidantes y fibra de frutas y verduras. Además, las grasas naturales como las del aguacate, el aceite de coco y el *ghee* potenciarán su desarrollo cerebral y les aportarán unos niveles de energía constantes. Nuestro método elimina las comidas ricas en calorías y pobres en nutrientes que les llenan la barriga pero no les nutren, así como los azúcares que hacen fluctuar sus niveles de energía y les causan rabietas, y alimentos posiblemente problemáticos que podrían ser los responsables de su asma, sus alteraciones dermatológicas, sus alergias y sus trastornos de atención. Si el plan se enfoca como un experimento familiar y no como una restricción o un castigo, puede convertirse, de hecho, en una experiencia de unión entre tus hijos y tú.

¿Los niños no necesitan leche?

Los niños necesitan alimentos ricos en nutrientes para crecer y estar sanos, pero en la leche de vaca no hay nada que no puedan obtener de manera biológicamente más apropiada de la carne, la verdura, la fruta y la grasa. Sí, el calcio es un factor clave para tener unos huesos fuertes y sanos, pero conviene recordar que no es el único. Otras vitaminas y minerales desempeñan un importante papel en el desarrollo óseo, al igual que ciertos estilo de vida relacionados con los niveles de actividad y el estrés. Toda tu familia obtendrá suficiente calcio y las demás vitaminas y minerales que necesita de una gran variedad de alimentos compatibles con el Whole30.

¿Qué beneficios puedo esperar ver en mis hijos?

Como ocurre con los adultos, los resultados del Whole30 en niños varían, pero hay progenitores que refieren algunos que se repiten en ciertos aspectos concretos. Por lo general, los niños muestran una energía sostenida, tienen menos rabietas (sobre todo en casos de hiperactividad), se concentran mejor en el colegio, faltan menos a clase por enfermedad y duermen mejor. Sus digestiones también mejoran enormemente (menos referencias a gases, hinchazón y dolores de barriga). También hemos recibido numerosos testimonios de problemas de salud que experimentan mejorías espectaculares, como el asma, las alergias, la diabetes de tipo 1 y los trastornos por déficit de atención. Los niños también experimentan todos los beneficios menos visibles del método, como son una regulación hormonal y una mayor estabilidad del azúcar en sangre.

¿Es mejor empezar el Whole30 sin previo aviso o convencerlos gradualmente?

No hay una respuesta categórica a esta pregunta. Cada niño es un mundo: algunos reaccionan bien a los cambios, a otros les encantan los desafíos, los hay que son experimentadores natos y otros lo que quieren es que les dejen en paz. Aunque para responder a esta pregunta debes conocer a tu hijo, nosotros te ofrecemos aquí tres enfoques. El primero es el de «todo o nada», en el que tú le dices al niño: «Esto es lo que vamos a comer... Asúmelo». Tras una breve rebelión, los niños suelen amoldarse, y enseguida todos vais en el mismo barco. Este enfoque cuesta la primera semana, más o menos, pero la meta que te has propuesto se cumple deprisa y lo más probable es que dé unos resultados espectaculares. Además, te prometemos que tus hijos no se van a morir de hambre, incluso si se niegan a comer en una o dos comidas. El segundo enfoque consiste en una transición gradual, pero firme, en la que los productos vetados que se van acabando ya no se reponen. El nivel de confrontación es mucho menor con esta estrategia, aunque tardarás mucho más en poner del todo en marcha el Whole30 y en ver las mejorías. Por último, puedes ir paso a paso, ofreciendo a tus hijos mejores opciones, pero sin oponerte a ellos si las rechazan. Es probable que de esta manera no consigas que hagan un Whole30 canónico ni muestren resultados espectaculares, pero no habrá peleas en casa y, si los cambios los realizan de manera voluntaria, serán más duraderos.

Escoge el enfoque que mejor se adapte a tus hijos, a tu familia y a tus niveles de estrés.

¿Los niños deben seguir la misma tabla de comidas?

La tabla de tu hijo debería parecerse a la tuya: algo de proteínas, algo de grasa natural, muchas verduras y algo de fruta. Puedes usar nuestro plan de comidas (pág. 215) como punto de partida, pero no te agobies si tus hijos no quieren comer exactamente según lo planificado. Ofréceles gran cantidad de alimentos buenos en cada comida, deja que sean ellos los que decidan qué quieren incluir en su tabla y sus cuerpos (que todavía comunican muy bien cosas como el hambre y la saciedad) acabarán por aclararse. En todo caso, es probable que los niños necesiten más de tres comidas al día, ya que tienen el estómago pequeño y su metabolismo funciona a toda máquina. Así que hay que prepararse para ofrecerles tentempiés (que han de parecerse a pequeñas comidas) entre el desayuno y la comida, y entre la comida y la cena; pero no dejes que se pasen el día picoteando.

Mis niños son quisquillosos con la comida. ¿Cómo consigo que coman verdura?

Hay investigaciones que demuestran que los niños necesitan exponerse a un alimento nuevo entre 5 y 10 veces antes de aceptarlo, así que sigue ofreciéndoles esas remolachas y ten paciencia. Además, las comidas llenas de color resultan más atractivas a los niños que a los adultos, así que combina gran cantidad de alimentos distintos (de colores distintos) en los platos infantiles. No temas usar los aliños y las salsas referidos a partir de la página 322 para que las verduras resulten más apetitosas. Y, recuerda: los niños controlan todo lo que haces, así que asegúrate de comerte todas tus verduras con una sonrisa de oreja a oreja mientras exclamas: ¡qué rico!

Pero es que mis hijos quieren tortitas.

Esta es una pregunta difícil. En última instancia, es cosa tuya que cumplas o no nuestras normas sobre dulces horneados y caprichos con tus hijos. Por una parte, para ti es más importante descubrir si lo que comían era la causa de sus problemas de piel, sus rabietas, sus alergias o su asma que enfrentarte a su relación emocional con la comida, y más si son pequeños. En ese caso, haz lo que haga falta para que cumplan con el método, aunque eso implique prepararles unas tortitas de huevo y plátano los domingos por la mañana. Por otra parte, los niños de más edad pueden haber desarrollado ya una relación nada saludable con los dulces y los caprichos, y tal vez a ti te interese abordar todos esos factores (los emocionales y los físicos) en el Whole30 familiar. En cualquier caso, toma la decisión basándote en la edad de tus hijos, en el motivo por el que decidiste iniciar el Whole30 y en las metas que te llevan a iniciar un Whole30 familiar. Ten en cuenta que, aunque acabes preparándoles unas tortitas, desde aquí seguimos insistiendo en que tú no las comas.

¿Y si comen cosas no permitidas cuando no están en casa?

Mantener a los niños en un Whole30 estricto puede resultar difícil por varios motivos. Profesorado, parientes afectuosos, desconocidos en un banco, compañeros de clase... Es muy posible que todos ellos ofrezcan chucherías a tus hijos. Antes de empezar el Whole30, informa a profesores, personal médico y padres y madres de compañeros de clase de los nuevos límites de tu familia. Actúa con educación, ofrécete a llevar alternativas para tus hijos y pídeles que te ayuden a hacerles cumplir con el método. Las restricciones pueden resultar fastidiosas, pero si lo que intentas es mejorar un problema médico, de comportamiento, digestivo..., los siguientes 30 días son importantes. Dicho esto,

a menos que haya en juego una alergia grave o una sensibilidad alimentaria acusada (o que se esté sometiendo a análisis médicos para determinarlo), no te alteres demasiado si ocurre. Habla con tus hijos sobre esa experiencia y cuéntales que has visto de qué manera afecta a su salud, su comportamiento o sus cambios de humor; recuérdales que algunos alimentos son más saludables (siempre) y que otros alimentos son menos saludables (a veces o nunca). Y procura conseguir que se apunten voluntariamente a realizar esos cambios a corto plazo como parte de un experimento familiar. A partir de ahí, sigue, simplemente, con vuestro Whole30.

¿Puedo ayudar a mis hijos a entender que la comida menos saludable afecta a su salud o a su comportamiento?

Depende de la edad del niño y de su nivel de conciencia. Una niña de 2 años tendrá dificultades para reconocer verbalmente la relación entre lo que come y su salud, comportamiento o estado de ánimo, pero una niña mayor sí debería ser capaz de establecer esa relación. Reintroduce la comida en un ambiente relajado, pero controlado cuando estés en disposición de observar a tu hijo durante las horas posteriores. Toma nota mental de cualquier cambio que observes en su digestión, energía, ánimo, humor, capacidad de concentración o problemas médicos. Y traza después una relación entre las comidas no permitidas y los resultados menos deseables que hayas observado. Ayuda a tus hijos a ver que los alimentos más saludables que han estado comiendo les han servido para comportarse mejor, para poder jugar durante más tiempo y para sentirse mejor, y de ese modo será más probable que a partir de ese momento tomen decisiones más acertadas.

En la página 424 se ofrecen más recursos para que los niños se apunten al Whole30.

Vegetarianos y veganos

«Durante mi primer Whole30 vegetariano, empecé a ver la comida de una forma distinta por primera vez en mi vida. Me alejé de mis viejos hábitos, que me llevaban a comer para celebrar o para ahuyentar cualquier emoción. Me di cuenta de que lo que comía tenía un papel muy importante en mi depresión. Durante mis primeros 30 días, mi estado de ánimo mejoró de manera sostenida y se mantuvo más estable que nunca. Mis ataques de hambre disminuyeron y ni yo misma me creía la sensación de libertad que experimentaba. Antes de mi Whole30 vegetariano, sufría acné quístico, pero durante el programa, mi acné facial desapareció por completo. Además, perdí casi 7 kilos.» LAURICE B.

En nuestro método acogemos con los brazos abiertos a vegetarianos y veganos, y queremos que cosechéis muchos de los beneficios de nuestro plan de alimentación sana sin tener que dejar de respetar vuestras convicciones éticas o religiosas. De hecho, contamos con un vegetariano/vegano fiel que nos sigue desde hace ya años y hemos creado una sección en nuestro foro Whole30 especial para vosotros. A pesar de que vuestro estilo de vida parece entrar en conflicto con nuestras recomendaciones alimentarias (que incluyen una cantidad moderada de proteína animal), no descartéis el programa de entrada, por favor. Creemos que el Whole30 tiene mucho que ofreceros, aunque evitéis los productos de origen animal o limitéis su inclusión en vuestra dieta.

De hecho, hablemos de lo que el Whole30 tiene en común con un vegetarianismo/veganismo preocupado por la salud. A todos nos preocupa proveernos de nuestros alimentos de manera ética, responsable y saludable. En ambos casos seguimos una dieta que incorpora grandes cantidades de vegetales ricos en nutrientes. Evitamos comidas falsas y procesadas con muy pocos nutrientes y grandes cantidades de azúcar, grasa y sal.

Sinceramente, nuestros respectivos enfoques tienen mucho en común, y es ese espíritu de positividad y conexión en el que vamos a centrarnos aquí.

¿A punto para un cambio?

Si tu razón principal para pasarte al vegetarianismo o veganismo fue la salud, te invitamos a replantearte tu enfoque durante los próximos 30 días. Creemos que la incorporación de ciertas proteínas animales (los lácteos no cuentan) en tu dieta diaria es necesaria para una salud óptima, y hemos aportado argumentos bien fundamentados y avalados (en *It Starts With Food*) que sostienen nuestra posición. Así que, si tú partes de ahí, dale una oportunidad a nuestro plan. Plantéatelo como un experimento personal: vuelve a comer proteína animal de alta calidad durante 30 días. Nos sorprendería mucho que tu salud, tu composición corporal y tu calidad de vida no mejoraran, pero, si no experimentas la mejoría que esperas encontrar, siempre puedes, sencillamente, volver a tu estilo de vida vegetariano o vegano habiendo aprendido algo sobre la influencia de ciertos alimentos en ti.

Si tus argumentos son sobre todo de tipo ético (bienestar animal, sostenibilidad, economía local o factores económicos globales), has de saber que existen maneras de adquirir carne, pescado y huevos de manera responsable y ética. De hecho, apoyar esos esfuerzos sirve para enviar un mensaje poderoso (no solo económico) a las grandes empresas de producción ganadera; tendrás más influencia en ellas influyendo con tu dinero que abandonando del todo el sistema.

Para quienes tienen problemas de textura, o conceptuales, con la carne, pero desean tratar de incorporarla de nuevo a su dieta, he aquí nuestros mejores consejos: en primer lugar, opta por cortes que no sean tan «carnosos», que no tengan textura o forma de carne y que no tengan tanta grasa. Los pescados ligeros, que se separan en lascas, suelen ser opciones de texturas más neutras. La carne de ternera picada puede resultar más digerible que un bistec. Es posible que los cortes magros huelan (y sepan) mejor para las personas con reparos hacia la carne.

Evita carnes con hueso, como costillas o alitas de pollo: los huesos, en este caso, solo sirven para recordar a la persona lo que está comiendo. Cuando prepares pechugas de pollo, golpéalas con un martillo para carne para que queden más finas y tiernas. Corta la carne en trozos pequeños antes de cocinarla, pero no la hagas en exceso, porque te quedará gomosa y dura y te costará más tragarla.

También puedes hacerte algunas trampas para «colarte» algo más de carne o pescado en tu dieta. «Oculta» la carne en tus platos, como en sopas, guisos, currys, ensaladas o platos preparados con la olla de cocción lenta. Esta técnica funciona muy bien, precisamente, con recetas en las que se usa este tipo de olla, porque la carne se camufla en la mezcla y a la vez queda muy tierna.

Por último, empieza por raciones pequeñas: un costillar de medio kilo puede resultar excesivo, pero una hamburguesa de 100 gramos tal vez resulte más asumible.

TÉCNICAMENTE NO ES WHOLE30

Ten en cuenta que el plan detallado a continuación no es, técnicamente, un Whole30. (El Whole30 tal como está escrito no puede seguirse desde el veganismo; solo podrías comer verdura, fruta, frutos secos y semillas.) Aun así, nos emociona que seáis muchas las personas que queréis sumaros a nuestro grupo. Hemos creado nuestras recomendaciones y cambiado las reglas especialmente para que os sintáis a gusto y para que nuestro plan de alimentación saludable encaje con las restricciones dietéticas que os imponéis. Y ahora llega el momento de las verdades difíciles: esto no va a ser un salvoconducto para hacer un «Whole30 vegetariano con cerveza» (sí, la cerveza, técnicamente, es vegana, pero nunca será Whole30). Aun así, esperamos que nuestros seguidores del Whole30 vegetarianos y veganos sigan todas nuestras normas relativas al consumo de azúcares añadidos, alcohol y elaboraciones horneadas o caprichos, por más que deban incorporar algunas proteínas procedentes de cereales, lácteos o legumbres en su programa.

Si prefieres seguir el Whole30 sin renunciar a tus preferencias vegetarianas o veganas, a continuación se exponen algunos consejos para que saques el máximo partido a tu experiencia.

Pescetarianos y vegetarianos

Si comes ciertos productos animales (como huevos o pescado), te recomendamos que obtengas el grueso de tus proteínas de esas fuentes y lo suplementes lo menos posible con otras de origen vegetal. Sí, es cierto, te vas a cansar de huevos, salmón y bacalao, pero recuerda que es solo un experimento de 30 días. Recuerda que la información que vas a obtener cuando ese experimento finalice bien vale una semana o dos de aburrimiento con la comida.

Si los lácteos son una fuente admisible de proteínas en tu caso (si no te causan problemas digestivos, dermatológicos o cualquier otro efecto negativo evidente), te recomendamos que sitúes en lo alto de tu lista productos de pastoreo, orgánicos y fermentados, como el yogur o el kéfir. También podrías usar proteína de suero de leche en polvo de origen orgánico y de pastoreo, lo que te proporcionaría las proteínas que necesitas con menos contrapartidas que con otros productos lácteos (incluidos el queso y la leche en todas sus formas).

A menos que tengas una gran actividad física o deportiva, márcate como objetivo el tramo bajo de las recomendaciones de proteínas (pág. 213). No hace falta que persigas ninguna cifra arbitraria del tipo «1 gramo por cada medio kilo de peso corporal» cuando tu limitación de proteínas es tan acusada, a menos que tu situación y tu grado de actividad te exijan realmente esa cantidad de comida. Compensa las calorías que podrías perder a causa de las proteínas que no ingieres añadiendo algo más de grasa a tus comidas. Hay estudios que demuestran que una dieta rica en grasas puede resultar beneficiosa para los músculos, y en tu caso debes asegurarte de que ingieres las suficientes calorías en general para mantener tus niveles de actividad.

Veganismo

Si es tu caso, es importante que seamos muy claros de entrada sobre nuestras expectativas: en el marco del Whole30 vamos a poder ofrecerte una salud mejor, pero no una salud óptima. La inclusión de fuentes de proteínas de origen vegetal que se sabe que tienen efectos perjudiciales en el equilibrio hormonal, el tracto digestivo y el sistema inmunitario, así como la falta de nutrientes (como la vitamina B12 y el hierro hemínico) que solo se obtienen a partir de proteínas animales hacen que, en nuestra experiencia, tu potencial en cuanto a salud se vea limitado. En este capítulo haremos todo lo posible para aplicar el marco del Whole30 de manera que puedas potenciar al máximo tus decisiones alimentarias, pero somos sinceros: no esperes los mismos resultados asombrosos y espectaculares que suelen referir los omnívoros.

No es en absoluto nuestra intención sonar duros o juzgar a nadie. Ten en cuenta que, aunque no estemos de acuerdo en lo que es «saludable», respetamos tu decisión y trabajaremos contigo para encontrar la manera de conseguir la «mejor versión» de ti. Pero dado que te has acercado a nosotros en busca de consejos para una alimentación saludable, nos costaría no compartir contigo lo que creemos cierto. Así

ENZIMAS DIGESTIVAS

También podrías plantearte tomar enzimas digestivas. La idea de que los vegetarianos pierden de manera permanente la capacidad de digerir la carne es falsa, pero eso no implica que, durante los primeros días, la carne no pueda causar ciertos desarreglos digestivos. Los niveles de las enzimas encargadas de digerir carne y grasas disminuyen cuando dejas de comer carne, pero aumentan rápidamente cuando vuelves a consumirla. En todo caso, cuando tu intestino está dañado o perjudicado, como suele ser el caso en dietas que contienen cereales, legumbres y productos lácteos, una enzima digestiva puede ayudar hasta que las enzimas propias se hayan recuperado.

que sigue leyendo, porque creemos que te gustará nuestro plan para afinar tu dieta vegana.

En primer lugar, la idea de «combinar proteínas» (concretamente, combinar dos fuentes de origen vegetal para conseguir un perfil «completo» de aminoácidos) está superada: tu cuerpo tiene la capacidad de almacenar los aminoácidos que ingieres durante uno o dos días. Come, simplemente, una gran variedad de proteínas de origen vegetal y no te preocupes de obtener una proteína «completa» en todas y cada una de las comidas. Lo mejor que puedes hacer es consumir productos de la soja mínimamente procesados y fermentados, como el *tempeh* y el *natto*, o edamame (judías de soja) orgánicos. También puedes incluir soja orgánica no fermentada (como tofu extrafirme) y distintas verduras de manera rotativa. Los pseudocereales como la quinoa son otras fuentes de proteínas sin gluten, y la probabilidad de que te causen alteraciones intestinales o inmunitarias es menor que en el caso de otros cereales.

El polvo de proteína de cáñamo o de guisante también puede ser una opción en tu caso, aunque tendrías que incorporar una gran cantidad en tu dieta para conseguir una dosis significativa de proteína. (Lee atentamente las etiquetas para asegurarte de que ese polvo de proteína incluya la menor cantidad posible de ingredientes inflamatorios.)

Seguimos recomendando encarecidamente evitar los cereales con gluten, como el seitán (que se elabora a partir de gluten de trigo), la soja no orgánica, los productos de soja procesados (como las «hamburguesas» y el «queso» de soja) y los cacahuetes. La

LA BUENA PREPARACIÓN

Si vas a incluir cereales y legumbres en tu rotación diaria, déjalos en remojo entre 12 y 24 horas, escúrrelos y hiérvelos al menos 15 minutos para reducir sus componentes antinutrientes e inflamatorios. La fundación Weston A. Price cuenta con un buen vídeo sobre los métodos adecuados para preparar cereales y legumbres (*www.w30.co/w30grainslegumes*).

VITAMINA B12

Los veganos corren el riesgo de padecer un déficit de vitamina B12, pues esta se encuentra solo en productos de origen animal como la carne roja, el hígado, los lácteos, los huevos, el pescado y el marisco. Tal vez hayas oído que las algas y las raíces de algunos cultivos contienen vitamina B12, pero no es del todo así. (Esas plantas sintetizan unos «primos» de la B12, que no se usan de la misma manera en el organismo.) El déficit de esta importante vitamina puede provocar anemia perniciosa, enfermedades cardíacas, daños en los nervios medulares y periféricos, síntomas neuropsiquiátricos y fatiga general. El cuerpo tiene la capacidad de almacenar la vitamina B12, por lo que quienes comían carne en el pasado pueden pasar años sin manifestar síntomas, pero los veganos deberían plantearse tomar suplementos de vitamina B12. Los suplementos que se venden sin receta no son eficaces, ya que el cuerpo tiene una capacidad limitada para absorber la vitamina, así que la mejor opción son las inyecciones puestas en un servicio médico o los geles que se venden con receta. Pregunta en tu centro de salud por la prueba para determinar el déficit de vitamina B12 y los tratamientos recomendados.

buena noticia es que puedes prepararte una mayonesa sin huevo (pág. 198), lo que te da acceso a todo un mundo de aliños y salsas con los que rematar tus verduras.

Ah, y una última cosa: márcate como objetivo consumir la menor cantidad posible de proteínas, pues no nos interesa que consumas más proteínas de origen vegetal de las imprescindibles. Si tienes que controlar tu consumo durante unos pocos días para ver dónde está tu mínimo, no pasa nada. Básate en las cantidades recomendadas que se detallan en la Cantidad Diaria Recomendada en Estados Unidos (USRDA): 46 gramos al día para mujeres, 56 gramos al día para hombres. Con esas cantidades es poco probable que puedas dedicarte a levantar pesas, pero te mantendrán en un nivel de actividad moderado sin renunciar al veganismo, y todo lo saludable que se puede en tu caso.

También vas a necesitar más carbohidratos y más grasas para cubrir las calorías que te falten a causa de tu dieta relativamente baja en proteínas. (De hecho, debería llegarte un aporte extra de carbohidratos de manera natural a través de los vegetales que consumes, que en muchos casos contienen bastantes más carbohidratos que proteínas.)

Puedes descargarte una copia de nuestra lista de la compra para vegetarianos y veganos en nuestra web *www.30.com/pdf-downloads*. Encontrarás apoyo en la sección vegetariana y vegana de nuestro foro Whole30 (*www.w30.co/w30forum*).

Abordamos tus problemas con el Whole30

«Hace unos 8 meses, a mi marido empezó a fallarle la salud. Al principio era solo algo superficial, una inflamación cutánea y caída del cabello, pero tras una serie de biopsias, cultivos y analíticas, el dermatólogo descubrió una cantidad muy elevada de enzimas hepáticas, así como hígado graso no atribuible al consumo de alcohol. En ese momento, su nivel de alanina aminotransferasa estaba por encima de 600. Tres meses de dieta baja en grasas no le ayudaron. Después de investigar un poco, iniciamos el Whole30. Teníamos la esperanza de ver cierta mejora en sus niveles de enzimas hepáticas en nuestra siguiente visita con el médico, pero no imaginábamos que sus cifras de alanina aminotransferasa pasarían de 660 a 106 después de apenas 23 días de método. El propio médico se mostró sorprendido ante un descenso tan espectacular. Esto ha librado a mi marido de una probable insuficiencia hepática.» REBECCA C.

Tengo algunas alergias alimentarias. ¿Cómo las sorteo mientras hago el Whole30?

¡Es fácil! Coge nuestra lista de la compra de la página 211 y tacha los alimentos que te desencadenan las alergias. Y ahora, planea tus comidas con lo que te queda, escogiendo recetas que no los incluyan o que puedan prepararse igualmente sin ellos. (Por ejemplo, si tienes alergia a los frutos secos, el picadillo de pollo de Melissa de la pág. 248 también resultaría delicioso sin las nueces.) La buena noticia es que hay personas que han referido una reversión de sus alergias alimentarias al restaurar su función intestinal y calmar su sistema inmunitario con el Whole30. (En todo caso, «no lo intenten en sus casas»: las comidas alergénicas siempre han de reintroducirse bajo supervisión de un responsable de salud.)

Me siento como si me hubiera atropellado un camión. ¿Es por la «gripe de los carbohidratos» de la que todo el mundo habla?

La «gripe de los carbohidratos» (un periodo de dolores de cabeza, fatiga, ataques de hambre, mareos y «mente espesa») es, en realidad, una cuestión de energía. Tu dieta de antes incorporaba muchos carbohidratos procedentes de cereales, legumbres, azúcares añadidos y comidas procesadas. Esos carbohidratos, al digerirse, se convierten en azúcares en el organismo, y tu cuerpo usaba ese azúcar como fuente de energía. De hecho, se te daba tan bien usar el azúcar para mantener tu actividad que tu cuerpo llegó a ser absolutamente dependiente de él. Pero ahora empiezas con el Whole30. Tu ingesta de carbohidratos (azúcar) es, naturalmente, menor, porque comes fruta y verdura en vez de pan y galletas. Tu cuerpo ya no obtiene todo el azúcar con el que funcionaba. ¿Y qué ocurre entonces? Que te quedas sin gasolina. Sin todo ese azúcar (energía), te cansas, te duele la cabeza, notas la mente espesa y tienes hambre. Mucha hambre. Te apetece sobre todo azúcar. Hay quien lo describe como «síndrome de abstinencia». Y no se equivoca demasiado.

Ahora tienes otra magnífica fuente de energía disponible: ¡la grasa! La grasa de tu dieta y la corporal también pueden proporcionarte combustible mientras trabajas, juegas con tus hijos, estudias o haces recados. El problema es que tu cuerpo no sabe usarla, porque le dabas azúcar constantemente. (Piensa que las mitocondrias de tu cuerpo —las centrales energéticas de tus células— son como niños de 6 años; si les das a escoger entre una chocolatina y un aguacate, ¿qué escogerá? Pues el chocolate, sin duda.) Si tu cuerpo recibe azúcar constantemente, siempre preferirá funcionar con azúcar. Solo cuando carezca relativamente de todo ese azúcar empezará a usar de manera eficaz la grasa a modo de combustible.

En resumen, tu cuerpo no obtiene la fuente de energía de la que antes dependía, y no se le da muy bien usar la otra fuente de energía que le proporcionas ahora, y que es más estable. Así que durante unos pocos días (tal vez incluso una semana entera) te encuentras en esa tierra de nadie que se parece un poco a una gripe.

La buena noticia es que pasa rápido. El proceso de «adaptación a la grasa» (ser capaz de usar la grasa corporal y la alimentaria como combustible) se inicia a los pocos días, aunque hacen falta algunas semanas para potenciarlo al máximo. En cualquier caso, lo cierto es que empezarás a sentirte mejor muy pronto (generalmente hacia el día 14), y esos dolores de cabeza serán cosa del pasado.

⭐ CONSEJO: *Conviene contar con un buen plan para esos primeros días, porque pueden ser duros. Reduce tus sesiones de gimnasio, corre menos, acuéstate más temprano, asegúrate de que la despensa esté «limpia» (porque tendrás*

ataques de hambre y te apetecerán cosas «malas») y no escatimes en grasa. Usa nuestro patrón de comidas (pág. 213) para asegurarte de que estás proporcionándole a tu cuerpo la cantidad suficiente de energía que ahora quieres que use.

¿Por qué ha empeorado mi digestión durante el Whole30?

Cualquier cambio significativo en tu dieta puede causar alteraciones a corto plazo de la función digestiva. Es fácil imaginar que comer cosas que dañan el intestino puede afectar negativamente la digestión, pero es que incluso eliminar esos alimentos problemáticos puede tener consecuencias desagradables de manera temporal. Es imposible saber a ciencia cierta qué cambios alimentarios son los responsables de qué síntomas durante el Whole30, pero es frecuente alternar periodos de estreñimiento, hinchazón o diarrea mientras el cuerpo se adapta a su nueva dieta.

Esos cambios a corto plazo no son indicadores de que comer alimentos ricos en nutrientes sea perjudicial en tu caso. La inmensa mayoría de las veces, esos problemas transitorios se resuelven solos pasadas unas semanas, a medida que tu cuerpo se adapta a la ausencia de componentes alimentarios problemáticos o inflamatorios.

El estrés crónico también incide de manera directa en la digestión y puede contribuir a las malas digestiones y a la hinchazón, sobre todo si ahora te alimentas más que antes de fuentes de proteínas y grasas naturales. La buena noticia es que comer alimentos nutritivos durante tu Whole30, y los beneficios que proporcionan (dormir mejor, tener más energía y sentir más confianza), es un gran paso a la hora de reducir la respuesta del estrés crónico y de contribuir a que la digestión vuelva a su cauce.

⭐ CONSEJO: *Existe un pequeño subgrupo de personas que pueden no tolerar demasiado bien la «comida sana» a causa de la dieta que han seguido durante mucho tiempo y de la situación en la que se encuentra su tracto digestivo. Sobre todo tienen problemas con los alimentos ricos en fibra o almidón, es decir, frutas y verduras. Cocer bien la verdura e introducir los nuevos alimentos en pequeñas cantidades, gradualmente, suele ayudar. Además, como ya hemos comentado, la nutrición no es el único factor que interviene en la salud digestiva. Si sigues teniendo problemas estomacales al terminar el Whole30, es hora de acudir a un profesional para que evalúe tu dieta combinada con tu estilo de vida y tus actuales indicadores de salud (véase pág. 424).*

¿Por qué están empeorando mis síntomas o dolencias médicas?

Esta respuesta tiene mucho que ver con el funcionamiento de tu sistema inmunológico y con cómo ese sistema inmunológico «aprende» a partir de la exposición reiterada a alimentos posiblemente problemáticos (o, en el caso del intestino «permeable», a alimentos que atraviesan la barrera intestinal cuando no deberían hacerlo). Si tu sistema inmunitario ha creado anticuerpos contra ciertos alimentos, tendrá que estar varias semanas sin exponerse a ellos para que los niveles de anticuerpos disminuyan de manera significativa.

Si te has estado «hinchando» a comidas que desencadenan la aparición de esos anticuerpos del sistema inmunitario justo antes de empezar con el Whole30, a menudo se da un empeoramiento de los síntomas inflamatorios entre las semanas 2 y 3 del método. (Sí, en este caso, la respuesta es un poco retardada, lo cual tiene que ver con la manera en que esos anticuerpos y sus «desencadenantes» se relacionan y estimulan una respuesta inmunitaria con el tiempo.) Eso significa que ese empacho de pizza, cervezas y helado que te regalaste la noche antes de empezar tu Whole30 podría pasarte factura y darte un

mordisco en el intestino (y en todo el cuerpo, en realidad) cuando hayas alcanzado la mitad del programa.

Dado que ese tipo de reacción es bastante uniforme en la población, la buena noticia es que esos síntomas casi siempre mejoran hacia la tercera o cuarta semanas, pero solo si no ha habido exposición a los posibles desencadenantes (es decir, si te has comprometido al 100 % con las directrices del Whole30). Ya te hemos dicho que te tomaras muy en serio el consejo de «nada de engaños, excepciones ni ocasiones especiales».

En resumen, darse un atracón de comida poco saludable justo antes de iniciar el Whole30 puede influir muy negativamente en lo bien o mal que vayas a sentirte una vez que estés en el programa, y, de hecho, podría hacer que los síntomas o las dolencias que esperabas atajar empeoren antes de empezar a mejorar. Por favor, no te llenes de comida basura el día antes de empezar. (Y, si lo haces, luego no digas que no te lo advertimos.)

Antes del Whole30 me encontraba muy bien; ahora me siento agotado. ¿Por qué?

Eso puede tener que ver con la cuestión anterior de los «síntomas médicos», dado que la inflamación contribuye a la fatiga y al malestar. Pero una explicación más común es que, sencillamente, no estás ingiriendo suficientes alimentos nutritivos, en especial carbohidratos. Es algo que se da sobre todo en personas muy activas (que hacen ejercicio o practican deportes). Se toman al pie de la letra eso de «llenar el plato de verduras» y esas verduras son sin duda ricas en nutrientes, pero el brócoli, las espinacas, los espárragos y la col rizada no son un combustible eficaz para esas sesiones deportivas. A la larga, comer pocos carbohidratos pasa factura, y uno empieza a notar cansancio. Mucho.

La buena noticia es que es fácil saber si ese es tu caso. ¡Come más carbohidratos! Añade verduras ricas en carbohidratos, y fruta, a cada comida. Tómate un cuenco de frutos rojos y un plátano además de la frittata del desayuno, un boniato y una manzana con tu ensalada de proteínas a la hora del almuerzo, y una sopa de calabaza y una ensalada de pera en trocitos para acompañar la cena. Deberías sentirte mejor de inmediato; al cabo de un día ya tendrías que sentir de nuevo tu sangre de tigre. (¡Y sigue así! Es evidente que tu cuerpo necesita más carbohidratos de los que le has estado proporcionando.)

Esto es algo que también puede ocurrir si no añades la suficiente cantidad de grasas naturales a tus comidas. (Una cantidad insuficiente de grasa se traduce en una cantidad insuficiente de energía.) Repasa nuestro patrón de comidas de la página 213 y asegúrate de que obtienes la suficiente energía de comidas ricas en nutrientes (proteínas, carbohidratos y grasas) como para sostener tus actividades y tu actividad física habitual.

Por último, si pretendes implementar otras estrategias nutritivas de última generación (como el ayuno intermitente o los «ciclos de carbohidratos») mientras estás haciendo el Whole30, no lo hagas, por favor. Cambiar demasiadas cosas a la vez implica que no sabrás nunca qué comportamiento es el causante de qué resultado, y el Whole30 está pensado, precisamente, como experiencia de aprendizaje exclusivo y protocolo de eliminación. Reserva los demás experimentos para cuando acabes este, porque entonces estarás en mejor disposición de evaluar su incidencia en tu salud, tus niveles de energía y tu composición corporal.

⭐ CONSEJO: *En este caso, se trata más de un recordatorio que de un consejo: el Whole30 no es un método de adelgazamiento rápido. Irónicamente, si restringes a propósito calorías, carbohidratos y grasas durante el Whole30, te costará más alcanzar el éxito y controlar tu composición corporal a largo plazo. Así que limítate a seguir el plan y confía en que te irá tan bien como les ha ido a cientos de miles de personas como tú.*

¿Por qué ha disminuido mi calidad del sueño durante el Whole30?

Tener dificultades para conciliar el sueño no es lo mismo que despertarse en plena noche, lo que a su vez es distinto de despertarse a primera hora de la mañana y no poder volver a dormirse. Lo que es más probable que esté directamente relacionado con el Whole30 es despertarse en plena noche. Si antes de iniciar el método dormías bastante bien, pero mientras lo sigues constatas que te desvelas a las dos de la madrugada, el fenómeno se debe seguramente a la volatilidad del azúcar en sangre. (A tu cuerpo todavía no se le da muy bien gestionar tu azúcar en sangre, lo que lleva a altibajos de azúcar, incluso en plena noche.) Comer una porción pequeña de proteína (huevo, pollo o salmón) una hora antes de acostarse ayuda a estabilizar los niveles de azúcar durante las horas nocturnas en este periodo de transición. (Aunque no solemos recomendar comer poco tiempo antes de ir a dormir, este recurso te ayudará durante el periodo de transición.) Procura hacerlo de manera sistemática durante una semana y comprueba después si duermes mejor sin ese tentempié. Si eso no te ayuda, o si tu problema es que tienes cansancio y a la vez nerviosismo por las noches, o te despiertas muy temprano por la mañana, tenemos malas noticias para ti: te vamos a quitar el café. Si sigues consumiendo algo de cafeína, esos problemas de sueño indican que ha llegado la hora de dejar el café, al menos durante unas semanas.

Los problemas de sueño reiterados pueden verse exacerbados incluso por las cantidades más ínfimas de café consumidas muchas horas antes de ir a la cama. Aunque no se trata de una regla oficial del Whole30, y dado que nos has preguntado qué hacer para dormir mejor, nosotros te lo contamos. (¿Te arrepientes de haber sacado el tema?)

⭐ CONSEJO: *La nutrición no es el único factor que determina la calidad del sueño. De hecho, dormir mal durante el Whole30 no es algo que esté necesariamente relacionado con tu actual alimentación. ¿Te preocupa tu situación económica o algún proyecto de trabajo inminente? ¿Haces mucho deporte o sales a correr por la noche? ¿Pasas mucho rato con el ordenador o el móvil justo antes de acostarte, o ves la tele hasta que concilias el sueño? Todo eso puede afectar negativamente la calidad del sueño. Visita www.w30.co/w30sleep, donde se dan sugerencias para mejorarla.*

¿Por qué está disminuyendo mi rendimiento deportivo?

Se trata de algo habitual durante la primera semana por razones que ya hemos expuesto. Si te encuentras en los 10 primeros días de tu Whole30, no esperes batir marcas personales ni participar en carreras importantes. De hecho, este sería un buen momento para tomarse la semana libre o dedicarla a actividades de baja intensidad, ejercicios de precisión y recuperación.

Si tu energía ha mejorado en general, pero te sigue costando correr y practicar deporte, diríamos que no estás consumiendo la suficiente cantidad de carbohidratos (o de comida en general). Nos encanta que comas tanto brócoli, espárragos y espinacas, de verdad, pero con eso solo no vas a disponer de combustible para poder correr tanto como corres; el ejercicio de alta intensidad exige carbohidratos. Si eres una persona muy activa, debes incorporar deliberadamente verduras con almidón (patatas, calabazas de invierno, taro o yuca), así como gran variedad de fruta a tu dieta diaria para asegurar que tus reservas de energía están bien surtidas.

Además, tal vez notes otros beneficios antes de constatar ventajas en tu rendimiento deportivo. Fíjate en otros cambios relacionados con la forma física y ten en cuenta que dormir mejor, tener menos inflamación muscular, una mayor movilidad, menos dolor de articulaciones y un menor tiempo de recuperación son elementos positivos que tienen que ver con el Whole30 y su magia, y que pronto se traducirán también en un mejor rendimiento.

Llevo una o dos semanas con el Whole30 y no he perdido nada de peso. ¿Por qué no funciona?

Antes de responder a esta pregunta, somos nosotros los que vamos a preguntarte algo a ti: ¿por qué estás usando la báscula? Una de las reglas del Whole30 establece explícitamente que no debes pesarte ni una vez durante el método, y es justo por eso. Te concentras tanto en la cifra de la báscula que no prestas atención a ningún otro aspecto del programa. El peso de la báscula no te cuenta casi nada de tu estado de salud general, y el Whole30 no es un método de adelgazamiento: está diseñado como punto de partida para una salud óptima el resto de tu vida. Así que date un merecido respiro y no te preocupes por tu peso corporal; concéntrate en su lugar en la salud. Vuelve a la página 55, toma nota de las cosas que están funcionando mejor y confía en que, al mejorar la salud, se producirá una pérdida de peso natural, sostenible y sin esfuerzo. (Y ahora, por favor, bájate de la báscula.)

⭐ CONSEJO: *En una encuesta reciente a más de 1600 participantes en el Whole30, el 96 % manifestó haber perdido peso o haber mejorado su composición corporal. La mayoría perdió entre 3 y 6 kilos en solo 30 días. Así que ahí lo tienes: la demostración de que la pérdida de peso forma parte del método sin tener que pensar en ella.*

No puedo permitirme perder nada de peso.

Si ese es tu caso, nuestro primer consejo te parecerá evidente, pero es que de verdad tenemos que explicarlo: come más. Tal vez creas que estás comiendo mucho, pero podrías estar alimentándote poco. Cambiar cereales y comidas azucaradas y refinadas por fruta y verdura te lleva a un serio déficit calórico. Tienes que compensar esas calorías sacándolas de alguna parte; es decir, de grasas saludables y vegetales con almidón. Pero si hasta ahora has tenido un poco de «grasafobia», añadir tanta grasa como necesitas para mantener un peso corporal saludable puede darte miedo. Por otra parte, si tienes un poco de «carbofobia» (porque alguien te ha contado que consumir carbohidratos podría causarte diabetes y obesidad), puedes estar limitando el consumo de patatas, calabazas de invierno y fruta a propósito. Si ya estás cerca de la delgadez o directamente tienes un peso corporal bajo, no puedes permitirte subsistir a base de verduras de hoja verde y otras bajas en carbohidratos.

No dejes de comer tres veces al día, aunque te apetezca saltarte alguna comida. Si ves que tienes hambre entre horas, no te cortes y toma algún tentempié (que en condiciones ideales debería incluir una cantidad significativa de proteínas y grasa. (Tomarte solo una manzana no va a ayudarte mucho.) Ingiere más grasa, hasta alcanzar o exceder el límite superior de las recomendaciones expuestas en nuestro patrón de comidas. Come más carbohidratos; no te llenes de cuencos de ensalada y platos rebosantes de brócoli, porque, si lo haces, no dejarás sitio en el estómago para la carne y la grasa. Ingiere más proteínas y da prioridad a las carnes que las contienen en mayor proporción, como el filete, y no a alimentos que tienen menos, como el huevo. Y ni se te ocurra plantearte un ayuno intermitente. ¿Hace falta que te expliquemos por qué?

Otros factores relacionados con el estilo de vida, como la actividad deportiva, la recuperación tras la práctica deportiva o el estrés, también inciden de manera directa en tu capacidad para mantener o ganar peso. Si corres 16 kilómetros al día, duermes solo 6 horas y sufres estrés crónico por el trabajo, el colegio, la familia o los problemas económicos, es posible que tu dieta no sea lo más importante a la hora de mantener la masa muscular. (Y en este caso, una vez más... está el café. La cafeína es una supresora del apetito, así que no es tu aliada si te está costando llevar a tu organismo una cantidad suficiente de alimentos nutritivos.) Plantéate la posibilidad de pedir a algún profesional de la medicina funcional que te analice factores como las hormonas de estrés, la función tiroidea y la salud intestinal a fin de poder abordar tu gestión del peso desde una perspectiva más amplia.

¿Es normal tener mucha sed?

Puede serlo, sobre todo al principio, pero no se sabe bien por qué. Podría estar relacionado con el sodio: cuando eliminas todos los alimentos procesados, también eliminas una cantidad significativa de sodio de tu dieta diaria. El sodio ayuda al cuerpo a retener líquidos, así que pasar a una dieta basada en comida verdadera y baja en sodio podría obligar al organismo a adaptarse a la nueva ingesta. También podría ser que hayas eliminado bebidas no permitidas en el Whole30 (zumos, refrescos) y no las hayas sustituido por agua. Además, los cambios tanto en la ingesta como en la metabolización de los carbohidratos y las grasas podría llevar a un descenso temporal, breve, del agua almacenada en tu organismo. Ah, y si no comes la cantidad de fruta y verdura («alimentos húmedos») que te recomendamos, tu hidratación, posiblemente, no será la que debería ser. Sea por las razones que sea, en este punto te interesa hacerle caso a tu cuerpo. Preocúpate de tomar más agua y bebidas permitidas (véase pág. 82) a lo largo del día, come verdura y, por favor, añade sal a tus comidas. Y no te preocupes: por lo general, el cuerpo resuelve enseguida su equilibrio hídrico, así que dentro de poco ya no te hará falta ir a todas partes con una botella inmensa de agua.

Mis ganas de comer azúcar me están matando. ¿Qué hago?

Paso 1: respira hondo. Veamos primero si es ansia o si, en realidad, es que simplemente tienes hambre. Te presentamos nuestra prueba favorita, que es preguntarte: «¿Tengo tanta hambre como para comerme un pescado al vapor con brócoli?». (Si esas dos cosas no te han apetecido nunca, cámbialas por otra fuente directa de proteínas, como unos huevos duros, por ejemplo.) Si la respuesta es afirmativa, es que tienes hambre de verdad. Ya va siendo hora de preparar tu siguiente comida o de tomarte algún tentempié que te sacie.

Si la respuesta es «no, pero me comería...» (completar con cualquier comida crujiente/salada/dulce), queda confirmado: lo que tienes es un ataque de hambre o gula. Pero que no cunda el pánico. Según estudios realizados en fumadores sobre su capacidad de resistir las ganas de encender un cigarrillo, un ataque dura de promedio entre 3 y 5 minutos. Tu cerebro te gritará que realmente necesitas azúcar, pero, si puedes distraerte brevemente, descubrirás que se te pasan las ganas. Sal a dar un paseo corto, llama a un amigo, consulta los resultados deportivos o pon una lavadora, lo que sea para pasar ese rato. ¡Buf!

Lo que no debes hacer es buscar algún capricho dulce compatible con el Whole30 para satisfacer tu ansia de azúcar. Si tienes la costumbre de tomarte algo dulce todos los días a las tres de la tarde, tu cerebro ha aprendido a esperar esa recompensa. Pero tu cerebro no entiende la diferencia entre una barrita de chocolate y una barrita de fruta deshidratada con frutos secos. Lo que tu cerebro sabe es que son las tres y es la hora de su dulce recompensa. Ese comportamiento no solo no te ayuda a cambiar de hábitos, sino que los refuerza. Recuerda, cada vez que te resistes a un ataque de hambre, tu dragón del azúcar se vuelve un poco menos fiero, así que no uses la fruta ni las mantequillas de frutos secos como sustitutos del azúcar.

⭐ CONSEJO: *¿Te descubres rebuscando en la despensa después de cenar por si encuentras «algo» que picar? Estamos muy condicionados a tomar siempre un postre y, aunque sustituir el helado por un cuenco de arándanos y leche de coco es una alternativa más saludable, si lo hacemos, seguimos ofreciéndole a nuestro cerebro un capricho después de la cena. Un ritual muy agradable para esa hora de la noche que no alimenta al dragón del azúcar es tomarse una taza de rooibos. Ni tiene cafeína ni ha sido descafeinado, su sabor natural es dulce, pero no tiene nada que ver con los caprichos dulces que tanto te apetecen, por lo que no va a actuar como «muleta» del azúcar.*

He terminado mi Whole30 y aún tengo problemas con la digestión.

Existen otros grupos de alimentos que pueden ser inflamatorios o alterar la digestión. Dos de los más frecuentes son los que contienen muchos FODMAP y aquellos ricos en histaminas.

FODMAP: Son las siglas en inglés de oligosacáridos, disacáridos, monosacáridos y polioles fermentables, una serie de carbohidratos fermentables y alcoholes de azúcar presentes en diversos alimentos como los cereales, las alubias, las frutas y las verduras. Entre los FODMAP figuran la fructosa (presente en distintas proporciones en toda la fruta), la lactosa (en los lácteos), los fructanos (en el trigo, el ajo, la cebolla, la alcachofa, el espárrago y el endulzante de agave), los galactanos (en las legumbres, el repollo y la col de Bruselas) y los polioles (en muchas frutas como manzanas, peras y melocotones, así como en los edulcorantes sorbitol y xilitol). Esos FODMAP no se absorben bien y pueden «alimentar» a bacterias en el tracto intestinal cuando se consumen en exceso. En individuos sensibles, esta fermentación causa gases, retención de líquidos, retortijones y malestar digestivo, desequilibra la población bacteriana intestinal y favorece la inflamación sistémica.

ALIMENTOS CON ALTOS ÍNDICES DE HISTAMINA: Algunos alimentos, o bien contienen una sustancia química natural llamada «histamina», o bien estimulan la liberación natural en el cuerpo de esa sustancia. La histamina también se libera en el organismo como resultado de una reacción alérgica y causa los típicos síntomas de las alergias, como picor, estornudos, mucosidad e hinchazón. (Muchos medicamentos para la alergia que se venden sin receta contienen antihistamínicos.) Cuando las personas sensibles comen demasiados alimentos ricos en histaminas sufren síntomas parecidos a los de las alergias: dolores de cabeza, erupciones cutáneas, enrojecimiento, picor, alteraciones gastrointestinales, asma o eccema. Es algo que se conoce como intolerancia a la histamina.

Tus trastornos digestivos podrían deberse también a alguna sensibilidad alimentaria no diagnosticada (o a más de una) y no incluida en esta lista. Si llevas 60 días cumpliendo con el Whole30 y sigues experimentando problemas digestivos o síntomas de carácter inmunitario, ha llegado la hora de que te pongas en manos de un profesional de la medicina funcional (véase pág. 424) para que te ayude a crear un plan de tratamiento (con análisis clínicos y estudios de laboratorio, así como suplementos) que vayan específicamente dirigidos a tus síntomas y problemas.

⭐ CONSEJO: *Llevar un diario de alimentación también puede ayudarte a identificar los alimentos posiblemente «saludables» que pueden estar desencadenando en ti síntomas desagradables. Anota todo lo que comas en todas las comidas y tentempiés durante una semana, y también la severidad y el tipo de síntoma que experimentas después de ingerir cada uno para intentar* *desenmascarar al culpable o culpables. Esa información será de especial ayuda si decides ponerte en manos de un experto. Si quieres experimentar con una dieta baja en FODMAP o baja en histaminas además de seguir con tu programa de eliminación Whole30, puedes descargarte listas de la compra personalizadas en www.whole30.com/pdf-downloads.*

¿Y si a mí el Whole30 no me funciona?

Es posible que te hubiera gustado ver mejoras en un determinado aspecto (una enfermedad, tu rendimiento deportivo, una característica concreta de tu composición corporal, tus sofocos, etcétera), pero ha llegado el Día 30 y no las ves, y sientes una gran decepción. Lo entendemos y lo sentimos. Aunque el Whole30 funciona increíblemente bien en la inmensa mayoría de quienes lo siguen, no es perfecto (ninguna dieta lo es) y no se lo soluciona todo a todo el mundo.

Lo único que queremos que te lleves de esta experiencia es que, si el Whole30 no te ha funcionado, no has fracasado ni hay nada malo en ti. Esperamos que reconozcas otros beneficios del método (las cosas que sí han mejorado en tu caso) y que veas todo el progreso que has hecho en los últimos 30 días. Dedica un instante a enorgullecerte de ti y celebra lo lejos que has llegado.

Y ahora, hablemos de por qué el Whole30 no te ha funcionado tan bien como esperabas, sea cual sea el área en que confiabas experimentar mejoras:

- **NO LO HAS HECHO BIEN.** Es hora de reñirte un poco. Es lo que más cuesta reconocer, pero es también la causa más común del fracaso de las dietas de eliminación como el Whole30 a la hora de producir resultados. Has seguido las reglas, pero no te has empapado del espíritu ni de la intención del método. Has «caído» o te has «dado caprichos», o bien has modificado las reglas porque has tenido que hacerlo, o has querido hacerlo, o te ha parecido que no había para tanto. Has adaptado el método para saciar tus ataques de hambre/gula, para hacerlo encajar con tu vida social y con tu idea de lo que es «sano». Solo le has dado dos semanas antes de decidir que no funcionaba.

- **TREINTA DÍAS NO HAN SIDO SUFICIENTES.** Aunque en un solo mes pueden darse mejoras de salud importantes, al comparar cuatro semanas de Whole30 con décadas de conductas poco saludables, a menudo no bastan para contrarrestarlas. Vencer el estrés crónico, problemas médicos y años de atracones poco saludables, así como las relaciones emocionales que se establecen con la comida, es a menudo una de las batallas más largas. Muchas personas que han seguido el Whole30 y que tienen a sus espaldas historiales como este explican que no han sentido o visto «la magia» hasta el día 45, 60 o más.

- **SIGUE HABIENDO ALIMENTOS EN TU DIETA QUE NO SON SALUDABLES PARA TI.** Es posible que algunos de los alimentos «sanos» incluidos en el Whole30 no sean adecuados en tu situación. Una sensibilidad alimentaria no diagnosticada o una intolerancia a los FODMAP o a las histaminas puede obligarte a eliminar aún más alimentos para identificar qué es lo que desencadena tus síntomas. Ha llegado el momento de ponerte en manos de un profesional de la medicina funcional (véase pág. 424) para que te ayude a diseñar un plan específico para ti y tu situación de salud específica.

- **NO TE ESTÁS FIJANDO EN LO QUE DEBES.** En realidad, lo que querías con el Whole30 era adelgazar, pero no has perdido peso (o no tanto como esperabas), así que consideras que el método es un fracaso. Pero ¿has prestado atención al resto de las cosas que han ocurrido mientras lo seguías? ¿Han mejorado tu sueño, tu rendimiento deportivo, tu capacidad de recuperación, los síntomas de tus enfermedades, tus ataques de hambre, tu humor o tu autoestima? Una cifra menor en una báscula no es la única medida del éxito del Whole30; de hecho, nos atreveríamos a decir que ocupa un lugar poco importante en la lista de posibles resultados que te cambian la vida. (Véase nuestra larga lista en la pág. 55.)

- **HAY OTROS FACTORES DEL ESTILO DE VIDA QUE DIFICULTAN TU AVANCE.** Ni siquiera un Whole365 resolverá totalmente tus problemas si llevas años de estrés mental, físico o emocional. Dormir poco, comer poco o sufrir desnutrición, hacer demasiado ejercicio físico (o nada en absoluto), padecer alguna enfermedad crónica, tener problemas económicos, o conyugales, o laborales, o algún trauma no resuelto... Todo eso pasa una factura muy costosa en tus hormonas, tu intestino y tu sistema inmunitario. Si el Whole30 no te ha llevado tan lejos como esperabas llegar, tal vez la dieta no deba ser la mayor de tus preocupaciones. En numerosos seminarios hemos dicho que «no busques en la nutrición una solución a un problema con el estilo de vida». Ya va siendo hora de que te pongas en manos de un profesional (véase la pág. 424) para ver qué otros factores de tu estilo de vida o cuestiones médicas debes priorizar para que las cosas empiecen a moverse en la dirección adecuada. (Pero, por favor, sigue con tu Whole30; lo primero de lo que te va a hablar cualquier buen profesional de la medicina funcional es de la dieta, y en general les encanta nuestro programa.)

La reintroducción del Whole30: preguntas frecuentes

«Cuando empecé el Whole30 pesaba 188 kilos. No podía caminar más de 5 minutos sin que la zona lumbar se me agarrotara y me ardiera. Desde que tengo recuerdo, el cuerpo me ha dolido a la más mínima presión. Tenía muchos otros problemas, como el síndrome de ovario poliquístico, periodos irregulares, retención de líquidos y una fatiga y unos dolores de cabeza constantes. Empecé mi Whole30 el 5 de mayo de 2014. Solo 4 meses después, camino más de 8 kilómetros sin notar dolor. Hasta he empezado a correr a intervalos de 15-20 segundos durante mis paseos. He perdido 30 kilos y tengo más energía que en los últimos 20 años. Hoy me siento viva. ¡Esto me ha cambiado la vida!»

Ann Marie L.

Acabo de pasar 30 días sin probar algunos de mis alimentos favoritos. ¿Y ahora me decís que debo seguir el Whole30 (casi totalmente) durante 10 días más?

Pues sí. Y al final nos lo agradecerás. El sentido del Whole30 es determinar qué alimentos de los que comías afectan negativamente a tu digestión, energía, sueño, humor, capacidad de concentración, ataques de hambre y rendimiento deportivo, así como a los síntomas de tus problemas médicos. Si te hinchas de pizza, cerveza y helado el Día 31, ¿cómo vas a saber cuál de esas comidas va a causarte los síntomas que tengas a continuación, cuando te sientas fatal? (Porque vas a sentirte fatal.) Cuidado, la reintroducción sistemática es la clave para identificar qué alimentos concretos no te van bien (y los efectos que tienen en tu cuerpo y tu cerebro). Así pues, no te saltes este paso ni intentes acelerarlo. Si has pasado tanto tiempo esforzándote tanto para cambiar de vida, ¿qué son 10 días más?

⭐ CONSEJO: *En realidad, la reintroducción es un proceso que dura toda la vida. Cuanta más atención prestas a tu aspecto, a tus sensaciones, a tu rendimiento y a lo que vives después de ingerir ciertos alimentos, más te das cuenta de sus efectos sutiles. Hay a quienes el gluten les pone tristes. A otras personas, los lácteos les provocan brotes de acné, aunque 2 o 3 días después de consumirlos. En otros casos, comer un pedazo de pan tiene pocos efectos discernibles, pero comer pan 3 días seguidos los hincha muchísimo. Deberías seguir prestando atención a tu cuerpo, a tu cerebro y a los síntomas que manifiestas cuando comes algo que queda fuera del método, incluso después de que el periodo oficial de reintroducción haya terminado.*

¿Debo reintroducir los grupos de alimentos en el orden indicado?

No tienes por qué hacerlo, pero te lo recomendamos. Hemos distribuido los grupos alimentarios de la reintroducción por orden inverso de probabilidad de causar problemas, tanto por lo que describe la literatura científica como por las referencias de miles de participantes en el Whole30. El gluten se reintroduce en último lugar porque tiende a causar los efectos más graves y duraderos en el cuerpo y el cerebro. Si empiezas la reintroducción por los cereales con gluten, es posible que debas esperar unos días más para permitir que tu organismo se aposente de nuevo antes de reintroducir el siguiente grupo de alimentos.

Han pasado 3 días y todavía me siento fatal desde mi última reintroducción. ¿Debo esperar más aún antes de probar mi siguiente grupo de alimentos?

Sí, deberías. El sentido de la reintroducción es evaluar cuidadosamente los efectos de los grupos alimentarios por separado. Si todavía tienes erupciones cutáneas, alergias o hinchazón estomacal a los 3 días de haberte expuesto a algún producto lácteo, ello implica que tu intestino y tu sistema inmunitario están todavía irritados; y en ese contexto no es buena idea llenar tu organismo ya inflamado de más alimentos posiblemente inflamatorios. Sigue comiendo de acuerdo con el Whole30 hasta que ya no tengas síntomas y reintroduce el siguiente grupo de alimentos en un entorno «limpio». Solo tienes una oportunidad para reintroducir y evaluar los efectos, así que haz las cosas bien.

¿Y la reintroducción del azúcar?

Esta es una pregunta difícil, porque muchos de los alimentos de los otros grupos también contienen azúcar. Por ejemplo, si optas por reintroducir tortitas en el día del gluten, tal vez te cueste determinar si el sopor, el mal humor y el embotamiento mental te los ha causado la tortita, el jarabe de arce o (lo

más probable) la combinación de ambos. Podemos afirmar con cierta seguridad que reintroducir el azúcar en cantidades considerables conlleva un regreso de los ataques de hambre y de los bajones de energía; pero es probable que no notes los 3 gramos de azúcar que contiene un bote de kétchup. Si deseas evaluar específicamente el azúcar por sí solo, hazlo en primer lugar y añade un paso más (con sus respectivos 3 días) a tu programa de reintroducción. Mantén el resto de lo que comas en consonancia con el Whole30, pero añade azúcar al café matutino, tómate un zumo de frutas azucarado a media mañana, corona tu boniato del almuerzo con *ghee* y miel, y sírvete una ración generosa de jarabe de arce sobre unos melocotones pochados con el postre de la cena. Fíjate en cómo te hace sentir el azúcar: evalúa la energía, el estado de ánimo, el hambre y, sobre todo, el ansia posterior.

Cuando sigas adelante con tu programa de reintroducción, no te estreses por unos gramos de azúcar aquí o allí (por ejemplo, en condimentos, en salchichas de pollo o en aliños de ensalada). De todos modos, nunca está de más que seamos conscientes de la gran cantidad de veces que las empresas añaden azúcar en productos que uno jamás sospecharía, así que no dejes de leer las etiquetas.

⭐ CONSEJO: *Si al volver a añadir azúcar a tus cafés notas que tienes ganas de tomar mucho más café, pregúntate: ¿eso es bueno?*

¿Qué tipo de alcohol puedo reintroducir en esta primera fase?

En primer lugar, si no lo echas de menos, no te cortes y sáltate este paso; muchas de las personas que han seguido el Whole30 han comentado lo poco que echan de menos beber alcohol. Si optas por reintroducir el alcohol, evita los que contienen gluten (como la cerveza, el whisky de centeno, el escocés...) en esta etapa, porque tu objetivo es evaluar el alcohol, no el gluten, y los expertos no están seguros de si las bebidas destiladas que contienen cereales están en realidad libres de gluten. Reserva estas otras bebidas para los días de la reintroducción del gluten, si es que decides reintroducirlas. (Para entonces ya sabrás cómo te hace sentir el alcohol, así que, si notas un síntoma nuevo, como hinchazón, trastornos digestivos o enrojecimiento de la piel, sabrás que la culpa es del gluten y no del alcohol.) En esta fase puedes tomar bebidas como vino, tequila o vodka de patata para evaluar cómo te hacen sentir física o mentalmente. Presta especial atención para determinar si bajo la influencia del alcohol te sientes más tentado a tomar decisiones erróneas sobre la comida. ¡Es importante reconocer que el alcohol desinhibe!

⭐ CONSEJO: *Si bebes vino, también consumes cierta dosis de sulfitos, a menos que optes expresamente por uno de producción orgánica. Si te da dolor de cabeza, te enrojece la piel o te causa cualquier otro efecto desagradable, tal vez te cueste distinguir si el responsable es el alcohol o los sulfitos. Siempre puedes corroborarlo tomando alguna bebida que no contenga sulfitos (como un tequila de agave 100 %) y comparando los efectos. Pero espera al menos 3 días entre un experimento y otro.*

¿Se puede discriminar más entre comidas, separando, por ejemplo, la soja del resto de las legumbres?

No tienes por qué hacerlo, pero cuanto más cuidadosa y sistemáticamente enfoques tu reintroducción, más conciencia tendrás de los efectos de cada alimento por separado. Si ya sospechas que tienes cierta sensibilidad a un alimento en concreto (como el maíz, la soja o los cacahuetes), plantéate la posibilidad de aislarlo y añadir un paso más al programa estándar de reintroducción. Si realizas esa reintroducción personalizada, alterarías el programa de la siguiente manera:

DÍA 1: Evalúa un alcohol sin gluten (opcional), mientras sigues una dieta compatible con el Whole30.

DÍA 4: Evalúa las legumbres, mientras sigues una dieta compatible con el Whole30.

DÍA 7: Evalúa el maíz, mientras sigues una dieta compatible con el Whole30.

DÍA 10: Evalúa otros cereales (arroz, avena sin gluten certificada, quinoa, etcétera), mientras sigues una dieta compatible con el Whole30.

DÍA 13: Evalúa los lácteos, mientras sigues una dieta compatible con el Whole30.

DÍA 16: Evalúa los cereales con gluten, mientras sigues una dieta compatible con el Whole30.

También puedes «evaluar» ciertos alimentos más adelante si sigues en su mayoría el Whole30. (Esto es algo que no funciona tan bien si has vuelto a introducir comidas con gluten, lácteos, soja, etcétera, de manera regular.)

Ya he sufrido antes reacciones alérgicas a alimentos concretos (naranjas, aguacates o huevos). ¿Puedo intentar reintroducirlos ahora que mi intestino y mi sistema inmunitario están más sanos?

En primer lugar, antes de reintroducir cualquier alimento que te haya provocado una reacción alérgica en el pasado debes consultar con tu médico. Las alergias no deben tomarse nunca a la ligera, así que en este terreno no hagas nada por tu cuenta. En segundo lugar, 30 días no son seguramente tiempo suficiente para que tu sistema inmunitario se haya calmado hasta el punto de reintroducir un alimento que te ha causado una reacción alérgica grave. Nuestra regla general es que pases un año sin la menor exposición a ese alimento antes de plantearte siquiera su reintroducción. (No exponerte a ese alimento significa exactamente eso: no exponerte ni a un trocito minúsculo de esa sustancia que te ha dado problemas durante un año entero.) Si te has esforzado mucho para sanar tu intestino y evitar el desencadenante todo un año, entonces sí, habrá llegado el momento de que hables con tu médico sobre la posibilidad de reintroducirlo, si es que es importante para ti.

⭐ CONSEJO: *Si no te han diagnosticado una alergia, pero has experimentado efectos negativos al comer ciertos alimentos (como hinchazón al comer cierta fruta o manchas rojas al consumir huevos), tu médico tal vez decida que existe cierto margen para volver a probar esos alimentos. De todos modos, ten en cuenta que pueden hacer falta más de 30 días de curación intestinal para apreciar la diferencia y es posible que constates que grandes cantidades o una exposición repetida a ese alimento no te sientan bien.*

¿En qué cosas debo fijarme cuando reintroduzca los alimentos?

No es fácil elaborar una lista exhaustiva, porque cada persona tiene una experiencia distinta cuando ingiere alimentos que sus cuerpos no toleran bien. Con todo, a continuación enumeramos algunos de los aspectos generales en los que debemos fijarnos al reintroducir alimentos excluidos del Whole30:

DIGESTIÓN: ¿Todo va demasiado deprisa o demasiado lento? ¿Tienes gases, hinchazón, dolor o retortijones? ¿Han vuelto el ardor de estómago o el reflujo gastroesofágico?

ENERGÍA: ¿Has vuelto a notar ese sopor de las 3 de la tarde, te cuesta levantarte por la mañana, sientes una especie de letargia? ¿Te cuesta hacer ejercicio, notas una menor motivación para hacer deporte?

SUEÑO: ¿Tu sueño es más intranquilo? ¿Te cuesta conciliar el sueño? ¿Te despiertas en plena noche o de madrugada?

ATAQUES DE HAMBRE: ¿Tu dragón del azúcar ha vuelto a despertar del todo? ¿Te cuesta resistir la tentación de tomar azúcar o hidratos de carbono? ¿Ahora comes cosas solo porque las tienes delante?

ESTADO DE ÁNIMO Y PSICOLOGÍA: ¿Estás irritable, con cambios de humor, o menos alegre que últimamente? ¿Han regresado la ansiedad, la depresión, el déficit de atención o los hábitos compulsivos?

COMPORTAMIENTO (SOBRE TODO EN NIÑOS): ¿Notas que tienen más pataletas, que responden mal, que no consiguen controlar sus emociones o conductas, o que les falta capacidad de concentración y que su capacidad de atención ha disminuido?

PIEL: ¿Has tenido erupciones cutáneas, acné o ronchas, o te ha reaparecido el eccema, la psoriasis o alguna otra enfermedad dermatológica?

RESPIRACIÓN: ¿Notas congestión o dolor sinusal? ¿Han reaparecido tus «alergias estacionales»? ¿Te falta el aire o tienes asma?

DOLOR E INFLAMACIÓN: ¿Se te ha desencadenado alguna migraña o dolor de cabeza? ¿Ha vuelto tu dolor crónico, fatiga, tendinitis o artritis? ¿Notas las articulaciones más doloridas, agarrotadas o hinchadas? ¿Experimentas algún otro síntoma observable de inflamación?

Algunos efectos son imposibles de ignorar, mientras que otros son sutiles y tal vez requieran más «pruebas» antes de atribuir con rigor cierto efecto a cierta causa. La clave está en la consciencia: hay que asegurarse de prestar atención a todos estos aspectos inmediatamente después de ingerir los alimentos, y también más tarde ese mismo día, y en los días sucesivos.

Yo antes comía (tal cosa) y no me pasaba nada, pero ahora me sienta fatal. ¿El Whole30 me ha provocado sensibilidad?

El Whole30 no crea sensibilidad a los alimentos. Existen diversos motivos por los que un alimento puede sentarte ahora de una manera distinta (o eso crees) a como te sentaba antes. En primer lugar, después de 30 días o más de programa, eres mucho más consciente de los efectos que los alimentos tienen en ti. Es muy probable que ese alimento ya te causara malas digestiones, o te provocara granos, o sinusitis, pero que tú, simplemente, no te dieras cuenta. (Es como cuando un fumador afirma que se encuentra estupendamente. ¿En realidad es así, o los efectos en sus pulmones de su hábito se han convertido en algo «normal», hasta el punto de que ya no los nota?) Estas semanas te has encontrado tan bien que cualquier alteración de tu organismo es una desviación rotunda de lo que ahora consideras normal, y no puedes ignorarla. Así pues, cuando, al reintroducir esos alimentos, tu digestión, tu piel o tu mucosa nasal empeoran, te das cuenta enseguida, porque ya llevas un tiempo sin sentir dichos efectos.

En segundo lugar, cuando ingieres alimentos que a tu cuerpo no le gustan, este crea todo tipo de mecanismos de defensa para protegerte. Las bacterias intestinales cambian, creas una capa de mucosa más gruesa (una «tierra de nadie») en el intestino y tu sistema inmunitario entra en alerta máxima. Cuando eliminas esos desencadenantes, el cuerpo se adapta de nuevo. Ya no necesita protegerte de la comida que comías y por eso el intestino y el sistema inmunitario pueden «relajarse» y empezar a recuperarse. Es un estado más saludable, pero también implica que esas mismas defensas no estarán en su sitio al reintroducir los alimentos. Pongamos un ejemplo: si alguien te da una patada en la espinilla cada vez que te ve, seguramente te pondrás unas espinilleras, ¿no? Pero si ese alguien deja de patearte durante un mes entero, seguramente te relajarás y pensarás: «Perfecto, ahora ya puedo quitarme las espinilleras». Pero si al día siguiente regresa y te da una patada en la espinilla, ¿verdad que te dolerá mucho más porque tus espinillas han tenido tiempo de recuperarse (en parte) del daño?

En resumen, el Whole30 solo te ha mostrado lo que ya estaba ahí, lo ha magnificado para que prestes atención de verdad. Si un alimento reintroducido tiene un impacto negativo en ti, puedes tener la certeza de que ya te sentaba mal antes, en mayor o menor medida.

Me he dado cuenta de que cuando como (tal comida), tengo (tal efecto negativo). ¿Significa eso que no voy a poder comerlo más?

Eso es algo que nosotros no podemos responder por ti, sino que debes decidirlo tú. Nosotros te diremos que, si tu cuerpo te está diciendo claramente: «¡Esta comida no me gusta!», harías bien en escucharlo y eliminarla de tu dieta diaria. Después de todo, ignorar esas señales es precisamente lo que te llevó a experimentar todos los síntomas que ahora intentas revertir con el Whole30. No obstante, si descubres que los helados te causan gases e hinchazón, pero te encantan, eres libre de comerlos de todos modos. La decisión es solo tuya, pero recuerda que las consecuencias también vas a sufrirlas tú.

He constatado que cuando como (tal cosa) no tengo el más mínimo efecto secundario. ¿Significa eso que esa comida es sana para mí?

Puede ser. Recuerda que la reintroducción no es solo un proceso de 10 días y a veces hace falta más tiempo (o más exposición) para que nos demos cuenta de los efectos negativos que los alimentos tienen en nuestro organismo. Melissa, por ejemplo, puede comer un pedacito de pan con la cena y no nota ningún efecto adverso, pero si se toma tres, le da sueño y se siente como deprimida. En otros casos, los efectos negativos de la comida son acumulativos: no te das cuenta de ellos el primer día, pero después de 4 días seguidos consumiendo algo, notas los síntomas. También es posible que experimentes consecuencias «silenciosas» (al principio): no notas nada de un momento a otro, hasta que un día, una semana después, te despiertas y compruebas que tu energía está por los suelos y que vuelve a dolerte la rodilla. ¿Conclusión? Sigue prestando atención a lo que te hacen sentir los alimentos excluidos del Whole30 (tanto física como psicológicamente), y mejor que peques por precaución cuando se trata de reintroducirlos en tu rutina cotidiana.

⭐ CONSEJO: *La literatura científica contra el gluten, los cacahuetes y el azúcar añadido (específicamente) es tan convincente que creemos que deberían suprimirse de la dieta diaria tanto si notas sus síntomas como si no. No tienes por qué preocuparte si el kétchup contiene unos pocos gramos de azúcar o si te comes alguna de las galletas que tu madre prepara por Navidad, pero en general creemos que estos elementos le restan salud a todo el mundo. Así pues, lee las etiquetas incluso cuando hayas terminado el Whole30 y, si*

te das un capricho (que no hace falta), que sea con cautela.

¿Puedo incluir también caprichos o postres «paleo» en mi fase de reintroducción?

Desde luego, aunque te animaríamos a separar esos alimentos del resto de tu programa de reintroducción, para poder prestar la misma atención a lo que sientes cuando los consumes. Por ejemplo, cuando hayas terminado con tu reintroducción general, tómate unas tortitas de plátano y huevo en el desayuno y unas galletas de harina de almendra después de cenar, pero conviene que actúes con el mismo rigor a la hora de evaluar tu aspecto, tus sensaciones y tu vida después de darte esos caprichos dulces. A muchas personas vuelve a despertárseles el dragón del azúcar de manera feroz, lo que les lleva a tener ataques de hambre durante los que querrán comer alimentos excluidos del Whole30 y que ya habían decidido que no eran buenos en su dieta diaria. Otras descubren que ese azúcar extra del día (aunque provenga de una fuente «natural») tiene un impacto negativo en su apetito, su estado de ánimo y su energía.

Me voy de vacaciones/me caso/voy de luna de miel el Día 31. ¿Cómo gestiono la reintroducción?

Es una pregunta difícil, porque habríamos preferido que planificaras tu Whole30 de otra manera. (Vuelve a la pág. 29, que te ayudará a planificar tu fecha de inicio.) Lo ideal es que tengas tiempo para seguir tanto el método como el periodo de reintroducción antes de someterte a una situación que te tentará a comer de todo. En todo caso, eso no ha ocurrido, así que ahora debemos enfrentarnos a la situación que se presenta.

Para serte sinceros, no vas a poder completar

la reintroducción tal como está pensada si estás viajando por Italia. Es que no vas a poder, y no pasa nada. No querríamos por nada del mundo que te perdieras una experiencia única en la vida por culpa de la reintroducción del Whole30; pero eso no quiere decir que tengas un salvoconducto para hincharte a helados. Si comes a la vez todo lo que llevas un mes sin comer, es muy probable que estropees tus vacaciones (al menos un día), así que actúa con precaución. Intenta darte los caprichos de grupo en grupo, y come solo lo necesario para satisfacer las ganas de algo (no tienes por qué tomarte cuatro rebanadas de pan recién hecho si con una ya te basta). Presta atención a lo que sientes después de haber comido algo, y escoge tu siguiente comida en función de las consecuencias de la anterior. Si el helado te hace sentir fatal, no tienes por qué repetir ese experimento en concreto. Por último, plantéate la posibilidad de retomar el Whole30 (aunque solo sea una semana o dos) tan pronto como vuelvas a casa, porque seguramente el cerebro habrá vuelto al modo «viejos hábitos» y no querrás que tu «descanso» de la alimentación saludable se alargue durante meses una vez finalizado el viaje.

TERCERA PARTE

Los básicos de la cocina Whole30

Uno de los principios básicos de la cocina Whole30 es el siguiente: no hay por qué cocinar platos complicados a partir de recetas sofisticadas; lo único que hace falta son ingredientes frescos y unas técnicas de cocina básicas. De hecho, algunos de los menús más deliciosos del Whole30 que hemos preparado eran simples «comidas-ingrediente» que no necesitaban propiamente de receta.

Piensa en una hamburguesa coronada por un huevo frito, unos gajos de boniato asado y una ensalada; en un pollo a la plancha con pimiento y cebolla regado con salsa picante y guacamole, con un buen trozo de mango de acompañamiento; o en unos brotes verdes con atún de lata rematados por jícama, arándanos y láminas de almendra, todo ello aliñado con una untuosa vinagreta casera.

Ya oímos los rugidos de tu estómago desde aquí.

Si te inquieta la idea de seguir al pie de la letra una receta, podrías cocinar a tu manera sin problemas durante todo el Whole30, consultando solo esta sección de «Los básicos de la cocina». (Aunque no te hará ningún daño probar al menos algunos aliños y salsas de la pág. 322 para conseguir resultados interesantes.) Aquí vamos a enseñarte todos los conceptos básicos de la cocina: cómo cocinar la carne, el pescado, el marisco y los huevos, cuatro técnicas distintas de cocción de verduras, básicos del Whole30 como son caldos y condimentos, y útiles consejos de cocina.

Aunque este no sea tu primer Whole30, descubrirás que esta sección te resulta útil. Te proporcionamos directrices sobre tiempos de cocción y temperaturas, tablas detalladas para sacarle el máximo partido a tu termómetro para carne, y unas pocas recetas (sencillas) que un amante de la cocina experimentado sabrá personalizar fácilmente para adaptarlas de un montón de maneras distintas.

Además, seguramente has estado cocinando mal el beicon, y solo por eso ya merece la pena seguir leyendo.

Empecemos esta sección con un recorrido por tu cocina Whole30 y por los utensilios que van a hacer tus 30 próximos días un 72 % más divertidos.[*]

---

[*] No se han realizado estudios científicos que avalen el porcentaje, pero estamos bastante seguros de que es así.

Los básicos para tu cocina Whole30

«Tengo 50 años y estaba en tratamiento por desequilibrio hormonal, hipotiroidismo y espondilitis anquilosante. Llevaba desde 1998 enfrentándome a esa enfermedad y tomaba un medicamento llamado Enbrel que me moría de ganas de dejar. Estaba convencida de que era la causa de mi fatiga, mi aumento de peso, mi color de piel grisáceo, mi insomnio, mi apetito incontrolable, mi falta de resistencia, mi pérdida de masa muscular y mis dolores corporales. Seguí mi primer Whole30 en febrero de 2013. Pasados 30 días, mi colesterol y mis triglicéridos estaban a unos niveles mejores de lo normal, había perdido peso (casi 10 kilos), ya no tenía la piel cetrina y podía hacer más ejercicio y me sentía mejor después de practicarlo, y además dormía mejor. Como todo eran ventajas, seguí cumpliéndolo. A los 90 días, dejé el Enbrel. Así pues…, sí, ¡me habéis cambiado la vida!»

DIANE W.

Empezamos con lo que consideramos más necesario. Seguramente ya tendrás la mayoría de estos utensilios en tu cocina, a menos que lleves una década comprando comida para llevar y lo calientes todo en el microondas. Algo que, a causa de toda la comida rápida y preparada que se vende hoy, así como de las facilidades para comprar y comer sin salir del coche, no es tan raro como pudiera parecer. Si es tu caso, no te juzgamos.

Pero nos alegramos un montón de que estés aquí.

Si ahora estás en disposición de invertir en tu experiencia Whole30, pero no sabes bien qué vas a necesitar, a continuación te ofrecemos una lista detallada de nuestros básicos y de otras cosas que «está bien tener». En cualquier caso, entendemos que tal vez no puedas comprarte un montón de utensilios nuevos antes de empezar el Whole30, y no pasa absolutamente nada. Puedes cocinar con creatividad estos 30 días, usando los utensilios que tengas a mano, y saltarte las recetas que exijan algo en concreto (como una picadora) si no lo tienes. Hemos creado unas recetas deliberadamente fáciles de preparar, cocinar y servir para que nadie quede excluido. Esa tabla de cortar que sí tienes trabajará mucho, sí, pero lo importante es que la vas a poner a trabajar.

Así que no te estreses por todo esto, ¿de acuerdo? Tú estás aquí con un compromiso y nosotros estamos a punto de mostrarte los utensilios básicos de una manera que (esperamos) consiga despertarte tantas ganas de entrar en la cocina como las que nosotros tenemos de que entres en ella.

CAZOS Y SARTENES

Mientras dure el Whole30 vas a usar diversos cazos y sartenes, pero, aunque se fabrican sartenes para cada ocasión, en realidad solo necesitas algunas de las más versátiles. En cuanto a los cazos, cómprate un juego de tres o cuatro que incluya desde uno pequeño (1-2 l) a una cazuela grande (3-4 l, tipo *cocotte*). Con ellas deberías poder prepararlo todo, desde salsas (como nuestro glaseado balsámico, pág. 381) hasta un plato más voluminoso (como las tiras de cerdo mechado, pág. 274).

Te interesa disponer de dos sartenes de freír: una debería ser de hierro forjado o apta para meter en el horno. Van muy bien para llevar platos como nuestra frittata (pág. 226) directamente del fuego al horno y duran toda la vida. También va bien tener una sartén antiadherente para los huevos y, si solo vas a comprar dos, que sean grandes.

Si puedes adquirir más de una sartén, una de paredes altas, especial para saltear, es una opción excelente para platos como el arroz de coliflor (pág. 292) o el pollo a la cazadora (pág. 354).

(como en nuestro caldo de huesos, pág. 194), pero también puede usarse como vaporera cuando se coloca en el interior de una olla grande (también se puede comprar una olla grande con accesorio vaporera/colador, que siempre queda más elegante, pero no hace falta).

Va bien disponer de dos coladores: uno de trama fina con mango para filtrar las partículas pequeñas de ciertos platos y otro de mayor tamaño, con agujeros más amplios, para colar trozos grandes y para cocinar al vapor.

COLADOR

Un colador cumple dos funciones, porque te permite escurrir el líquido de las verduras hervidas o caldos

TAZAS Y CUCHARAS MEDIDORAS

Vas a necesitar al menos un juego básico de tazas y cucharas medidoras, pero desde aquí te recomendamos encarecidamente que sean dos, sobre todo si no se te da bien calcular las medidas a ojo. Te sorprenderá descubrir la cantidad de veces que vas a necesitar una «cucharadita» a lo largo de las recetas de este libro.

También es buena idea contar con al menos un vaso medidor grande que incorpore un pico para verter el contenido, en el que quepan tres o cuatro tazas de una sola vez. Lo usarás para recetas como la de nuestra mayonesa básica (pág. 197) o cualquier receta que requiera el uso de más de una taza de caldo.

BANDEJAS DE HORNO

Mientras dure el Whole30 no vas a preparar galletas con perlas de chocolate, pero sí vas a asar y a rustir muchas carnes y verduras al horno. Asegúrate de contar con al menos dos bandejas de horno para no tener que amontonar tus boniatos cuando los ases. (Encontrarás consejos para asar verduras en la pág. 184.)

TABLAS DE CORTAR

Vamos a ser claros desde el principio: en tu horizonte se adivinan muchos momentos en los que vas a tener que cortar y cortar. (Sigue el ejemplo de Melissa y tómatelo como una técnica para liberar estrés.) Para no tener que estar yendo constantemente de la encimera al fregadero, deberías tener al menos tres tablas de cortar y, si son de distintos tamaños, mejor. (¿Para qué sacar una tabla enorme si solo quieres picar un diente de ajo?)

En general, no somos muy partidarios de las tablas de cortar de plástico, aunque sean baratas y fáciles de limpiar. En un estudio reciente se encontraron más bacterias en superficies de plástico que en las de madera y el plástico se corta más fácilmente con el cuchillo, lo que hace que acabe traspasando a los alimentos. Y eso no es bueno. De todos modos, si quieres contar con una tabla barata

que llevar de cámping, o para tener una más por si acaso, no están tan mal.

Las de bambú son una buena opción y resultan relativamente baratas, pero son tan duras que los cuchillos tienden a perder el filo antes (pronto llegaremos a ese tema). Las de arce son un capricho caro, pero ¿y lo bien que quedan sobre la encimera de la cocina? Además, son benévolas con los cuchillos. Nuestras tablas de cortar favoritas son las que están hechas de fibras de madera recicladas: son ecológicas, se limpian en un momento y se secan enseguida.

CUCHILLOS

Ya sabemos que tienes cuchillos en casa, pero ¿están a la altura del Whole30? Invertir en unos pocos cuchillos bien afilados puede hacer que tu experiencia durante el programa resulte más agradable que comerse la mantequilla de almendras a cucharadas.

Algo bastante agradable, por cierto.

La elección de los cuchillos es más complicada aún que la de los cazos y las sartenes, así que ciñámonos a lo más básico. Te interesa tener tres cuchillos: uno de punta afilada para cortes pequeños (como cortar en dados una manzana, por ejemplo), un cuchillo de chef de 20 centímetros pensado para picar, y otro largo y fino para trinchar piezas de carne como el pecho de ternera braseado (pág. 234) y el pavo asado con salsa (pág. 408).

Busca cuchillos con el mango y el filo incorporados, que son mejores que los formados por dos piezas unidas; es algo en lo que vale la pena invertir un poco más. Haznos caso, porque se trata de una inversión que se recupera cada vez que se cocina.

Ah, y no te olvides de contar con un afilador de cuchillos. Si te pareces a nosotros, acabarás desarrollando la obsesión de tener siempre los cuchillos tan afilados que cuando cortes tomates te parecerán de mantequilla.

PICADORA/PROCESADOR DE ALIMENTOS

Sabemos que parece un electrodoméstico caro, pero hay varios productos excelentes en el mercado que se adaptan a todos los presupuestos. Pero antes, ¿qué diferencia hay entre una picadora y una batidora?

Las batidoras solo baten los alimentos si son blandos y hay algo de líquido en la mezcla; para muchas de nuestras salsas (como la salsa romesco de la pág. 338) o purés (como el puré de coliflor de la pág. 290), no hay suficiente líquido como para que funcionen. Podrían usarse batidoras de brazo, que son muy versátiles y realizan ciertos trabajos, como nuestra mayonesa básica (pág. 197), en un momento, y se limpian en nada, pero no cortan tan bien como las picadoras y a veces dejan trozos grandes cuando la consistencia del producto final debería ser fina y sedosa.

Las picadoras o los procesadores están diseñados para picar, deshacer o mezclar ingredientes sólidos hasta que alcancen la consistencia perfecta. Puedes usarlos para picar muy fino cilantro o perejil para nuestro chimichurri (pág. 326), para cortar tomates en dados para nuestra salsa picante (pág. 339) o para obtener una salsa barbacoa ácida más fina (pág. 342).

Si cocinas solo para una persona, tal vez puedas pasar con una picadora pequeña, que cuesta unos 25 dólares. De todos modos, solo puede procesar pequeñas cantidades, y por turnos (por lo general solo caben dos o tres tazas cada vez), por lo que si preparas doble cantidad de puré de coliflor para una familia de cuatro personas, un motor tan pequeño va a tener que hacer un gran esfuerzo. Eso no significa que debas gastarte 300 euros en un electrodoméstico para profesionales de la cocina; hay muchas picadoras y procesadores de alimentos con capacidad para 7-10 tazas por 35-90 euros; algunos son incluso combinaciones de batidora/picadora, con lo que te ahorras dinero y espacio en la encimera.

TERMÓMETRO PARA CARNE

Este es uno de los utensilios más importantes para el chef incipiente. Cocinar carne y pollo al punto exacto (que no quede demasiado crudo ni demasiado hecho, sino al punto justo) es algo que lleva tiempo, que necesita atención y mucha práctica, pero usar un termómetro para carne es algo así como hacer trampas, pero bien. Te hemos facilitado las temperaturas de cocción perfectas para platos como el pollo entero asado perfecto (pág. 175), el bistec a la parrilla perfecto (pág. 172) y el solomillo de cerdo con costra de nueces (pág. 272). Al eliminar el factor de incertidumbre sobre cuándo hay que sacar la carne del horno, es mucho más probable que aciertes a la primera el punto de cocción y evites tener que tragarte una carne cara que has cocinado más de la cuenta sin querer.

Asegúrate de que el termómetro que adquieres sea, en efecto, para carne, es decir, que esté diseñado para medir la temperatura interna de la carne, y que no sea un termómetro de horno (pensado para medir la temperatura interior de un horno). Busca utensilios en cuyo envoltorio pueda leerse «temperatura instantánea» (aunque en realidad tardan unos 20 segundos en leerla); deberías encontrarlos por menos de 10 euros.

PAPEL VEGETAL

Seguramente tienes la costumbre de cubrir las bandejas de horno y las fuentes con papel de aluminio. Si es tu caso, sabrás que las carnes y las verduras más delicadas se pegan mucho a él. Por eso es mejor usar papel vegetal, o de pergamino. Se trata de un papel resistente a la humedad, tratado especialmente para que pueda usarse en el horno. Con él tus platos saldrán limpios, y tus hamburguesas fáciles de salmón (pág. 366), tus albóndigas de pollo (pág. 246) o tus boniatos «balsámicos» (pág. 282) se deslizarán fácilmente hasta la espátula. Los rollos de este papel cuestan unos 2-3 euros y son una gran inversión porque te ayudan a manchar menos la cocina.

Utensilios opcionales para el Whole30

Técnicamente, estos utensilios de cocina no son imprescindibles para tu cocina Whole30, pero sin duda acortan los tiempos de preparación y amplían el espectro de tus técnicas culinarias. Además, en la mayoría de los casos cuestan menos de 10 euros, una ganga, teniendo en cuenta lo mucho que facilitan tantas tareas culinarias relacionadas con el Whole30.

PRENSA AJOS

Picar ajos es una de las tareas de cocina que menos nos gusta; es todo un desafío conseguir que los trocitos sean lo bastante pequeños, y acabamos aburriéndonos y cansándonos de tanto picar. Pero picar ajos a mano no es la única opción, pues existe el prensa ajos. Pela el diente, introdúcelo en la prensa, aprieta el mango y, en cuestión de segundos, ya tienes el ajo picado. La clave de este utensilio es asegurarse de lavar bien los restos de pulpa inmediatamente después de usarlo, antes de que se endurezca y se seque, y usar un cepillo de cocina o de dientes para mantener limpios los huecos.

El ajo puede adquirirse ya picado envasado en tarros, y no está mal. Es más caro, pero puede resultar práctico.

PELADOR EN JULIANA

Los fideos de verduras son una buena manera de dar variedad a tus comidas Whole30 de forma que sea divertido para toda la familia. Nuestra calabaza espagueti asada (pág. 314) ya se parece a los espaguetis de manera natural, pero en el caso de otras verduras como calabacines o pepinos, vas a necesitar algo para convertirlos en fideos.

Aquí entra en escena el pelador en juliana.

Parece igual que un pelador normal (y funciona de la misma manera), pero sus hendiduras especiales convierten las verduras en tiras finas y alargadas, parecidas a los fideos o tallarines. Puede encontrarse por menos de 10 euros en cualquier tienda de utensilios de cocina, y apenas se tarda un minuto en cortar en juliana un calabacín entero.

Si quieres gastar un poco más, también puedes adquirir un utensilio muy sofisticado llamado cortador espiral, que cuesta unos 35 euros. Este artilugio de diseño corta en rodajas y en juliana, y ralla, lo cual garantiza que tus hijos te ayudarán a preparar la cena y que platos como el picadillo de pollo de Melissa (pág. 248) te van a resultar más fáciles de preparar.

EXPRIMIDOR DE CÍTRICOS

Haznos caso en este punto: exprimir limones y limas a mano es incómodo y no se consigue extraer todo el zumo. En el mercado se consiguen utensilios combinados de exprimidor de lima y de limón por menos de 10 euros. Nada más que añadir.

RALLADOR DE CÍTRICOS

Muchas de nuestras recetas incorporan ralladura de cítricos, es decir, pedacitos muy pequeños de la piel de limones, limas o naranjas que se añaden directamente a ciertos platos. Te sorprenderá descubrir cuánto sabor aporta una cantidad tan pequeña de ralladura, pero obtenerla puede resultar difícil sin el utensilio adecuado. Puedes usar un pelador de verduras para extraer tiras de piel y, a continuación, laboriosamente, cortarlas en pedacitos o tiritas muy pequeñas.

Pero también puedes usar un rallador específico para pieles de cítricos, que cuestan unos 5 euros, y completar la misma tarea en tres segundos.

Estos ralladores cuentan con unos agujeros diminutos diseñados para retirar pedacitos largos y finos de piel al pasarlos de arriba abajo por el exterior de la fruta, y ya no hace falta cortarlos más. Por unos 15-20 euros puede comprarse uno de la marca Microplane: un rallador en miniatura multifunción, perfecto para rallar pieles de frutas y especias (como la nuez moscada) y raíces (como el jengibre).

ABLANDADOR DE CARNE

Este utensilio de cocina barato y práctico es como una especie de martillo, tiene un mango largo, un extremo plano y el otro dentado. Su nombre es bastante literal, ya que sirve para golpear el filete, la pechuga de pollo o la paletilla de cerdo para romper las fibras musculares.

Se dice que «premastica la carne», pero de una forma higiénica.

Es una manera fácil de conseguir que los cortes de carne duros se ablanden, o de asegurar que quienes prefieren la carne más hecha no se pasen horas masticándola. También es una manera excelente de acortar los tiempos de cocción y de obtener resultados más uniformes. Todos sabemos que siempre hay una parte de la pechuga que es más gruesa que el resto. Si no le das martillazos, la parte fina te quedará pasada y la gruesa aún estará cruda. Con un ablandador de carne conseguirás una pechuga de pollo sellada perfecta (pág. 175) o una ensalada de pollo de corral a la parrilla (pág. 252) de un grosor más uniforme, por lo que la carne se cocinará igual por todos los lados.

Para minimizar el estropicio, coloca una lámina de papel transparente o de cera sobre la carne antes de empezar a darle golpes, y asegúrate de limpiar y desinfectar bien el martillo inmediatamente después de su uso.

CESTA PARA PARRILLA

Nuestra última recomendación no es una necesidad; te proponemos otras dos maneras de asar verduras y frutas a la parrilla a partir de la página 181, pero ninguna es tan fácil de como esta. Hay que cortar las verduras, echarles aceite, meterlas en la cesta y dejarlas sobre la parrilla mientras te ocupas del resto de la comida.

De vez en cuando hay que agitar un poco la cesta. Y eso es todo.

Las cestas de parrilla se consiguen por unos 20 dólares; algunas cuentan incluso con mangos a prueba de calor para que sea más fácil manipularlas. Un consejo para sacarle el máximo partido es colocarla sobre la parrilla para precalentarla. Con una cesta ya caliente, las verduras se asarán antes y se pegarán menos que si está fría.

Es posible que mencionemos otros artículos de cocina como una tela para queso con la que clarificar la mantequilla (pág. 201), o un pincel de cocina para nuestro costillar de cerdo (pág. 276), pero si no cuentas con ellos, existen alternativas fáciles. También nos referimos a algunos utensilios muy específicos en nuestras «comidas elegantes» a partir de la página 400; son importantes para esas recetas en concreto, aunque es posible que solo los uses una vez al año.

En resumen, existen más utensilios, aparatos y artilugios de cocina de los que podrías llegar a usar en un año entero, y te corresponde a ti decidir cuáles consideras importantes y cuáles encajan mejor en tu presupuesto. (Personalmente, nos encanta el recipiente para conservar el aguacate, aunque incluso a nosotros nos parece un poco tonto.) A medida que vayas preparando estas recetas, toma nota de los utensilios que te faltan, o de los que podrían facilitarte un poco las preparaciones. Y después ordénalos según su importancia para ti, y ve añadiéndolos a tu colección a lo largo del tiempo, en la medida en que puedas adquirirlos.

No te agobies, no hace falta que lo compres todo de golpe. Tienes el resto de tu vida para equipar tu cocina, porque el Whole30 es solo el primer paso de un delicioso y satisfactorio viaje culinario (y alimentario) con comida de verdad. Así que, ahora que tu cocina está bien provista con lo esencial, ya va siendo hora de empezar a cocinar.

Encontrarás nuestras recomendaciones sobre utensilios, incluidas marcas y modelos que nos gustan, en *www.whole30.com/whole30kitchen*.

Técnicas básicas de la cocina Whole30

«Yo siempre había sido una cocinera pésima. Cocinar me estresaba muchísimo, y envidiaba a la gente a la que le encantaba. El Whole30 me obligó a buscar recetas que fuera capaz de preparar. Empecé siguiendo a los blogueros de comida Whole30 y me compré libros de cocina nuevos. Empecé a cocinar casi todos los días de la semana. Ahora, las comidas que preparo para mí y para mi familia son saludables y deliciosas. Está claro que se me da mucho mejor cocinar y tengo mucha más confianza en mis habilidades culinarias gracias al Whole30.»

ANDREA R.

En esta sección vamos a enseñarte a cocinar carne, pescado, marisco, huevos y verduras, y a preparar algunos de los ingredientes básicos del Whole30, como caldo de huesos, mayonesa y mantequilla clarificada.

También vamos a enseñarte algunos cortes importantes, porque vas a cortar mucho estos días.

Con esta sección vas a reforzar tu confianza en la cocina, vas a perfeccionar tus técnicas: asar, hornear, sellar, cocinar al vapor, a la parrilla... Aprenderás a preparar tus filetes a la temperatura perfecta, conseguirás que las pechugas de pollo te queden jugosas y tiernas, y descubrirás que en realidad sí te gusta la mayonesa. (Te gusta, créenos.) Experimentarás con cuatro maneras distintas de cocinar las verduras (con lo que multiplicarás por cuatro tus probabilidades de enamorarte de las coles de Bruselas), descubrirás que preparar un caldo con huesos es, en realidad, muy fácil, y aprenderás qué técnicas de parrilla son las mejores para esas rodajas de piña que tanto te apetecen. Piensa en esta sección como en la preparación perfecta para las más de cien recetas que vienen en la cuarta parte de este libro.

Y seguiríamos, pero no lo haremos porque se ve que tienes hambre.

Buen provecho.

Cortes de cuchillo

CHIFONADA (TIRAS LARGAS)

Del francés *chiffonade*, significa cortar en «cintas pequeñas» y se refiere a las hojas verdes, como espinacas, lechuga o col rizada, o a hierbas aromáticas como la albahaca, que se cortan en tiras finas y largas.

Para realizar este corte, amontona las hojas de más grandes (abajo) a más pequeñas (arriba) y enróllalas como si fueran un puro. A continuación, córtalas en rodajas perpendicularmente al rollo para crear las tiras.

DADOS

Cortar en dados significa cortar en bloques de un tamaño específico para conseguir piezas del mismo tamaño que, por tanto, se cocinarán de manera uniforme. En este libro usamos tres tamaños de dados: dados grandes (2,5 cm), medianos (o sin especificar; 1,5 cm) y pequeños (1 cm).

Para cortar en dados, corta las verduras en tiras rectangulares de menos de 0,7 cm (para dados pequeños), de 1,5 cm (para dados medianos) o de 2,5

Corte grueso

Picar

Dados

Chifonada

Juliana

cm (para dados grandes). Junta las tiras, alineándolas bien, y corta a través, manteniendo las mismas medidas, para crear los dados del tamaño deseado. No hace falta que saques la regla: no es tan importante que los dados sean de las medidas exactas como que todos tengan medidas parecidas.

JULIANA

Este corte crea tiras finas y largas (como cerillas) en verduras largas, como zanahorias, patatas, jícama y cuartos de pimiento morrón. Técnicamente, una tira de juliana debería medir 0,30 cm de ancho por 5 cm de largo.

Para cortar en juliana, retira los laterales de las verduras (si hace falta) para crear una superficie plana a cada lado y darle una forma más rectangular. (Esos extremos pueden reutilizarse en ensaladas, sopas u otras recetas.) Corta la verdura a lo largo cada 0,3 cm para crear piezas del tamaño de cerillas. En este caso, la medida exacta tampoco importa: lo importante es que salgan cortes finos y uniformes en grosor.

PICAR

Consiste en cortar muy fino. Es un corte que suele emplearse para el ajo, la cebolla y los pimientos tipo guindilla o jalapeño.

Para picar, corta la verdura en rodajas finas. Alinéalas y corta a través, de nuevo en rodajas muy finas, para crear trocitos muy pequeños. Para picar el ajo también puede usarse una prensa especial (es mucho más rápido que cortar a mano).

A veces también vamos a pedirte que «piques» otros ingredientes como apio, champiñones y otras verduras. En esos casos se trata de conseguir unos trozos que estén entre dados pequeños y el picado fino: corta hasta que las piezas sean pequeñas y no te preocupes por el tamaño exacto.

CORTE GRUESO (O DE CUALQUIER MANERA)

Se trata del corte de cuchillo más fácil, porque no es ni de lejos tan preciso como los dados o la juliana. Resulta perfecto para sopas, guisos o verduras que van a pasar luego por una picadora, por lo que no importa que su aspecto sea agradable a la vista.

Para el corte grueso, corta las verduras por la mitad, horizontal y verticalmente. A su vez, corta esos cuartos por la mitad varias veces hasta que queden trozos grandes.

No lo pienses mucho: tú coloca las verduras sobre la tabla y córtalas.

Conversiones

1 cucharada: 15 ml
1 cucharadita: 5 ml
1 taza: 250 ml

Huevos duros perfectos

PARA 2 PERSONAS
TIEMPO DE PREPARACIÓN: 5 minutos
TIEMPO DE COCCIÓN: 7-10 minutos
TIEMPO TOTAL: 12-15 minutos

---

4 huevos grandes

La técnica y los tiempos de cocción son los mismos tanto si cueces 2 huevos como una docena. A nosotros nos gusta hervir muchos huevos de una vez para tener siempre proteínas a mano o para tenerlos preparados para nuestra ensalada de proteínas (pág. 179)

COGE un cuenco pequeño y llénalo hasta la mitad de agua helada.

LLENA un cazo pequeño de agua hasta la mitad. Llévala a ebullición y luego añade los huevos deslizándolos suavemente hasta el agua ayudándote de una cuchara de madera.

PARA obtener unos huevos «pasados por agua», cocínalos a fuego alto durante 7 minutos (así te quedarán muy poco cocidos y con la yema líquida). Si quieres que queden pasados por agua, pero con la yema cuajada, cuécelos 9 minutos. Si los prefieres duros, cuécelos 11 minutos.

RETIRA el cazo del fuego y transfiere inmediatamente los huevos a un cuenco con agua helada durante 5 minutos para evitar que se sigan cocinando y para que resulten más fáciles de pelar.

PARA pelar los huevos, casca la cáscara en la parte baja del huevo. Pela debajo de un chorro de agua y usa la membrana del huevo como guía para ir retirando los trozos de cáscara.

⭐ CONSEJO PROFESIONAL: *Usa los huevos más viejos que tengas si los quieres preparar duros, porque son más fáciles de pelar.*

Huevos fritos perfectos

PARA 2 PERSONAS
TIEMPO DE PREPARACIÓN: 3 minutos
TIEMPO DE COCCIÓN: 2-5 minutos
TIEMPO TOTAL: 5-8 minutos

---

2 cucharadas de grasa de cocción
4 huevos grandes
sal y pimienta negra

CALIENTA la grasa de cocción en una sartén mediana a fuego medio y remueve para que cubra bien el fondo. Cuando la grasa esté muy caliente, casca los huevos uno a uno en la sartén. Retírate un poco, porque pueden salpicar. Haz lo posible por que no se rompan las yemas, pero, si se rompen, sigue adelante con las instrucciones.

SI te gustan mucho las yemas líquidas, recoge parte de la grasa de cocción de la sartén con una cuchara y échala sobre las yemas. Repite la operación 5 o 6 veces, porque de esa manera se cocinarán más deprisa. Cuando la clara deje de transparentar, mete una espátula por debajo del huevo y pásalo a un plato con la yema hacia arriba.

SI prefieres la yema más cocida, sáltate el paso de la cuchara; apenas la yema deje de transparentar, mete una espátula por debajo y da la vuelta a los huevos. Fríe durante 1-2 minutos si te gustan los huevos fritos poco hechos; 3-4 minutos si los quieres al punto. Y si los prefieres muy hechos (con la yema totalmente cuajada), vuelve a darles la vuelta y fríe 30 segundos o 1 minuto más.

RETIRA los huevos de la sartén, pásalos a un plato con la yema hacia arriba y sírvelos calientes, salpimentados.

⭐ CONSEJO PROFESIONAL: *Para los huevos fritos podrías usar una sartén de hierro forjado, pero cuesta más evitar que se peguen. En estos casos es mejor disponer de una sartén antiadherente.*

Huevos escalfados perfectos

PARA 2 PERSONAS

TIEMPO DE PREPARACIÓN: 3 minutos
TIEMPO DE COCCIÓN: 3-5 minutos
TIEMPO TOTAL: 6-8 minutos

---

2 cucharaditas de vinagre de vino blanco
1 cucharadita de sal
4 huevos grandes

LLENA una sartén grande con 3-4 cm de agua y añade el vinagre y la sal. Lleva el agua a ebullición a fuego vivo.

MIENTRAS esperas a que el agua hierva, casca con cuidado cada huevo en cuencos pequeños individuales.

CUANDO arranque el hervor, echa con cuidado cada huevo en el agua. Tan pronto como todos los huevos estén en la sartén, retírala del fuego, tápala y deja reposar 3 minutos (si quieres que las yemas queden muy líquidas) o 5 minutos (si las prefieres cuajadas).

RETIRA los huevos escalfados del agua con una espumadera para que se escurra todo exceso de agua. Sírvelos calientes.

⭐ CONSEJO PROFESIONAL: *Usa los huevos más frescos que tengas para prepararlos escalfados, porque la clara es más densa cuando está fresca. También puedes usar moldes o bandejas de escalfar; no son utensilios caros y aseguran algo más los resultados. (Si usas estos utensilios, los tiempos de cocción pueden variar.)*

Huevos revueltos perfectos

PARA 2 PERSONAS

TIEMPO DE PREPARACIÓN: 3 minutos
TIEMPO DE COCCIÓN: 5-7 minutos
TIEMPO TOTAL: 10 minutos

---

4 huevos grandes
1 cucharada de leche de coco (opcional)
½ cucharadita de sal
¼ de cucharadita de pimienta negra
2 cucharadas de grasa de cocción

CASCA los huevos en un cuenco pequeño, añade la leche de coco si la usas, y salpimienta. Bate con tenedor o batidor manual hasta que la textura de la mezcla sea uniforme y se vea esponjosa (a causa de todo el aire que has introducido en ella).

DERRITE la grasa de cocción en una sartén mediana, a fuego medio, y remueve para que se distribuya bien por el fondo. Cuando esté caliente, vierte los huevos en la sartén. Usa una espátula para ir «doblando» el huevo cocido de la parte exterior hacia el centro. Rasca el huevo cocido del fondo para que las partes crudas puedan entrar en contacto con la sartén. Repite la operación cada minuto aproximadamente.

CUECE hasta que la mezcla se vea ligeramente brillante (pero ya no esté líquida), entre 5 y 7 minutos, y sirve caliente.

⭐ CONSEJO PROFESIONAL: *Los huevos siguen cocinándose cuando los retiras del fuego, por lo que es mejor pasarlos al plato justo antes de que creas que ya están listos.*

Huevos duros perfectos, *pág. 167*

Huevos fritos perfectos, *pág. 167*

Huevos escalfados perfectos, *pág. 168*

Huevos revueltos perfectos, *pág. 168*

Carne picada perfecta

PARA 2 PERSONAS

TIEMPO DE PREPARACIÓN: 5 minutos
TIEMPO DE COCCIÓN: 5-10 minutos
TIEMPO TOTAL: 10-15 minutos

Grasa de cocción, a demanda
450 g de carne picada

La carne picada (de ternera, cordero, pollo, pavo, bisonte o búfalo) es una de las proteínas más fáciles de preparar cuando tienes prisa y resulta increíblemente versátil. El secreto está en usar la cantidad adecuada de grasa de cocción y en experimentar con distintas combinaciones de condimentos para cambiar el sabor de los platos y no aburrirse.

CALIENTA una sartén grande a fuego medio. Añade la grasa de cocción elegida, si es necesario, y remueve para distribuirla bien por el fondo. Añade la carne picada, separándola en trozos grandes con una espátula o una cuchara de madera. A medida que empieza a dorarse, sigue separando la carne en trozos cada vez más pequeños, revolviéndola para que se cocine de manera uniforme. Cocina unos 7-10 minutos, hasta que esté dorada por todos los lados y no queden partes rosadas.

SACA la carne picada de la sartén con una espumadera (para que parte de la grasa quede en la sartén) o con una cuchara grande (para disfrutar de la grasa añadida).

⭐ REGLA GENERAL: *Cuanto más magra sea la carne, más grasa de cocción tendrás que añadir a la sartén.*

TERNERA PICADA, 80 % MAGRA: *no hace falta grasa de cocción.*

CORDERO PICADO: *no hace falta grasa de cocción.*

TERNERA PICADA, 85-90 % MAGRA: *1 cucharada de grasa de cocción por 450 g*

MUSLO DE POLLO PICADO: *1 cucharada de grasa de cocción por 450 g*

TERNERA PICADA, 95 % MAGRA: *2 cucharadas de grasa de cocción por 450 g*

BISONTE/BÚFALO: *2 cucharadas de grasa por 450 g*

PECHUGA DE POLLO PICADA: *2 cucharadas de grasa de cocción por 450 g*

PAVO PICADO: *2 cucharadas de grasa de cocción por 450 g*

También es buena idea duplicar la cantidad de carne picada que prepares para la cena y pasar la mitad (sin condimentar) a un táper para guardarlo en la nevera, lo que te permitirá comer o cenar algo totalmente distinto mañana con eso que te ha sobrado. Por ejemplo, podrías usar la mitad de la ternera para preparar nuestros pimientos rellenos (pág. 242) para cenar esta noche, y después calentar la carne picada sobrante y acompañarla con salsa picante (pág. 339), guacamole (pág. 328) y aliño ranchero (pág. 336) para el almuerzo del día siguiente.

También puedes convertir la carne picada en un «plato de una sola cazuela» si preparas la carne, la pasas a una fuente cuando esté dorada y sofríes luego unas verduras en el aceite sobrante, en la misma sartén. Cuando estén sofritas, vuelve a introducir la carne picada en la sartén, mezcla para recalentar y sirve aliñada con tu salsa o aliño favoritos (pág. 322 en adelante).

⭐ CONSEJO PROFESIONAL: *Prueba con distintos condimentos para variar el sabor de tu plato.*

SABOR MEXICANO: *½ cucharadita de chile en polvo, ¼ de cucharadita de comino, ¼ de cucharadita de sal, ¼ de cucharadita de pimienta, ⅛ de cucharadita de copos de pimiento rojo machacados, ⅛ de cucharadita de pimentón, y espolvorear con cilantro picado.*

SABOR ASIÁTICO: *2 dientes de ajo picados, 1 cucharada de aceite de sésamo, 1 cucharadita de vinagre de arroz, ½ cucharadita de jengibre rallado, y espolvorear con semillas de sésamo.*

SABOR ITALIANO: *Nuestra salsa de tomate (pág. 344), o añadir 1 cucharada de condimento italiano preparado, 1 cucharadita de hierbas frescas picadas (orégano, tomillo o albahaca), ¼ de cucharadita de sal y ¼ de cucharadita de pimienta.*

SABOR TAILANDÉS: *Nuestra salsa de curry (pág. 327).*

SABOR BARBACOA: *Nuestra salsa barbacoa ácida (pág. 342).*

Hamburguesa perfecta

PARA 3 PERSONAS

TIEMPO DE PREPARACIÓN: 5 minutos
TIEMPO DE COCCIÓN: 15 minutos
TIEMPO TOTAL: 20 minutos

---

450 g de carne picada
1 cucharadita de sal
½ cucharadita de pimienta negra
½ cucharadita de mostaza en polvo
¼ de cucharadita de ajo en polvo

PRECALIENTA el horno a 175 °C.

EN un cuenco grande, mezcla todos los ingredientes. Forma tres bolas aplanadas del mismo tamaño. Enfría 15 minutos en el congelador.

PASA las hamburguesas a una bandeja de horno, forrada con papel vegetal si quieres, y asa al horno unos 15 minutos, hasta que la temperatura interior de la carne llegue a los 62 °C.

⭐ CONSEJO DEL CHEF: *Para potenciar el sabor, asa las hamburguesas en la parrilla durante 4 minutos por cada lado a temperatura alta, retíralas y termina de cocinarlas en el horno a 175 °C durante 4-5 minutos más.*

GUÍA DE TEMPERATURAS PARA BISTECS DE TERNERA Y CARNE PICADA DE TERNERA, CORDERO, BISONTE Y BÚFALO

POCO HECHO: *49-51 °C*

ENTRE POCO HECHO Y AL PUNTO: *54-57 °C*

AL PUNTO: *57-60 °C*

ENTRE AL PUNTO Y HECHO: *60-65 °C*

MUY HECHO: *68 °C*

NOTA: *Para conseguir la temperatura perfecta, saca la carne de la fuente de calor cuando esté 3 grados por debajo de la temperatura deseada, ya que se sigue cociendo mientras reposa. Por ejemplo, si quieres tu filete al punto, retíralo del calor cuando esté entre 54 y 57 °C.*

Bistec a la parrilla perfecto

PARA 2 PERSONAS
TIEMPO DE PREPARACIÓN: 3 minutos
TIEMPO DE COCCIÓN: 16-22 minutos
TIEMPO TOTAL: 19-25 minutos

---

2 bistecs de 150 g cada uno (lomo, solomillo, chuleta, entrecot)
½ cucharadita de sal
¼ de cucharadita de pimienta negra

SACA los bistecs de la nevera al menos 30 minutos antes de cocinarlos. Precalienta la parrilla a temperatura alta, precalienta el horno a 175 °C y forra una bandeja de horno con papel de aluminio.

SALPIMIENTA los bistecs uniformemente por los dos lados. Ponlos sobre la parrilla caliente en un ángulo de 45 grados respecto a la rejilla. Deja que se sellen durante 2-3 minutos. Usa unas pinzas para echar un vistazo a las marcas de la parrilla (los bistecs deberían despegarse fácilmente una vez que estén bien sellados). Cuando estén listos, no les des la vuelta todavía; muévelos 90 grados para crear unas marcas cruzadas. Sella en esa posición durante 2 minutos más. Ahora sí, da la vuelta a los bistecs y repite el proceso de doble sellado por el otro lado.

RETIRA los bistecs de la parrilla, colócalos sobre la bandeja de horno preparada e introdúcelos en el horno. Asa durante 8-12 minutos, en función del grosor de las piezas y de la temperatura que prefieras (véase la guía). No dudes en usar un termómetro para carne hasta que domines la técnica.

DEJA reposar los bistecs 5 minutos antes de servir.

⭐ CONSEJO PROFESIONAL: *Para lograr un sellado correcto, no levantes los bistecs a media cocción para echar un vistazo. Déjalos sobre la parrilla el tiempo estipulado y levántalos cuidadosamente con unas pinzas para ver si ya están listos para darles la vuelta.*

GUÍA DE TEMPERATURAS PARA BISTECS:

POCO HECHO: *49-51 °C*

ENTRE POCO HECHO Y AL PUNTO: *54-57 °C*

AL PUNTO: *57-60 °C*

ENTRE AL PUNTO Y HECHO: *60-65 °C*

MUY HECHO: *68 °C*

Para conseguir la temperatura perfecta, retira el bistec del horno cuando esté 3 grados por debajo de la temperatura deseada, porque la carne sigue cociéndose mientras reposa. Por ejemplo, si deseas el bistec entre poco hecho y al punto, retíralo de la fuente de calor cuando alcance los 51-54 °C.

NOTA: *Por razones de seguridad, el Departamento de Agricultura de Estados Unidos recomienda cocinar todos los bistecs a una temperatura mínima de 71 °C.*

Carne picada perfecta, *pág. 170*

Hamburguesa perfecta, *pág. 171*

Bistec a la parrilla perfecto, *pág. 172*

Bistec a la sartén perfecto, *pág. 174*

Bistec a la sartén perfecto

PARA 2 PERSONAS

TIEMPO DE PREPARACIÓN: 3 minutos
TIEMPO DE COCCIÓN: 11-16 minutos
TIEMPO TOTAL: 14-19 minutos

---

2 bistecs de 150 g cada uno (lomo, solomillo, chuleta, entrecot)
½ cucharadita de sal
¼ de cucharadita de pimienta negra
2 cucharadas de grasa de cocción

PRECALIENTA el horno a 175 °C.

SALPIMIENTA los bistecs uniformemente por los dos lados. En una sartén que pueda ir al horno, derrite la grasa de cocción a fuego medio, removiendo para que cubra bien el fondo. Cuando esté caliente, coloca los bistecs en la sartén y séllalos durante 3-4 minutos. La carne debería despegarse fácilmente cuando se ha sellado bien. Con unas pinzas, da la vuelta al bistec y lleva la sartén al horno para finalizar la cocción.

ASA durante 8-12 minutos, dependiendo del grosor del corte y de la temperatura deseada (véase la guía). No dudes en usar un termómetro para carne hasta que domines la técnica.

DEJA reposar los bistecs 5 minutos antes de servir.

⭐ CONSEJO PROFESIONAL: *Si no dispones de una sartén que pueda ir al horno, pasa el bistec sellado a una bandeja forrada con papel de aluminio antes de llevarlo al horno.*

GUÍA DE TEMPERATURAS PARA BISTECS:

POCO HECHO: *49-51 °C*

ENTRE POCO HECHO Y AL PUNTO: *54-57 °C*

AL PUNTO: *57-60 °C*

ENTRE AL PUNTO Y HECHO: *60-65 °C*

MUY HECHO: *68 °C*

Para conseguir la temperatura perfecta, retira el bistec del horno cuando esté 3 grados por debajo de la temperatura deseada, porque la carne sigue cociéndose mientras reposa. Por ejemplo, si deseas el bistec entre poco hecho y al punto, retíralo de la fuente de calor cuando alcance los 51-54 °C.

NOTA: *Por razones de seguridad, el Departamento de Agricultura de Estados Unidos recomienda cocinar todos los bistecs a una temperatura mínima de 71 °C.*

Pechuga de pollo sellada perfecta

PARA 2 PERSONAS

TIEMPO DE PREPARACIÓN: 3 minutos

TIEMPO DE COCCIÓN: 13-19 minutos

TIEMPO TOTAL: 16-22 minutos

---

2 porciones (150 g cada una) de pechugas de pollo deshuesadas y sin piel
½ cucharadita de sal
¼ de cucharadita de pimienta negra
2 cucharaditas de grasa de cocción

PRECALIENTA el horno a 175 °C.

SALPIMIENTA las pechugas de pollo uniformemente por los dos lados. En una sartén grande que pueda ir al horno, derrite la grasa de cocción a fuego medio-alto, removiendo para que cubra bien el fondo. Cuando esté caliente, coloca el dorso de la pechuga (la parte más redondeada) hacia abajo y sella durante 3-4 minutos. El pollo debería despegarse con facilidad de la sartén cuando esté bien sellado. Con unas pinzas, da la vuelta al pollo y lleva la sartén al horno para terminar la cocción.

ASA durante 10-15 minutos, dependiendo del grosor de la pechuga, hasta que la temperatura interior alcance los 71 °C. No dudes en usar un termómetro para carne hasta que domines la técnica. Deja reposar el pollo 5 minutos antes de servir.

⭐ CONSEJO PROFESIONAL: *Si no dispones de una sartén que pueda ir al horno, pasa la pechuga sellada a una bandeja forrada con papel de aluminio antes de llevarla al horno.*

Pollo entero asado perfecto

PARA 2 PERSONAS (Y SOBRA)

TIEMPO DE PREPARACIÓN: 10 minutos

TIEMPO DE COCCIÓN: 1 hora 30 minutos

TIEMPO TOTAL: 1 hora 40 minutos

---

1 pollo entero (1,5-2,5 kg)
3 cucharadas de grasa de cocción derretida
1 cucharadita de sal
1 cucharadita de pimienta negra

PRECALIENTA el horno a 220 °C.

SI es necesario, retira los menudos del interior del pollo y desecha. Lava bien el pollo por dentro y por fuera bajo el grifo, con agua fría, y colócalo con las pechugas hacia arriba en una cazuela de asar. Frota la piel uniformemente con la grasa de cocción y salpimienta. (Si deseas añadir hierbas aromáticas frescas, ajo, etcétera, pasa los dedos por debajo de la piel para soltarla, y mete los condimentos entre la piel y la carne.)

ASA el pollo sin cubrir durante 1 hora y 30 minutos. Comprueba la temperatura introduciendo un termómetro para carne en la zona más gruesa del pollo (sin que llegue a tocar hueso); debería alcanzar los 71 °C.

DÉJALO reposar durante 5 minutos antes de servir.

⭐ CONSEJO PROFESIONAL: *No deseches la carcasa, con la que podrás preparar nuestro caldo de pollo (pág. 195).*

Gambas a la plancha perfectas

PARA 2 PERSONAS

TIEMPO DE PREPARACIÓN: 10 minutos
TIEMPO DE COCCIÓN: 5 minutos
TIEMPO TOTAL: 15 minutos

---

1 ½ cucharaditas de ajo en polvo
1 ½ cucharaditas de sal de ajo
1 ½ cucharaditas de orégano seco
¾ de cucharadita de pimentón
¾ de cucharadita de pimienta negra
2 cucharadas de aceite de oliva virgen extra
450 g de gambas grandes, peladas y desvenadas

Las gambas pueden intimidar a algunos, pero en realidad son muy fáciles de cocinar. Todas nuestras recetas se preparan con gambas grandes, que son las que se encuentran más fácilmente en la sección de pescados y mariscos de nuestros supermercados y, por lo general, en 450 gramos entran entre 25 y 35 unidades.

Para preparar los platos de este libro, antes de cocinarlas, debes pelarlas y desvenarlas, un procedimiento que resulta más sencillo de lo que parece. Para pelarlas, quita con los dedos el caparazón exterior, de arriba abajo, hasta la cola. Retira también la cola, tirando de ella suavemente mientras sujetas la gamba. (Ve con cuidado si no quieres llevarte un buen trozo de gamba durante la operación.) Después, con un cuchillo de punta, separa un poco la parte trasera de la gamba, empezando por arriba, hasta que veas un hilo oscuro que la recorre hasta la cola. Usando el cuchillo o los dedos, retira la vena y deséchala. ¡Ahora ya puedes cocinarlas!

PRECALIENTA la plancha o parrilla a temperatura alta (260 °C). Si usas pinchos de madera, remójalos en agua entre 30 minutos y 1 hora para que no se quemen.

PARA preparar el aliño, mezcla el ajo en polvo, la sal de ajo, el orégano, el pimentón y la pimienta en una bolsa de plástico o en un cuenco grande con tapa. Agita un poco y añade el aceite de oliva y las gambas. Cierra la bolsa o cubre el cuenco y remueve hasta que las gambas queden bien impregnadas.

SACA las gambas y ensártalas en los pinchos de metal o madera. Coloca los pinchos sobre la plancha y ásalas 2-3 minutos, hasta que estén bien selladas. Da la vuelta a los pinchos y cocina 2 o 3 minutos más.

RETIRA los pinchos de la plancha y sírvelas recién hechas.

⭐ CONSEJO PROFESIONAL: *Las gambas están hechas cuando se curvan y adoptan forma de «C». Si adoptan forma de «O», es que se han cocido demasiado, y seguramente resultarán más duras.*

⭐ CONSEJO DEL CHEF: *Si no tienes plancha o parrilla, asa tus gambas en el horno. Precaliéntalo a 200 °C. Prepara el aliño y unta bien las gambas como se explica arriba, y a continuación colócalas en una sola capa sobre una fuente de horno. Ásalas 6-8 minutos hasta que la gamba pierda su transparencia y se arquee en forma de «C».*

Pechuga de pollo sellada perfecta, *pág. 175*

Pollo entero asado perfecto, *pág. 175*

Gambas a la plancha perfectas, *pág. 176*

Salmón al horno perfecto, *pág. 178*

Salmón al horno perfecto

PARA 2 PERSONAS

TIEMPO DE PREPARACIÓN: 5 minutos
TIEMPO DE COCCIÓN: 12-15 minutos
TIEMPO TOTAL: 17-20 minutos

---

1 cucharada de grasa de cocción derretida
2 filetes de salmón (de 150 g cada uno)
½ cucharadita de sal
¼ de cucharadita de pimienta negra
1 limón, cortado a gajos

PRECALIENTA el horno a 230 °C. Forra una bandeja de horno o fuente de cristal tipo Pyrex con papel vegetal. Esparce la grasa de cocción sobre el papel y repártelo con un pincel o con los dedos para que lo cubra del todo.

COLOCA el salmón con la piel hacia abajo en la bandeja. Salpimienta uniformemente.

ASA el salmón 12-15 minutos. En los lados de las piezas aparecerá una especie de crema blanca (proteína) cuando esté bien asado, y la parte más gruesa ya no se verá cruda, ni húmeda ni esponjosa al aplastarla con un tenedor. Retira el salmón del horno y pásalo a una fuente de servir o a platos individuales. Sirve acompañado de gajos de limón.

⭐ CONSEJO PROFESIONAL: *Puedes adaptar esta misma técnica para cocinar pescados blancos (bacalao fresco, merluza, fletán, etcétera) reduciendo la temperatura del horno a 175 °C, untando el pescado con una cucharada adicional de grasa de cocción, y asándolo 10-12 minutos. Conviene retirar el pescado del horno cuando ya no se vea transparente, pero cuando las lascas aún no se separen con un cuchillo:*

si lo hacen, seguramente estará demasiado seco al servirlo.

Ensalada de proteínas perfecta

Hay algunas cosas que siempre debes tener a mano en tu cocina Whole30: mayonesa básica (pág. 197), caldo de huesos (pág. 194), huevos duros perfectos (pág. 167) y una ensalada de proteínas. ¿Por qué hacemos hincapié en las proteínas «portátiles»? Hay alimentos que son fáciles de transportar, como la verdura, la fruta y las grasas saludables, pero las proteínas pueden resultar más complicadas cuando tenemos prisa. Y nosotros no queremos que dejes de tomar proteínas, porque son los macronutrientes más saciantes.

Traducción: es lo que te mantiene la barriga llena entre la comida y la cena, y lo que hace disminuir las probabilidades de que te lances sobre el chocolate de tu compañero de trabajo.

Ahí es donde interviene una ensalada de proteínas fácil y versátil. Usa pollo que te haya sobrado, atún de lata, salmón o huevos, y llena tu despensa con pollo o pescado en conserva para que siempre tengas algo a mano. Une todos los ingredientes (y los sabores) con una base cremosa y con un ácido. Guarda la ensalada en la nevera y siempre tendrás una fuente de proteína rápida y fácil a mano, o algo que llevarte al trabajo para almorzar. Dependiendo de los ingredientes, tu ensalada de proteínas te durará entre 3 y 5 días en la nevera, así que prepara bastante base y ve variando lo que le añadas para no aburrirte.

Además, usa un cuenco grande. Más grande de lo que creas que te va a hacer falta. Esto te lo decimos por experiencia: a veces se nos va un poco la mano con los añadidos.

Mezcla y combina tus ingredientes adicionales usando cualquier cosa que tengas a mano; va bien cualquier combinación de fruta, verduras, frutos secos y semillas, hierbas aromáticas frescas y especias. A continuación compartimos contigo algunas de nuestras combinaciones de ensalada favoritas:

TRADICIONAL: *Échale uvas cortadas en rodajas, apio, cebolla y almendras en virutas.*

GRIEGA: *Pásate a lo griego con olivas de Kalamata, tomates asados, piñones y albahaca. Como ácido, vinagre de vino tinto.*

ASIÁTICO: *Dale un toque exótico con unos gajos de mandarina, apio, col rizada picada y cilantro, y aliña con vinagre de arroz o zumo de lima.*

DE VERANO: *Pon el énfasis en la fruta con unas fresas laminadas, arándanos, cebolla tierna, pecanas y perejil fresco.*

DE OTOÑO: *Ponte otoñal con unas manzanas en dados, calabaza o boniato asados, cebolla dulce, un puñado de uvas pasas, y nueces tostadas, con vinagre de sidra de manzana.*

Ensalada de proteínas

PARA 2 PERSONAS (Y SOBRA)

TIEMPO DE PREPARACIÓN: 10-15 minutos

---

450 g de pollo ya cocinado o en conserva, salmón o atún, u 8 huevos duros
¼ de taza de base cremosa, como nuestra mayonesa básica (pág. 197)
2 cucharadas de ácido, como zumo de limón
¼ de cucharada de sal
⅛ de cucharada de pimienta negra
ingredientes adicionales al gusto

Si usas pollo, atún o salmón en conserva, vas a necesitar 3 latas (140-170 g cada una). Empieza a preparar la ensalada añadiendo solo un cuarto de taza de mayonesa y el zumo de un limón o lima (o 2 cucharadas de vinagre). Siempre puedes añadir más si quieres que la ensalada te quede más cremosa o más ácida. Sirve sola, sobre un lecho de lechuga, o sobre un tomate grande o un pimiento morrón vaciados, o dentro de unos tallos de apio.

SI fuera necesario, corta o desmenuza la proteína en pedazos grandes. Mezcla bien la proteína y la mayonesa en un cuenco grande. Añade el zumo de limón, la sal, la pimienta y cualquier ingrediente adicional, y remueve para que se integren los sabores.

⭐ CONSEJO PROFESIONAL: *La base cremosa puede ser una mayonesa básica, una mayonesa sin huevo (pág. 198) o un puré de aguacate. El ácido puede ser zumo de limón o de lima, vinagre de sidra de manzana, vinagre de vino blanco o tinto, o vinagre de arroz.*

Medallones de salchicha perfectos

PARA 2 PERSONAS

TIEMPO DE PREPARACIÓN: 10 minutos
TIEMPO DE COCCIÓN: 11-13 minutos
TIEMPO TOTAL: 21-23 minutos

---

2 cucharadas de grasa de cocción
½ taza de cebolla blanca picada
450 g de carne picada (cerdo, pollo, pavo)
½ cucharadita de salvia seca
½ cucharadita de sal
¼ de cucharadita de pimienta negra
¼ de cucharadita de ajo en polvo

PRECALIENTA el horno a 175 °C. Forra una bandeja de horno con papel vegetal.

CALIENTA una cucharada de grasa de cocción en una sartén pesada a fuego medio. Cuando esté caliente, añade la cebolla y sofríe, removiendo, unos 2 minutos, hasta que se ablande. Mezcla la cebolla salteada, la carne picada, la salvia, la sal, la pimienta y el ajo en polvo en un cuenco grande y mézclalo bien con las manos. Forma 8 medallones iguales de 2,5 cm de grosor.

CALIENTA la otra cucharada de grasa de cocción en la misma sartén, a fuego medio, y remueve para que cubra bien el fondo. Cuando esté caliente, añade los medallones de salchicha y dóralos 2 minutos por cada lado. Pásalos a la bandeja de horno y termina allí la cocción durante 5-7 minutos, hasta que no se vea carne rosada en el centro de los medallones.

⭐ CONSEJO PROFESIONAL: *Estos medallones se pueden congelar perfectamente: colócalos apilados en un recipiente cubierto entre láminas de papel encerado para que no se peguen. Descongélalos la noche antes de preparar nuestro desayuno-cena (pág. 228) y reducirás a la mitad el tiempo de preparación.*

Beicon perfecto

PARA 2 PERSONAS

TIEMPO DE PREPARACIÓN: 2 minutos
TIEMPO DE COCCIÓN: 15-20 minutos
TIEMPO TOTAL: 17-22 minutos

---

225 g de beicon apto para el Whole30

No es fácil encontrar beicon apto para el Whole30. No lo encontrarás en tu tienda de alimentación de la esquina, así que, a menos que estés en disposición de encargar una pieza entera o puedas encontrarlo en algún mercado de comida saludable, puede ser que durante 30 días debas prescindir de él. La buena noticia es que nadie se ha muerto nunca por falta de beicon. (Ciencia.) Y si lo que echas de menos es ese sabor salado y crujiente, existen alternativas. Tal vez puedas encontrar panceta de cerdo en tu carnicería; pregunta cómo asarla o rustirla para que quede crujiente por fuera y tierna por dentro.

PRECALIENTA el horno a 190 °C. Forra una bandeja con papel de aluminio.

REPARTE uniformemente las tiras de beicon sobre la bandeja en una sola capa. Con este método, el beicon quedará ligeramente blando por el centro y crujiente por los lados. Si prefieres que quede todo crujiente, coloca una rejilla de horno sobre el papel de aluminio y distribuye el beicon uniformemente sobre ella. Que no te queden las tiras superpuestas: si es necesario, usa dos bandejas.

ASA durante 15-20 minutos, en función del grosor del beicon y de lo crujiente que te guste. Pasa a una bandeja con papel de cocina y sirve de inmediato. El beicon ya asado dura más o menos una semana en la nevera.

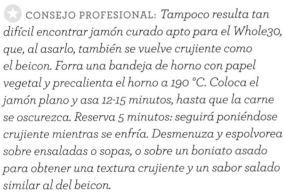

Medallones de salchicha perfectos, *pág. 180*

Beicon perfecto, *pág. 180*

⭐ CONSEJO PROFESIONAL: *Tampoco resulta tan difícil encontrar jamón curado apto para el Whole30, que, al asarlo, también se vuelve crujiente como el beicon. Forra una bandeja de horno con papel vegetal y precalienta el horno a 190 °C. Coloca el jamón plano y asa 12-15 minutos, hasta que la carne se oscurezca. Reserva 5 minutos: seguirá poniéndose crujiente mientras se enfría. Desmenuza y espolvorea sobre ensaladas o sopas, o sobre un boniato asado para obtener una textura crujiente y un sabor salado similar al del beicon.*

Si consigues encontrar beicon apto para el Whole30, de pasto, orgánico (qué suerte tienen algunos), después de freírlo, puedes conservar la grasa resultante en un tarro de vidrio y guardarla en la nevera para usarla más adelante, bien como grasa de cocción o como ingrediente de alguna receta.

Verdura y fruta a la parrilla

Asar a la parrilla es la manera más eficaz de conseguir un sabor dulce, ahumado y caramelizado en frutas y verduras. Hay tres maneras de prepararlas para llevarlas a la parrilla: en tiras largas que se disponen directamente sobre ella, en dados o trozos grandes que se ensartan en pinchos o brochetas, y en dados o trozos grandes que se meten en una cesta para parrilla.

En la parrilla pueden asarse casi todas las verduras, excepto las de hoja verde. Entre las preferidas están los pimientos morrones, los pimientos verdes largos o chiles poblanos, las cebollas, los tomates cherry, los calabacines, las calabazas cacahuete y de verano, los rábanos, las berenjenas, los espárragos, las coles de Bruselas y las setas. También pueden añadirse frutas a la parrilla, directamente o en brochetas: piña, mango, melocotón, manzana, pera, melón y uvas. (Pero la fruta no la metas en la cesta para parrilla, pues los jugos empaparán la verdura y la ablandarán.)

Verduras a la parrilla perfectas

PARA 2 PERSONAS (Y SOBRA)
TIEMPO DE PREPARACIÓN: 10 minutos
TIEMPO DE COCCIÓN: 4-20 minutos
TIEMPO TOTAL: 14-30 minutos

---

450 g de una mezcla de verduras y frutas
2 cucharadas de aceite de oliva virgen extra
sal y pimienta negra

PRECALIENTA la parrilla a temperatura alta (260 °C)

PARA ASAR DIRECTAMENTE SOBRE LA REJILLA DE LA PARRILLA: Corta la verdura en trozos grandes para que no se cuelen entre las barras de la rejilla. (Evita las verduras pequeñas como tomates cherry, rábanos, champiñones y coles de Bruselas si usas este método.) Corta la verdura en trozos relativamente planos, de 2,5 cm de ancho y 1,5 cm de grosor. (Si vas a asar espárragos, corta las puntas y déjalos enteros; si se trata de cebolla, manzana o pera, corta en seis gajos iguales.)

METE las verduras cortadas en un cuenco grande y vierte el aceite. Con las manos, mezcla bien las verduras con el aceite hasta que queden bien impregnadas. Colócalas sobre la parrilla en un ángulo de 45 grados respecto a la rejilla para que no se cuelen entre las barras.

ASA las verduras según la tabla anexa. (Los tiempos de cocción también varían mucho en función de cada parrilla, así que conviene experimentar y controlar con frecuencia mientras se cocinan hasta que domines la técnica.) Cuando tengas que darles la vuelta, usa pinzas para parrilla, despegándolas a lo largo del eje de la parrilla para evitar que se peguen o se rompan. Ásalas hasta que estén ligeramente quemadas por fuera y tiernas por dentro al pincharlas con un tenedor.

RIÉGALAS con tu salsa o aliño favorito (pág. 322 en adelante), salpimienta o consulta nuestras sugerencias de condimentos, y sirve caliente.

PARA ASAR EN PINCHOS: Si son de madera, sumérgelos en agua entre 30 minutos y 1 hora para que no se quemen al ponerlos en la parrilla.

CORTA las verduras o la fruta en trozos de 2,5 cm o en dados. No uses verduras pequeñas como tomates cherry, champiñones pequeños, rábanos o uvas.

INTRODUCE las verduras en un cuenco grande y vierte el aceite de oliva. Mezcla bien con las manos hasta que queden bien impregnadas, y ensártalas en los pinchos, alternándolas. Coloca los pinchos sobre la parrilla en un ángulo de 45 grados respecto a la rejilla para evitar que los trozos más pequeños se peguen.

ASA las verduras durante 10-15 minutos, volviendo los pinchos de vez en cuando para que todos los lados entren en contacto con la parrilla. Cocina hasta que las verduras más carnosas (pimientos, cebollas, setas) se vean quemadas por los lados y lo bastante tiernas para poder comerse, pero no tanto como para que las verduras más delicadas (calabacines, calabazas de verano) se quemen totalmente o se sequen.

RIÉGALAS con tu salsa o aliño favorito (pág. 322 en adelante), o salpimienta y riega con una cucharada de aceite de oliva virgen extra, y sirve caliente.

PARA ASAR EN CESTA: Corta las verduras o las frutas en trozos de 2,5 cm o en dados grandes. No uses verduras pequeñas como tomates cherry, champiñones pequeños, rábanos o uvas.

INTRODUCE las verduras cortadas en un cuenco grande y vierte el aceite de oliva. Mezcla bien con las manos hasta que queden bien impregnadas, y después ponlas en una cesta para parrilla.

COLOCA la cesta sobre la parrilla y asa durante 15-20 minutos, agitándola de vez en cuando. Cocina hasta que las verduras más carnosas (pimientos, cebollas, setas) se vean quemadas por los lados y

lo bastante tiernas para poder comerse, pero no tanto como para que las verduras más delicadas (calabacines, calabazas de verano) se quemen totalmente o se sequen.

RIÉGALAS con tu salsa o aliño favorito (pág. 322 en adelante), o salpimienta y riega con una cucharada de aceite de oliva virgen extra, y sirve caliente.

Asar fruta y verdura a la parrilla

VERDURA O FRUTA	TIEMPO DE ASADO	IDEAS PARA ALIÑOS
Berenjena	6-7 min. por lado	tomates frescos cortados y orégano seco
Calabacín	4-5 min. por lado	ralladura de limón, cebollino seco
Calabaza cacahuete	7-8 min. por lado	tomillo seco
Calabaza de verano	4-5 min. por lado	ralladura de limón y cebollino seco
Cebolla	8-10 min. por lado	chorro de zumo de limón y espolvorear con ralladura
Espárragos	4-6 min. (no hace falta darles la vuelta)	chorro de zumo de limón y espolvorear con ralladura
Mango	2-3 min. por lado	ya es perfecto así, no le hace falta aliño
Manzana	6-8 min. por lado	chorro de zumo de limón y un pellizco de canela
Melocotón (mitades)	3-4 min. (no hace falta darles la vuelta)	ya es perfecto así, no le hace falta aliño
Melón cantalupo	2-3 min. por lado	ya es perfecto así, no le hace falta aliño
Pera	3-4 min. por lado	un chorrito de *ghee* derretido, un pellizco de canela o de vainilla
Pimiento morrón	5-6 min. por lado	toque de vinagre balsámico
Pimiento verde largo	5-6 min. por lado	solo sal y pimienta
Piña	5-8 min. por lado	ya es perfecta así, no le hace falta aliño

Verduras al horno

Asar las verduras al horno es una de las maneras más sencillas de cocinarlas, además de quedar muy gustosas. A los que decís «a mí no me gusta el brócoli/ las coles de Bruselas/los espárragos...» os animamos a probarlos de nuevo, pero al horno. Estamos bastante seguros de que vais a cambiar de opinión.

Al asarlas, el sabor natural de las verduras se despliega plenamente, y estas adquieren una textura crujiente y dorada por fuera, a la vez que quedan blandas y dulces por dentro. Además, asar al horno exige muy poca dedicación, lo que te permite preparar mucha cantidad de una vez mientras te dedicas a otras tareas de la casa, y así tienes verduras listas para toda la semana.

Asar significa cocer con una fuente de calor seco a altas temperaturas; nosotros lo hacemos a 220 °C. Lo más adecuado es usar una bandeja de horno forrada con papel vegetal para que las verduras no se peguen. No uses fuentes de paredes altas, porque retienen humedad, y las verduras se cocerán al vapor en lugar de asarse.

Verduras al horno perfectas

PARA 2 PERSONAS (Y SOBRA)
TIEMPO DE PREPARACIÓN: 10 minutos
TIEMPO DE COCCIÓN: 15-50 minutos
TIEMPO TOTAL: 25 minutos-1 hora

---

450 g de verduras
2 cucharadas de grasa de cocción derretida
sal y pimienta negra

Se pueden asar prácticamente todas las verduras y hortalizas, incluso algunas verdes, siempre que sean carnosas. Entre las más adecuadas están los tubérculos con almidón como la zanahoria, la patata, la chirivía y la remolacha; las verduras y hortalizas carnosas como la col de Bruselas, el brócoli, la coliflor, la cebolla, el hinojo, el pimiento morrón y la berenjena; y las calabazas como la cacahuete, la bellota o la espagueti. Es posible asar incluso verduras más delicadas como judías verdes, tomates y col rizada.

PRECALIENTA el horno a 220 °C. Forra una o dos bandejas de horno con papel vegetal.

SI es necesario, pela y recorta los bordes de las verduras. Si es necesario, córtalas en trozos del mismo tamaño (consulta la tabla de recomendaciones). Coloca las verduras en un cuenco grande y vierte sobre ellas la grasa de cocción. Mezcla bien con las manos para que queden bien impregnadas.

REPARTE las verduras de manera uniforme sobre la(s) bandeja(s) de horno forrada(s). No amontones las verduras ni llenes demasiado la bandeja, porque en lugar de asarse se cocerán al vapor. Salpimienta.

ASA las verduras en el horno siguiendo las indicaciones de la tabla, dándoles la vuelta o removiéndolas una vez para asegurar que se cocinan de manera uniforme. (Los tiempos de cocción varían, así que experimenta y revisa mientras se asan, hasta que domines esta técnica.) Asa hasta que las verduras estén ligeramente doradas y crujientes por fuera y tiernas por dentro al pincharlas con un tenedor.

SI las verduras ya están lo bastante doradas para tu gusto, pero aún no están todo lo tiernas que quisieras, baja la temperatura del horno a 175 °C y sigue asándolas, controlándolas cada 5-7 minutos.

Vierte el aliño o la salsa que más te guste (pág. 322 en adelante), riega con un poco de glaseado balsámico (pág. 381) o condimenta como te sugerimos a continuación.

Asar verduras al horno

VERDURA	PREPARACIÓN	TPO. DE ASADO	IDEAS PARA ALIÑOS
Berenjena	rodajas de 1,5 cm	20-25 min.	chorrito de vinagre balsámico, tomate fresco picado, orégano seco
Calabaza cacahuete	trozos de 2,5 cm	45-50 min.	chorrito de *ghee*, pellizco de tomillo o romero
Calabaza espagueti	mitades	1 h	chorrito de *ghee*, sal gruesa
Cebolla	8 gajos	20-25 min.	chorrito de zumo de limón y pellizco de ralladura
Chirivía	trozos de 2,5 cm	20-25 min.	pellizco de tomillo seco
Col rizada	trozos de 5 cm	10-12 min. (¡chips de kale!)	chorrito de aceite de oliva virgen extra, ajo picado
Coles de Bruselas	mitades	35-40 min.	chorrito de zumo de limón y pellizco de ralladura
Coliflor	ramilletes de 2,5 cm	20-25 min.	chorrito de zumo de limón y cebollino seco
Espárragos	enteros	25 min.	chorrito de aceite de oliva virgen extra, zumo de limón y pellizco de ralladura
Hinojo	trozos de 2,5 cm	30-40 min.	chorrito de zumo de naranja o limón y pellizco de ralladura
Judías verdes	enteras	12-15 min.	chorrito de vinagre balsámico
Nabos	trozos de 2,5 cm	45-50 min.	chorrito de aceite de oliva virgen extra, cebollino seco
Patata (todas las variedades)	trozos de 2,5 cm o gajos de 1,5 cm	35-40 min.	chorrito de *ghee*, pellizco de romero fresco
Pimiento morrón	trozos de 2,5 cm	25-35 min.	chorrito de vinagre balsámico
Rábano	mitades	15-20 min	chorrito de zumo de naranja, pellizco de perejil fresco
Remolacha	trozos de 2,5 cm	35-45 min.	chorrito de zumo de naranja, pellizco de ralladura y tomillo fresco
Repollo	8 gajos	25-30 min.	chorrito de zumo de limón, cebollino seco
Tomate	cuartos	30-40 min.	chorrito de aceite de oliva virgen extra, sal gruesa
Zanahoria	trozos de 2,5 cm	20-25 min.	chorrito de zumo de limón, perejil y menta frescos picados

Verduras salteadas

Saltear es cocinar revolviendo o agitando, en una pequeña cantidad de grasa de cocción y a un fuego relativamente alto. Con esta técnica se liberan los sabores y la humedad de las verduras, y se concentra su dulzura debido a su caramelización (aunque no tanto como cuando se asan al horno).

Las ventajas del salteado son que resulta mucho más rápido que el asado y que puede completarse con una sola sartén, en el fogón. La desventaja es que hay que prestarle más atención que al horno, porque, por lo general, las verduras se van añadiendo a la sartén en momentos distintos, y hay que ir revolviendo y mezclando con cierta frecuencia durante la cocción. (Es un verbo emparentado con «saltar», así que no te olvides de hacer saltar esas verduras en la sartén.)

Verduras salteadas perfectas

PARA 2 PERSONAS (Y SOBRA)
TIEMPO DE PREPARACIÓN: 10 minutos
TIEMPO DE COCCIÓN: 5-20 minutos
TIEMPO TOTAL: 15-30 minutos

---

450 g de verduras/hortalizas
2 cucharadas de grasa de cocción
sal y pimienta

La clave para un salteado exitoso es preparar todos los ingredientes antes de que el primero de ellos llegue a la sartén, para poder controlar perfectamente el tiempo de cocción de cada uno de ellos. Dado que esos tiempos varían según las verduras, asegúrate de introducir primero los que tardan más en saltearse.

PREPARA cada verdura pelándola y recortándole los bordes, y cortándola del tamaño adecuado si es necesario (consulta la tabla de recomendaciones). Calienta la grasa de cocción en una sartén grande a temperatura media-alta, removiendo para que cubra bien el fondo. Cuando esté caliente, añade la verdura por orden de cocción, poniendo primero lo que tarda más en saltearse.

SALTEA las verduras según las indicaciones de la tabla, revolviendo a menudo para asegurar que todos los lados se cocinen por igual y no se pegue nada a la sartén. (Los tiempos de cocción son variables, por lo que conviene experimentar y revisar las verduras a menudo hasta que te familiarices con esta técnica.) Saltea las verduras hasta que estén doradas por fuera y tiernas por dentro al pincharlas con un tenedor.

SI las verduras ya están lo bastante doradas para tu gusto, pero por dentro todavía no están lo suficientemente tiernas, baja el fuego y cocina a fuego medio, revolviendo de vez en cuando.

RIEGA con tu salsa o aliño favorito (pág. 322 en adelante), con los condimentos que te sugerimos, o salpimienta y esparce una cucharada de aceite de oliva virgen extra, y sirve caliente.

Saltear verduras

VERDURA	PREPARACIÓN	TPO. SALTEADO	IDEAS PARA ALIÑOS
Berenjena	trozos de 2,5 cm	6-8 min.	tomate fresco picado y orégano seco
Brócoli	ramilletes de 2,5 cm	5-7 min.	chorrito de zumo de limón y pizca de ralladura
Calabacín/calabaza de verano	rodajas de 1,5 cm	5-6 min.	ralladura de limón, cebollino seco
Calabaza cacahuete	trozos de 2,5 cm	7-9 min.	tomillo seco antes de saltear
Cebolla	rodajas de 1,5 cm	5-7 min.	chorrito de zumo de limón y pizca de ralladura
Chirivía	trozos de 3,5 cm	6-8 min.	pellizco de tomillo seco
Col rizada	trozos de 5 cm	6-8 min.	chorrito de zumo de limón y pizca de ralladura
Coles de Bruselas	mitades	6-8 min.	tomillo seco y ralladura de limón antes de saltear
Coliflor	ramilletes de 2,5 cm	5-7 min.	chorrito de zumo de limón y cebollino seco
Espárragos	enteros	5-10 min.	chorrito de zumo de limón y pizca de ralladura
Espinacas	trozos de 5 cm	4-6 min.	chorrito de zumo de limón y pizca de ralladura
Hinojo	trozos de 2,5 cm	8-10 min.	chorrito de zumo de naranja o limón y pellizco de ralladura
Judías verdes	enteras	5-6 min.	chorrito de vinagre balsámico
Patata (todas las variedades)	trozos de 2,5 cm	7-9 min.	chorrito de *ghee* y pellizco de romero
Pimiento morrón	trozos de 2,5 cm	5-6 min.	chorrito de vinagre balsámico
Remolacha	trozos de 2,5 cm	15-20 min.	chorrito de zumo de naranja y pizca de ralladura
Repollo	8 gajos	8-10 min.	chorrito de zumo de limón y cebollino seco
Setas	mitades	4-5 min.	chorrito de vinagre balsámico y cebollino
Tirabeques/Vainas tiernas de guisante	enteras	4-5 min.	chorrito de aceite de sésamo, cebolla tierna picada
Tomate	trozos de 2,5 cm	3-4 min.	chorrito de aceite de oliva virgen extra, sal gruesa
Zanahoria	trozos de 3,5 cm	6-8 min.	chorrito de zumo de limón, perejil y menta frescos picados

Verduras a la parrilla perfectas, *pág. 182*

Verduras al horno perfectas, *pág. 184*

Verduras salteadas perfectas, *pág. 186*

Verduras al vapor perfectas, *pág. 189*

Verduras al vapor

Cocinar las verduras al vapor es prácticamente sinónimo de «saludable», pero, por desgracia, suele ser también muchas veces sinónimo de «aburrido».

Pues ahora mismo vamos a desterrar ese mito.

La verdura al vapor es, sí, saludable, pero también resulta muy gustosa, conserva los sabores vivos y crujientes sin adquirir gusto ahumado ni oscurecerse. Ello convierte a las verduras al vapor en el vehículo perfecto de varios aliños y salsas (pág. 322 en adelante) o en un acompañamiento ligero y fresco, servido solo con un chorrito de zumo de lima o limón y una pizca de sal y pimienta.

Al vapor puede cocinarse prácticamente casi cualquier verdura, pero ten en cuenta que los champiñones, los pimientos morrones, las berenjenas y el ajo saben mucho mejor asados o salteados.

Nuestros dos métodos para cocer verduras al vapor son al fuego y al horno. Si bien preferimos el primero, no está de más contar con un plan B para cuando todos los fogones están ocupados.

Verduras al vapor perfectas

PARA 2 PERSONAS (Y SOBRA)
TIEMPO DE PREPARACIÓN: 10 minutos
TIEMPO DE COCCIÓN: 3-50 minutos
TIEMPO TOTAL: 13 minutos-1 hora

---

450 g de verduras
zumo de ½ limón o lima
sal y pimienta negra

Si bien se puede cocer al vapor una mezcla de verduras a la vez, todas tienen distintas densidades y no tardan lo mismo en hacerse. Los tubérculos, como la patata, la calabaza de invierno y el nabo, tardan más que otras verduras más ligeras como el brócoli y la calabaza de verano. Todo debe quedar blando cuando lo pinchas con un tenedor, así que, o bien agrupas las verduras y cueces por tandas, o pones primero las verduras que necesitan más tiempo y añades las que necesitan menos tiempo minutos después. Dado que para cocer al vapor no hace falta añadir grasa de cocción, recuerda que debes incorporar algo de grasa en la comida, ya sea en forma de aliño o en otro de los platos.

PREPARA cada una de las verduras pelándola, recortándole los bordes y cortándola en trozos uniformes si hace falta (consulta la tabla de recomendaciones).

PARA COCER AL VAPOR AL HORNO:
Precalienta el horno a 175 °C. Lleva a ebullición 2 tazas de agua en un cazo pequeño, calentador eléctrico o microondas. Coloca las verduras en una cazuela lo bastante grande para que quepan bien; no hay que amontonarlas hasta arriba. Asegúrate de que la tapa de la cazuela encaje bien.

AÑADE 2,5 cm de agua hirviendo al fondo de la cazuela. Añade las verduras, cubre y lleva al horno hasta que queden tiernas al pincharlas con un tenedor (consulta la tabla con los tiempos generales). Comprueba si están listas probándolas, y, si cocinas varias a la vez, prueba solo las más carnosas.

RIEGA con tu salsa o aliño favorito (pág. 322), con nuestras sugerencias o con un chorrito de zumo de limón o lima y un pellizco de sal y pimienta. Sirve caliente.

PARA COCER AL VAPOR EN EL FUEGO: Lleva a ebullición 2 tazas de agua en una cazuela grande. Coloca un colador o una vaporera en el interior de la cazuela. Añade las verduras, tapa y cuece al vapor hasta que se noten tiernas al pincharlas con un tenedor (consulta la tabla de tiempos). Prueba varias veces las verduras para saber si están cocidas.

RIEGA con tu salsa o aliño favorito (pág. 322), con las sugerencias que te proponemos a continuación o con un chorrito de zumo de limón o lima y un pellizco de sal y pimienta. Sirve caliente.

Cocer verduras al vapor

VERDURAS	PREPARACIÓN	TPO. AL VAPOR	IDEAS PARA ALIÑOS
Acelgas	trozos de 5 cm	3-5 min.	chorrito de aceite de oliva virgen extra, ajo picado
Brócoli	ramilletes de 2,5 cm	5-7 min.	un chorrito de zumo de limón y una pizca de ralladura
Calabacín/calabaza de verano	rodajas de 1,5 cm	5-8 min.	chorrito de zumo de limón, cebollino seco
Calabaza cacahuete	trozos de 2,5 cm	7-10 min.	chorrito de *ghee*, tomillo seco
Cebolla	rodajas de 1,5 cm	8-12 min.	un chorrito de zumo de limón y una pizca de ralladura
Chirivías	trozos de 3,5 cm	7-10 min.	pizca de tomillo seco
Col rizada	trozos de 5 cm	4-7 min.	chorrito de aceite de oliva virgen extra, ajo picado
Coles de Bruselas	enteras	8-15 min.	un chorrito de zumo de limón y una pizca de ralladura
Coliflor	ramilletes de 2,5 cm	5-10 min.	chorrito de zumo de limón, cebollino seco
Espárragos	enteros	7-13 min.	regar con aceite de oliva virgen extra, un chorrito de zumo de limón y una pizca de ralladura
Espinacas	hojas enteras	3-5 min.	chorrito de zumo de limón y una pizca de ralladura
Hinojo	trozos de 2,5 cm	8-10 min.	un chorrito de zumo de naranja o limón y una pizca de ralladura
Judías verdes	enteras	6-10 min.	chorrito de vinagre balsámico
Nabo	trozos de 2,5 cm	8-12 min.	chorrito de aceite de oliva virgen extra, cebollino seco
Patatas (todas las variedades)	trozos de 2,5 cm	8-12 min.	chorrito de *ghee*, pizca de romero fresco
Rábanos	enteros	7-14 min.	chorrito de zumo de naranja, perejil fresco
Remolacha	trozos de 2,5 cm	35-50 min.	un chorrito de zumo de naranja y una pizca de ralladura y tomillo fresco
Repollo	8 gajos	6-10 min.	chorrito de zumo de limón, cebollino seco
Tirabeques/Vainas de guisante tiernas	enteras	5-6 min.	chorrito de aceite de sésamo, cebolla tierna picada
Zanahorias	trozos de 3,5 cm	7-10 min.	chorrito de zumo de limón, perejil y menta frescos picados

«Panecillos» para hamburguesas

No, durante el Whole30 no vas a comer pan (ni panecillos), pero ¿quién ha dicho que tu hamburguesa perfecta (pág. 171) tenga que ir a palo seco? Vamos a redefinir el significado de «panecillo»; desde ahora deja de ser un «portador de hamburguesa a base de harina, superprocesado, insípido y de nulo valor nutritivo» y pasa a ser un «envoltorio para carne saludable, colorido y con una nutritiva explosión de sabor».

Mucho mejor, ¿verdad? Disfruta las siguientes variaciones de panecillos sin pan y tómate la libertad de crear los tuyos propios. También puedes usar rodajas de tomate, carnosas hojas de lechuga o mitades de pimiento morrón rojo asado para sostener tu hamburguesa.

Y... un momento, ¿quién ha dicho que la carne no puede ser el panecillo? Prueba a meter los acompañamientos entre dos hamburguesas... Será pringoso, sí, pero desde el punto de vista carnívoro valdrá la pena.

«Panecillos» de berenjena

PARA 2 PERSONAS (Y SOBRA)
TIEMPO DE PREPARACIÓN: 5 minutos
TIEMPO DE COCCIÓN: 20 minutos
TIEMPO TOTAL: 25 minutos

---

1 berenjena
3 cucharadas de grasa de cocción
½ cucharadita de sal
½ cucharadita de pimienta negra

PRECALIENTA el horno a 220 °C. Forra una bandeja de horno con papel de aluminio.

CORTA la berenjena en rodajas uniformes de 2 cm cada una. Dispón en una sola capa sobre la bandeja preparada. Riega por igual las rodajas con la mitad de la grasa de cocción, dales la vuelta y haz lo mismo por la otra cara. Salpimienta.

ASA la berenjena durante 20 minutos, hasta que se oscurezca por fuera y esté tierna por dentro al pincharla con un tenedor. Deja enfriar y coloca una hamburguesa y sus acompañamientos entre dos rodajas. Sirve.

CONSERVA lo que te haya sobrado en un recipiente hermético, en la nevera. Te durará entre 3 y 5 días, y es perfecto para acompañar hamburguesas, pero también como acompañamiento de unos huevos revueltos de batalla (pág. 222).

LAS rodajas de berenjena también pueden asarse a la parrilla, siguiendo las instrucciones de las verduras a la parrilla perfectas (pág. 182).

«Panecillos» de champiñón portobello

PARA 2 PERSONAS
TIEMPO DE PREPARACIÓN: 5 minutos
TIEMPO DE COCCIÓN: 20 minutos
TIEMPO TOTAL: 25 minutos

---

4 champiñones portobello grandes
3 cucharadas de grasa de cocción derretida
½ cucharadita de sal
½ cucharadita de pimienta negra
1 diente de ajo picado

Las rodajas de champiñón también pueden asarse a la parrilla, siguiendo las instrucciones de las verduras a la parrilla perfectas (pág. 182).

PRECALIENTA el horno a 200 °C. Forra una bandeja de horno con papel de aluminio.

LAVA el sombrero de los champiñones con agua fría o pásale por encima un papel de cocina húmedo para retirar la posible suciedad. Seca muy bien. Coloca los champiñones boca abajo sobre la bandeja preparada. Retira los tallos partiéndolos con cuidado y riega uniformemente con la grasa de cocción. Salpimienta y añade el ajo picado.

ASA durante 10 minutos, dales la vuelta y asa 10 minutos más, hasta que se noten tiernos al pincharlos con un tenedor. Deja enfriar y coloca una hamburguesa y los complementos entre dos sombreros de champiñón. Sirve.

«Panecillos» de boniato

PARA 2 PERSONAS (Y SOBRA)
TIEMPO DE PREPARACIÓN: 5 minutos
TIEMPO DE COCCIÓN: 6-10 minutos
TIEMPO TOTAL: 11-15 minutos

---

2 boniatos
2 cucharadas de grasa de cocción
sal y pimienta negra

Las rodajas de boniato también pueden asarse, siguiendo las instrucciones de las verduras al horno perfectas (pág. 184).

PELA el boniato y córtalo en rodajas de 1,5 cm. (Escoge unos boniatos que sean anchos y redondeados, que para esta receta son mejores que los largos y estrechos). Calienta la grasa de cocción a fuego medio en una sartén grande, removiendo para que cubra bien el fondo. Cuando esté caliente, coloca en la sartén las rodajas más grandes del centro del boniato en una sola capa. (Si es necesario, fríe por tandas.) Cocina 3-5 minutos por lado, hasta que queden tiernas al pincharlas con un tenedor. Salpimienta. Deja enfriar y mete una hamburguesa y los complementos entre dos rodajas de boniato. Sirve.

LOS complementos que te hayan sobrado puedes conservarlos entre 3 y 5 días en papel de aluminio o en un recipiente hermético, y te vendrán muy bien para preparar más hamburguesas o para añadir a la frittata del día siguiente (pág. 226).

Caldo de huesos

El caldo de huesos es un básico del Whole30, y no solo como ingrediente para recetas; un caldo casero funciona muy bien como suplemento durante el Whole30. Es una fuente de minerales (como calcio, fósforo, magnesio y potasio) en un formato que el cuerpo puede absorber fácilmente. También es rico en glicina y prolina, aminoácidos que no se encuentran en cantidades significativas en las carnes con músculo (que son la inmensa mayoría de las que consumimos). También contiene sulfato de condroitina y glucosamina, componentes que se venden como suplementos para reducir la inflamación, la artritis y el dolor articular. Por último, las «sopas de huesos» también contienen una forma de proteína llamada «colágeno», abundante en huesos, tuétano, cartílago, tendones y ligamentos. (La descomposición del colágeno en los caldos de huesos es lo que produce la gelatina.)

El caldo de huesos ayuda a curar la permeabilidad intestinal y a regular la digestión, la restitución muscular y el crecimiento; contribuye a equilibrar el sistema nervioso y a fortalecer el sistema inmunitario. (Que tu madre te preparara sopitas de pollo cuando tenías la gripe no era porque sí.) La gelatina del caldo también ayuda a reducir el dolor articular, previene la pérdida de masa ósea y mejora el estado de la piel, el cabello y las uñas.

Por desgracia, los «caldos» que se venden en las tiendas de alimentación se preparan a altas temperaturas, mediante técnicas de cocción rápida que no se traducen en los mismos beneficios. Además, muchos de ellos incluyen aditivos incompatibles con el Whole30, como el glutamato monosódico, e ingredientes como el azúcar. Si solo te hace falta una pequeña cantidad para incorporar a una receta, puedes comprar caldo apto para el Whole30, pero si lo que te interesa son las propiedades saludables de los caldos de huesos, debes prepararlos tú.

Como suplemento, a nosotros nos gusta tomarlo en taza, como si tomaras un café o un té. De hecho, una taza de caldo caliente es una manera magnífica de iniciar la jornada: prueba a beber 230 ml de caldo cada día. También puedes usarlo, claro está, en recetas que requieren caldos o como base para tus sopas favoritas.

Conviene adquirir los huesos en la carnicería local, en una granja de proximidad (pregunta en los mercados ecológicos), de algún amigo cazador, o en la tienda de alimentación saludable (si tienen sección de carnes); los huesos también pueden comprarse online. Cuando prepares pollo, pavo, pato o ganso enteros, también puedes reaprovechar los huesos.

Puedes usar huesos de prácticamente cualquier animal: buey, ternera, cordero, bisonte, búfalo, ciervo, pollo, pato, ganso, pavo o cerdo. Usa variedad de huesos (pide huesos con tuétano, de rabo de ternera, y «huesos para sopa»). Asegúrate de incorporar codillo o pata (como en el caso de la pata del pollo), porque contienen más cartílago y, por tanto, más colágeno. Puedes incluso mezclar huesos en la misma olla de caldo (algo de ternera, algo de cordero, algo de pollo), aunque debes tener en cuenta que en este caso el sabor cambia. (Casi todo el mundo prefiere los caldos de huesos de un solo animal.)

Si vas a preparar un caldo de pollo, planificarlo con tiempo te permitirá preparar tres recetas con la misma ave. En primer lugar, adquiere un pollo de unos 2 kilos y ásalo siguiendo nuestra receta de la página 175. Después, separa y repela la carcasa y usa la carne de alrededor de los huesos para preparar una ensalada de proteínas (pág. 179). Por último, usa la carcasa para preparar un caldo de pollo.

Lo ideal sería que recurrieras a huesos de animales alimentados con pastos orgánicos. Para que dejen en el caldo los máximos beneficios para la salud, los animales deben estar sanos. Haz todo lo que esté en tu mano para encontrar pollos de pastoreo o alimentados exclusivamente con hierba, y que sean de proximidad.

A continuación te presentamos nuestras recetas básicas, pero tú puedes añadir diferentes hierbas, especias y verduras a tus caldos para modificar los sabores. Añade, por ejemplo, cebolla tierna, puerro, setas, ajo, copos de pimiento rojo, hojas de laurel, romero, salvia o jengibre. Evita el uso del brócoli, la piel de la chirivía, el repollo, las coles de Bruselas, los pimientos verdes y las hojas de berza o de mostaza, porque amargan el caldo.

Por último, si te interesa conservar pequeñas cantidades de caldo, llena cubiteras y guárdalo en el congelador. Un cubito contiene aproximadamente 30 ml (2 cucharadas), así que para recetas en las que se necesita un cuarto de taza de caldo habrá que usar 2 cubitos, media taza serían 4 cubitos, etcétera. Puedes guardar cantidades mayores en tarros de vidrio con tapa de rosca, pero hay que dejar enfriar bien el caldo antes de pasarlo al tarro. Finalmente, asegúrate de no llenar el tarro hasta arriba, porque los líquidos congelados se expanden y el vidrio podría romperse.

Caldo de huesos de pollo

SALEN CASI 4 LITROS

TIEMPO DE PREPARACIÓN: 15 minutos
TIEMPO DE COCCIÓN: 12-24 horas
TIEMPO TOTAL: 12-24 horas

---

carcasa de un pollo asado de unos 2 kg
2 zanahorias en trozos grandes e irregulares
3 ramas de apio en trozos grandes e irregulares
2 cebollas en trozos grandes e irregulares
5-6 ramas de perejil fresco
1 rama de tomillo fresco
2 cucharadas de vinagre de sidra de manzana
10 granos de pimienta negra
1 cucharadita de sal

INTRODUCE todos los ingredientes en una olla grande, cúbrelos con agua y lleva a ebullición. Deja que hierva a fuego lento durante 12-24 horas,

sin remover. (También puedes preparar este caldo en una olla de cocción lenta. Selecciona una temperatura elevada hasta que hierva y después baja el fuego y hierve a fuego lento durante 12-24 horas.)

PASA el caldo por un colador de trama fina. Desecha los sólidos. Pasa el caldo a diversos recipientes para que se enfríe antes. ¡Nunca lo congeles ni lo metas en la nevera cuando el caldo esté caliente! Deja que repose en la nevera varias horas (sin tapar), hasta que la grasa suba y se condense. Retírala con una cuchara y desecha.

UN caldo de pollo bien preparado debe verse algo turbio cuando está frío. Es por la gelatina del colágeno de los huesos. Calienta el caldo a fuego suave hasta que recupere su aspecto líquido.

ESTOS caldos se conservan 3-4 días en la nevera, y hasta 6 meses en el congelador.

Caldo de huesos de ternera

SALEN CASI 4 LITROS

TIEMPO DE PREPARACIÓN: 15 minutos
TIEMPO DE COCCIÓN: 12-24 horas
TIEMPO TOTAL: 12-24 horas

2 kg de huesos de ternera
2 zanahorias en trozos grandes e irregulares
3 ramas de apio en trozos grandes e irregulares
2 cebollas en trozos grandes e irregulares
5-6 ramas de perejil fresco
1 rama de tomillo fresco
2 cucharadas de vinagre de sidra de manzana
10 granos de pimienta negra
1 cucharadita de sal

INTRODUCE todos los ingredientes en una olla grande, cúbrelos con agua y lleva a ebullición. Deja que hierva a fuego lento durante 12-24 horas, sin remover. (También puedes preparar este caldo en una olla de cocción lenta. Selecciona una temperatura elevada hasta que hierva y después baja el fuego y hierve a fuego lento durante 12-24 horas.)

PASA el caldo por un colador de trama fina. Desecha los sólidos. Pasa el caldo a diversos recipientes para que se enfríe antes. ¡Nunca lo congeles ni lo metas en la nevera cuando el caldo esté caliente! Deja que repose en la nevera varias horas, hasta que la grasa suba y se condense. Retírala con una cuchara y desecha.

UN caldo de huesos de ternera bien preparado debe verse algo turbio cuando está frío. Es por la gelatina del colágeno de los huesos. Calienta el caldo a fuego suave hasta que recupere su aspecto líquido.

ESTOS caldos se conservan 3-4 días en la nevera, y hasta 6 meses en el congelador.

Caldo de verduras

Sigue las instrucciones de la receta del caldo de pollo (pág. 195), omitiendo la carcasa de pollo y añadiendo otras verduras, hierbas y especias según tus preferencias. Lleva a ebullición y baja el fuego para que hierva a fuego lento durante 1-2 horas, sin remover. Cuela, deja enfriar y guarda en la nevera o congela.

Crema de coco

Esta es la receta más fácil de todo el libro, pero sirve de comodín en muchísimos platos. Añadir leche de coco a sopas o salsas es una manera estupenda de espesar y aportar textura, aunque a veces la leche de coco puede aguar ciertos platos (como el puré de coliflor de la pág. 290). En esos casos es donde interviene la crema de coco.

Coge una lata de leche de coco entera y métela en la nevera 1-2 horas, aunque nosotros recomendamos tener siempre una lata en la nevera para situaciones de emergencia en las que nos va a hacer falta crema de coco (algo que, de hecho, puede ocurrir durante el Whole30).

Cuando abras la lata, la crema habrá subido a lo alto y se habrá solidificado, mientras que el agua de coco se mantendrá en el fondo de la lata. Recoge la sustancia espesa y, simplemente, úsala en recetas que requieran crema de coco.

En ciertas tiendas de comida saludable también se encuentra crema de coco preparada o «leche de coco de uso culinario», pero ¿para qué vas a pagar más cuando lo único que necesitas para prepararla es abrir la nevera?

Mayonesa perfecta

La mayonesa casera es un básico en la cocina Whole30. Sirve de base a una gran cantidad de salsas y aliños: amalgama bien las ensaladas de pollo, atún, salmón y huevo; cubre carnes, pescados y mariscos antes de cocerlos o asarlos a la parrilla.

Para esta receta en concreto es mejor no usar aceite de oliva virgen extra, pues el sabor es demasiado intenso. Usa un aceite de oliva más suave, o aceite de aguacate, o aceite de cártamo alto oleico, o aceite de girasol alto oleico.

Se puede usar un procesador de alimentos o una batidora de vaso o de brazo, pero, por favor, no intentes batirla a mano: acabarás con codo de tenista, además de con una mayonesa muy poco consistente.

La mayonesa dura en la nevera una semana una vez pasada la fecha de caducidad de los huevos, así que comprueba la fecha del cartón, añádele una semana y anota esa nueva fecha en tu tarro de mayonesa.

Mayonesa básica

SALEN 1 ½ TAZAS

TIEMPO DE PREPARACIÓN: 10 minutos

---

1 ¼ tazas de aceite de oliva suave
1 huevo grande
½ cucharadita de mostaza en polvo
½ cucharadita de sal
zumo de ½ limón

Nuestra mayonesa básica se puede modificar de mil maneras para crear gran variedad de sabores. Si quieres inspirarte, consulta nuestras variaciones a partir de la página 329.

INTRODUCE un cuarto de taza de aceite de oliva, el huevo, la mostaza en polvo y la sal en una batidora, procesador de alimentos o cuenco. Bate bien. Mientras la batidora o el procesador están en funcionamiento (o mientras introduces la batidora de brazo en el cuenco) añade despacio, de manera continua, la taza restante de aceite de oliva. Cuando hayas terminado de añadirlo todo y la mezcla ya esté emulsionada, incorpora el zumo de limón, mezclando a velocidad baja o a mano.

⭐ CONSEJO PROFESIONAL: *La clave de esta emulsión está en asegurarse de que todos los ingredientes se añadan a temperatura ambiente. Deja el huevo en la encimera una hora, o sumérgelo en un cuenco de agua caliente 5 minutos antes de preparar la salsa. Ten siempre un limón fuera de la nevera para poder preparar una mayonesa en cualquier momento; haznos caso, vas a prepararla muchas veces. Cuanto más despacio añadas el aceite, más cremosa resultará la emulsión. Puedes verterlo lentamente a mano con un vaso medidor de pico, o usar una botella de plástico que se pueda apretar para ir echando el aceite poco a poco en el cuenco, el procesador o el vaso de la batidora. Si la preparas con batidora de brazo, levanta y baja el electrodoméstico varias veces hacia el final de la operación para que entre aire en la mezcla y conseguir que quede aún más esponjosa.*

Mayonesa sin huevo perfecta

Una de las grandes desventajas de tener alergia o sensibilidad a los huevos es que nuestra mayonesa básica queda excluida. Pero como no queríamos que te quedaras sin este condimento tan versátil, le hemos preguntado a nuestra amiga Mickey Trescott, autora de *La cocina autoinmune*, si podíamos adaptar aquí su receta de la mayonesa sin huevo.

La base de esta mayonesa es la manteca de coco (también llamada «maná de coco» o «concentrado de coco»). Está disponible en la mayoría de las tiendas de alimentación saludable y online. Aunque esta versión de la mayonesa no sabe igual que la salsa cremosa que nos resulta tan familiar, sigue siendo una gran base para los distintos aliños y salsas que presentamos en la página 322.

Se conserva en la nevera varias semanas, pero se pone dura. Lo único que hay que hacer es sacarla de la nevera un rato antes hasta que se ponga a temperatura ambiente, o introducir el recipiente en un cuenco con agua caliente hasta que se ablande.

Mayonesa sin huevo

SALEN 1¼ TAZAS

TIEMPO DE PREPARACIÓN: 10 minutos

½ taza de manteca de coco, tibia
½ taza de agua caliente
¼ de taza de aceite de oliva suave
2 dientes de ajo pelados
1 cucharada de zumo de limón
¼ de cucharada de sal

Si piensas usar esta mayonesa sin huevo como base para aliños y salsas, sáltate el paso del zumo de limón. Tendrás entonces una base de sabor neutro a la que podrás añadir cualquier ácido (zumo de cítrico o vinagre) en función del aliño o la salsa que escojas.

INTRODUCE todos los ingredientes en un procesador de alimentos o batidora, y mezcla a velocidad alta durante 1-2 minutos, hasta que la mezcla se espese.

Manteca de coco casera

⭐ CONSEJO PROFESIONAL: *Si no encuentras manteca de coco, puedes usar la receta de Mickey para prepararla tú usando copos de coco y un procesador de alimentos: introduce 4 tazas de copos de coco sin edulcorar en un procesador. Mezcla a velocidad alta, parando de vez en cuando para rascar los bordes con una espátula de goma. Mezcla en periodos de 1 minuto para que no se sobrecaliente el electrodoméstico. Transcurridos 5-10 minutos, deberías tener un líquido suave y cremoso. Conserva en un tarro de vidrio a temperatura ambiente (no hace falta refrigerarlo). Se conserva hasta 6 meses.*

Mantequilla compuesta

La mantequilla compuesta es una mezcla de mantequilla y hierbas, especias, frutos secos tostados u otros ingredientes sabrosos. Puede derretirse sobre carnes o verduras para aportar una dimensión totalmente nueva a tus platos. También son una manera de sofisticar una receta sencilla cuando tienes compañía: una rodaja de mantequilla compuesta sobre un salmón al horno perfecto (pág. 178) impresionará sin duda a cualquiera.

Mantequilla compuesta

PARA 4-8 PERSONAS

TIEMPO DE PREPARACIÓN: 10 minutos
TIEMPO DE ENFRIADO: 2 horas
TIEMPO TOTAL: 2 horas 10 minutos

½ taza (una barrita) de mantequilla sin sal, clarificada; o ½ taza de *ghee*
¼ de taza de avellanas
1 diente de ajo picado
2 cucharaditas de hojas de tomillo fresco
½ cucharada de sal
¼ de cucharada de pimienta negra

⭐ CONSEJO PROFESIONAL: *Algunas de nuestras combinaciones favoritas de mantequilla compuesta son: ¼ de taza de tomates secos, ¼ de taza de aceitunas negras deshuesadas y 2 cucharaditas de hojas de romero fresco picadas; ¼ de taza de perejil fresco picado, ¼ de taza de piñones tostados y 1 cucharada de zumo de limón; y 1 diente de ajo picado, 2 cucharaditas de cada uno: romero, orégano y cebollino. Asegúrate de picar bien finos todos los ingredientes.*

COLOCA la mantequilla clarificada o el *ghee* en un cuenco pequeño y déjala sobre la encimera hasta que se ponga a temperatura ambiente.

CALIENTA una sartén a fuego medio. Cuando esté caliente, añade las avellanas y tuesta, agitando la sartén a menudo para que no se quemen, durante unos 5 minutos, hasta que empiecen a oscurecerse. Pasa las avellanas a una tabla de cortar, deja que se enfríen y pícalas.

CON CUIDADO, ve incorporando las avellanas picadas, el ajo, las hojas de tomillo, la sal y la pimienta a la mantequilla o *ghee* ablandados. Coloca una tira larga de film transparente sobre una superficie plana y pon la mezcla de mantequilla en el centro. Forma un cilindro de unos 4 cm de diámetro. Envuelve firmemente con el film y deja en la nevera unas 2 horas, hasta que esté dura. Puedes prepararla antes de un evento o cena especial: la mantequilla compuesta con ingredientes frescos se conserva en la nevera 2-3 días.

Mantequilla clarificada

La mantequilla de toda la vida no está permitida en el Whole30 porque contiene trazas de proteínas de la leche, que pueden ser problemáticas para individuos sensibles. La mantequilla clarificada es la técnica de hervir la mantequilla a fuego lento para que los sólidos lácteos se separen del aceite puro de mantequilla. El resultado final es un puré delicioso, una grasa sin lácteos, perfecta para dar sabor a los platos o para cocinarlos (incluso a altas temperaturas).

En nuestras recetas verás que también aparece el *ghee*, que no es más que una forma distinta de mantequilla clarificada. Para prepararlo basta con hervir la mantequilla durante más tiempo, hasta que las proteínas de la leche empiecen a oscurecerse, a agruparse y a descender al fondo del cazo. El *ghee* tiene un sabor más dulce y cremoso que la mantequilla clarificada.

Aunque no forma parte de las reglas oficiales del Whole30, siempre te animamos a adquirir mantequilla orgánica de pastoreo cuando prepares tu propia mantequilla clarificada o *ghee*.

Mantequilla clarificada

SALEN 3 TAZAS

TIEMPO DE PREPARACIÓN: 5 minutos
TIEMPO DE COCCIÓN: 20 minutos
TIEMPO TOTAL: 25 minutos

---

450 g de mantequilla sin sal

CORTA la mantequilla en dados de 2,5 cm. Ponla en un cazo pequeño a temperatura media y deja que se derrita y empiece a hervir suavemente sin remover. Cuando arranque el hervor, los sólidos lácteos formarán una especie de espuma que ascenderá a la superficie. Con una cuchara o un cucharón, retira con cuidado los sólidos de la superficie y desecha, dejando solo la mantequilla clarificada pura en el cazo.

UNA vez que hayas eliminado la mayor parte de los sólidos lácteos, pasa la mantequilla por una tela para queso y viértela en un tarro de vidrio.

DESECHA los sólidos y la tela cuando hayas terminado.

DEJA enfriar la mantequilla antes de almacenar.

LA mantequilla clarificada puede guardarse en la nevera hasta 6 meses, y a temperatura ambiente hasta 3 meses.

Vinagreta básica

La vinagreta no es solo una mezcla de aceite y vinagre; en realidad se trata de una ecuación bastante precisa. Técnicamente, es una emulsión de una parte ácida, tres partes de grasa y algo que le aporte sabor. Los ácidos pueden ser cualquier clase de vinagre o de zumo de cítrico. Las grasas suelen ser algún tipo de aceite, pero también puede usarse mayonesa casera para obtener un aliño más cremoso. Entre los emulsionadores más comunes están el ajo, la mostaza y los huevos, aunque no hace falta usar ninguno: basta con batir bien y servir.

Las vinagretas son otro elemento básico del Whole30. Quedan muy bien en ensaladas, sí, pero también sirven como deliciosos marinados y como aliños para carnes, pescados, mariscos y verduras.

Si quieres ahorrar tiempo limpiando, emulsiona la vinagreta como se ha hecho siempre: a mano. Incorpora todos los ingredientes en un recipiente de vidrio con tapa y agita bien hasta que todo quede bien integrado, o añádelos a un cuenco y bate hasta conseguir el mismo resultado. De todos modos, si lo prefieres, puedes usar una batidora o un procesador.

Vinagreta básica

SALE 1 TAZA

TIEMPO DE PREPARACIÓN: 5 minutos

¼ de taza de vinagre de vino blanco o de sidra de manzana
¾ de taza de aceite de oliva virgen extra
¼ de cucharadita de sal
½ cucharadita de pimienta negra

Sirve la vinagreta recién hecha o prepárala con antelación y consérvala en la nevera. Si la mezcla se separa, agita o bate de nuevo antes de servir. Los aliños caseros para ensalada que incorporan ingredientes frescos (como ajo o hierbas aromáticas) se conservan en la nevera 2-3 días. El aceite de oliva se solidifica y se pone turbio con el frío, así que, si tu aliño ha pasado la noche refrigerado, sácalo con tiempo hasta que se ponga a temperatura ambiente y agítalo antes de servir.

VIERTE el vinagre en un cuenco pequeño. Añade el aceite de oliva despacio, sin dejar de batir, para que emulsione. Salpimienta.

⭐ CONSEJO PROFESIONAL: *Puedes modificar nuestra vinagreta básica para crear gran variedad de sabores distintos. Si quieres inspirarte, consulta la página 346.*

CUARTA PARTE

Recetas del Whole30

Te damos la bienvenida al corazón del Whole30: nuestras recetas. En esta sección vas a poner a prueba tus habilidades culinarias y los conceptos básicos de cocina que has aprendido en la sección anterior.

No te inquietes.

En esta sección solo hay platos sencillos, deliciosos y nutritivos, preparados con ingredientes cotidianos. Aquí no vas a encontrar productos raros, aceites o carnes difíciles de encontrar, ni técnicas que exijan sofisticados utensilios de cocina. Hemos fichado al chef Richard Bradford, formado en el Culinary Institute of America, para que nos ayude a crear platos perfectos para chefs principiantes que viven en ciudades pequeñas en las que solo existen una o dos tiendas de alimentación medias. En muchas secciones, las primeras recetas son más sencillas y van haciéndose más elaboradas para darte tiempo a adquirir confianza en la cocina a medida que ganas experiencia con el Whole30.

Si ya tienes experiencia cocinando y cuentas con una despensa bien provista, te espera todo un festival. Estas recetas pueden parecer básicas, pero son auténticas bombas de sabor. El chef Richard ha dado en el clavo al simplificar recetas que parecerían solo al alcance de los cocineros profesionales: estas recetas incorporan ingredientes sencillos y exigen técnicas de preparación fáciles, pero resultan increíblemente sabrosas y satisfactorias. Y sabemos de lo que hablamos: hemos probado más de una vez los platos que vienen a continuación.

No ha sido precisamente una tarea ardua.

Antes de que te zambullas en la sección, vamos a proporcionarte algunos consejos prácticos para que te sea más fácil cocinar las recetas del Whole30.

Primero hay que leer

Sí, ya sabemos que lo que quieres es lanzarte de cabeza a los fogones, pero no hay nada peor que estar preparando una cena y darse cuenta de que te falta un ingrediente imprescindible. Antes de que empieces a picar, a cortar en dados, a precalentar hornos, dedica un instante a leerte toda la receta. Toda. De ese modo tendrás una panorámica general que te permitirá comprender qué ingredientes necesitas, si vas a tener que preparar algo con antelación (una salsa, una marinada, etcétera), los utensilios que te harán falta y qué aspecto debería tener el plato cuando esté terminado.

Mise-en-place

¿Te acuerdas de que te dijimos que la planificación y la preparación lo eran todo en el Whole30? Pues la cocina no es una excepción. Lo que los franceses llaman *mise-en-place* («composición») consiste básicamente en que, antes de empezar a cocinar, hay que tener todos los ingredientes preparados y los utensilios a mano y ordenados. Repasemos, por ejemplo, la *mise-en-place* del chile clásico de la página 362. Primero, lee toda la receta. No te preocupes, te esperamos.

Ahora llega el momento de preparar los ingredientes. En primer lugar, ponlo todo menos la carne en una zona limpia de la encimera de tu cocina: la cebolla, tres dientes de ajo, los frascos de las especias, dos pimientos, tres tomates y el recipiente con el caldo de ternera. Nosotros también sacaríamos un cazo grande, un cuenco pequeño, dos cuencos medianos, una espumadera, tazas y cucharas medidoras, un cuchillo afilado y una tabla de cortar.

Pica fina la cebolla, después haz lo mismo con el ajo y júntalos en un cuenco pequeño. Después mide todas las especias y añádelas al cuenco con la cebolla y el ajo. (Dado que en las instrucciones pone que todo va a acabar en el mismo cazo a la vez, ¿para qué ensuciar más de uno?)

A continuación, pica finos los pimientos y los tomates, y ponlos en otro cuenco, en este caso mediano. Mide el caldo y viértelo en ese mismo cuenco (también en este caso va todo al mismo lugar).

Lleva junto a los fogones los dos cuencos, pon el cazo grande sobre el fuego y saca la carne picada de la nevera. Si quieres un sobresaliente, dedica un instante a guardar en su sitio los tarros de las especias y lava el cuchillo, las tazas medidoras y la tabla de cortar.

Ahora ya puedes empezar a cocinar.

Empieza por el encabezado de las instrucciones y prepara la carne picada. Pásala al cuenco que te queda libre en la encimera. Añade la cebolla, el ajo y la mezcla de especias del cuenco pequeño y cuece como se indica. Añade al cazo los pimientos, los tomates y el caldo del otro cuenco, echa la carne picada del tercer cuenco al cazo y termina de cocer.

Por cierto, lo único que te queda por lavar mientras se va poniendo la mesa y se sirve el chile son tres cuencos y una espumadera.

Esto del *mise-en-place* funciona, y facilita mucho las cosas.

¡La sartén caliente!

Verás que en las instrucciones de muchas recetas decimos: «Cuando esté caliente...» o «cuando la grasa de cocción esté caliente...». Se trata de un paso muy importante, así que no conviene acelerarlo ni anticiparse. Añadir proteína fría a una sartén fría (o en proceso de calentarse) implica que aquella seguramente se pegará al fondo y el resultado será un desastre para el plato y para el lavado posterior. Además, si lo haces así, los ingredientes liberarán humedad al calentarse y la carne o el pescado quedarán más secos. Si quieres sellar bien un bistec, una pechuga de pollo o un filete de pescado, la sartén y la grasa de cocción deben estar calientes para que la humedad no se escape y la superficie del alimento se dore ligeramente.

Lo mismo ocurre al saltear las verduras: una sartén precalentada se traduce en un menor tiempo de cocción, en unas verduras cocidas de manera más uniforme y en trozos tostados más sabrosos al fondo del recipiente de acero inoxidable o de hierro forjado. Ñam.

Los tiempos de cocción varían

Hemos probado todas estas recetas en el mundo real más de una vez y nos hemos asegurado de que los tiempos de cocción fueran exactos. A veces hemos incluido un margen, porque hay cosas como los tubérculos, los bistecs o los asados que tardan más o menos en función del tamaño y el grosor. En cualquier caso, existen otros factores que podrían influir en los tiempos de cocción, así que no te sorprendas si descubres que te hace falta un poco más o menos de tiempo que el que se indica en nuestras recomendaciones generales.

En primer lugar, algunos hornos calientan más o menos de lo que dicen. Por ejemplo, el horno de los Hartwig es «frío», y hay que subir la temperatura hasta los 185 °C para recetas que requieren 175 °C. (Al cabo de unas semanas de hornear o asar, uno ya se da cuenta de manera intuitiva, pero también puede usarse un termómetro para verificar la temperatura real y compararla con la que indica el electrodoméstico.) Si tu horno calienta un poco más o un poco menos de la cuenta, tal vez debas adaptar las temperaturas o los tiempos de cocción para que coincidan con los resultados del libro.

Además, el lugar de residencia puede influir también en el tiempo que tarda el brócoli en cocerse al vapor.

Lo decimos en serio.

La altitud influye bastante en determinados métodos de cocción. Cuanta más elevación, más tiempo de cocción precisan los alimentos que hervimos, guisamos o cocemos al vapor (verduras, platos a la cazuela, rustidos). Nuestras indicaciones se basan en una cocina al nivel del mar, de modo que es posible que la gente de montaña deba adaptarlas. Nuestro pecho de ternera braseado (pág. 234) puede tardar hasta una hora más en estar listo a mil metros de altura que al nivel del mar, y quienes viven a dos mil kilómetros de nosotros pueden tener que sumar dos o tres minutos a nuestra receta de los huevos duros perfectos (pág. 167). Por suerte, las temperaturas del horno no se ven afectadas por la altitud, por lo que 175 °C serán siempre 175 °C.

A menos que tu horno sea «frío» o «caliente».

Lo que intentamos decirte con todo esto es que practicar en tu propia cocina te llevará a la perfección. Sigue las recetas al pie de la letra si no tienes costumbre de cocinar y adáptalas si ves que el lugar en el que vives exige unos tiempos más largos o más cortos. O modifica nuestras instrucciones sobre la marcha si ya sabes que tu brócoli va a tardar más de 7 minutos en cocerse al vapor. Toma notas al margen de tus recetas favoritas, para dejar constancia de los tiempos adaptados, y no te alteres si los primeros bistecs te quedan más hechos de lo que a ti te gusta.

Como ocurre con el Whole30, todo esto de «cocinar comida de verdad» también se va haciendo más fácil con el tiempo y la experiencia.

Para dos personas (más o menos)

La mayoría de las recetas de este libro dicen ser para dos personas, y a veces quedarán sobras.

Seguro que al momento te das cuenta de que ahí hay un problema.

¿Por qué dos personas?

Nuestras recetas incluyen raciones «estándar» para carnes, pescados, mariscos, huevos y verduras según nuestro patrón de comidas de la página 213, pero los miembros de tu familia pueden necesitar menos o más comida en el plato; de hecho, es posible que eso sea algo que tú ya sepas si te basas en lo que cocinabas antes del Whole30. Si te fijas en nuestro bistec a la parrilla perfecto (pág. 172) y piensas: «¿150 gramos? ¿Estáis de broma?», compra bistecs más grandes y adapta los tiempos de cocción si hace falta (es posible que un bistec más grande no requiera un tiempo de cocción más largo, pero un bistec más grueso, sí).

Eso es algo que puede adaptarse sobre la marcha si descubres que siempre tienes hambre entre comidas. Come más proteína, que es el más saciante de todos los macronutrientes, y prepara platos algo más abundantes hasta que encuentres la cantidad exacta que a ti te va bien. (De hecho, aunque no tengas mucha más hambre, tal vez decidas preparar algo más de carne para que te queden sobras.)

También puedes adaptar las recetas para que sacien más, añadiendo más grasa. Usa un poco más de grasa de cocción o añade algo más de grasa después, en función de las recetas. Pon más frutos secos o semillas, añade medio aguacate como guarnición o ponle unas cuantas aceitunas a la ensalada. La combinación de proteína y grasa extra va muy bien para ayudarte a llegar a la siguiente comida. Y, si quieres añadir más verduras, adelante, aunque no sean muy ricas en calorías y no vayan a ayudarte mucho a sentir saciedad.

A menos que cubras tus boniatos con mucho *ghee*, y entonces sí funcionaría.

Y ahora, algunos consejos de cocina que van a serte útiles a lo largo del libro.

CONSEJO RÁPIDO: Grasa de cocción

⭐ *Verás que en algunas de nuestras recetas especificamos un tipo de grasa en concreto, pero en muchas indicamos solo «grasa de cocción». La razón es que, cuando el tipo de grasa que se usa es importante para el sabor o la textura del plato, te damos opciones específicas. En nuestro puré de coliflor (pág. 290), proponemos usar mantequilla clarificada o ghee porque no iría bien añadir aceite de oliva virgen extra al puré.*

En todo caso, si utilizas alguna grasa para cocinar, usa la que tengas a mano o la que creas que va a darle mejor sabor al plato. La lista de grasas de cocción saludables es larga, así que recurre sin miedo al aceite de coco, la mantequilla clarificada, el ghee, el aceite de oliva virgen extra, el aceite de palma, el sebo, la manteca de cerdo, la grasa de beicon o la de pato si en la receta solo se indica «grasa de cocción» en general.

CONSEJO RÁPIDO: Usa un termómetro para carne

⭐ *En la página 160 recomendamos algunos utensilios y dispositivos de cocina que facilitan y agilizan el cocinar comida de verdad, y además hacen que resulte más divertido. Uno de los utensilios más preciados del chef principiante es el termómetro para carne. Existen toda clase de trucos para determinar si la carne o el pollo ya están listos, como presionar la carne o usar un medidor de tiempo. Pero se tarda un poco en aprender a identificar los indicadores táctiles y los temporizadores de cocina son seguramente los dispositivos menos precisos para medir el grado de cocción, porque este varía en función de diversos factores.*

En cambio, un termómetro para carne te indica con exactitud cuándo debes retirar la carne o el pescado del fuego, en el momento preciso..., siempre que sepas usarlo. En primer lugar, inserta el termómetro en la parte más gruesa de la carne, sin que toque hueso. Si cocinas un pavo o un pollo enteros, introduce el termómetro en la zona interior del muslo (cerca de la pechuga), pero no presiones contra el hueso. Si se trata de un corte fino de carne (como una hamburguesa), puedes incluso introducir el termómetro lateralmente.

Con todo, los termómetros no funcionan igual de bien en todas las fuentes de proteínas (por ejemplo, en el caso de costillas o pescados que se separan en lascas), por lo que conviene ejercitar las habilidades visuales para aprender a evaluar si una carne o un pescado está bien hecho.

Dicho de otro modo: corta un poco la pieza y echa un vistazo.

Sí, ya lo sabemos, la comida no queda tan bien presentada con un gran corte en el centro, pero la verdad es que, al principio, esta es una manera muy buena de evaluar el grado de cocción de una carne. De ese modo puedes precisar si una hamburguesa ha adquirido ya ese tono rosado perfecto, o si las lascas de un filete de salmón tienen ese

brillo característico, o si la pechuga de pollo muestra ya ese tono de blancor que buscamos. Recuerda que la carne, el pescado, el marisco y los huevos siguen cociéndose después de que los hayamos retirado del fuego, así que saca la hamburguesa cuando te parezca que todavía está «un pelín demasiado roja»; cuando haya reposado un rato, quedará perfecta.

CONSEJO RÁPIDO: Asegúrate de que todos los ingredientes sean aptos para el Whole30

⭐ *Hay recetas del libro que incorporan ingredientes como la mostaza, el caldo de pollo o la salsa picante. En las recetas no lo especificamos, pero aquí te recordamos que debes asegurarte de que todos los alimentos envasados que uses en tus platos respeten las normas del Whole30. ¡Lee las etiquetas! Asegúrate de que tu salsa picante no contenga azúcar añadido, de que la mostaza no lleve vino ni sulfitos, de que el caldo de pollo no esté preparado con almidón de maíz ni salvado de arroz.*

Te damos algunos consejos para encontrar condimentos aptos para el Whole30 en la sección «¿Puedo comer...?» (pág. 72 en adelante), pero encontrar caldo apto puede ser más complicado. Por suerte resulta facilísimo prepararlo en casa: simplemente, sigue nuestras instrucciones de la página 195.

CONSEJO RÁPIDO: Elabora un «plan de emergencia para comidas»

⭐ *Habrá noches en las que llegarás a casa del trabajo o el colegio y te vencerá el cansancio y las pocas ganas, y la idea de preparar la cena te superará. Querrás llamar para que te traigan una pizza. Y querrás comer palomitas y tomar vino con la cena. Sentirás la tentación de rendirte.*

Pero no, tú no vas a rendirte así.

Hojea este libro y busca tres platos de emergencia que puedas preparar en menos de 15 minutos usando ingredientes que siempre tengas a mano. Algo así como unos huevos revueltos perfectos (pág. 168), salsa picante, aguacate y cualquier verdura que te haya sobrado y que tengas a mano. O tal vez unas hamburguesas fáciles de salmón (pág. 366): siempre puedes tener latas de salmón y boniato en la despensa y, si te quedas sin cebolla tierna, no pasa nada. Quizá sea la ensalada de proteínas (pág. 179), que siempre tiene que estar esperándote en la nevera, con un acompañamiento de boniato asado (pág. 316). También podrías optar por unas gambas congeladas salteadas con verduras salteadas regadas con nuestra vinagreta asiática (pág. 350).

Anota esa lista de recetas y pégala a la nevera. ¿Verdad que ya te sientes mejor? Al cerebro le encanta planificar. El estrés surge cuando nos enfrentamos a una situación que nos parece amenazadora y desconocida, para la que no contamos con ningún plan. Poner por escrito el plan de emergencia y saber que siempre hay comida buena a mano va a ser tu plan. Así que ahora tu cerebro ya puede relajarse y ya no tienes que preocuparte de abandonar el Whole30 a la mitad porque hayas tenido un día muy malo.

De nada.

CONSEJO RÁPIDO: No te cortes y diviértete un poco

⭐ ¡En serio! Cocinar es divertido. En la cocina puedes dar rienda suelta a tu creatividad y sentir orgullo por haber tomado unos ingredientes y haber elaborado una comida que después te vas a comer. Usa nuestras recetas como punto de partida, pero, si notas que te gustan los platos más especiados de lo que te proponemos, o crees que con más verduras mejora la receta, o quieres poner a prueba tus propias creaciones a partir de lo que has aprendido en nuestra sección «Los básicos de la cocina», adelante.

Es posible que te salga mal alguna receta. (A nosotros nos ha pasado, aunque es difícil acabar con algo totalmente incomestible.) Tus comidas pueden acabar con un aspecto feo, pero saber deliciosas; para nosotros, eso sigue siendo un éxito. Es posible que tu cocina acabe pareciendo la escena de un bombardeo tras haber preparado algo relativamente sencillo. No te agobies, todo mejora.

Recuerda, cualquier habilidad nueva exige práctica y dedicación. La parte de la dedicación ya la tienes, porque durante los siguientes 30 días te has comprometido a comer comida de verdad tres veces al día. ¡Ahora ya es cuestión de práctica! Sigue los consejos a lo largo de este libro y concéntrate en la sección «Los básicos de la cocina» para ir ganando confianza; no dejes de pedir ayuda a familiares y amigos para que cortar, picar o fregar se te haga menos pesado.

Vale, vale, ya hemos hablado suficiente por ahora. ¡A comer!

Lista de la compra para omnívoros

Proteína

PESCADO Y MARISCO
- ÓPTIMO: de pesca salvaje y sostenible
- MEJOR: de pesca salvaje y/o sostenible
- ACEPTABLE: de piscifactoría

RUMIANTES (ternera, cordero, búfalo, alce, ciervo, etcétera)
- ÓPTIMO: 100 % alimentado con pasto y orgánico
- MEJOR: alimentado con pasto y/u orgánico
- ACEPTABLE: magro, limpio de grasa/escurrido

HUEVOS
- ÓPTIMO: de gallinas camperas y orgánicos
- MEJOR: orgánicos (opcional: enriquecidos con omega-3)
- ACEPTABLE: comprados en tiendas

AVES (pollo, pavo, pato, faisán, etcétera)
- ÓPTIMO: de pastoreo y orgánicas
- MEJOR: orgánicas
- ACEPTABLE: compradas en tiendas, sin piel

NO RUMIANTES (cerdo, jabalí, conejo, etcétera)
- ÓPTIMO: de pastoreo y orgánicos
- MEJOR: orgánicos
- ACEPTABLE: magros, limpios de grasa/desangrados

CARNES PROCESADAS (beicon, salchichas, fiambres, etcétera)
- ÓPTIMO: 100 % de pastoreo y orgánicas
- MEJOR: orgánicas
- EVITAR: las que contienen azúcares añadidos, glutamato monosódico, sulfitos o carragenano

Verduras y hortalizas
- Acelga
- Ajo
- Alcachofa
- Apio
- Berenjena
- Berro
- Berza
- Bok choy (col china)
- Boniato
- Brócoli/bimi
- Brotes
- Calabacín
- Calabaza cacahuete
- Calabaza delicata
- Calabaza bellota
- Calabaza *buttercup*
- Calabaza de invierno
- Calabaza de verano
- Calabaza espagueti
- Cebolla/chalota
- Chirivía
- Col rizada/kale
- Coles de Bruselas
- Coliflor
- Colinabo
- Espárragos
- Espinacas
- Grelos
- Hojas de tubérculo (remolacha, mostaza, nabo)
- Jalapeño
- Jícama
- Judías verdes
- Lechuga (todas)
- Nabo
- Okra
- Patata
- Pepino
- Pimiento morrón
- Puerro
- Rábano
- Raíz de hinojo
- Remolacha
- Repollo
- Rúcula
- Ruibarbo
- Rutabaga
- Setas (todas)
- Tirabeques/vainas de guisante tierno
- Tomate
- Zanahoria

Fruta
- Albaricoque
- Arándano
- Carambola
- Cereza
- Ciruela
- Dátil
- Frambuesa
- Fresa
- Granada
- Higo
- Kiwi
- Lima
- Limón

- Mandarina
- Mango
- Manzana (todas las variedades)
- Melocotón
- Melón
- Membrillo
- Mora
- Naranja
- Nectarina
- Papaya
- Pera (todas las variedades)
- Piña
- Plátano
- Pomelo
- Sandía
- Uvas (verdes y rojas)
- LIMITAR: frutas desecadas

Grasas
- ÓPTIMO: GRASAS DE COCCIÓN
- Aceite de coco
- Aceite de oliva virgen extra
- Grasas animales
- Mantequilla clarificada
- ÓPTIMO: GRASAS SÓLIDAS
- Aceitunas (todas)
- Aguacate
- Anacardos
- Avellanas
- Coco entero/copos
- Leche de coco (en lata)
- Manteca de coco
- Mantequilla de macadamia
- Nueces de macadamia
- OCASIONAL: FRUTOS SECOS Y SEMILLAS
- Almendras
- Mantequilla de almendra
- Nueces de Brasil
- Pecanas
- Pistachos
- LIMITAR: FRUTOS SECOS Y SEMILLAS
- Mantequilla de pipas de calabaza
- Nueces
- Piñones
- Pipas de calabaza

- Pipas de girasol
- Semillas de lino
- Semillas de sésamo

Hierbas y especias frescas
- Albahaca
- Cebollino
- Cilantro
- Citronela
- Eneldo
- Hojas de laurel
- Jengibre (raíz)
- Orégano
- Perejil
- Romero
- Tomillo

Hierbas y especias secas
- Ajo en polvo
- Canela
- Cebolla en polvo
- Chile en polvo
- Chipotle en polvo
- Comino
- Copos de pimiento rojo
- Curry en polvo (rojo y amarillo)
- Dientes de ajo
- Eneldo
- Jengibre molido
- Mostaza en polvo
- Nuez moscada
- Orégano
- Pimentón
- Pimienta de Cayena
- Pimienta de Jamaica
- Pimienta negra (molida y en grano)
- Sal
- Salvia
- Tomillo
- Wasabi en polvo

Productos de despensa
- Aceite de sésamo
- Alcaparras
- Arándanos rojos (endulzados con zumo de piña)

- Arándanos rojos deshidratados (endulzados con zumo de piña)
- Atún enlatado
- Caldo de pollo
- Caldo de ternera
- Caldo de verduras
- Concentrado de tomate
- Harina de arrurruz*
- Pepinillos
- Pimiento rojo asado
- Salmón en conserva
- Salsa picante
- Tomate (triturado/troceado)
- Vinagre balsámico
- Vinagre de arroz
- Vinagre de sidra de manzana
- Vinagre de vino blanco
- Vinagre de vino tinto

Bebidas
- Agua con gas
- Agua con sabores naturales
- Agua de coco
- Agua mineral
- Café
- Kombucha
- Sidra de manzana
- Té (todas las variedades)
- Zumo de frutas (naranja, manzana, granada)
- Zumo de verduras

Opcional
- Aminos de coco
- Cacao puro (100 % cacao)
- Harina de almendra
- Harina de coco
- Mostaza
- Salsa de pescado
- Verduras en conserva (boniato, calabaza)

Descárgate esta lista en www.whole30.com/pdf-downloads

---

* Solo se usa para la comida de celebración de la página 400.

Prepara platos fáciles y saludables

Respeta los horarios de las comidas. Come los platos que figuran en la tabla de manera relajada. Aleja distracciones como la tele, el teléfono móvil o el correo electrónico mientras comes. Mastica despacio y hasta el final. No engullas. Tómate tu tiempo para disfrutar de la comida deliciosa y saludable que acabas de prepararte.

Comidas

Come tres veces al día, empezando por un buen desayuno. Basa cada una de las comidas en una fuente de proteínas del tamaño equivalente a una o dos palmas de la mano. Llena el resto del plato con verduras. De vez en cuando añade una ración de fruta. Añade grasa en las siguientes cantidades recomendadas por comida:

- **TODOS LOS ACEITES Y GRASAS DE COCCIÓN** (aceite de oliva, grasas animales, etcétera): 1-2 porciones del tamaño del dedo pulgar
- **TODAS LAS MANTEQUILLAS** (*ghee*, manteca de coco, mantequillas de frutos secos, etcétera): 1-2 porciones del tamaño del dedo pulgar
- **COCO** (rallado o en copos): 1-2 puñados generosos
- **ACEITUNAS:** 1-2 puñados generosos
- **FRUTOS SECOS Y SEMILLAS:** hasta un puñado escaso
- **AGUACATE:** ½-1 aguacate
- **LECHE DE COCO:** entre ¼ y ½ lata (400 ml)

Procura que cada comida te sacie lo bastante para llegar sin hambre a la siguiente. No piques entre horas si puedes evitarlo. Deja de comer unas horas antes de acostarte.

Antes del ejercicio físico

Come entre 15 y 75 minutos antes de iniciar el ejercicio físico, como señal para preparar tu cuerpo para la actividad. Si tus entrenamientos son a primera hora de la mañana, siempre es mejor algo que nada. Opta por alimentos que sean fácilmente digeribles y que te apetezcan. Este es el factor más variable de nuestra tabla, así que experimenta con alimentos, cantidades y tiempos distintos.

Incluye una pequeña cantidad de proteína (como máximo, la mitad del tamaño de una comida) y (opcionalmente) una pequeña porción de grasa (como máximo, la mitad del tamaño de una comida). No añadas fruta ni verduras ricas en carbohidratos en ese tentempié de antes del entreno.

Después del ejercicio físico

Come inmediatamente después de practicar ejercicio (15-30 minutos). Toma una proteína fácilmente digerible del mismo tamaño que el de las comidas, y añade una cantidad adecuada de verduras ricas en carbohidratos basada en la curva de carbohidratos que figura en *It Starts With Food*, y, si añades grasa, que sea poca. Algunos ejemplos de verduras ricas en carbohidratos son los boniatos, el taro, la calabaza cacahuete, la calabaza bellota, la calabaza de invierno o la remolacha.

Ten en cuenta que lo que comes después de practicar deporte es un extra y no está pensado para sustituir ni el desayuno, ni el almuerzo ni la cena. Piensa que se trata de una fuente adicional de calorías y nutrientes, concebida para ayudarte a recuperarte más rápida y eficazmente de un ejercicio intenso.

Comer bien en los trayectos

Proteína

- Atún, salmón o pollo en conserva
- Fiambres
- Gambas (cómpralas precocinadas o cuécelas y pélalas tú)
- Huevos duros
- Pechuga de pollo o salmón cocidos, de la marca blanca de tu supermercado
- *Jerky* (carne o pescado deshidratados) de ternera, salmón, etcétera
- Salmón ahumado (de pesca salvaje)

Verduras

- Boniato y calabaza de lata
- Chips de col rizada o kale (¡háztelas tú!)
- Jícama (pelada y cortada en barras gruesas)
- Láminas de nori tostado
- ¡Potitos infantiles! (de boniato, calabaza u otras variedades de verduras)
- Salsa picante casera
- Zanahorias, apio, pepino, tirabeques, vainas de guisante tierno, pimientos

Fruta

- Compota de manzana no endulzada
- Cualquier fruta fresca, de temporada, que no sea muy cara
- Fruta deshidratada (perfecta en caminatas)
- Potitos infantiles (variedades de frutas)

Grasas saludables

- Aceite de oliva virgen extra
- Aceitunas de lata
- Aguacate o guacamole fresco
- Coco entero o en copos
- Frutos secos, semillas y mantequillas de frutos secos
- Leche de coco
- Manteca de coco

Utensilios de cocina

- Abrelatas, cubertería de viaje y (opcional) platos y cuencos
- Cuchillo afilado (¡pero no en el equipaje de mano!)
- Tabla de cortar flexible
- Táper de vidrio o porcelana para usar los microondas cuando estés de viaje

Más consejos

¡PLANIFICAR Y PREPARAR ES CLAVE!

Regresa a la página 105 para descubrir otros útiles consejos de viaje.

LA PROTEÍNA es lo que más cuesta al ir de viaje. Planifica con antelación y cocina pollo o salmón la noche antes, cuece una docena de huevos o adquiere con tiempo una carne desecada compatible.

EL SALMÓN AHUMADO no suele tenerse en cuenta, pero el de pesca salvaje es una fuente extraordinaria de ácidos grasos omega-3 y proteínas. Córtalo fino, envuelve con él unos trozos de melón verde o de kiwi, fíjalo con un palillo y a comer.

LA FRUTA es tan práctica que resulta fácil pasarse con ella en los viajes, así que cambia algunas piezas por verduras. La tabla de cortar flexible, el cuchillo afilado y los cubiertos te ayudarán con las zanahorias y el apio.

LA SALSA PICANTE fresca y EL GUACAMOLE te sacarán de apuros. Enrolla fiambre de pavo alrededor de unas tiras de pimiento y lechuga, fija con un palillo y mójalo en salsa picante y guacamole.

LOS FRUTOS SECOS también suelen comerse más de la cuenta durante los viajes. Prueba a sustituirlos por aceitunas: son fáciles de transportar, no necesitan nevera y van muy bien en los viajes en avión (siempre que escurras bien el líquido antes de pasar por el control de seguridad).

LAS BARRITAS DE EMERGENCIA «TODO EN UNO» (tipo RxBars) son una buena fuente de proteínas, carbohidratos y grasas cuando se viaja, pero no hay que excederse. La comida de verdad siempre debe ser la primera opción.

Tabla de comidas para 7 días

	LUNES	MARTES	MIÉRCOLES	JUEVES	VIERNES	SÁBADO	DOMINGO
1	Frittata de espinacas (*pág. 226*), acompañada de fruta y aguacate	Carne de ternera picada (sobras) y calabaza espagueti rematadas con un huevo frito perfecto (*pág. 167*)	Sobras de pollo y patata asadas regado con pesto (*pág. 335*)	Huevos revueltos perfectos (*pág. 168*) con frutos rojos, acompañados de espinacas al vapor (*pág. 189*) con *ghee*	Salmón (sobras), sopa de calabaza (*pág. 286*)	Huevos revueltos de batalla (*pág. 222*) con sobras de carne de cerdo y hojas verdes, acompañados de compota de manzana	Tiras de cerdo mechado (sobras) rematadas con un huevo frito perfecto (*pág. 167*), y plátano macho a la sartén
2	Ensalada de proteínas (*pág. 179, usando nuestro «enfoque tradicional»*) sobre un lecho de espinacas baby, aliño ranchero (*pág. 336*), acompañado de fruta	Ensalada de proteínas metida en un pimiento morrón, rodajas de zanahoria, apio y manzana, con aliño ranchero (*pág. 336*) para untar en él	Barcos mexicanos de atún (*pág. 258*) sobre hojas de lechuga romana, ensalada de col (sobras) y pieza de fruta	Sobras de pecho de ternera y calabaza cacahuete, regado con pesto, pieza de fruta	Ensalada griega (*pág. 298*) con huevos duros perfectos (*pág. 167*), pieza de fruta	Hamburguesas fáciles de salmón (*pág. 366*), sopa de calabaza (sobras), judías verdes con cebolla, champiñones y pimiento (*pág. 300*)	Hamburguesas fáciles de salmón (sobras) ensalada thai fría (*pág. 294*) con salsa Sunshine (*pág. 340*)
3	Carne picada perfecta (*pág. 170*) con aliño italiano, salsa de tomate (*pág. 344*), calabaza espagueti asada (*pág. 314*)	Pechuga de pollo sellada perfecta (*pág. 175*), mayonesa de pimiento rojo asado (*pág. 332*), patatas asadas (*pág. 184*), ensalada de col verde (*pág. 302*)	Pecho de ternera preparado en olla de cocción lenta (*pág. 234*) con calabaza cacahuete (que aparece en la variación «conviértelo en una comida completa»), ensalada verde y aliño de la ensalada griega (*pág. 298*)	Salmón al horno perfecto (*pág. 178*) con brócoli, champiñones y calabaza con salsa de pimiento rojo (*pág. 284*)	Chuletas de cerdo con salsa de manzana especiada (*pág. 278*)	Boniato asado (*pág. 316*) relleno de tiras de cerdo mechado (*pág. 274*), regado con mayonesa de aguacate (*pág. 330*)	Salchicha de pollo, pimiento, cebolla y frittata de col rizada regada con mayonesa de aguacate, ensalada de frutas, puré de coliflor (*pág. 290*)

Aclaremos algo desde el principio: no, no vamos a proporcionarte una tabla de comidas para los 30 días. No es que seamos perezosos ni que no pudiéramos pegar 90 recetas al azar en un calendario y llamarlo «plan de comidas». No vamos a hacerlo, aunque podríamos haberlo hecho. Es decir, optamos deliberadamente por no hacerlo.

El Whole30 se basa en ese refrán que dice que «quien bien te quiere te hará llorar». Todos los recursos que te damos en este libro y en la página web forman parte del «quien bien te quiere». Hemos hecho todo lo posible para ofrecerte toda la información, la orientación, el apoyo y el aliento que vas a necesitar para salir adelante.

Pero ahora viene lo del «te hará llorar».

Esto tenemos que hacerlo a medias y tú tienes que recorrer la mitad del camino.

Eres una persona adulta, perfectamente capaz de decidir qué vas a comer a una semana vista a partir del miércoles. Y no solo eso: deberías estar al mando de todo lo que comes, y de cuándo lo comes. Tu éxito con el Whole30 y tu capacidad para adoptar estos nuevos hábitos saludables que tú creas con este método para el resto de tu vida dependen de tu capacidad de concretar de qué manera todo esto va a funcionar en tu caso. Si durante los siguientes 30 días te dedicas a comer a ciegas exactamente todo lo que te decimos que comas, ¿cómo vas a aprender a planificar las comidas, a anticiparlas, a abordar las «emergencias», y cómo vas a aprender nuevas técnicas culinarias? (Es una pregunta retórica: no aprenderás nada de todo eso.)

Es una filosofía parecida a eso de enseñar a pescar y no regalar peces, pero no, nosotros no te vamos a arrojar en medio de un río con solo una caña y un cebo. Te ofrecemos una tabla de comidas para que salgas adelante durante la primera semana (eso son 21 oportunidades para que prepares, cocines y veas cómo funciona en tu caso lo de «cocinar comida de verdad». Hemos incluido gran variedad de opciones de proteínas, verduras y grasas añadidas, hemos sido muy flexibles con la fruta y hemos incluido varias técnicas culinarias muy sencillas para que estés a gusto en la cocina. Durante los 5 primeros días recurrimos solo a técnicas y recetas básicas, y durante el fin de semana te permitimos algo de improvisación.

Dentro de un momento vamos a decirte cómo debes prepararte exactamente para la semana, día a día.

Ya te hemos dicho que jamás te dejaríamos en medio del río así, sin nada.

Tu plan de comidas Whole30 para la Semana 1

Hemos diseñado esta tabla de comidas para sacar el máximo partido a tu presupuesto, para minimizar el tiempo que pasarás en la cocina y para convencer a los que comparten mesa contigo de que eso del Whole30 es sabroso y agradable. Los preparativos de las comidas abarcan toda la semana, pero la mayor carga de trabajo se concentra los domingos, que es cuando más gente dispone de una o dos horas para planificar la semana.

Muchos almuerzos y desayunos aprovechan sobras. Si cocinas para una persona, puedes seguir las indicaciones de nuestras recetas al pie de la letra, porque todas son para dos personas, y de ese modo te sobrará. Si cocinas para dos (o más), asegúrate de duplicar o adaptar las cantidades de los ingredientes de manera que cuentes con suficiente cena y tengas, además, algo para el día siguiente.

Como explicaremos en la sección de recetas, asegúrate de leer todo el plan antes de ir a la tienda de alimentación. Es importante que sepas qué platos vas a comer al día siguiente, qué noches exigen un mayor tiempo de preparativos, qué mañanas vas a tener que cocinar y en cuáles te bastará con recalentar algo.

Por último, no hemos incluido tentempiés de ningún tipo, pero sobre todo la primera semana conviene contar con algo de comida extra a mano por si tienes hambre entre comidas. (Es frecuente que el apetito tarde una o dos semanas en regularse, así que, si necesitas un tentempié durante esta transición, no hay problema.) Prepara una docena de huevos duros, ten a mano algunas de las comidas aprobadas en la guía de viaje (pág. 214), y que no te falte nunca «comida de emergencia» en el coche, en la bolsa del gimnasio, en el bolso y en el escritorio del despacho, por si acaso.

Como ya hemos comentado varias veces, en el caso del Whole30, la planificación y la preparación son fundamentales.

Domingo

Ponte en «modo preparativo». Primero, saca un huevo de la nevera y mételo en un vaso de agua caliente, porque pronto lo necesitarás para preparar mayonesa. Después ponte con la salsa de tomate y asa la calabaza espagueti, ya que ambas tardan una hora y requieren pocas atenciones. Mientras se cocinan esas dos cosas, dedica 5 minutos a preparar una primera tanda de mayonesa básica (pág. 197). Úsala para preparar tu aliño ranchero y tu ensalada de proteínas. Por último, empieza a preparar tu frittata unos 5 minutos antes de que suene el temporizador que te indica que la calabaza ya está asada. Cuando saques la calabaza del horno, enciende el gratinador, mete la frittata y deja que termine de cocinarse. Y ya solo te queda guardar una porción de ensalada de proteínas, unas espinacas baby y un táper pequeño de aliño ranchero para el almuerzo de mañana.

¡Vaya!, no ha estado nada mal, ¿verdad? Mañana te alegrarás de haberle dedicado este ratito.

Lunes

Hoy te basta con recalentar la frittata para desayunar y salir de casa con el almuerzo bajo el brazo. Cuando llegues a casa y sea la hora de cenar, lo único que tendrás que hacer será dorar la carne picada y recalentar la salsa de tomate y la calabaza espagueti; tener la cena lista en menos de 15 minutos un lunes es algo por lo que merece la pena trabajar un poco un domingo en el que no hay mucho que hacer.

Después de la cena, acostúmbrate a dedicar una media horita a preparar las comidas del día siguiente. Conviértelo en parte de tu rutina nocturna, antes de sentarte a ver una película, leer o jugar a algo.

El lunes por la noche te toca empaquetar el resto de la ensalada de proteínas, un pimiento vaciado y un poco de zanahoria, apio y rodajas de manzana, así como el resto del aliño ranchero para el almuerzo de mañana. También te interesa preparar una salsa de pimiento rojo asado (pág. 336) y usar una parte para preparar la variación de mayonesa que usarás en la cena de mañana.

Un plus: prepara la ensalada de col para la cena de mañana, pues sabe mejor si los sabores se integran en la nevera toda una noche.

Martes

Una vez más, el desayuno son sobras y la comida ya la tienes lista para llevar. Cuando llegue la hora de cenar, prepara el pollo y asa las patatas. Algunos consejos sobre las patatas: el primero es que prepares de más. Ya te comerás las sobras en otro momento. Dado que el pollo y las patatas se preparan en el horno, empieza por asar las patatas durante 20 minutos a 220 °C antes de introducir el pollo y, cuando lo hagas, baja la temperatura a 175 °C para que se asen las dos cosas a la vez.

El martes por la noche, los preparativos para el día siguiente incluyen pesto (pág. 335), la preparación de los barcos mexicanos de atún (pág. 258), y pelar y cortar la calabaza para tenerla lista por la mañana. Ya ves que no hay que cocinar nada. Empaqueta el almuerzo (el atún, unas hojas de lechuga romana, la futa y las sobras de la ensalada de col) y deja la calabaza en la nevera toda la noche.

Miércoles

Levántate 15 minutos antes para dorar el pecho de ternera y poner en marcha la olla de cocción lenta con la cena. (No te agobies, porque el desayuno son sobras y el almuerzo ya lo tienes listo en la nevera.) El miércoles, a la hora de la cena, haz una ensalada con los ingredientes que quieras: lechuga, pepino, pimiento, cebolla, tomate, champiñones, zanahoria rallada, aceitunas, etcétera, y prepara el aliño para la ensalada griega (pág. 298). Mejor aún, duplica la cantidad de aliño, porque la usarás el viernes. En menos de 15 minutos tendrás una cena preparada en la olla de cocción lenta y una crujiente ensalada recién hecha.

¡La noche del miércoles la tienes libre! No hay nada que preparar para el día siguiente. Empaqueta lo que te sobre, algo de pesto y una pieza de fruta, y ya tendrás tu almuerzo del jueves.

Jueves

El jueves por la mañana sí tienes que prepararte el desayuno, pero no te preocupes, no tardarás más de 10 minutos. Como siempre, la comida ya la tienes lista, así que ya cuentas con algo delicioso que te espera a mediodía. (¿Tus compañeros de trabajo ya se han dado cuenta de tus fantásticos almuerzos?) Para la cena, prepara el salmón con el acompañamiento de verduras y riégalas con las sobras de la salsa de pimiento rojo asado.

El jueves por la noche, prepara la sopa de calabaza (pág. 286) y la ensalada griega (pág. 298), cuece media docena de huevos y empaqueta el almuerzo. (¡No te olvides el aliño griego que preparaste ayer!)

Viernes

El desayuno son sobras y la sopa que preparaste ayer, la comida ya está lista... ¡Y es viernes! La noche del viernes, después del trabajo, prepara las chuletas de cerdo con salsa de manzana especiada (pág. 278). (Por cierto, duplica la cantidad de todos los ingredientes de la salsa, desde la cebolla a la nuez moscada, porque mañana por la mañana volverás a tomarla.)

Y ahora, tómate el resto de la noche libre. ¡Es fin de semana!

Sábado

Tu desayuno son las sobras del cerdo y alguna verdura de hoja verde escaldada e incorporada a unos huevos revueltos, todo ello rematado con la salsa de manzana que te haya sobrado. O bien empiezas a preparar las tiras de cerdo mechado (pág. 274) ahora mismo, o las haces al horno a media tarde, como prefieras.

A la hora del almuerzo, prepara las hamburguesas fáciles de salmón (pág. 366) y las judías verdes con cebolla, champiñones y pimiento (pág. 300), y recalienta el resto de la sopa de calabaza. En algún momento del día prepara un poco de mayonesa básica y usa una parte para confeccionar tu mayonesa de aguacate (pág. 330) para la cena.

Ponte a asar los boniatos una hora antes de la cena y sácalos del horno cuando las tiras de cerdo mechado estén listas. El sábado por la noche, o bien preparas la salsa Sunshine (pág. 340), o te tomas la noche libre.

Domingo

Tu desayuno dominical es divertido y fácil: el plátano macho aporta un toque dulce y festivo a las tiras de cerdo y los huevos. (Conviene que estén muy maduros y blandos, no verdes. Córtalos en rodajas de 0,5 cm, derrite un poco de *ghee* en una sartén y fríelos a fuego medio por tandas, dándoles la vuelta una vez hasta que se doren.)

Para el almuerzo tienes las hamburguesas de salmón que te han sobrado, pero antes debes preparar tu ensalada thai fría (pág. 294) y (si no la hiciste ayer noche) la salsa Sunshine. (Nota: si no encuentras mantequilla de pipas de girasol, prepara la vinagreta asiática de la página 350 o la mayonesa de cilantro y lima de la página 330.)

La cena es una versión de un desayuno, porque partes de la receta de la frittata de espinacas (pág. 226) y la sometes a tus propias variaciones. Si no encuentras salchichas de pollo aptas, sustitúyelas por media ración de carne picada perfecta (pág. 170) o prepara doble cantidad de nuestros medallones de salchicha perfectos (pág. 180), usa dos de ellos para la frittata y guarda el resto para el desayuno, la comida o la cena del lunes. También prepararás un puré de coliflor (pág. 290), y en este caso también te recomendamos que dupliques las cantidades. (Ya estamos viendo un delicioso desayuno a base de frittata y puré de coliflor para tu próximo lunes.)

¡Felicidades! Has superado la Semana 1 del Whole30 comiendo una gran variedad de alimentos ricos en nutrientes, cocinando platos sencillos pero deliciosos, y sin sentir que te pasas el día entre las tablas de cortar y el lavavajillas. Confiamos en que podrás seguir adelante. ¡Y ahora pasemos a las recetas!

Descarga la lista de la compra completa para este plan de 7 días en: www.whole30.com/pdf-downloads

HUEVOS

LOS HUEVOS SON UNA DE LAS FUENTES DE PROTEÍNA MÁS VERSÁTILES Y RENTABLES DEL WHOLE30, lo cual puede ser positivo para tu presupuesto, pero no tan bueno para quienes comen contigo. Es fácil cansarse de los huevos del desayuno, así que tal vez ya va siendo hora de redefinir lo que entendemos por «desayuno».

¿Qué te viene a la mente cuando piensas en «desayunar»? Normalmente, cereales, magdalenas, tostadas y huevos. Y eso puede convertirse en un verdadero problema para el Whole30, porque 3 de esos cuatro alimentos tradicionales de los desayunos quedan excluidos del programa. (En el caso de las personas alérgicas o sensibles a los huevos, la proporción es 4/4). Así pues, empecemos a pensar en el desayuno en unos términos distintos, y pasemos a llamarlo, simplemente, «Comida 1». De ese modo se nos abre una perspectiva totalmente nueva, ¿verdad? Ya no se trata de una comida tradicional que se consume por la mañana; ahora es solo una comida más en nuestra tabla de tres comidas diarias. ¿No te resulta liberador?

En este libro te presentamos varios platos con huevos realmente versátiles, tanto en la sección de «Los básicos de la cocina» (pág. 155 en adelante) como en la sección de recetas a continuación. En estas páginas se exponen diversas técnicas culinarias para preparar huevos de cinco maneras distintas (duros, revueltos, fritos, escalfados y en frittata o tortilla), una manera garantizada de acabar con la monotonía.

Pero ahora abordemos la cuestión que sabemos que te va a asaltar tarde o temprano durante el Whole30: ¿Tenéis alguna idea para los desayunos que no lleve huevo? Y la respuesta es que sí. Miles. Cualquier cosa que puedas comer durante el Whole30 puedes comértela tanto en la Comida 1 como en la Comida 3. Cualquier receta de este libro, por ejemplo. Pero hay personas que no se imaginan comiéndose un bistec o unas costillas de cerdo a primera hora de la mañana.

A esas personas les falta imaginación, y eso nos entristece.

Así que hablemos de lo que podrías tomar en el desayuno si no comes huevos. En primer lugar, piensa en las aves. El pollo y el pavo son fáciles de preparar, o recalentar, algo muy práctico a las seis de la mañana, antes de tu dosis de cafeína. Cualquiera de nuestras recetas de aves (a partir de la pág. 244) sería una fantástica alternativa a los huevos por la mañana; de hecho, el picadillo de pollo de Melissa se inventó específicamente para eso.

El salmón es otra opción clara: casi todos hemos comido salmón ahumado alguna vez para desayunar, aunque fuera en una tostada con crema de queso. El salmón puede asarse, guisarse, o comprarse ahumado para añadirlo a nuestra contundente ensalada griega (pág. 298).

Un momento... ¿Ensalada?

¡Sí! No descartes de plano tomar ensalada por la mañana. Las ensaladas son ligeras, deliciosas, y te hacen sentir que has empezado el día con más nutrientes gracias a esas hojas verdes. Combínalas con fiambres como el salami, el *roast beef* o el jamón), verduras encurtidas y hojas verdes al empezar el día, o remata tus ensaladas favoritas con pollo a la plancha, salmón o incluso carne de ternera picada. Organízalo todo y prepara con antelación lo que puedas la noche anterior y tendrás una Comida 1 contundente y satisfactoria en 5 minutos. (No nos digas que no dispones de 5 minutos por la mañana, porque se tarda más en tostar un gofre congelado.)

Estas son otras ideas para desayunar sin huevos que figuran en este libro:

- Sobras de la noche anterior. ¡Desayuna lo mismo que cenaste!

- Hamburguesa perfecta (pág. 171), rematada con cebolla caramelizada y acompañada de espinacas al vapor

- Salmón al horno perfecto (pág. 178) cubierto de mantequilla compuesta (pág. 199), tu guarnición de verduras preferida y una ensalada de fruta

- Ensalada de proteínas (pág. 179) sobre un lecho de hojas verdes

- Salchicha y patatas fritas caseras de boniato (pág. 228, sin los huevos fritos)

- Pecho de ternera (sobras) (pág. 234) con sopa de calabaza (pág. 286)

- Pimientos rellenos (pág. 242)

- Albóndigas de pollo (pág. 246) y gazpacho (pág. 296)

- Picadillo de pollo de Melissa (pág. 248)

- Ensalada de pollo de corral a la parrilla (pág. 252)

- Fletán con glaseado de cítricos y jengibre (pág. 260) y puré de coliflor (pág. 290)

- Salmón escalfado con salsa de pepino y eneldo (pág. 266) sobre un lecho de espinacas baby

- Tiras de cerdo mechado (pág. 274) como «relleno» de un boniato asado abierto

- Sobras de costillar de cerdo con salsa barbacoa ácida (pág. 276) con cebolla y pimiento salteados

- Chuletas de cerdo con salsa de manzana especiada (pág. 278) acompañadas de sopa de boniato (pág. 320)

- Medallones de salchicha con puré de boniato (pág. 269; ni te darás cuenta del huevo que llevan las salchichas, pero puedes omitirlo si tienes problemas de alergia)

Sí, claro, si te apetece, puedes incorporar un huevo a estas recetas. De hecho, nosotros hemos llegado a la conclusión de que se puede añadir un huevo frito a cualquier cosa. Créenos. Está científicamente comprobado.

Y una última cosa, porque sabemos que vas a preguntarlo: sí, queremos que te comas el huevo entero. La razón es que la mitad de las proteínas y muchas de las vitaminas, minerales y fitonutrientes se encuentran en la yema. Y no, no nos preocupa tu colesterol. El Whole30 está pensado para minimizar la inflamación sistémica, que es un potenciador mucho mayor del colesterol alto que tu dieta, por más que comas regularmente huevos y carne roja. De hecho, a muchos médicos les encanta nuestro método porque es una manera natural de bajar el colesterol «malo» y los triglicéridos al tiempo que hace aumentar el colesterol «bueno».

Y además de las proteínas y los micronutrientes, toda la grasa del huevo se encuentra en la yema. ¿Quieres que compartamos contigo otro dato científico? La grasa es lo que hace que la comida sepa bien.

Eso es así, y es una noticia excelente. Lo de comer solo las claras del huevo es tan de los noventa...

Huevos revueltos de batalla

PARA 2 PERSONAS

TIEMPO DE PREPARACIÓN: 10 minutos
TIEMPO DE COCCIÓN: 10 minutos
TIEMPO TOTAL: 20 minutos

---

2 cucharadas de grasa de cocción

½ cebolla picada fina

½ pimiento morrón de cualquier color, en tiras

1 taza de champiñones blancos, cremini o portobello, en láminas

1 taza de verduras de hoja verde cortadas (col rizada, espinacas, acelgas o brotes de mostaza)

6 huevos grandes batidos

1 aguacate cortado longitudinalmente, deshuesado, pelado y en dados

¼ de cucharadita de sal

¼ de cucharadita de pimienta

El concepto de «batalla» tiene que ver con incluir cualquier combinación de carne cocinada, pescado, marisco, verduras y frutas que te gusten. (Sí, sorprendentemente, la fruta y los huevos combinan muy bien.) Usa alimentos que estén muy maduros y a punto de estropearse, o usa la verdura que te sobró de la cena de ayer, o si lo prefieres cómpralo todo ex profeso para crear un plato nuevo.

Pruébalo con melocotones salteados, espinacas y albahaca; con salmón ahumado, puerro, rúcula, hinojo y eneldo; con calabaza cacahuete, manzana y pacanas; con salchicha de pollo, pimiento rojo asado y olivas de Kalamata; o con boniatos asados, arándanos y col rizada.

CALIENTA una sartén a fuego medio-bajo. Añade la grasa de cocción y mueve la sartén para que la grasa se distribuya uniformemente por todo el fondo. Cuando esté caliente, añade la cebolla, el pimiento y los champiñones y cocina, removiendo, hasta que la cebolla esté traslúcida (4-5 minutos).

INCORPORA la verdura y cuece hasta que se ablande (el tiempo varía dependiendo del tipo de verdura). Añade los huevos removiendo con frecuencia y rascando el fondo y los lados de la sartén para que la mezcla no se pegue, hasta que los huevos queden revueltos y esponjosos y aún se vean húmedos pero no crudos, entre 5 y 7 minutos.

RETIRA la sartén del fuego, echa por encima los dados de aguacate, salpimienta y sirve.

⭐ LOS HUEVOS REVUELTOS *suponen menos presión que las tortillas y las frittatas, porque en la presentación no tiene por qué quedar todo en su sitio. Recuerda batir bien los huevos, hasta que clara y yema estén completamente mezcladas, y revolver a menudo mientras se van haciendo. Evita la tentación de acelerar el proceso exponiendo los huevos a un fuego más vivo, porque corres el riesgo de convertir los huevos revueltos en una goma.*

Huevos revueltos estilo suroeste

PARA 2 PERSONAS

TIEMPO DE PREPARACIÓN: 15 minutos

TIEMPO DE COCCIÓN: 5-7 minutos

TIEMPO TOTAL: 20-22 minutos

---

1 aguacate, cortado longitudinalmente, deshuesado y pelado

2 cucharadas de grasa de cocción

6 huevos grandes batidos

1 cucharadita de sal

½ cucharadita de pimienta negra

1 taza de salsa picante (pág. 339)

¿Vas mal de tiempo? Puedes preparar la salsa hasta con 2 días de antelación, o cómprala hecha en tu tienda de alimentación saludable. Eso sí, lee bien el etiquetado, porque muchas salsas contienen azúcar añadido (no entendemos por qué). Estos huevos también podrían quedar deliciosos acompañados de guacamole (pág. 328) en lugar de aguacate.

COLOCA las mitades de aguacate boca abajo sobre una tabla de cortar y córtalas en rebanadas.

CALIENTA la grasa de cocción en una sartén grande, a fuego medio. En un cuenco mezclador, bate los huevos con la sal y la pimienta. Cuando el aceite esté caliente, añade los huevos y cocínalos, removiéndolos y rascando el fondo y los lados de la sartén para que no se peguen, hasta que queden revueltos y esponjosos y aún se vean húmedos pero no crudos, entre 5 y 7 minutos.

DIVIDE los huevos en dos platos, dispón encima el aguacate y distribuye la salsa de manera uniforme sobre las dos raciones.

CONVIÉRTELO EN UNA COMIDA COMPLETA: Sírvelo con espinacas al vapor y plátano macho frito, o con las verduras que te sobraron ayer y una guarnición de frutos rojos.

⭐ PREPARAR LOS AGUACATES. *Para quitar fácilmente el hueso, corta el aguacate por la mitad, pasando con cuidado el filo del cuchillo longitudinalmente a lo largo de la semilla, y a continuación pincha rápidamente (y con precaución) el hueso con la punta del cuchillo. Mueve a un lado y a otro el cuchillo hasta que el hueso se desprenda de la carne del aguacate, y tira de él. Usa una cuchara sopera para separar la piel de la carne.*

Frittata de espinacas

PARA 2 PERSONAS
TIEMPO DE PREPARACIÓN: 10 minutos
TIEMPO DE COCCIÓN: 10-15 minutos
TIEMPO TOTAL: 20-25 minutos

---

6 huevos grandes batidos

¼ de cucharadita de sal

¼ de cucharadita de pimienta negra

2 cucharadas de grasa de cocción

½ cebolla en dados

1 taza de tomate en dados, con pepitas (más algunas rodajas para cubrir la frittata)

1 bolsa (250 g) de espinacas baby, mal cortadas

ralladura de limón y zumo de ¼ de limón

Mezcla y combina verduras y carne para variar los sabores de tus frittatas. Prueba a hacer una al estilo mexicano (con carne de ternera picada especiada, jalapeños cortados finos, tomate en dados y cilantro); italiana (salchicha cocida, pimiento rojo, cebolla y albahaca); griega (pollo asado, tomates secos, olivas negras y corazones de alcachofa), o usa cualquier carne o verdura que te haya sobrado y que tengas en la nevera para preparar una frittata de batalla.

ENCIENDE el gratinador del horno (o precaliéntalo a 260 °C).

EN un cuenco, bate los huevos salpimentados.

CALIENTA una sartén grande resistente al horno, a fuego medio. Añade la grasa de cocción y remueve para que cubra todo el fondo. Cuando la grasa esté caliente, añade la cebolla y el tomate, y remuévelos hasta que se ablanden, entre 2 y 3 minutos. Añade las espinacas y espera a que pierdan la rigidez (unos 30 segundos). Añade los huevos y con ayuda de una espátula de goma envuelve con ellos las verduras. Cocina sin remover para que los huevos se cuajen en el fondo y en las paredes de la sartén, hasta que estén firmes pero aún se vean húmedos (unos 3 o 4 minutos). Distribuye rodajas de tomate encima. Rocíalo todo con el zumo de limón y espolvorea ralladura de limón.

METE la sartén con los huevos a una distancia de entre 10 y 15 cm del gratinador (o bien hornéalo con el horno precalentado) entre 3 y 5 minutos, hasta que la parte superior quede dorada. Corta en porciones y sirve caliente, directamente de la sartén.

⭐ VARIACIONES DE COCCIÓN: *Si no dispones de una sartén resistente al horno, puedes preparar la frittata en una sartén normal, en el fogón, y después pasarla a una fuente de Pyrex para gratinarla. Precalienta el horno a 175 °C y engrasa el fondo y las paredes de tu recipiente de hornear con aceite de coco o ghee. Cocina las verduras en una sartén grande en el fuego, como se indica. A continuación, vierte las verduras cocidas al cuenco de los huevos y pasa la mezcla a la fuente. Hornea entre 25 y 30 minutos, hasta que la frittata esté cuajada en el centro y ligeramente dorada por encima. Rocíala con el zumo de limón y espolvoréala con la ralladura justo antes de servir. Tu frittata estará muy buena recalentada al día siguiente. ¡O cómetela fría! Una ración constituye un buen desayuno o almuerzo cuando se está fuera de casa.*

Desayuno-cena: huevos, salchichas y patatas fritas caseras

PARA 2 PERSONAS

TIEMPO DE PREPARACIÓN: 5-10 minutos

TIEMPO DE COCCIÓN: 15-20 minutos

TIEMPO TOTAL: 20-30 minutos

---

3 cucharadas de grasa de cocción

¼ de taza de cebolla blanca picada fina

250 g de carne picada (cerdo, pollo, pavo)

¼ de cucharadita de salvia seca

¼ de cucharadita de sal

⅛ de cucharadita de pimienta negra

⅛ de cucharadita de ajo en polvo

1 boniato pelado y cortado en dados grandes

½ pimiento morrón (de cualquier color), despepitado y sin nervios, en dados

4 huevos grandes, cascados en un cuenco

Este desayuno «todo en uno» sería delicioso con un poco de salsa holandesa (pág. 334), aliño ranchero (pág. 336) o salsa Búfalo (pág. 324) por encima.

PRECALIENTA el horno a 175 °C. Forra una bandeja de horno con papel vegetal.

PARA preparar las salchichas, calienta una cucharada de grasa de cocción en una sartén grande de fondo grueso a temperatura media-alta. Cuando la grasa esté caliente, añade la cebolla y cocina, removiendo, durante unos 2 minutos, hasta que se ablande.

PASA la cebolla al cuenco mezclador y añade la carne picada, la salvia, la sal, la pimienta y el ajo en polvo. Divide la mezcla en cuatro bolas del mismo tamaño y resérvalas.

PARA preparar las «patatas fritas» caseras, coloca la misma sartén sobre el fuego y calienta a temperatura media-alta. Calienta una cucharada de la grasa de cocción y mueve la sartén para que se distribuya uniformemente por el fondo. Cuando la grasa esté caliente, añade el boniato y cocínalo, removiendo de vez en cuando para que todos los lados entren en contacto con la sartén, durante 4 minutos. Añade el pimiento y cocina, removiendo, durante 2 o 3 minutos, hasta que se ablande. Coloca uniformemente la mezcla de «patatas fritas» caseras sobre el papel vegetal de horno. Hornea 5 minutos.

MIENTRAS, para preparar la salchicha, coloca de nuevo la misma sartén en el fogón y caliéntala a fuego medio. Añade las bolas de salchicha y cocínalas hasta que estén doradas, unos 2 minutos por lado.

AÑADE las salchichas a las patatas fritas sobre la bandeja del horno. Hornéalo todo durante 5-7 minutos, hasta que la salchicha ya no esté rosada por el centro y las «patatas» estén blandas al pincharlas con un tenedor.

ENTRETANTO, para preparar los huevos, añade una cucharada de la grasa de cocción a la misma sartén y caliéntala a fuego medio. Vierte los 4 huevos con cuidado en la sartén y cocínalos despacio, con la yema hacia arriba, hasta que queden cocidas pero con un color brillante, entre 5 y 8 minutos.

COLOCA las bolas de salchicha y las «patatas fritas» caseras en dos platos. Con una espátula, saca con cuidado los huevos de la sartén y disponlos sobre las patatas o bien al lado.

⭐ CASCAR LOS HUEVOS: *¿Te cuesta cascar los huevos sin que se te rompa la yema? La clave está en dar un golpecito breve y firme (no un golpe fuerte y prolongado) sobre una superficie afilada. El borde de la sartén o del cuenco mezclador puede estar poco afilado y tal vez no te sirva, así que prueba con un cuchillo de filo liso, o usa una sartén o un cuenco con el borde más marcado. Y si las yemas se te rompen, no pasa nada. Échalo todo en la sartén tal como está y deja que la yema se cocine, sin mezclar ni remover, para obtener ese sabor característico del huevo frito.*

Salmón a la plancha con huevos a la benedictina

PARA 2 PERSONAS

TIEMPO DE PREPARACIÓN: 15 minutos
TIEMPO DE COCCIÓN: 10 minutos
TIEMPO TOTAL: 25 minutos

---

2 filetes de salmón (150 g cada uno), sin piel

1 cucharadita de sal

½ cucharadita de pimienta negra

3 cucharadas de grasa de cocción

2 huevos grandes escalfados (pág. 168)

½ taza de salsa holandesa (pág. 334)

una pizca de cayena

Es importante que la grasa de cocción esté muy caliente para que el pescado se selle bien. Para comprobarlo, echa en la sartén unos granos de sal marina o una porción pequeña de algún ingrediente (un trocito de ajo, un dadito de cebolla). Si chisporrotea, es que la sartén está lista. También puedes meter la punta de un palillo chino o una cuchara de madera en el aceite. Si se forman burbujitas a su alrededor, es que se ha alcanzado la temperatura correcta.

PRECALIENTA el horno a 175 °C.

SALPIMIENTA el salmón de manera uniforme por ambos lados. En una sartén grande apta para el horno calienta la grasa de cocción a temperatura media, moviéndola para que se esparza bien por el fondo. Cuando la grasa esté caliente, añade los filetes de salmón con el lado al que se le ha quitado la piel hacia abajo. Séllalos hasta que veas que los bordes empiezan a despegarse de la sartén, unos 3 o 4 minutos. Coloca una espátula de metal por debajo de cada filete y dale la vuelta. (Si están listos, se separarán sin esfuerzo, así que no aceleres este paso. Si los filetes no se separan al momento, déjalos otro minuto antes de darles la vuelta.)

TRASLADA la sartén al horno y sigue cocinando los filetes otros 5-7 minutos, hasta que la proteína blanca, «grasienta», empiece a aflorar a los lados. Comprueba varias veces, porque los filetes más finos tardan menos en cocinarse. Pásalos a una fuente.

COLOCA los huevos escalfados encima de los filetes de salmón y cúbrelos uniformemente con la salsa holandesa. Remátalo con pimienta negra y cayena.

⭐ QUITAR LA PIEL DEL SALMÓN: *Coloca el filete boca abajo sobre una superficie plana. Presionando suavemente la parte superior para que no se mueva, pasa un cuchillo afilado entre la piel y la carne, lo más cerca de tu cuerpo que puedas. Mientras sujetas la lengüeta de piel que acabas de crear, desliza el cuchillo alejándolo de ti, y ve separando la piel de la carne. Desecha la piel. En la mayoría de los mercados y tiendas de alimentación saludable despellejan el pescado, así que no dudes en pedirlo antes de que te lo envuelvan.*

CARNES ROJAS

TE LO DECIMOS DE ENTRADA, algunas de nuestras recetas exigen marinar la carne hasta 8 horas. ¿Por qué te lo advertimos? Por varias razones que afectan a todas las recetas de este libro que requieren marinar, macerar o frotar.

En primer lugar, seguro que sentirás la tentación de saltarte este paso, pero te pedimos que no lo hagas. Si te lo saltas, estarás renunciando a (a) impregnar tu carne de una serie de aromas maravillosos, (b) transformar los cortes más duros en una carne tierna que se deshace en la boca y (c) sentirte como una persona adulta que hace cosas de persona adulta, como devolver los libros de la biblioteca dentro del plazo y marinar un bistec.

En segundo lugar, descubrir que hay que marinar puede enloquecerte si te pones a consultar un libro de cocina una hora antes de la cena. «Esto tiene buena pinta... Y tengo todos los ingredientes en casa... ¡Un momento! ¿Que tengo que marinarlo?... Es que tengo hambre ya.»

No te alteres. Recuerda que esto es algo que es preferible hacer con algunas de estas recetas, pero si tu carne debe estar «en remojo» durante un tiempo no puedes dejar los preparativos para el último momento. Además, en realidad no cuesta tanto incorporar esta práctica a tus horarios, aunque sean ajetreados. Nosotros, en tu caso, lo haríamos de la siguiente manera:

Durante tu sesión de planificación del domingo, decides preparar una ensalada de ternera (pág. 240) para la cena del lunes. Pero, espera, ese plato exige carne marinada, así que tú ya te estás anticipando.

El domingo por la noche, después de cenar, dedica 15 minutos a preparar la mayonesa de cilantro y lima y tu marinada, y ponlo todo en la nevera en previsión del día siguiente.

El lunes por la mañana, dedica apenas 2 minutos a pasar la carne y la marinada a una bolsa reutilizable de plástico grande con cierre. Extrae el aire y vuelve a meter en la nevera. Las 8 horas que vas a pasar trabajando duro en el despacho son las que pasará tu bistec ablandándose y adquiriendo nuevos sabores. (No te preocupes si pasan más de 8 horas entre que sales de casa y llegas por la noche: una o dos horas más o menos no afectan en este caso.)

Llega el lunes por la noche, vuelves a casa y lo único que tienes que hacer es cortar unas verduras, freír el bistec y aliñar la ensalada. La cena, lista en 20 minutos. ¿Lo ves? Es muy fácil.

Y si quisieras planificar con mucha antelación, podrías reservar incluso una pequeña parte de la marinada en otro recipiente cuando la hagas, para poder regar con ella la carne ya cocinada justo antes de servirla, para añadir todavía más sabor. (Por favor, no reutilices la marinada después de que haya estado en contacto con la carne cruda. ¡Puaj!)

En el libro te indicamos claramente los largos tiempos de cocción (como en el caso del pecho de ternera de la pág. 234) y los tiempos de marinado de cada receta, así que presta atención a esas indicaciones durante tus sesiones de planificación. Si lo haces así, no te enfadarás con el libro de recetas ni tendrás que comer carnes duras, secas e insípidas nunca más.

Pecho de ternera braseado

PARA 2 PERSONAS

TIEMPO DE PREPARACIÓN: 15 minutos

TIEMPO DE COCCIÓN: 4 horas

TIEMPO TOTAL: 4 horas 15 minutos

---

1 cucharada de sal

1 cucharadita de pimienta negra

700 g de pecho de ternera, bridado

3 cucharadas de grasa de cocción

½ cebolla mediana, pelada y en cuartos

4 dientes de ajo pelados

2 ramas de tomillo fresco

5 tazas de caldo de huesos de ternera (pág. 196) o de agua

Podrías saltarte el primer paso, pero no lo recomendamos: dorar el pecho de ternera crea una especie de corteza en el exterior y un sabor rico e intenso en el interior. Créenos, vale la pena el esfuerzo adicional (y si usas la misma sartén para el fogón y el horno, no aumenta la pila de platos por fregar).

⭐ PARA LA OLLA DE COCCIÓN LENTA: *Este es un plato perfecto para preparar por la mañana; así tendrás la cena hecha cuando llegues a casa del trabajo. Añade todos los ingredientes en la olla de cocción lenta, y vierte caldo o agua hasta que cubra la carne (seguramente no llegará a 5 tazas). Cubre y cocina a calor bajo durante 8-9 horas. Si dispones de tiempo, sigue las instrucciones de la receta y dora antes el pecho en el fuego para que tenga más sabor.*

PRECALIENTA el horno a 175 °C.

MEZCLA la sal y la pimienta en un recipiente pequeño y úsalo para sazonar el pecho uniformemente por ambos lados.

EN una cazuela de tipo *cocotte* o una cazuela resistente a la llama directa, derrite la grasa de cocción a fuego medio-alto para que cubra todo el fondo. Cuando la grasa esté caliente, añade el pecho y séllalo hasta que adquiera un tono marrón dorado, unos 2 minutos por lado. Retira el pecho del recipiente.

BAJA el fuego a medio y en el mismo recipiente añade la cebolla. Cocínala rascando el fondo de la cazuela con una cuchara de madera para que no se queme, durante 2 o 3 minutos o hasta que la cebolla esté blanda. Añade el ajo y cocina hasta que desprenda aroma, aproximadamente un minuto. Añade el tomillo, el caldo o el agua, y el pecho, calienta a fuego medio-alto y llévalo todo a ebullición.

TAPA la cazuela, métela en el horno y cocina la carne, dándole la vuelta cada hora, unas 3,5 o 4 horas, hasta que esté tierna al clavar un tenedor.

COLOCA el pecho en una fuente y méchalo o córtalo muy fino, desechando el exceso de grasa. Desecha también las ramitas de tomillo.

CON ayuda de un cucharón pasa el líquido resultante de la cocción, la cebolla y el ajo de la cazuela a una batidora o procesador de alimentos. Tritura la salsa completamente. Vuelve a poner la cazuela en el fuego, vierte la salsa triturada en ella y, a fuego medio-alto, espera a que rompa el hervor. Cuece hasta que la salsa cubra el reverso de una cuchara de madera: unos 5 minutos.

SIRVE el pecho caliente, con la salsa.

CONVIÉRTELO EN UNA COMIDA COMPLETA: Este plato puede convertirse fácilmente en una cena añadiendo 2 boniatos pelados y cortados en cuartos, una calabaza cacahuete grande pelada y en dados y/o 4-6 zanahorias mal cortadas a la cazuela para que se cocinen con el pecho.

Bistec a la parrilla con aguacate y puré de ajo y chalota

PARA 2 PERSONAS

TIEMPO DE PREPARACIÓN: 15 minutos

TIEMPO DE COCCIÓN: 25 minutos

TIEMPO TOTAL: 40 minutos

---

2 bistecs (150 g cada uno) para hacer a la parrilla (solomillo, entrecot, chuletón, filete)

1 cucharadita de sal

1 cucharadita de pimienta negra

2 dientes de ajo pelados

1 chalota pelada

2 cucharadas de aceite de oliva virgen extra

1 aguacate cortado a lo largo, deshuesado y pelado

Al asar la chalota y el ajo se intensifican sus sabores, pero si quieres ahorrar 20 minutos en esta receta se puede saltear en vez de asar: primero pica la chalota y el ajo. Calienta una sartén grande a temperatura media-alta. Añade una cucharada de grasa de cocción y mueve la sartén hasta que cubra uniformemente todo el fondo. Añade la chalota y póchala hasta que esté traslúcida (2-3 minutos). Después incorpora el ajo y cocina hasta que desprenda aroma (1 minuto). Tritúralo con la batidora como se indica.

SACA los bistecs de la nevera 30 minutos antes de prepararlos. Precalienta una parrilla a temperatura alta (250 °C) y el horno a 175 °C. Forra una bandeja de horno con papel de aluminio.

MEZCLA la sal y la pimienta en un cuenco pequeño y usa dos terceras partes de la mezcla para sazonar la carne.

CUBRE el ajo y la chalota con una cucharada de aceite de oliva y colócalo todo sobre la bandeja de horno. Sazona uniformemente con el resto de la sal y la pimienta. Ásalo en el horno durante 25 minutos, hasta que los dientes de ajo estén totalmente blandos. Pasa las chalotas y el ajo a la picadora o procesador de alimentos, añade el resto del aceite y conviértelo en una pasta. Colócala en un plato, cubre con papel de aluminio para que se mantenga caliente y reserva.

COLOCA los bistecs en la parrilla y sella durante 2-3 minutos. Cuando estén bien sellados, se despegarán fácilmente de la parrilla. Dales la vuelta y séllalos por el otro lado (el segundo lado no tarda tanto, 1-2 minutos, o hasta que la carne alcance el punto deseado; véase la guía en la pág. 172). Deja que los bistecs reposen 5-10 minutos.

ENTRETANTO, pasa las mitades del aguacate deshuesado por la parrilla durante 3-4 minutos, hasta que estén ligeramente doradas.

DISPÓN el aguacate y los bistecs en platos y cubre la carne con la pasta tibia de ajo y chalota.

CONVIÉRTELO EN UNA COMIDA COMPLETA: Este bistec tan sabroso va muy bien con una ensalada de remolacha asada, naranja y aguacate (pág. 310), o con judías verdes con cebolla, champiñones y pimiento (pág. 300).

⭐ PREPARAR BISTECS A LA PARRILLA: *Cuando dejas que un bistec esté a temperatura ambiente antes de pasarlo por la parrilla, evitas que el exterior se pase demasiado (porque el interior no está frío y, por tanto, tarda menos en hacerse). Y no ataques ese delicioso filete recién salido de la parrilla. ¡Déjalo reposar! Si lo cortas recién salido del fuego, todos sus jugos (y su sabor) se derramarán sobre el plato, y la carne te quedará más seca y menos sabrosa. Si lo dejas reposar, se enfriará ligeramente y las fibras musculares se relajarán y retendrán todos esos deliciosos jugos en la carne.*

Brochetas de ternera con chimichurri

PARA 2 PERSONAS

TIEMPO DE PREPARACIÓN: 20 minutos

TIEMPO DE MARINADO: 1-8 horas

TIEMPO DE COCCIÓN: 15 minutos

TIEMPO TOTAL: 35 minutos más marinado

---

450 g de carne magra para bistec (solomillo, babilla, lomo)

1,5 tazas de chimichurri (pág. 326)

1 pimiento morrón rojo, amarillo o naranja, despepitado, sin nervios, en dados de 4 cm

1 cebolla cortada en 6 cuñas

1 calabacín cortado en láminas de 4 cm de grosor

Si no tienes parrilla, tienes otras dos opciones para preparar tus brochetas. En primer lugar, comprar una sartén tipo plancha para hacerlas en los fogones, siguiendo las mismas indicaciones: es como una barbacoa, pero sin mosquitos. Si no, las brochetas pueden gratinarse primero y después asarse. Precalienta el horno en función gratinado (o a 260 °C) y coloca las brochetas en una bandeja forrada de papel de aluminio. Ásalas 3 minutos, dales la vuelta y asa 3 minutos más. Baja la temperatura del horno a 175 °C y cubre las brochetas con el chimichurri pintándolas con un pincel. Hornéalas hasta que alcancen el punto de cocción deseado, entre 12 y 15 minutos.

SI usas pinchos de madera, sumérgelos en agua entre 30 minutos y 1 hora para evitar que se quemen.

METE la carne en una bolsa de plástico con cierre o un cuenco no reactivo con tapa. Cubre la carne con una cantidad suficiente de chimichurri (una taza aproximadamente), hasta que quede bien impregnada. Sella la bolsa o cubre el cuenco y deja la carne marinar en la nevera entre 1 y 8 horas; cuanto más tiempo, mejor, sobre todo con cortes de carne más duros. (Si quieres dejarla marinando toda la noche, adelante.)

SACA la carne de la nevera 30 minutos antes de cocinarla. Precalienta la parrilla a temperatura alta (260 °C).

RETIRA la carne de la marinada y desecha la marinada. Prepara las brochetas ensartando un trozo de carne, uno de pimiento, uno de cebolla y uno de calabacín en los pinchos mojados, alternando carne y verduras. Deberían salirte unas seis brochetas.

ASA las brochetas a la parrilla directamente a fuego fuerte durante 2 minutos por lado. Baja el fuego a temperatura media (o pasa las brochetas a una fuente de calor indirecto). Asa hasta que estén hechas a tu gusto, entre 12 y 15 minutos, y sírvelas con el resto del chimichurri. (La mejor manera de comprobar si están a tu gusto es sacar una brocheta del fuego y cortar un trozo de carne para ver qué color tiene.)

CONVIÉRTELO EN UNA COMIDA COMPLETA: Este plato favorito de las barbacoas de verano combina muy bien con la ensalada de sandía (pág. 379) y la ensalada de col verde (pág. 302).

⭐ MARINADOS: *No marines en cuencos de cobre, hierro colado, aluminio ni plástico que se manche con facilidad. Al añadir alimentos muy ácidos como cítricos o salsas de tomate a esos recipientes, pueden reaccionar con el metal y absorber un sabor metálico que traspasará a tu plato. Escoge cuencos no reactivos, de vidrio o acero inoxidable. Marina siempre en la nevera para evitar el crecimiento de bacterias y asegúrate de desechar cualquier resto de marinada, porque ha estado en contacto con carne cruda.*

Ensalada de ternera con mayonesa de cilantro y lima

PARA 2 PERSONAS

TIEMPO DE PREPARACIÓN: 20 minutos

TIEMPO DE MARINADO: 1-8 horas

TIEMPO DE COCCIÓN: 20 minutos

TIEMPO TOTAL: 40 minutos más marinado

½ taza de aceite de oliva virgen extra

zumo de 4 limas

¼ de taza de cebolla picada fina

2 dientes de ajo picados

2 cucharadas de cilantro fresco mal cortado

1 cucharadita de mostaza en polvo

450 g de carne de ternera (aleta, solomillo o culata)

4 tazas de hojas para ensalada

1 aguacate, cortado longitudinalmente, deshuesado, pelado y en dados grandes

½ taza de tomates cherry cortados por la mitad

1 pimiento morrón rojo, amarillo o naranja despepitado, sin nervios, en dados grandes

½ taza de mayonesa de cilantro y lima (pág. 330)

La carne se puede cambiar fácilmente por pollo, gambas, salmón o bacalao. El tiempo de marinado para el pollo es el mismo, pero en el caso del pescado solo hay que «empaparlo» durante 20 minutos; si se deja más tiempo, el ácido de la lima empieza a convertir el pescado en una pasta. Para la versión vegetariana, usa huevos duros en vez de carne.

PARA preparar la marinada, introduce en una picadora o procesador de alimentos el aceite de oliva, el zumo de lima, la cebolla, el ajo, el cilantro y la mostaza en polvo y tritura a velocidad lenta. Coloca la carne en una bolsa reutilizable de plástico con cierre o en un cuenco no reactivo con tapa y añade la marinada. Sella la bolsa o cubre el cuenco y deja marinar en la nevera entre 1 y 8 horas; cuanto más tiempo, mejor, sobre todo para cortes de carne más duros. (Puedes dejarla marinando toda la noche, o prepararla por la mañana antes de salir de casa.)

SACA la carne de la nevera 30 minutos antes de cocinarla. Precalienta el horno a 175 °C. Calienta la parrilla a temperatura alta (260 °C) o calienta una sartén gruesa a fuego fuerte en el fogón. Forra una bandeja de horno con papel de aluminio.

RETIRA la carne de la marinada y desecha la marinada. En la parrilla o sartén bien caliente, sella la carne hasta que se forme una costra ligera, 2-3 minutos por lado. Transfiere la carne a la bandeja de horno preparada. Ásala al horno entre 8 y 15 minutos (dependiendo del grosor) hasta que alcance el punto deseado. (En la pág. 172 encontrarás consejos sobre puntos de cocción.) Deja reposar la carne entre 5 y 10 minutos, y córtala en láminas finas.

MIENTRAS la carne reposa, introduce las hojas de ensalada, el aguacate, el tomate y el pimiento en un cuenco grande, y después divídelo todo entre dos platos.

COLOCA las tiras de carne sobre la ensalada. Añade una cucharada de agua (o más) a la mayonesa de cilantro y lima y mezcla bien, hasta que adquiera la consistencia de un aliño. Esparce el aliño sobre la carne y las verduras, y sirve.

⭐ HOJAS DE ENSALADA: *Para este plato puedes escoger hojas más consistentes, para que resistan mejor el calor de la carne y la fuerza del aliño. Prueba con lechuga romana, endivias o rúcula, o haz un lecho de espinacas baby o col rizada en los meses fríos. Si sirves las sobras frías, estarán deliciosas con lechuga francesa o mantecosa.*

Pimientos rellenos

PARA 2 PERSONAS

TIEMPO DE PREPARACIÓN: 20 minutos

TIEMPO DE COCCIÓN: 30 minutos

TIEMPO TOTAL: 50 minutos

4 pimientos morrones rojos, amarillos o naranjas (a ser posible redondeados)

3 cucharadas de grasa de cocción

¼ de taza de cebolla picada fina

2 dientes de ajo picados (o 1 cucharadita de ajo en polvo)

4 hojas de col rizada, sin tallo, picadas finas

450 g de carne picada (ternera, cordero, bisonte)

2 cucharadas de tomate concentrado

¼ de cucharadita de comino

¼ de cucharadita de pimentón picante

½ cucharadita de sal

¼ de cucharadita de pimienta negra

1 taza de calabaza de invierno, pelada y picada fina

Este plato casi pide que uses todas las verduras que te sobran y que tienes en la nevera. Puedes sustituir la col rizada por champiñones picados, espinacas, coliflor o brócoli, o añadir estos a la col rizada. Cuantas más verduras añadas a la mezcla, más pimientos necesitarás para que quepa todo el relleno, así que compra uno o dos más por si acaso; o disfruta del relleno sobrante en ensaladas, o en un cuenco, aliñado con pesto (pág. 335) o con aliño ranchero (pág. 336) para almorzar al día siguiente.

PRECALIENTA el horno a 175 °C. Forra una fuente de horno honda con papel vegetal.

CON un cuchillo de punta afilada, corta en redondo la parte superior de los pimientos y, con cuidado, quítales los nervios. Desecha el centro con las semillas. Coloca los pimientos en la fuente. Hornea 10 minutos hasta que se ablanden. Reserva.

ENTRETANTO, funde la grasa de cocción en una sartén grande a fuego medio, y remueve para que se distribuya uniformemente por el fondo. Cuando la grasa esté caliente, añade la cebolla y cocina, removiendo con una cuchara de madera, durante 2-3 minutos, hasta que esté traslúcida. Añade el ajo y sigue cocinando hasta que desprenda aroma. Añade la col rizada y cocina un minuto, revolviendo. A continuación, añade la carne picada y cocínala, separándola con una espátula o cuchara de madera, mezclándola con las verduras durante 2-3 minutos. Vierte el puré de tomate concentrado, el comino, el pimentón picante, la sal y la pimienta. Cocina entre 7 y 9 minutos, hasta que la carne esté marrón casi en su totalidad. Añade la calabaza y sigue cociendo hasta que esté casi blanda, unos 2-3 minutos.

DIVIDE la mezcla de carne y verduras equitativamente e introdúcela en los pimientos. Vuelve a meterlos en el horno y ásalos unos 10 minutos, hasta que adquieran un aspecto arrugado y la carne se vea ligeramente dorada por arriba.

⭐ ESTABILIZAR LOS PIMIENTOS: *Si los pimientos no se asientan bien en la fuente, corta un poco la base para crear una superficie plana. Rebana solo ligeramente la base con el cuchillo, para que no se forme un agujero por el que se escapen la carne y los jugos.*

AVES

VAMOS A JUGAR A UN JUEGO: Nosotros diremos la palabra *pollo* y tú dirás lo primero que se te pase por la cabeza. ¿Ya? «Pollo.»

¿Has dicho «seco», «aburrido», «correoso» o «psepse»? Ya nos lo imaginábamos. El pollo (y el pavo, y la carne de ave en general) tiene fama de ser algo así como la aburrida de las carnes, y es probable que no te entusiasme la idea de consumir más pollo aún. Pero tenemos que darte un consejo que va a cambiar para siempre tu opinión sobre el pollo. ¿Lo quieres ya?

Deja de cocinar en exceso las carnes de ave.

En serio. Tú crees que no te gusta el pollo, pero lo que ocurre es que lo estás cocinando mucho más de la cuenta y te queda seco, correoso e insípido. Sabemos que te preocupan los peligros de las carnes de ave crudas y no te sugerimos, ni mucho menos, que te comas el pollo crudo. Pero hay algunas cosas que puedes hacer para asegurarte de que el pollo esté cocido y al mismo tiempo jugoso, tierno y lleno de sabor.

En primer lugar, golpéalo. Cómprate un martillo ablandador de carne (pág. 162) y aporrea las pechugas de pollo hasta que tengan un grosor uniforme. De ese modo evitarás que las partes finas se sequen mientras esperas a que las más gruesas terminen de cocinarse. Este paso dura aproximadamente 60 segundos y, además, funciona como terapia antiestrés.

Después está el sellado. Es una técnica que describimos en varias recetas, pero la idea es sencilla: hay que calentar bien la sartén y el aceite, colocar la pechuga de pollo en ella y dejarla ahí, sin moverla, unos minutos. No la pinches ni la muevas, ni agites la sartén. Déjala donde está para que se forme una costra dorada (unos 3-4 minutos). Sabrás que está hecha cuando se separe fácilmente de la sartén y no se pegue. Opcionalmente, puedes darle la vuelta y sellarla por el otro lado, o seguir con tu técnica de cocción. De esa manera, los jugos del pollo quedan atrapados en el interior (que es donde deben estar), en lugar de escaparse por la sartén.

Por último, no te fíes de las apariencias y usa un termómetro para carne (pág. 160) para saber si ya está hecho. Según los expertos, un pollo se considera bien cocido (desde el punto de vista sanitario) cuando alcanza los 74 °C. Pero ten en cuenta que la carne sigue cocinándose incluso cuando ya se ha retirado del fuego. Si esperas a que el ave que cocinas llegue a los 74 °C (o 75 °C, para ir sobre seguro) antes de retirarla del fuego, seguirá cociéndose en el plato y el resultado será un pollo seco y duro.

Introduce el termómetro en la parte más gruesa del ave, sin que toque el hueso. Si preparas unas pechugas deshuesadas (ya las has golpeado para igualarlas, ¿verdad?) tendrás que demostrar algo de creatividad e introducirlo por los lados. No pierdas de vista la temperatura cuando te vayas acercando a los tiempos de cocción recomendados, y retira la pieza del fuego cuando esté a 71 °C. Deja que «repose» (que se quede sobre la encimera de la cocina, o en una fuente de servir) 5 minutos, o hasta que el termómetro marque 74 °C.

¡Perfecto! Un ave deliciosa, cocinada uniformemente, jugosa, tierna y llena de sabor. ¿Lo ves? Sí te gusta el pollo.

UN CONSEJO DE REGALO: Marinar o macerar las aves antes de cocinarlas puede impregnarlas de sabores deliciosos. Nosotros te sugerimos varias marinadas en la sección de aliños y salsas (a partir de la pág. 322), pero existe una técnica de macerado rápida que puede emplearse con cualquier ave, tanto si es entera como por partes (pechuga o muslo):

Mezcla un cuarto de taza de sal en 4 tazas de agua tibia hasta que la sal se disuelva totalmente, e introdúcelo en una bolsa de cierre reutilizable junto con el ave que vayas a cocinar. (Asegúrate de que la pieza quede totalmente cubierta; duplica la cantidad de macerado si es necesario.) Deja en la nevera de 30 minutos a una hora. Retira el ave del macerado y sécala bien. Procede con la receta de la pechuga de pollo sellada perfecta de la página 175 y prepárate, porque te va a sorprender.

Puedes incluso mezclar varias hierbas aromáticas y especias (como jengibre o ajo picado, ramitas de romero, tomillo, salvia, rodajas de cítricos u hojas de laurel) con el macerado para aportar más sabor todavía.

Ahora ya te encanta el pollo. Feliz día.

Albóndigas de pollo

PARA 2 PERSONAS
TIEMPO DE PREPARACIÓN: 20 minutos
TIEMPO DE COCCIÓN: 15 minutos
TIEMPO TOTAL: 35 minutos

---

450 g de muslo de pollo picado

1 huevo grande batido

¼ de cebolla picada fina

2 dientes de ajo picados

2 cucharaditas de orégano fresco picado (o 1 cucharadita de orégano seco)

1 cucharadita de sal

½ cucharadita de pimienta negra

2 cucharadas de grasa de cocción, o más si hace falta

Aunque no es necesario, si dispones de alguna harina que no sea de cereal en la despensa, puedes añadir un cuarto de taza de harina de almendra o 2 cucharadas de harina de coco a la mezcla de carne para que las albóndigas adquieran una textura más densa. Modifica el sabor de este plato cambiando el orégano por romero, salvia o tomillo frescos. O añade dos cucharadas de tu salsa picante favorita a la mezcla y sírvelas con aliño ranchero (pág. 336). Estas albóndigas también están deliciosas recalentadas, por lo que puedes preparar doble ración y tenerlas listas para varias comidas.

PRECALIENTA el horno a 175 °C. Forra una bandeja de horno con papel vegetal.

MEZCLA bien el pollo picado, el huevo, la cebolla, el ajo, el orégano, la sal y la pimienta en un bol grande. Da forma a entre 15 y 20 albóndigas del tamaño de una pelota de golf.

FUNDE la grasa de cocción en una sartén grande a fuego medio-alto. Cuando esté caliente, añade las albóndigas (en función del tamaño de la sartén, tendrás que cocinarlas por tandas). Deja que se hagan unos 30 segundos por lado, girándolas con frecuencia para evitar que se quemen hasta que estén uniformemente doradas; 5 minutos en total. Baja el fuego y añade más grasa de cocción si la sartén empieza a humear.

TRASLADA las albóndigas a la bandeja preparada y mételas en el horno para que terminen de cocerse durante 8-10 minutos, hasta que su temperatura interna alcance los 70 °C. Déjalas reposar 5 minutos y sirve.

CONVIÉRTELAS EN UNA COMIDA COMPLETA:
Acompaña estas albóndigas con salsa de pimiento rojo asado (pág. 336), con salsa de tomate (pág. 344) o con pesto (pág. 335), y sirve sobre calabaza espagueti asada (pág. 314), o rematando nuestro *ratatouille* (pág. 308).

⭐ «ESPAGUETIS» DE VERDURAS: *Las albóndigas piden a gritos que las acompañes de unos fideos. ¿Sabías que puedes elaborar fideos a partir de muchas verduras si dispones del utensilio adecuado? Los cortadores en juliana van muy bien para hortalizas más blandas como el pepino o el calabacín (ver nuestras gambas al romesco con fideos de calabacín en la pág. 264), pero a veces se tarda demasiado para preparar raciones más abundantes. Un cortador espiral sirve para convertir casi cualquier cosa (patata, zanahoria, chirivía e incluso manzana) en unas tiras con aspecto de espagueti, y el proceso es tan divertido que tus hijos (o tu pareja) querrán participar en la preparación. Elabora tus «fideos» favoritos y déjalos crudos o cocínalos al vapor hasta que estén al dente (pruébalos a menudo, porque demasiado cocidos no valen nada), y sirve.*

Picadillo de pollo de Melissa

PARA 2 PERSONAS

TIEMPO DE PREPARACIÓN: 15 minutos

TIEMPO DE COCCIÓN: 5-10 minutos

TIEMPO TOTAL: 20-25 minutos

---

2 cucharadas de grasa de cocción

450 g de muslo de pollo deshuesado, en dados de 1,5 cm

½ cucharadita de sal

½ cucharadita de pimienta negra

½ cucharadita de nueces cortadas

1 boniato pelado y rallado

1 manzana Granny Smith pelada, sin corazón y en dados

½ cucharadita de copos de pimiento rojo

¼ de cucharadita de sidra de manzana

2 puñados generosos de rúcula o espinacas baby

Melissa Hartwig creó esta receta una mañana, cansada de tantos huevos, y descubrió que el pollo y la manzana son una combinación especialmente deliciosa. Una noche, durante una cena, compartió su idea de desayuno sin huevo con el chef Richard, que imaginó la manera de añadirle textura y sabor gracias a las nueces y el vinagre de sidra de manzana. Es uno de los desayunos sin huevo preferidos de Melissa.

EN una sartén grande, calienta la grasa de cocción a fuego medio, removiendo para que el fondo quede bien cubierto. Cuando la grasa esté caliente, añade el pollo, asegurándote de no amontonar los trozos. Salpimiéntalo. Cocina unos 2-3 minutos hasta que esté dorado. Dale la vuelta para que se dore por todos los lados, añade las nueces y cocina hasta que el pollo se oscurezca y las nueces queden tostadas, 2 o 3 minutos más. (Agita la sartén de vez en cuando para que las nueces no se quemen.) Añade el boniato, la manzana y los copos de pimiento rojo y déjalo al fuego, removiendo a menudo, hasta que el pollo esté bien cocido, unos 3-4 minutos.

AÑADE la sidra de manzana y mezcla bien todos los ingredientes, rascando un poco el fondo de la sartén con una cuchara de madera para despegar cualquier trozo sabroso. Añade la rúcula y cocina otros 30 segundos, removiendo suavemente para que las hojas se ablanden un poco. Sirve al momento.

⭐ SOBRAS: *Para ahorrar tiempo, también puedes cortar en espiral el boniato en lugar de rallarlo. Usa el cortador espiral para crear unos fideos finos, y luego córtalos en trozos de 2,5 cm y cocínalos como se indica. Este plato también resulta delicioso frío, como una ensalada de pollo más sofisticada. Coloca las sobras sobre un lecho de hojas de ensalada, alíñalo con un poco de aceite de oliva y vinagre de sidra de manzana, y decóralo con un poco de aguacate en dados.*

Pollo a la plancha con salsa de curry y coco

PARA 2 PERSONAS

TIEMPO DE PREPARACIÓN: 15 minutos

TIEMPO DE COCCIÓN: 15 minutos

TIEMPO TOTAL: 30 minutos

---

3 cucharadas de grasa de cocción

½ cebolla picada fina

2 dientes de ajo picados

1 cucharada de polvo de curry amarillo

1 taza de tomate triturado de lata

½ taza de crema de coco (pág. 196)

1 cucharadita de sal

½ cucharadita de pimienta negra

680 g de pechuga de pollo abierta, con hueso y piel (2 piezas)

1 lima en cuartos

No eches toda la salsa de curry al pollo; una vez que la mezcla haya entrado en contacto con la carne cruda, tendrás que desecharla. Es mejor colocar el pollo en un cuenco poco profundo y verter un poco de salsa sobre el pollo. Extiéndela con un pincel o con las manos, dale la vuelta y repite la operación por el otro lado. Reserva la salsa sobrante para rematar el plato con ella antes de servir, o úsala para acompañar mañana el pollo, unas gambas o unas verduras.

PARA preparar la salsa de curry, funde la grasa de cocción en una cazuela plana a temperatura media y revuelve para que se distribuya uniformemente por el fondo. Cuando la grasa esté caliente, añade la cebolla y sofríela hasta que quede traslúcida (2-3 minutos). Añade el ajo y revuelve hasta que desprenda su aroma (unos 30 segundos). Agrega el curry en polvo y remueve unos 15-20 segundos, con cuidado de que no se queme. Añade el tomate triturado y sofríe hasta que espese (unos 5 minutos). Pasa el contenido de la cazuela a una picadora o procesador de comida y tritura hasta que quede un puré fino. Viértelo en un cuenco mezclador y déjalo enfriar. Añade la crema de coco, la sal y la pimienta, y mezcla.

COLOCA el pollo en un cuenco poco profundo. Vierte un poco de salsa sobre él y píntalo por los dos lados.

PRECALIENTA la plancha o parrilla a temperatura alta (260 °C).

SACA el pollo de la salsa de curry y desecha la salsa que sobre. Coloca la pechuga con la piel hacia abajo en la plancha para que se selle y se cocine hasta que esté dorada, unos 2 minutos. (Cuando la carne esté bien sellada, se despegará con facilidad, así que no aceleres este paso.) Dale la vuelta al pollo para que el hueso quede hacia abajo, y sitúalo para que el calor que le llegue sea indirecto. Cubre con la tapa de la parrilla y sigue cociendo hasta que la temperatura interior de la carne sea de 71 °C o hasta que la carne de la pechuga vuelva a su sitio cuando la presiones con un dedo. Este paso tarda unos 10-15 minutos, dependiendo del grosor de la pechuga.

DEJA reposar el pollo unos 5 minutos. Sirve con un chorrito de zumo de lima y la salsa de curry que has reservado.

CONVIÉRTELO EN UNA COMIDA COMPLETA: Esta receta combina muy bien con el arroz de coliflor (pág. 292) y con la col rizada salteada con almendras (pág. 318), o con pimiento verde, cebolla y piña (pág. 182).

⭐ POLLO ASADO CON SALSA DE CURRY Y COCO. *Si no tienes plancha o parrilla, puedes preparar el pollo al horno. Caliéntalo en función gratinado a 260 °C y coloca el pollo crudo en una fuente. Sella el pollo en el horno unos 5 minutos. Baja la temperatura del horno a 175 °C. Pinta la pechuga con la salsa de curry y termina de asar en el horno durante 10-15 minutos (en función del grosor de la pechuga), hasta que la temperatura interior de la carne alcance los 71 °C.*

Ensalada de pollo de corral a la parrilla

PARA 2 PERSONAS

TIEMPO DE PREPARACIÓN: 20 minutos

TIEMPO DE COCCIÓN: 10 minutos

TIEMPO TOTAL: 30 minutos

½ cucharadita de sal

½ cucharadita de pimienta negra

½ cucharadita de comino molido

½ cucharadita de chile en polvo

½ cucharadita de ajo en polvo

½ cucharadita de cebolla en polvo

450 g de pechuga deshuesada y sin piel

4 tazas de hojas de lechuga (en trozos de 2,5 cm)

½ manzana Granny Smith sin corazón, en láminas o en dados

½ pepino, en láminas o en dados

¼ de taza de arándanos desecados (endulzados con zumo de manzana)

vinagreta de frambuesa y nueces (pág. 348)

Si no encuentras arándanos endulzados con zumo de manzana, sustitúyelos por uvas pasas o pasas de Corinto. Para prepararte un almuerzo de oficina perfecto, coloca la ensalada en un tarro grande con asa y tapa, y tápalo. Ve distribuyendo los ingredientes por capas siguiendo el orden indicado para que quede perfecta y no se ablande: aliño, pollo (asegúrate de que esté frío antes de introducirlo), verduras y fruta, y tanta lechuga como te quepa encima de todo. Cuando llegue la hora de comer, agita y sirve.

PRECALIENTA una parrilla a una temperatura media-alta (entre 190 y 230 °C).

EN un cuenco pequeño, mezcla la sal, la pimienta, el comino, el chile en polvo, el ajo en polvo y la cebolla en polvo. Aliña el pollo con esa mezcla de manera uniforme. Asa el pollo a la parrilla, dándole la vuelta una vez, hasta que la temperatura interior alcance los 71 °C o hasta que la carne vuelva a su posición después de presionarla (3-4 minutos por lado). Deja reposar el pollo 5 minutos antes de cortarlo en tiras finas.

EN una ensaladera grande, combina la lechuga, la manzana, el pepino y los arándanos. Remata con las tiras de pollo. Revuelve ligeramente todos los ingredientes con la vinagreta justo antes de servir.

⭐ ALTERNATIVAS PARA EL POLLO: *¿No te apetece encender la parrilla? Aprende nuestra técnica del pollo entero asado perfecto (pág. 175). ¿No tienes tiempo para cocinar? Compra un pollo asado apto para el Whole30 (y usa la carcasa para preparar el caldo de huesos de la pág. 195), añade un poco de la ensalada de proteínas (pág. 179) que te sobra en la nevera, o sustitúyelo por pollo, atún o salmón enlatados, o por huevos duros.*

Vasitos de pepino thai

PARA 2 PERSONAS
TIEMPO DE PREPARACIÓN: 20 minutos
TIEMPO DE COCCIÓN: 15 minutos
TIEMPO TOTAL: 35 minutos

2 dientes de ajo picados

1 cucharada de jengibre fresco picado

½ jalapeño despepitado y picado

zumo y ralladura de 2 limas

½ taza + 2 cucharadas de aceite de oliva virgen extra

¼ de cucharita de sal

¼ de cucharadita de pimienta negra

½ taza de anacardos

1 taza de champiñones blancos, cremini o portobello, mal cortados

¼ de taza de pimiento morrón rojo, amarillo o naranja, picado fino

2 cucharadas de cebolla tierna en tiras finas

450 g de pavo picado

4 pepinos vaciados para formar vasitos (véase más abajo)

2 cucharadas de cilantro fresco picado

Los vasitos de pepino convierten este plato en el aperitivo perfecto, en algo que llevar a una fiesta o en el entrante ideal, pero pueden resultar demasiado laboriosos para una comida cualquiera de mediodía. El pavo, las verduras y el aliño resultan igual de deliciosos sobre un lecho de brotes tiernos, o envueltos en una hoja de lechuga, o como relleno de un pimiento, o como remate de cualquiera de nuestros «panecillos» sin pan de las páginas 191-192. También resulta delicioso recalentado por la mañana (y acompañado de uno o dos huevos fritos).

PARA preparar el aliño, mezcla y bate el ajo, el jengibre, el jalapeño y la ralladura y el zumo de lima en un cuenco mezclador mediano, no reactivo. Sin dejar de batir, incorpora media taza del aceite de oliva. Añade la sal y la pimienta. Reserva.

EN una sartén grande a temperatura media-alta, vierte una cucharada de aceite de oliva y remueve hasta que el fondo quede cubierto. Cuando esté caliente, añade los anacardos y tuéstalos, moviendo la sartén para que no se quemen, hasta que estén ligeramente dorados (2-3 minutos). Pásalos a una tabla de cortar, pícalos y déjalos enfriar.

EN esa misma sartén, a fuego medio-alto, calienta el aceite de oliva restante. Añade los champiñones y cocínalos durante 3 minutos, removiendo de vez en cuando. Incorpora el pimiento, la cebolla tierna y el pavo. Cocina, separando el pavo con una espátula o cuchara de madera, y mézclalo con las verduras, hasta que la carne esté bien dorada por todos lados (7-10 minutos).

RETIRA la sartén del fuego, añade la mayor parte del aliño y mezcla bien. Espolvoréalo todo con los anacardos picados.

CON ayuda de una cuchara, introduce la mezcla del pavo en los vasitos de pepino, espolvorea con cilantro picado y riégalo todo con el aliño sobrante.

⭐ VASITOS DE PEPINO: *Para preparar los vasitos de pepino, corta cada pepino en tres partes (de aproximadamente 5 cm cada una). Vacía la pulpa del interior con ayuda de una cucharilla o de un cortador de bolas de melón, pero no lo vacíes hasta la base, porque los vasitos tienen que contener la mezcla del pavo. Sazónalos ligeramente y colócalos sobre papel de cocina para escurrirlos bien.*

PESCADO Y MARISCO

AUNQUE EL WHOLE30 NO SE HA DISEÑADO ESPECÍFICAMENTE PARA VEGETARIANOS, contamos con seguidores fieles que prefieren prescindir en sus platos de la carne roja y las aves. La buena noticia es que el pescado y el marisco, sobre todo las variedades de pesca salvaje, están llenos de proteínas y nutrientes (incluidas las grasas omega-3, que tienen propiedades antiinflamatorias y se encuentran en pescados de aguas frías como el salmón). Hemos conocido a muchos pescetarianos que han completado el Whole30 recurriendo a una variedad de pescado/marisco y a huevos como única fuente de proteínas, con muy buenos resultados. (En la pág. 133 ofrecemos recomendaciones para vegetarianos y veganos.)

A veces, el pescado y el marisco intimidan a los que son nuevos en el mundo de la cocina. Se preguntan cómo saber si el pescado es fresco, si el congelado sabe igual de bien, y cómo se cocina.

La buena noticia es que el pescado, en realidad, es muy fácil y rápido de cocinar; las recetas que te proponemos, por lo general, requieren menos de 20 minutos de cocina activa, y es muy fácil sustituir un tipo de pescado por otro en ellas. Además, la relación calidad-precio del pescado y el marisco congelados los convierten en fuentes muy interesantes de proteínas saludables. Y no rechaces de entrada el pescado pequeño. Aunque nosotros aquí no hemos incluido ninguna receta concreta, el pescado pequeño, como la sardina, el arenque, la caballa y las anchoas, contiene abundantes grasas saludables y pocas toxinas.

El pescado puede dividirse en tres sencillas categorías en función de la textura de su carne: firme, moderadamente firme, quebradizo. Usa esta clasificación, porque te ayudará a la hora de sustituir un pescado por otro cuando el que te proponemos no está disponible (o te resulta demasiado caro).

FIRME: bagre, mero, fletán, lubina, pargo, llampuga, salmón, pez espada, atún.

MODERADAMENTE FIRME: cabracho, gamba, tilapia, lucio amarillo, reloj anaranjado, perca, trucha, caballa.

QUEBRADIZO: bacalao, platija, eglefino, vieira, bacalao *lingcod*, abadejo, bacaladilla.

Cuando compras pescado fresco, el mejor indicador es el olfato. Al olerlo, debe recordar al olor del agua marina, o a un pepino. (Es raro, pero es así.) Si desprende un olor fuerte, significa que ya no está

en su mejor momento, y es mejor no adquirirlo. La carne debe verse brillante y limpia, sin zonas apagadas ni descoloridas. Si te lo permiten, presiona la carne con un dedo. Debería volver enseguida a su posición anterior: si la hendidura se mantiene, sabrás que ese pescado no es superfresco. Asegúrate de cocinar o congelar el pescado fresco en los 2 días posteriores a su compra.

El pescado congelado de buena calidad no huele a nada, pero si hay cristales de hielo en el interior del pescado, eso significa que tiene algo de humedad y, probablemente, no sabrá tan bien. No descongeles nunca el pescado en la encimera; déjalo en la nevera la noche anterior (calcula 24 horas por 450 g) o, si tienes más prisa, métalo en un cuenco debajo del grifo de agua fría. Y una vez descongelado, cocínalo cuanto antes. No esperes más de un día y no vuelvas a congelarlo. Nunca.

Las vieiras se venden frescas y sin la concha, o bien congeladas y selladas al vacío. Ambas son opciones deliciosas que se cocinan muy rápido. También puedes comprar gambas frescas, congeladas o cocidas; estas últimas son una fantástica opción para añadir a una ensalada o a unas verduras que te hayan sobrado si quieres preparar un almuerzo o una cena en poco tiempo.

En todo caso, no intentes descongelar vieiras y gambas debajo del chorro de agua fría porque son alimentos muy sensibles y el agua puede perjudicar su textura. Hazlo en la nevera, o con agua fría, pero dentro de una bolsa. Y sécalas muy bien antes de cocinarlas.

Conviene controlar bastante el pescado durante la cocción. A diferencia de lo que ocurre con la carne, el pescado se pone duro cuanto más lo cocinas. No te alejes mucho del horno mientras preparas estas recetas, para evitar que las gambas tengan la textura correosa de un neumático de bicicleta. Y, ya que estás en la cocina de todos modos, ¿por qué no preparas un poco de mayonesa básica (pág. 197)? De hecho, la idea general del Whole30 debería ser esa: ya que estoy en la cocina esperando a que algo termine de hacerse, me anticipo y organizo algo para más adelante.

No, no hace falta que nos des las gracias por este consejo. Ya te lo agradecerás tú con el tiempo.

Barcos mexicanos de atún

PARA 2 PERSONAS

TIEMPO DE PREPARACIÓN: 10 minutos

---

1 aguacate deshuesado y pelado

2 latas (140 g cada una) de atún, escurrido

3 cebollas tiernas cortadas finas

zumo de 1,5 limas

½ jalapeño despepitado

1 cucharada de cilantro fresco

½ cucharadita de chile en polvo

½ cucharadita de sal

⅛ de cucharadita de pimienta negra

1 endivia, separada por hojas

Este plato es un almuerzo ideal: llévate el atún en un recipiente de vidrio y envuelve las hojas de endivia en un papel de cocina ligeramente humedecido y mét>elo todo en una bolsa reutilizable con cierre para que se mantengan crujientes. Si no, mete la ensalada de atún en una hoja de lechuga romana, o en un pimiento o tomate vaciado, o en un vasito de pepino como los de la página 254. Este plato también podría prepararse con pollo o salmón de lata, y su sabor se realzaría aún más con un poco de aliño ranchero (pág. 336) o de mayonesa de aguacate (pág. 330).

EN un cuenco de tamaño mediano, aplasta el aguacate con un tenedor, sin triturar del todo. Añade el atún al cuenco, separando las lascas con un tenedor, y mézclalo todo para que se una al aguacate. Añade la cebolla, el zumo de una lima, el jalapeño, el cilantro y el chile en polvo, salpimienta y mezcla bien.

CON ayuda de una cuchara, distribuye la pasta de atún y aguacate sobre las hojas de endivia. Espolvorea con un poco de chile. Exprime el zumo de la mitad restante de la lima y viértela por encima. Sirve.

CONVIÉRTELO EN UNA COMIDA COMPLETA: Aunque en este plato hay alguna verdura, falta algo de fuerza vegetal. Prueba a servir los rollitos de lechuga con boniato asado (pág. 316), con gazpacho (pág. 296), o con zanahorias crudas, tiras de pimiento morrón y apio con mayonesa de aguacate (pág. 330) para untar.

⭐ PICADORA DE VERDURAS: *Podrías reducir el tiempo de preparación con una picadora de verduras, con la que no se tarda nada en cortar en dados un jalapeño. Se consiguen a partir de unos 15 euros y, aunque no se trata de un utensilio de cocina imprescindible, agiliza un 74 % la preparación de platos como nuestra salsa picante (pág. 339) y el gazpacho (pág. 296).*

Fletán con glaseado de cítricos y jengibre

PARA 2 PERSONAS

TIEMPO DE PREPARACIÓN: 10 minutos
TIEMPO DE COCCIÓN: 20 minutos
TIEMPO TOTAL: 35 minutos

PARA EL GLASEADO

½ taza de sidra de manzana

zumo y ralladura de 2 limones

zumo de 1 naranja

½ cucharada de jengibre fresco rallado (o ½ cucharadita de jengibre molido)

PARA EL PESCADO

3 cucharadas de grasa de cocción

2 filetes de fletán (150 g cada uno)

1 cucharadita de sal

½ cucharadita de pimienta negra

El fletán es delicioso, pero también puede resultar caro. Puedes sustituirlo por cualquier variedad de pescado blanco, como bacalao fresco, rodaballo, mielga, eglefino o lubina rayada atlántica. Si no quieres exprimir la naranja a mano, sustituye el zumo por un cuarto de taza de zumo de naranja comprado.

PRECALIENTA el horno a 200 °C.

PARA EL GLASEADO: Calienta la sidra de manzana en un cazo pequeño a fuego medio-alto hasta que se reduzca y quede aproximadamente una cucharada (4-6 minutos). Añade el zumo de limón, el zumo de naranja y el jengibre, y deja al fuego hasta que se reduzca a la mitad (3-5 minutos). Retira el cazo del fuego y añade la ralladura de limón. Reserva.

PARA EL PESCADO: Calienta 2 cucharadas de la grasa de cocción en una sartén grande, y remueve para que se distribuya uniformemente por el fondo. Mientras se calienta, salpimienta el pescado. Cuando la grasa esté caliente, coloca los filetes con el dorso hacia abajo y sella durante 2-3 minutos. Mientras el pescado se sella, derrite la cucharada de grasa que queda (si es necesario), forra con papel vegetal una bandeja de horno y píntalo con el resto de la grasa fundida.

RETIRA el fletán de la sartén y pásalo a la bandeja con el lado sellado hacia arriba. Hornéalo durante 10-12 minutos, hasta que la carne casi no conserve la firmeza y las lascas se separen fácilmente con un tenedor. Traslada el pescado a una fuente de servir o emplátalo individualmente, y con ayuda de una cuchara cúbrelo con el glaseado inmediatamente antes de servir.

⭐ FLETÁN: *El fletán y otros pescados blancos tienen su ciencia a la hora de cocinarlos: es un pescado muy poco graso y se seca deprisa. Comprueba la cocción a menudo, y más cuanto más avanzada esté. Si te preocupa que pueda quedar demasiado hecho, sácalo justo antes de que creas que lo está (cuando la carne casi se separe con un tenedor) y déjalo en la bandeja durante un minuto, puesto que seguirá cocinándose aunque lo saques del horno. También puedes usar un termómetro para carne. Sácalo del horno cuando el centro del pescado esté entre 55 y 57 °C.*

CONVIÉRTELO EN UNA COMIDA COMPLETA: Combínalo con una ensalada de col verde (pág. 302) y el arroz de coliflor (pág. 292) si te apetece darte un festín de inspiración asiática. O sírvelo con nuestra ensalada de remolacha asada, naranja y aguacate (pág. 310) si te apetece algo fresco y sencillo.

Bacalao con cobertura de setas y pimiento rojo

PARA 2 PERSONAS

TIEMPO DE PREPARACIÓN: 10 minutos

TIEMPO DE COCCIÓN: 15 minutos

TIEMPO TOTAL: 25 minutos

---

450 g de bacalao fresco

½ cucharadita de sal

¼ de cucharadita de pimienta negra

2 cucharadas de grasa de cocción

¼ de cebolla picada fina

2 cucharaditas de jengibre fresco rallado (o ½ cucharadita de jengibre molido)

2 dientes de ajo picados

2 tazas de champiñones blancos, cremini o portobello, en láminas

1 taza de pimientos asados, picados

Este plato no figura en nuestra sección de «Comidas para impresionar», pero es genial, puede dejar boquiabiertos a los invitados. Además, nuestra sugerencia de acompañamiento, que es calabaza asada, se hace con el horno a 175 °C, por lo que el horno podrá con todo sin problemas. La calabaza tarda una hora en asarse a esa temperatura (suponiendo que los dados sean grandes), así que introdúcela en el horno unos 45 minutos antes de cocinar el pescado. O empieza preparando la coliflor al vapor justo antes de empezar a preparar el pescado: debería estar ya lista para poder pasarla por la picadora cuando el pescado salga del horno. Prepara el aliño con antelación y monta una ensalada mientras el pescado se esté haciendo, y así tendrás una comida de primera.

PRECALIENTA el horno a 175 °C. Forra con papel vegetal una bandeja de horno.

CORTA el pescado en porciones y quítale delicadamente la humedad con papel de cocina. Salpimienta uniformemente con un cuarto de cucharadita de sal y una octava parte de cucharadita de pimienta negra antes de llevarlo a la bandeja de horno. Ásalo durante 12-15 minutos, hasta que la carne del centro ya no parezca húmeda ni tenga una textura blanda al pincharla con un tenedor. El pescado estará cocido cuando las lascas apenas empiecen a poder separarse.

MIENTRAS el pescado se esté cocinando, vierte la grasa de cocción en una sartén grande y caliéntala a fuego medio. Cuando esté caliente, añade la cebolla y rehógala hasta que esté traslúcida, removiendo de vez en cuando (2-3 minutos). Añade el jengibre y remueve durante 30 segundos. Añade el ajo y remueve hasta que desprenda aroma (1 minuto). Añade los champiñones y sigue cocinando 1 o 2 minutos más sin dejar de revolver. Los champiñones soltarán humedad, irán uniendo los sabores y al poco tiempo empezarán a secarse. Añade entonces el pimiento rojo asado, el cuarto restante de sal y la octava parte restante de pimienta. Remueve 2 minutos más, dejando que el pimiento se caliente. Retira la sartén del fuego y reserva tapado para mantener caliente.

SACA el pescado del horno, esparce generosamente sobre él la mezcla de champiñones y pimiento y sirve inmediatamente.

CONVIÉRTELO EN UNA COMIDA COMPLETA: Este plato queda delicioso acompañado de una sencilla ensalada verde aliñada con nuestra vinagreta balsámica (pág. 348), y con una calabaza asada (págs. 184-185), o con un sencillo puré de coliflor (pág. 290).

⭐ SETAS DESHIDRATADAS: *Usando en este plato una mezcla de setas más exóticas deshidratadas (como shiitake, funghi porcini, colmenillas o rebozuelos), conseguirás potenciar el sabor y la textura de la cobertura, y el resultado final resultará más impresionante aún para los demás comensales. Vas a necesitar unos 85 g de setas deshidratadas para el plato. Atrévete a mezclar distintas variedades. Sumérgelas primero en agua templada durante 30 minutos, para rehidratarlas, y escúrrelas bien. Después córtalas en láminas (o en dados, en función de su forma y tamaño), y prepara tu «cobertura» tal como se indica.*

Gambas al romesco con fideos de calabacín

PARA 2 PERSONAS

TIEMPO DE PREPARACIÓN: 45 minutos

TIEMPO DE COCCIÓN: 10 minutos

TIEMPO TOTAL: 55 minutos

---

4 calabacines medianos (unas 4 tazas de «fideos»)

2 cucharadas de grasa de cocción

¼ de cebolla picada fina

2 dientes de ajo picados

450 g de gambas grandes, peladas y desvenadas

1 cucharadita de sal

½ cucharadita de pimienta negra

2 cucharaditas de hojas frescas de perejil

salsa romesco (pág. 338)

Puedes ahorrar 25 minutos de preparación si haces la salsa romesco con hasta 2 días de antelación. Este plato está igual de delicioso frío, sustituyendo la salsa romesco por pesto (pág. 335) y los fideos al vapor, por fideos fríos de pepino. También puedes «hacer trampa» y comprar las gambas ya cocidas; en ese caso, sáltate el final del paso 3 que consiste en añadir un cuarto de taza de agua para cubrir el guiso.

PELA los calabacines con un pelador normal. A continuación, usando el pelador en juliana, saca tiras largas de un lado de cada calabacín hasta llegar al corazón con semillas. Rota el calabacín y repite la operación por los cuatro lados. (Si tienes un cortador espiral, puedes usarlo en vez del pelador en juliana.) Desecha el corazón y reserva los fideos.

VIERTE 2 tazas de agua en un cazo grande y llévala a ebullición a fuego medio-alto. Mientras hierve, empieza a cocinar las gambas.

DERRITE la grasa de cocción en una sartén grande a fuego medio, removiendo para que cubra el fondo de manera uniforme. Cuando esté caliente, añade la cebolla y cocina removiendo unos 2 minutos hasta que esté traslúcida. Añade el ajo y cocina hasta que desprenda aroma, más o menos 1 minuto. Añade las gambas, dales unas vueltas para que se impregnen de la cebolla y el ajo, y cocina 2 minutos, removiendo. Añade un cuarto de taza de agua a la sartén y cubre con una tapadera. Cocina hasta que las gambas adquieran forma de «C», entre 4 y 6 minutos. Pasa a un cuenco de servir (después de escurrir el agua sobrante) y salpimienta.

CUANDO hayas añadido el agua y cubierto las gambas, coloca un colador o una vaporera sobre el cazo grande de agua hirviendo. Añade los fideos de calabacín, tápalos y cuécelos al vapor hasta que estén al dente (2-3 minutos). Escurre los «fideos» y pásalos a una fuente o a platos individuales.

ESPOLVOREA las gambas con el perejil, revuelve y colócalas sobre los fideos. Con una cuchara distribuye la salsa romesco sobre las gambas y los calabacines y sirve.

⭐ GAMBAS: *Las gambas son bastante fáciles de preparar, pero cuanto más las cocinas, más duras se ponen. Las gambas cocidas en su punto han de tener un color rosado y forma de «C». Si se curvan demasiado en forma de «O» es que se han pasado de cocción. Si usas gambas congeladas, asegúrate de que estén descongeladas del todo antes de empezar a prepararlas.*

Salmón escalfado con salsa de pepino y eneldo

PARA 2 PERSONAS

TIEMPO DE PREPARACIÓN: 25 minutos

TIEMPO DE COCCIÓN: 20 minutos

TIEMPO TOTAL: 45 minutos

½ taza de vinagre de arroz

zumo de 3 limones, dividido

1 hoja de laurel

6 granos de pimienta negra

2 filetes de salmón (150 g cada uno)

½ taza de mayonesa básica (pág. 197)

¼ de taza de crema de coco (pág. 196)

½ pepino pelado y en dados

½ chalota picada

2 ramitas de eneldo fresco (solo las hojas), picadas

1 cucharadita de sal

½ cucharadita de pimienta negra

½ limón en rodajas finas

El pescado escalfado queda jugoso e impregnado de sabor, pero si tienes poco tiempo (o pocos ingredientes), puedes usar nuestra técnica del salmón al horno perfecto (pág. 178). Prepara doble ración de esta salsa de pepino y eneldo, porque queda deliciosa como aliño de la ensalada de proteínas (pág. 179).

PRECALIENTA el horno a 200 °C.

PARA preparar el líquido del escalfado, mezcla 2 tazas de agua con el vinagre de arroz, el zumo de 2 limones, la hoja de laurel y los granos de pimienta en un cazo pequeño. Lleva a ebullición a fuego alto y retira del calor.

COLOCA los filetes de salmón con la piel hacia abajo en una cazuela (opta por una que sea más honda que el grosor del pescado). Vierte el líquido del escalfado sobre el salmón. Lleva la cacerola al horno para que se escalfe, hasta que el salmón todavía esté traslúcido al cortarlo por el centro; eso supone unos 15-20 minutos de horno, en función del grosor de los filetes.

MIENTRAS el salmón se está escalfando, mezcla el resto del zumo de limón con la mayonesa, la crema de coco, el pepino, la chalota, el eneldo, la sal y la pimienta en un cuenco pequeño.

DESECHA toda el agua de escalfar que quede en la cazuela, así como la hoja de laurel y los granos de pimienta. Coloca el salmón en una fuente o en platos individuales y decora con las rodajas de limón.

⭐ SALMÓN ESCALFADO PERFECTO: *Un salmón demasiado hecho no queda jugoso ni tierno, por lo que conviene controlar la cocción, sobre todo hacia el final. Es mejor retirarlo del horno cuando todavía está ligeramente poco hecho, porque seguirá cocinándose incluso en la fuente. Introduce un cuchillo de mantequilla en el salmón por su parte más gruesa y separa la carne con cuidado. Debería abrirse fácilmente y su aspecto debería ser casi opaco (ni rojo ni crudo por arriba). Deberías ver algunas manchas blancas de grasa en los bordes, y notar la firmeza de la carne. No lo cocines hasta que las lascas se separen fácilmente: eso es señal de que está demasiado hecho. Escalfar es una técnica muy agradecida, porque aunque dejes el pescado más tiempo de la cuenta en el agua, seguirá estando jugoso y tierno.*

CONVIÉRTELO EN UNA COMIDA COMPLETA: Este plato resulta perfecto para un *brunch* dominical o para cualquier Comida 1 contundente. Sirve acompañado de sopa de calabaza (pág. 286) o de espárragos a la parrilla con limón (pág. 304).

CERDO

BEICON. YA ESTÁ. YA LO HEMOS DICHO. Sabemos que lo estabas pensando, porque en nuestra numerosa comunidad «paleo», el cerdo suele considerarse sinónimo de beicon. De hecho, ahora que la ley del péndulo nos aleja de todo lo que es bajo en grasas, la gente empieza a volverse un poco loca con el beicon.

Pero en esta sección de recetas de nuestro libro no vas a encontrar nada de beicon. Salvo una explicación de nuestra técnica de cocción favorita para el beicon (pág. 180). Sospechamos que no te alegras de leerlo, que incluso te estás mosqueando un poco. Pero no estamos aquí para ser populares, sino para darte los mejores consejos para una alimentación saludable y a la vez real. Y, aunque el beicon es comida de verdad, no es ni mucho menos la parte más nutritiva del cerdo. Además, con él resulta demasiado fácil pasarse y, en consecuencia, tiende a desplazar otros nutrientes de tu plato.

En primer lugar, cuesta mucho encontrar un beicon apto para el Whole30. Si vives en una localidad mediana y compras en una tienda local, no vas a encontrar ningún beicon que no haya sido curado con azúcar (y exento de muchos otros ingredientes perjudiciales). No hemos querido presentar recetas que la inmensa mayoría no vais a poder preparar como se indica, por lo que este libro está, básicamente, libre de beicon.

Además, y por si no lo sabíais, noticia bomba: el cerdo es mucho más que beicon, salchichas y costillar. Existen numerosos cortes deliciosos con una excelente relación calidad-precio que suelen pasarse por alto, e incorporarlos a tus rotaciones de comida implica obtener una gran variedad de nutrientes y sabores sin que se resienta el bolsillo. Muchos de ellos son perfectos para cocinar a fuego lento o en ollas de cocción lenta (como nuestras tiras de cerdo mechado de la pág. 274), lo que los hace ideales para unas cenas fáciles con pocos cacharros que limpiar.

Ah, o sea que ahora ya te caemos un poco mejor, ¿no?

Por último, en el Whole30 existen algunos alimentos aprobados que están tan cerca de esas otras cosas dulces, grasosas o saladas que comías antes que también pueden llegar a ser problemáticas, porque potencian un consumo involuntario. Las mantequillas de frutos secos, la fruta deshidratada y el beicon son tres ejemplos frecuentes, porque en los tres casos pueden propiciar efectos negativos para la salud cuando se consumen en exceso, y se trata de alimentos con los que es muy fácil pasarse.

Así pues, si consigues beicon apto para el Whole30, ponlo en su sitio. Úsalo como condimento, espolvoréalo sobre ensaladas, sopas o guisos, o bien, ocasionalmente, como acompañamiento en una de tus comidas. Si te apetece, no dejes de usarlo en tu rotación general, pero, si somos sinceros, no se trata de una fuente demasiado buena de proteínas. (De hecho, una loncha de beicon contiene tanta grasa como proteína.)

Y si no encuentras ningún beicon apto para el Whole30, no te preocupes: hay muchos otros cortes del cerdo que son deliciosos y que aparecen en esta sección. Gracias a ellos te olvidarás durante 30 días de esa panceta crujiente, salada y grasienta que tanto te gusta. Bueno, seguramente, esto último no sea verdad, pero sobrevivirás.

Medallones de salchicha con puré de boniato y cebolla caramelizada

PARA 2 PERSONAS

TIEMPO DE PREPARACIÓN: 25 minutos
TIEMPO DE COCCIÓN: 25 minutos
TIEMPO TOTAL: 50 minutos

PARA LOS MEDALLONES DE SALCHICHA

450 g de carne de cerdo picada

¼ de cucharadita de salvia molida

¼ de cucharadita de ajo en polvo

¼ de cucharadita de tomillo seco

¼ de cucharadita de cebolla en polvo

⅛ de cucharadita de cayena

⅛ de cucharadita de nuez moscada

1 cucharadita de sal

⅛ de cucharadita de pimienta negra

ralladura de 1 limón

2 boniatos medianos, pelados y en dados

4 cucharadas de *ghee* o mantequilla clarificada

½ taza de leche de coco entera

1 cebolla picada fina

¼ de cucharadita de sal

¼ de cucharadita de pimienta negra

PRECALIENTA el horno a 175 °C. Lleva a ebullición 4 tazas de agua en un cazo mediano a temperatura media-alta. Forra una bandeja de horno con papel vegetal.

PARA PREPARAR LOS MEDALLONES: En un cuenco mezclador grande combina todos los ingredientes de las salchichas. Forma 8 hamburguesitas del mismo tamaño. Ponlas en un plato y métalas al congelador durante 10-15 minutos mientras preparas el puré de boniato.

CUECE el boniato en agua hirviendo hasta que esté tierno (10-15 minutos). Escúrrelo e introdúcelo de nuevo en el cazo. Añade 1 cucharada de *ghee* y la leche de coco. Con ayuda de un pasapurés, una batidora de mano o un tenedor grande, tritura y mezcla los boniatos con el *ghee* y la leche de coco. Cubre el cazo para que se mantenga caliente y reserva.

SACA los medallones del congelador y distribúyelos sobre la bandeja de horno forrada de papel vegetal. Hornéalos durante 12-15 minutos, hasta que la temperatura interna alcance 63 °C y el tono rosado de la carne cruda ya no sea visible en el interior.

MIENTRAS tanto, calienta las 3 cucharadas restantes de *ghee* en una sartén grande a fuego medio, y remueve para que cubra bien el fondo. Cuando el *ghee* esté caliente, añade la cebolla y sofríe durante 15 minutos, removiendo a menudo cuando empieza a dorarse y caramelizarse. (No tengas prisa en este paso: cuanto más marrón quede, más concentrado será su sabor.)

TRANSFIERE el puré de boniato a un cuenco o fuente de servir, y remátalo con la cebolla caramelizada. Salpimienta y mezcla un poco para que se integren los sabores. Sirve con los medallones de salchicha.

No te asustes con la lista tan larga de especias de esta receta sofisticada, pues, en realidad, medir y mezclar es algo muy rápido. Para que te sea más fácil en el futuro, cuadriplica las cantidades de la mezcla de especias (los ingredientes de la salvia a la pimienta), usa solo una cuarta parte (2 cucharaditas colmadas) esta vez y guarda el resto en un recipiente hermético para usarla la próxima vez que prepares esta receta.

CONVIÉRTELO EN UNA COMIDA COMPLETA: Duplica la cantidad de puré de boniato de la receta y ya tendrás una guarnición fácil para la cena del día siguiente. Sírvelo con el pecho de ternera braseado (pág. 234), con el solomillo de cerdo con costra de nueces (pág. 272) o con el fletán con glaseado de cítricos y jengibre (pág. 260).

⭐ **CARAMELIZAR LA CEBOLLA:** *Con la cebolla caramelizada se añade mucho sabor a este plato, pero se trata de una técnica que requiere atención y paciencia. En primer lugar, no hay que cortar la cebolla demasiado fina, porque se secará demasiado al cocinarse. Córtala en láminas de poco más de 1 cm, porque si las láminas están muy pegadas, se hervirán en vez de caramelizarse. ¡Ah, y no tengas prisa! La cebolla debe quedar blanda y de un marrón oscuro antes de retirarla del fuego.*

Solomillo de cerdo con costra de nueces

PARA 2 PERSONAS

TIEMPO DE PREPARACIÓN: 20 minutos
TIEMPO DE COCCIÓN: 30 minutos
TIEMPO TOTAL: 50 minutos

---

450 g de solomillo de cerdo

2 cucharadas de mostaza en polvo

1 cucharada de pimentón

1 cucharada de cebolla en polvo

1 cucharada de ajo en polvo

1,5 cucharaditas de sal

1,5 cucharaditas de pimienta negra

½ taza de nueces picadas

3 tazas de brotes verdes

½ taza de vinagreta balsámica (pág. 348)

El solomillo de cerdo es uno de los cortes más magros y tiernos del cerdo, pero también es fácil cocinarlo más de la cuenta y que quede seco. Lo mejor para preparar esta carne es confiar en el termómetro para carne en vez de en el reloj; controla bien las temperaturas. Esta receta quedaría igual de bien con unas chuletas de cerdo; el tiempo de cocción en el horno sería aproximadamente el mismo.

SACA el solomillo de la nevera unos 30 minutos antes de prepararlo.

PRECALIENTA el horno a 190 °C.

SI hace falta, brida el solomillo, retirando la piel externa dura. (No suele ser necesario en cortes sin hueso, pero para más detalles, lee más abajo.) Seca la pieza de carne con papel de cocina. Mezcla la mostaza en polvo, el pimentón, la cebolla en polvo, el ajo en polvo, la sal y la pimienta en un cuenco pequeño. Frota la mezcla de especias uniformemente por el solomillo.

CON una picadora o a mano, tritura las nueces hasta que queden picadas finas. Cubre la carne uniformemente con tres cuartas partes de las nueces picadas. Coloca el solomillo en una fuente de horno y asa durante 25-30 minutos, hasta que la temperatura interna alcance los 63 °C. Déjalo reposar durante 10 minutos.

CORTA el solomillo en medallones de poco más de 1 cm de grosor. Distribuye los brotes verdes en platos, remata con los medallones de cerdo, espolvorea las nueces restantes y añade la vinagreta balsámica.

⭐ RETIRAR LA MEMBRANA EXTERNA DURA DE LA CARNE: *En su mayoría, los solomillos deshuesados no tienen mucha «piel plateada» (la membrana dura que cubre el exterior). Pero si te encuentras con ella, te interesa eliminarla antes de prepararlo, porque en caso contrario se seca en el horno y se vuelve más dura todavía. Con un cuchillo de cortar o deshuesar, corta la carne y tira de la membrana para que se separe del músculo. Elimina la piel exterior pasando el filo del cuchillo justo por debajo de la membrana, y corta a lo largo del músculo (siguiendo el granulado de la carne) con movimientos suaves de sierra. También puedes pedir que te la retiren en la carnicería.*

CONVIÉRTELO EN UNA COMIDA COMPLETA: Este plato combina de maravilla con unos espárragos a la parrilla con limón (pág. 304), sopa de boniato (pág. 320) o salteado de coles de Bruselas y calabaza (pág. 306).

Tiras de cerdo mechado

PARA 2 PERSONAS

TIEMPO DE PREPARACIÓN: 15 minutos
TIEMPO DE COCCIÓN: 2 horas 45 minutos
TIEMPO TOTAL: 3 horas

1,5 cucharadas de sal

1 cucharadita de pimienta negra

900 g de paleta de cerdo, cortada en dados de 10 cm

2 cucharadas de grasa de cocción

½ cebolla mediana, picada gruesa

3 dientes de ajo picados

½ cucharadita de chile en polvo

¼ de cucharadita de canela molida

¼ de taza de cebolla tierna en láminas (1 cm)

zumo de ½ lima

Para facilitarte la hora de la cena, pon a trabajar tu olla de cocción lenta. Antes de salir por la mañana, completa la receta hasta el paso 4 (justo antes de meter la cazuela en el horno). Y en ese momento, simplemente, introdúcelo todo en la olla de cocción lenta. Enciéndela al mínimo y deja que se cocine todo el día (8-10 horas). Cuando vuelvas a casa, esta no solo olerá divinamente, sino que tú tendrás una paleta de cerdo muy tierna y lista para comer.

PRECALIENTA el horno a 175 °C.

MEZCLA una cucharada de sal y toda la pimienta en un cuenco. Usa la mezcla para sazonar la paleta de cerdo de manera uniforme.

EN una cazuela de fondo grueso o *cocotte*, funde a fuego medio la grasa de cocción, removiendo la cazuela para que se distribuya bien por el fondo. Cuando esté caliente, introduce los trozos de paleta (deja suficiente espacio entre ellos) y dora por todos los lados, 3-4 minutos por lado. Retíralos y reserva.

EN la misma cazuela, baja el fuego a medio-bajo, añade la cebolla y sofríe, revolviendo, hasta que esté traslúcida. Añade el ajo y cocina 1 minuto, revolviendo vigorosamente para que no se queme, hasta que desprenda aroma. Añade una taza de agua, el chile en polvo y la canela. Sube el fuego a medio-alto, vuelve a meter la paleta de cerdo en la cazuela y lleva a ebullición.

CUBRE la cazuela con una tapadera o tápala bien con papel de aluminio. Pásala al horno y cocina durante 2,5 horas, dando vueltas a los trozos de paleta cada hora. Una vez hecha, la carne debería estar tierna al pincharla con un tenedor.

TRASLADA la carne a un cuenco y desmenúzala con uno o dos tenedores, desechando el exceso de grasa. Incorpora el líquido de cocción de la cazuela y añade la cebolla tierna y el zumo de lima. Sazona con la media cucharada de sal que has reservado.

CONVIÉRTELO EN UNA COMIDA COMPLETA: Convierte tu carne mechada en una «ensalada de taco» sirviéndola sobre hojas verdes y crujientes, acompañada de salsa picante (pág. 339) y guacamole (pág. 328); sírvelo con ensalada de col verde (pág. 302), aliñada con aliño ranchero.

⭐ CORTES PARA CARNE MECHADA: *La paleta es el corte de cerdo más usado porque está veteada con una grasa que le aporta mucho sabor. Si la consigues con hueso, métela en la cazuela con la carne y deja que los nutrientes de la grasa del cerdo impregnen tu carne mechada.*

Costillar de cerdo con salsa barbacoa ácida

PARA 2 PERSONAS

TIEMPO DE PREPARACIÓN: 20 minutos
TIEMPO DE MARINADO: 3-24 horas
TIEMPO DE COCCIÓN: 1 hora 15 minutos
TIEMPO TOTAL: 1 hora 35 minutos más el marinado

PARA LA COBERTURA

2 cucharadas de orégano seco

1 cucharadita de mostaza en polvo

1 cucharadita de cebolla en polvo

1 cucharadita de ajo en polvo

1 cucharada de pimentón

½ cucharadita de comino

1 cucharadita de sal

1 cucharadita de pimienta negra

900 g de costillar de cerdo (de la punta)

1 taza de caldo de pollo (pág. 195) o agua

2 tazas de salsa barbacoa ácida (pág. 342)

Reduce a la mitad el tiempo de preparación haciendo la salsa barbacoa hasta 2 días antes.

PREPARA LA COBERTURA: Mezcla el orégano, la mostaza en polvo, la cebolla en polvo, el ajo en polvo, el pimentón, el comino, la sal y la pimienta en un cuenco pequeño. Dispón el costillar con la carne hacia arriba sobre un trozo grande de papel de aluminio y cúbrelo uniformemente con la cobertura usando las manos. Déjalo marinar en la nevera entre 3 y 24 horas (cuanto más tiempo, mejor).

PRECALIENTA el horno a 150 °C.

COLOCA las costillas en una cacerola o fuente de Pyrex. Vierte el caldo de pollo o el agua en el recipiente y tapa con papel de aluminio. Hornea durante 1 hora, o hasta que la carne se separe de las costillas.

PRECALIENTA una parrilla a fuego medio (170 °C). Coloca el costillar directamente sobre la fuente de calor y ásalo hasta que esté bien oscurecido, unos 6-8 minutos por lado. Si no tienes parrilla, aumenta la temperatura del horno hasta los 250 °C y asa las costillas 10 minutos por lado.

SACA el costillar de la parrilla o el horno y cúbrelo generosamente con la salsa barbacoa. Sirve con el resto de la salsa.

CONVIÉRTELO EN UNA COMIDA COMPLETA: Esta receta va muy bien con una guarnición de calabaza con col rizada y acelga suiza (pág. 288), ensalada de col verde (pág. 302) o boniato asado (pág. 316).

⭐ *¿CUÁNDO ESTÁN HECHAS LAS COSTILLAS? Aunque deberías cocinar las costillas a una temperatura de entre 82 y 88 °C, los termómetros para carne no sirven de mucho en este caso, pues cuesta mucho obtener una medición precisa porque el hueso se interpone y dificulta la operación. En todo caso, hay maneras de comprobar si las costillas están hechas: levanta el costillar con unas pinzas y haz que se balancee ligeramente. Si está cocido, el costillar se combará y estará a punto de romperse. También puede introducirse un palillo en la carne, entre los huesos. Cuando se hunde sin apenas ofrecer resistencia (lo mismo que ocurre con los productos horneados), es que está lista.*

Chuletas de cerdo con salsa de manzana especiada

PARA 2 PERSONAS

TIEMPO DE PREPARACIÓN: 5 minutos
TIEMPO DE COCCIÓN: 20 minutos
TIEMPO TOTAL: 25 minutos

---

1 cucharadita de sal

1 cucharadita de pimienta negra

2 chuletas de cerdo con el hueso (450 g en total)

3 cucharadas de grasa de cocción

1 cebolla picada

2 manzanas sin piel ni corazón, en dados

½ taza de sidra de manzana

½ cucharadita de jengibre molido

½ cucharadita de pimienta de Jamaica

1 pellizco de nuez moscada

2 puñados generosos de escarola

¿No tienes escarola? Pues usa rúcula, col rizada baby o espinaca baby. Este plato también puede hacer una deliciosa reaparición durante un desayuno: fríe uno o dos huevos y ponlos encima de las chuletas que te hayan sobrado, y combínalo con unas hojas verdes recién escaldadas y la salsa de manzana.

PRECALIENTA el horno a 175 °C.

MEZCLA la sal y la pimienta en un cuenco pequeño y úsalas para sazonar las chuletas por las dos caras.

DERRITE 2 cucharadas de grasa de cocción en una sartén grande a fuego medio-alto. Cuando la grasa esté caliente, añade las chuletas de cerdo y séllalas hasta que formen una costra dorada (2-3 minutos). Dales la vuelta y sella el otro lado durante 2 minutos más.

PASA las chuletas a una fuente de horno y ásalas hasta que la temperatura interior alcance 60 °C (10-15 minutos, dependiendo del grosor).

MIENTRAS se asan las chuletas, mezcla el resto de la grasa de cocción con la cebolla en la misma sartén. Sofríe a fuego medio hasta que la cebolla este traslúcida (2-3 minutos). Añade la manzana, la sidra de manzana, el jengibre, la pimienta y la nuez moscada. Cocina (rascando el fondo de la sartén con una cuchara de madera para recuperar los trozos sabrosos y pegados) hasta que la manzana se ablande, durante unos 5 minutos.

PASA la salsa de manzana a un triturador o batidora, y tritura hasta que quede como un puré.

DISTRIBUYE la escarola en platos. Remata con las chuletas y sirve acompañado de la salsa de manzana.

⭐ GRASA DE CERDO: *Si tienes suerte y encuentras un beicon compatible con el Whole30, guarda la grasa la próxima vez que lo cocines. Puedes usarlo con recetas más contundentes, como esta.*

GUARNICIONES

AL CONTRARIO DE LO QUE SE VE EN LOS MEDIOS DE COMUNICACIÓN, nuestro plan de alimentación saludable no es carnívoro. Si sigues el patrón de comidas (pág. 213), tomarás solamente una cantidad moderada de proteínas en cada comida. De hecho, si haces números (nosotros lo hemos hecho), el límite inferior de nuestras recomendaciones de ingesta de proteínas está totalmente en sintonía con la Cantidad Diaria Recomendada en Estados Unidos. Además, equilibramos los animales que comemos con una cantidad copiosa de frutas y verduras. De hecho, después de servirte algo de proteína, te sugerimos que llenes el resto del plato de verduras en cada comida.

Así pues, no sabemos muy bien por qué hay quien cree que en el Whole30 no hay más que carne. Sospechamos que la gente que divulga nuestro programa por la tele considera más atractivo eso de «toda la carne que quieras». Los extremos siempre venden. La moderación, no. Pero la moderación es saludable, y nuestro Whole3 tiene que ver con la salud.

Además, a nosotros nos parece que lo saludable es muy atractivo.

En primer lugar, no nos importa si son frescas o congeladas, si te las comes cocidas o crudas. Lo que queremos es que comas verduras, así que cómetelas como más te gusten, pero cómetelas. Es verdad, si las compras congeladas, vas a perder una pequeña parte de sus nutrientes, pero ¿quién dice que no se pierden también, en la misma medida, en el traslado de la granja a la tienda? La relación calidad-precio de la verdura congelada puede resultar convincente y, además, gracias a ella puedes tener lista la cena en un momento, así que es buena idea tener siempre algunos básicos en el congelador. Y, si compras verdura fresca, lo mejor es hacerlo en los mercados donde los agricultores venden directamente sus productos, ya que son locales, de temporada y nada caros.

En cuanto a la dicotomía crudos/cocidos, en realidad es algo que depende de ti: hay a quienes la verdura cruda les resulta más difícil de digerir, sobre todo si no tienen la costumbre de consumirla así. Si tienes algún problema digestivo como el síndrome del intestino irritable o notas que cuando comes mucha ensalada tienes gases o te hinchas, prueba a cocer casi todas las verduras que comes y comprueba cómo te sientan.

Hay personas que son sensibles a ciertas frutas y verduras, aquellas con niveles elevados de FODMAP (oligosacáridos, disacáridos, monosacáridos y polioles fermentables, por sus siglas en inglés). Se trata de carbohidratos de cadena corta (alcoholes de azúcar) que se absorben mal en el intestino delgado y que pasan al grueso, donde son fermentados por bacterias. Ello lleva a la aparición de gases, hinchazón, problemas de motilidad, y a que uno se sienta como si tuviera un extraterrestre dentro de la barriga.

Resumiendo, una sensación no precisamente agradable.

Los FODMAP son frecuentes en cereales y legumbres que quedan excluidos de nuestro método, pero también están presentes en muchas frutas y verduras. Si constatas que los alimentos que consumes durante el Whole30 siguen dándote problemas digestivos, intenta consumir muy pocos alimentos con FODMAP durante una semana para ver si mejoras. (Puedes descargarte nuestra lista de la compra baja en FODMAP en *whole30.com/pdf-downloads*.) Consulta las páginas 143 y 144 si quieres más consejos para atajar los problemas digestivos durante el Whole30.

Las guarniciones y acompañamientos a base de frutas y verduras que te presentamos aquí constituyen deliciosos complementos a las recetas de carne, pescado, marisco y huevos de las secciones anteriores. También combinan estupendamente con fuentes de proteína preparadas de manera sencilla, como nuestro bistec a la parrilla perfecto (pág. 172) o nuestro pollo entero asado perfecto (pág. 175). ¿Quién dice que las verduras no pueden ser las estrellas del espectáculo?

Hemos incluido también platos ideales para cada estación. Si es cierto que hoy en día puede encontrarse casi de todo en cualquier época, asar una calabaza de invierno en pleno mes de julio no apetece mucho, como no apetece tomarse un gazpacho una mañana fría de invierno. Te proporcionamos sustitutos para alimentos como las calabazas de invierno cuando no es invierno, y las opciones suficientes (combinadas con nuestros consejos sobre frutas y verduras a partir de la pág. 181) para que sobrevivas al Whole30 y más allá.

¿Cuál es nuestra misión? Ayudarte a descubrir una o dos verduras nuevas para ti, que proclames tu amor por algún alimento vegetal que antes detestabas, hacerte ver que existe todo un mundo de posibilidades vegetales nutritivas y deliciosas más allá del puré de patatas, los guisantes y el maíz.

Por cierto, recuerda lo siguiente: técnicamente, el maíz no es una verdura, sino un cereal, y por tanto queda excluido del Whole30. Y los guisantes son legumbres y tampoco están permitidos. (Lo mismo puede decirse de las habas, pero de esas nadie se queja.) En cambio, las patatas, en todas sus variedades, sí forman parte de nuestro método, así que con nuestras reglas sales ganando de todas todas, porque un boniato asado con grasa de pato es mucho mejor que una crema de guisantes.

Y eso no lo dice la ciencia, sino el sentido común.

Boniatos balsámicos con coles de Bruselas

PARA DOS PERSONAS

TIEMPO DE PREPARACIÓN: 10 minutos

TIEMPO DE COCCIÓN: 20 minutos

TIEMPO TOTAL: 30 minutos

1 taza de vinagre balsámico

1 boniato pelado y en dados grandes

3 cucharadas de *ghee* fundido, mantequilla clarificada, aceite de coco o aceite de oliva virgen extra

225 g de coles de Bruselas, limpias y cortadas por la mitad

½ cebolla roja en láminas finas

3 dientes de ajo picados

½ cucharadita de sal

¼ de cucharadita de pimienta negra

Cuando se trata de salsas y aliños, tal vez creas que cuanto más, mejor, pero no es así en el caso del glaseado balsámico. El sabor es tan fuerte que solo hay que salpicar ligeramente las verduras con él. Es mejor pecar por defecto que por exceso, porque si te pasas, matarás los sabores frescos de este plato.

PRECALIENTA el horno a 205 °C. Forra una bandeja de horno con papel vegetal.

LLEVA el vinagre a ebullición en un cazo pequeño a fuego medio-alto. Baja el fuego a medio-bajo y deja que hierva así hasta que quede reducido a la mitad (20-30 minutos). Retira del fuego, deja que se enfríe y reserva. (Este paso puede hacerse hasta una semana antes de la preparación de la receta; guárdalo en un recipiente cubierto a temperatura ambiente.)

MIENTRAS el glaseado se está reduciendo, coloca el boniato cortado en un cuenco medio, vierte una cucharada de la grasa de cocción y mezcla para que se impregne bien. Distribúyelo sobre el papel vegetal de la bandeja.

MIENTRAS tanto, pon las 2 cucharadas restantes de grasa de cocción en una sartén grande a fuego medio-alto y remueve para que cubra bien el fondo. Cuando esté caliente, añade las coles de Bruselas y cocina durante 3-4 minutos, agitando la sartén esporádicamente cuando empiecen a dorarse. Añade la cebolla y el ajo y sigue cocinando, removiendo hasta que el ajo desprenda su aroma, durante un minuto más. Salpimienta.

AÑADE la mezcla de coles de Bruselas a los boniatos, esparciéndolo todo de manera uniforme, sin pegarlo mucho. Introduce la bandeja en el horno y asa durante 15-18 minutos hasta que los boniatos estén dorados y blandos y las coles estén tiernas.

EMPLATA las coles de Bruselas y los boniatos y rocíalo con la salsa de vinagre balsámico.

CONVIÉRTELO EN UNA COMIDA COMPLETA: Hazte un desayuno completo en un momento. En la misma sartén que has

usado para preparar las coles y la cebolla, fríe unas salchichas de pollo o unos huevos mientras las verduras se están asando. Este plato también es el acompañamiento perfecto para el pollo entero asado perfecto (pág. 175), las chuletas de cerdo con salsa de manzana especiada (pág. 278) o el bistec a la parrilla con aguacate y puré de ajo y chalota (pág. 236).

⭐ CHIPS DE COLES DE BRUSELAS: *Una de las mejores cosas de las coles de Bruselas son esas hojas que se sueltan de la col y quedan crujientes en el horno. Puedes potenciar un poco ese proceso separando las hojas externas de las coles cuando ya las tienes en la bandeja de horno.*

Brócoli, champiñones y calabaza con salsa de pimiento rojo

PARA 2 PERSONAS

TIEMPO DE PREPARACIÓN: 20 minutos

TIEMPO DE COCCIÓN: 10 minutos

TIEMPO TOTAL: 30 minutos

---

1 cabeza de brócoli, cortada en ramilletes

2 cucharadas de aceite de coco o de oliva virgen extra

¼ de cebolla pequeña picada fina

1 taza de champiñones blancos, cremini o portobello, en cuartos

1 calabaza amarilla mediana, cortada en dados grandes

2 dientes de ajo picados

sal y pimienta negra

½ taza de salsa de pimiento rojo asado (pág. 336)

Ahorra tiempo de preparación dedicándote a la salsa de pimiento rojo asado hasta 2 días antes. También podrías servir la receta con unos copos de pimiento rojo cuando añadas el ajo, y con algún aliño de ensalada apta para el Whole30 cuando sirvas la guarnición, o con aliño ranchero (pág. 336), chimichurri (pág. 326) o salsa de curry (pág. 327). Ten en cuenta que tanto la calabaza como los champiñones sueltan bastante agua cuando se cocinan, y siguen haciéndolo cuando se pasan a una fuente de servir. Para evitar que el plato quede aguado, usa una espumadera para retirar las verduras de la sartén.

LLEVA 1 taza de agua a ebullición en un cazo grande. Coloca encima un colador o una vaporera. Añade el brócoli, tapa y cuece al vapor hasta que esté tierno (5 o 6 minutos). Retíralo del cazo y reserva.

MIENTRAS esperas a que hierva el agua, calienta el aceite en una sartén grande, removiendo para que se distribuya uniformemente por el fondo. Cuando el aceite esté caliente, añade la cebolla y los champiñones y cocina, removiendo de vez en cuando, hasta que la cebolla esté traslúcida, unos 2 o 3 minutos. Añade la calabaza y el ajo y sigue cocinando durante aproximadamente 5 minutos, removiendo, hasta que la calabaza esté ligeramente blanda. Retira la sartén del fuego.

AÑADE el brócoli a la sartén y mézclalo con el resto de los ingredientes. Salpimienta poco, porque la salsa de pimiento rojo asado ya está sazonada. Pasa el contenido de la sartén a un cuenco de servir o a platos individuales y remátalo con la salsa de pimiento rojo asado.

CONVIÉRTELO EN UNA COMIDA COMPLETA: Podrías simplemente añadir cualquier proteína a este plato: es la comida «de ingrediente» perfecta, porque en una salsa se aglutina todo. Va muy bien sobre todo con huevos fritos (pág. 167), hamburguesas (pág. 171) o pechuga de pollo sellada perfecta (pág. 175).

⭐ BRÓCOLI: *¡No tires los tallos del brócoli! Puedes usarlos para preparar una deliciosa sopa cremosa. Primero, pélalos y córtalos en rodajas finas. Calienta una cucharada de aceite de coco, mantequilla clarificada o ghee en un cazo mediano. Añade media cebolla picada, 2 dientes de ajo picados, 1 taza de champiñones cortados muy pequeños y los brotes de brócoli. Sofríe durante 10 minutos, removiendo de vez en cuando. Añade 1 taza de caldo de pollo y 1 taza de leche de coco entera, remueve y retíralo del fuego. Deja que se enfríe durante 5 minutos, pasa el contenido a una picadora o batidora y tritura hasta que quede fino (20-30 segundos). Salpimienta.*

Sopa de calabaza

PARA 2 PERSONAS

TIEMPO DE PREPARACIÓN: 15 minutos

TIEMPO DE COCCIÓN: 30 minutos

TIEMPO TOTAL: 45 minutos

---

3 cucharadas de mantequilla clarificada, *ghee* o aceite de coco

½ taza de cebolla en dados

3 tazas de calabaza cacahuete, pelada y despepitada

2 dientes de ajo picados

½ cucharadita de jengibre molido

4 tazas de caldo de pollo

1 cucharadita de sal

½ cucharadita de pimienta negra

¿No sabes cuánta calabaza usar en esta receta? Por lo general, una calabaza de 900 g se queda en 3 tazas una vez retiradas las semillas, pero no te preocupes si no te sale la misma cantidad que se indica en la receta en este caso concreto, porque la calabaza es muy agradecida. También puedes comprar calabaza cacahuete ya cortada y envasada, y así te ahorras las dudas y 10 minutos de tiempo de preparación. Pero es más cara.

EN una cazuela grande, derrite la grasa de cocción a fuego medio, removiendo para que cubra el fondo de manera uniforme. Cuando la grasa esté caliente, añade la cebolla y sofríe removiendo durante 2-3 minutos hasta que esté traslúcida. Añade la calabaza, el ajo y el jengibre, y remueve hasta que el ajo desprenda su aroma (aproximadamente 1 minuto).

AÑADE el caldo de pollo y llévalo a ebullición a fuego alto. Hierve durante aproximadamente 10 minutos, hasta que la calabaza esté blanda. Retira la cazuela del fuego.

EN una o dos tandas, pasa la sopa a una picadora o batidora y tritura a velocidad máxima hasta que adquiera una textura fina. Vuelve a introducir la sopa, ya triturada, en la cazuela.

CALIENTA la sopa a temperatura media-alta hasta que espese lo suficiente como para cubrir el reverso de una cuchara de madera (7-10 minutos). Salpimienta.

CONVIÉRTELO EN UNA COMIDA COMPLETA: Añádele pollo cocido, vieiras o huevos duros cuando ya hayas triturado la sopa y la devuelvas a la cazuela, y cocínalo todo junto durante 7-10 minutos. Y si quieres comer más verdura, échale 2 puñados generosos de espinacas o col rizada los últimos 3 minutos de cocción.

⭐ PREPARAR LA CALABAZA: *Pelar y cortar la calabaza no es tan difícil con la técnica adecuada. Primero corta la base para poder apoyar una superficie plana. A continuación, usa un pelador de verduras para pelar la calabaza de arriba abajo. Después, con la calabaza apoyada en la base plana, córtala en dos mitades, a lo largo, de arriba abajo. Retira las semillas del centro con una cuchara grande. Por último, sobre una tabla de cortar, corta tiras a lo largo y después a lo ancho, formando dados. Si algunos te quedan más grandes que otros, córtalos de nuevo por la mitad, para que todos los dados tengan un tamaño similar.*

Calabaza con col rizada y acelga suiza

PARA 2 PERSONAS

TIEMPO DE PREPARACIÓN: 15 minutos

TIEMPO DE COCCIÓN: 45 minutos

TIEMPO TOTAL: 1 hora

---

2 tazas grandes de calabaza cacahuete despepitada, en dados grandes

1 cucharada de aceite de oliva virgen extra

1 puñado de col rizada, cortada en trozos de unos 2,5 cm

1 puñado de acelgas suizas, limpias, cortadas en trozos de 2,5 cm

3 cucharadas de mantequilla clarificada, *ghee* o aceite de coco

1 diente de ajo picado

¼ de taza de almendras crudas en láminas

½ cucharadita de chile en polvo

½ cucharadita de sal

½ cucharadita de pimienta negra

Ya hemos explicado que puedes ponerle un huevo frito a todo, y esta no es una excepción. Si te han quedado sobras, podrás tener un desayuno delicioso y rápido. Recalienta la verdura en una sartén o al microondas, pon encima unos huevos fritos y sirve.

PRECALIENTA el horno a 220 °C. Forra una bandeja de horno con papel vegetal.

EN un cuenco grande, mezcla bien la calabaza con el aceite de oliva hasta que quede bien impregnada. Distribúyela sobre la bandeja y ásala durante 45-50 minutos, hasta que esté blanda al pincharla con un tenedor.

UNOS 15 minutos antes de que esté lista la calabaza, lleva a ebullición 2 tazas de agua en un cazo grande. Coloca encima un colador o una vaporera. Añade la col rizada y la acelga suiza, tápalas y cuécelas al vapor hasta que estén tiernas pero no blandas (3-5 minutos). Retíralas del cazo y reserva. Escurre el cazo y sécalo bien.

COLOCA ese mismo cazo a fuego medio, añade la grasa de cocción y remueve para que se distribuya por el fondo de manera uniforme. Cuando esté caliente, añade el ajo y las almendras y remueve más o menos 1 minuto hasta que el ajo desprenda su aroma. Sube el fuego y añade la col y las acelgas al vapor. Mezcla bien durante 20-30 segundos para que se integren los sabores, retíralo del fuego y pásalo todo del cazo a la fuente de servir.

COMBINA la calabaza asada con la col rizada y las acelgas. Añade chile en polvo, sal y pimienta, mezcla bien para que se integren los sabores y sirve inmediatamente.

⭐ COCER VERDURAS AL VAPOR: *Para eliminar los tallos de la col y de otras verduras que los tengan, sujeta el tallo con una mano y coloca los dedos índice y pulgar de la otra mano alrededor del tallo, justo por encima de las hojas. Pasa los dedos a lo largo del tallo y arranca las hojas. (Es la misma técnica que se usa para separar hojas de romero o tomillo.) Si te cuesta aplicar esta técnica o si la verdura es demasiado blanda para aplicarla, coloca la hoja boca abajo sobre una tabla de cortar y usa un cuchillo para cortar a ambos lados del tallo y separar así las hojas.*

CONVIÉRTELO EN UNA COMIDA COMPLETA: Añade salchicha de pollo, carne de ternera picada o pollo asado justo antes de servir y tendrás una comida completa, o sirve este plato acompañado de salmón al horno perfecto (pág. 178) o de pollo a la plancha con salsa de curry y coco (pág. 250).

Puré de coliflor

PARA 2 PERSONAS

TIEMPO DE PREPARACIÓN: 10 minutos

TIEMPO DE COCCIÓN: 15 minutos

TIEMPO TOTAL: 25 minutos

---

1 coliflor cortada en ramilletes (unas 4 tazas)

2 dientes de ajo picados

½ taza de crema de coco (pág. 196)

2 cucharadas de *ghee* o mantequilla clarificada

1 cucharadita de sal

¼ de cucharadita de pimienta negra

½ taza de caldo de pollo

1 cucharada de perejil fresco picado

Esta podría ser la receta más versátil de la historia. Se trata de un sustituto ligero del puré de patatas y permite muchas variaciones que se adaptan a prácticamente todos los estilos de cocina. Añade más caldo de carne si te gusta más cremoso, o redúcelo a una sola cucharada si lo prefieres espeso. Prueba a rematarlo con beicon desmigado (apto para el Whole30) o con jamón curado crujiente; añade una mezcla de hierbas aromáticas frescas como romero, orégano y tomillo; dale un toque de sabor con 2 cucharadas de rábano picante pelado y rallado, o con una cucharadita de chile en polvo; añade una pizca de mostaza en grano (es perfecta para acompañar la carne de cerdo); o saltea repollo en tiras y col rizada en mantequilla clarificada o *ghee*.

LLEVA a ebullición 2 tazas de agua en un cazo grande a fuego medio-alto. Añade la coliflor y el ajo y cuece durante unos 15 minutos, hasta que la coliflor esté blanda al pincharla con un tenedor.

ESCURRE la coliflor y pásala a una picadora o procesador de cocina. Añade la crema de coco, el *ghee*, la sal y la pimienta y tritura hasta que la coliflor adquiera una consistencia fina. Añade el caldo de pollo cucharada a cucharada, triturando por tandas hasta conseguir la consistencia deseada. Añade el perejil y sigue triturando hasta que no queden grumos. Sirve templado.

CONVIÉRTELO EN UN COMIDA COMPLETA: Este plato combina con todo. Es verdad, con todo. Pero si nos haces escoger nuestras combinaciones favoritas, diríamos que con el pecho de ternera braseado (pág. 234), con albóndigas de pollo (pág. 246) y con el solomillo de cerdo con costra de nueces (pág. 272).

⭐ EL PURÉ: *Para preparar este plato puedes usar una gran variedad de utensilios, en función de la textura que pretendas conseguir. Si prefieres un tacto sedoso, sin duda debes recurrir a un procesador de alimentos o picadora. Si te gusta más que se noten un poco los trozos, usa un utensilio manual (como un tenedor grande o un pasapurés). Si lo que quieres es un punto intermedio, prueba con una batidora de brazo.*

Arroz de coliflor

PARA 2 PERSONAS

TIEMPO DE PREPARACIÓN: 15 minutos
TIEMPO DE COCCIÓN: 15 minutos
TIEMPO TOTAL: 30 minutos

---

1 coliflor grande cortada en ramilletes

3 cucharadas de *ghee* o mantequilla clarificada

½ cebolla picada fina

1 zanahoria pelada y picada fina

2 dientes de ajo picados

½ taza de caldo de pollo

1 cucharada de cilantro picado

½ cucharadita de sal

½ cucharadita de pimienta negra

Esta es otra receta increíblemente versátil. Prepara un arroz al estilo marroquí añadiendo un cuarto de taza de almendras en virutas o de piñones, media taza de pasas, media cucharadita de comino molido, un cuarto de cucharadita de cúrcuma molida y un cuarto de cucharadita de canela molida. Y si lo quieres al estilo asiático, añádele 2 cucharadas de aminos de coco (un sustituto de la salsa de soja, véase pág. 340 para más detalles), 1 cucharada de aceite de sésamo y 2 cebollas tiernas picadas. O convierte este plato en una comida completa añadiendo una ración de tu proteína favorita cortada en trozos (pollo, gambas, bistec de ternera o cerdo) y cualquier verdura salteada de las que te hayan sobrado y tengas en la nevera.

PARA convertir la coliflor en «arroz», mete dos de los ramilletes en un procesador de alimentos o picadora y pulsa 15-20 veces hasta conseguir una consistencia similar al arroz. (No llenes mucho el envase y no pulses muchas veces, porque si no, quedará pastosa.) Repite la operación con el resto de los ramilletes.

EN una sartén grande, derrite el *ghee* a fuego medio y remueve para que cubra bien el fondo. Cuando esté caliente, añade la cebolla y la zanahoria y sofríe durante 2-3 minutos, removiendo, hasta que la cebolla esté traslúcida. Incorpora el ajo y cocina un minuto más, hasta que desprenda su aroma.

AÑADE el «arroz» de coliflor a la sartén y mezcla bien con el resto de las verduras. Añade el caldo de pollo, cubre con una tapadera y deja que cueza al vapor durante unos 10-12 minutos, hasta que haya adquirido consistencia de arroz. (La coliflor debe quedar tierna, pero no blanda ni deshecha.)

RETIRA la sartén del fuego y mezcla con el cilantro picado. Rectifica de sal y pimienta.

CONVIÉRTELO EN UNA COMIDA COMPLETA: Como en el caso del puré de coliflor, este plato también combina con todo. Pruébalo con recetas que tengan salsas, como el pollo a la plancha con salsa de curry y coco (pág. 250), las gambas al romesco (pág. 264) y las tiras de cerdo mechado (pág. 274).

⭐ RALLAR: *Si no tienes picadora o procesador de alimentos, puedes usar un rallador con recogedor para convertir la coliflor en arroz. Pero ten paciencia, porque tardarás un rato. También puedes preparar «arroz» frito si omites el paso del caldo de pollo y añades más grasa de cocción a la sartén y fríes el arroz unos 5 minutos, hasta que esté tierno. Para que la experiencia del arroz frito sea más auténtica, añade dos claras de huevo a la coliflor mientras la fríes, y revuelve bien.*

Ensalada thai fría

PARA 2 PERSONAS

TIEMPO DE PREPARACIÓN: 25 minutos

TIEMPO DE ENFRIADO: 30 minutos

TIEMPO TOTAL: 55 minutos

---

2 calabacines pequeños

1 pepino pequeño

2 zanahorias, peladas y ralladas finas

½ taza de brotes de mungo (opcional)

¼ de taza de anacardos picados

¼ de taza de cilantro fresco picado

½ taza de salsa Sunshine (pág. 340)

Sáltate los 30 minutos de enfriado colocando los calabacines, el pepino, las zanahorias y los brotes en la nevera la noche anterior a la preparación de este plato; o simplemente sáltate este paso si no te importa comerte la ensalada a temperatura ambiente. Si prefieres un aliño más ligero, prueba a mezclar las verduras con nuestra vinagreta asiática (pág. 350) o la cremosa mayonesa de cilantro y lima (pág. 330) en lugar de usar salsa Sunshine.

PELA los calabacines con un pelador normal. A continuación, usando el cortador en juliana, obtén tiras largas de un lado del calabacín hasta que llegues a las semillas. Rota el calabacín, extrayendo tiras por los cuatro lados hasta que solo te quede el corazón. Repite la operación con el resto de los calabacines y con el pepino. Deberían salirte unas 2 tazas de «fideos». (Si tienes cortador de espiral, puedes usarlo en lugar del cortador en juliana.) Desecha los corazones.

COLOCA los fideos de calabacín y pepino en un cuenco mezclador mediano. Añade las zanahorias ralladas, los brotes de mungo si los usas, casi todos los anacardos picados y casi todo el cilantro. Pon a enfriar durante 30 minutos.

AÑADE una cucharada (o más) de agua a la salsa Sunshine para aligerar su consistencia cremosa y vierte sobre la ensalada muy fría, revolviendo bien para que se incorporen todos los sabores. Decora con el resto de los anacardos y del cilantro.

CONVIÉRTELO EN UNA COMIDA COMPLETA: Añade gambas cocidas, pollo o huevos duros a la ensalada antes de enfriarla para convertirla en una comida completa. O sírvela como acompañamiento del fletán con glaseado de cítricos y jengibre (pág. 260), de los vasitos de pepino thai (pág. 254) o de las brochetas de ternera con chimichurri (pág. 238).

⭐ SOPA THAI: *Este plato frío se convierte fácilmente en una sopa caliente. Calienta 4 tazas de caldo de ternera o pollo en un cazo grande. Mientras se calienta, pon una sartén pequeña a fuego medio y agrega los anacardos. Tuéstalos en la sartén durante 3-4 minutos, removiendo con frecuencia, hasta que estén dorados. Retira los anacardos de la sartén y reserva. Una vez que el caldo esté caliente, añade el calabacín, las zanahorias y los brotes al cazo y cuece durante 2-3 minutos hasta que estén blandos. Pasa a cuencos individuales, añade los anacardos tostados y espolvorea con el cilantro fresco. Sirve junto a unas rodajas de pepino y salsa Sunshine para untar.*

Gazpacho

PARA 2 PERSONAS

TIEMPO DE PREPARACIÓN: 20 minutos
TIEMPO DE ENFRIADO: 30 minutos
TIEMPO TOTAL: 50 minutos

---

1 pepino mediano, pelado y mal cortado

2 tomates medianos, pelados, despepitados y mal cortados

1 pimiento rojo sin nervios, despepitado, mal cortado

½ cebolla pequeña mal picada

2 dientes de ajo picados

1,5 tazas de tomate triturado de lata

1,5 cucharaditas de vinagre de vino tinto

1 cucharada de aceite de oliva virgen extra

½ cucharadita de sal

½ cucharadita de pimienta negra

Si no tienes procesador de alimentos, puedes cortar todos los ingredientes a mano y usar después una picadora o batidora de brazo para mezclarlos con los tomates, el vinagre y el aceite de oliva. Si tienes algún tipo de picadora de verduras, puedes usarla para acelerar el proceso. (Véanse nuestras recomendaciones en la pág. 157.)

INTRODUCE el pepino en la picadora o el procesador de alimentos y tritúralo hasta que quede bien picado. Pásalo a un cuenco. Repite esta operación con los tomates, el pimiento y la cebolla, y pásalos al mismo cuenco una vez triturados. (Si intentas triturarlo todo a la vez, no quedarán picados, sino hechos una pasta.) Añade el ajo, revuelve bien y pasa de nuevo el contenido del cuenco a la picadora.

AÑADE el tomate, el vinagre, el aceite de oliva, la sal y la pimienta a la picadora y tritura hasta conseguir una consistencia fina.

DEJA enfriar el gazpacho en la nevera al menos 30 minutos antes de servir; de hecho, está mejor de un día para otro, porque se potencia la combinación de sabores.

CONVIÉRTELO EN UNA COMIDA COMPLETA: Añade gambas cocidas y trozos de aguacate a la sopa justo antes de servirla. El gazpacho también queda muy bien con los huevos revueltos de batalla (pág. 222), con los barcos mexicanos de atún (pág. 258) y con las albóndigas de pollo (pág. 246).

⭐ VARIACIONES: *Para potenciar aún más el sabor, añade perejil fresco picado, cilantro o alguna otra hierba de hoja justo antes de servir. Y si te gusta más especiado, introduce 2 cucharadas de tu salsa picante favorita y un cuarto de cucharadita de pimienta de Cayena. Para la versión dulce, pica la pulpa de dos mangos en la trituradora y mezcla con el resto de los ingredientes.*

Ensalada griega

PARA 2 PERSONAS

TIEMPO DE PREPARACIÓN: 15 minutos

---

1 cabeza de lechuga romana, cortada fina

4 tomates despepitados, en dados grandes

1 pepino pelado, en dados grandes

½ cebolla roja en láminas finas

30 olivas de Kalamata sin hueso, cortadas en mitades

¼ de taza de aceite de oliva virgen extra

2 cucharadas de vinagre de vino tinto

1 diente de ajo picado

¼ de cucharadita de sal

¼ de cucharadita de pimienta negra

zumo de ½ limón

Haz que esta contundente ensalada lo sea aún más añadiéndole corazones de alcachofa en conserva (en cuartos), tomates secos, pepperoncini o pimientos rojos asados, o remátala con una versión cremosa de nuestra vinagreta de hierbas y cítricos (pág. 346).

MEZCLA la lechuga, el tomate, el pepino, la cebolla y las olivas en una ensaladera grande.

MEZCLA el aceite de oliva, el vinagre, el ajo, la sal y la pimienta en un cuenco pequeño y bátelo bien.

VIERTE el aliño sobre los ingredientes de la ensalada y salpícalo todo con zumo de limón.

CONVIÉRTELO EN UNA COMIDA COMPLETA: Añade atún de lata, huevos duros, pollo o gambas cocidas, o un salami o un jamón aptos para el Whole30. O sírvela con un bistec a la parrilla perfecto (pág. 172), una hamburguesa perfecta (pág. 171) o unas gambas a la plancha perfectas (pág. 176).

⭐ DESHUESAR ACEITUNAS: *Las aceitunas pueden comprarse deshuesadas (no tienen por qué ser de Kalamata), pero deshuesarlas en casa no es tan difícil con la técnica adecuada. Coloca la aceituna sobre una tabla de cortar. Dispón el lado plano de un cuchillo de cocina grande sobre la aceituna y presiona con cuidado el filo hasta que la oliva «ceda». Retira el cuchillo: debería haberse formado una «costura» en la aceituna, y el hueso debería de estar suelto en el interior. Entonces, simplemente, extráelo con los dedos y deséchalo. Puedes deshuesar 2 o 3 aceitunas a la vez con esta técnica si el cuchillo es grande.*

Judías verdes con cebolla, champiñones y pimiento

PARA 2 PERSONAS

TIEMPO DE PREPARACIÓN: 15 minutos
TIEMPO DE COCCIÓN: 15 minutos
TIEMPO TOTAL: 30 minutos

---

2 tazas de hielo

2 cucharadas más ¼ de cucharadita de sal

450 g de judías verdes sin los extremos

3 cucharadas de mantequilla clarificada, *ghee* o aceite de coco

½ taza de cebolla blanca en láminas finas

½ taza de champiñones blancos, cremini o portobello, en láminas

½ pimiento morrón rojo, despepitado y sin nervios, en tiras

¼ de cucharadita de pimienta negra

La cocción rápida (blanqueado) asegura que las judías verdes mantengan su textura crujiente y su color vivo al cocerlas. Al «asustarlas» con agua helada, detienes el proceso de cocción (adiós a las judías blandas) y atrapas el sabor, la textura y el color. Las judías «asustadas» han de quedar frías, de un verde brillante, y mantener cierta firmeza al partirlas.

CREA un baño de hielo para «asustar» a las judías verdes llenando un cuenco grande hasta la mitad de agua fría y añadiendo cubitos de hielo.

LLEVA a ebullición 3 tazas de agua con 2 cucharadas de sal en un cazo grande a fuego fuerte. Añade las judías y escáldalas durante 20 segundos. Retira del cazo con unas pinzas de cocina o una espumadera y asústalas inmediatamente en el baño de hielo. Apenas estén frías (más o menos un minuto), pásalas a un colador y escúrrelas.

CALIENTA la grasa de cocción en una sartén grande a temperatura media-alta, removiendo para que cubra bien todo el fondo. Cuando esté caliente, añade la cebolla y remueve durante 2-3 minutos hasta que esté traslúcida. Añade los champiñones y cocina 2 minutos más, removiendo. Incorpora luego los pimientos y sofríe unos 2 minutos, hasta que los pimientos y los champiñones se hayan ablandado.

SUBE al máximo la temperatura del fuego. Añade las judías verdes a la sartén y mézclalas con el resto de las verduras. Cocina unos 2 minutos, removiendo a menudo la sartén, hasta que las judías queden tiernas. (¡La mejor manera de comprobarlo es probar una!) Pasa las verduras a una fuente y salpimienta con la pimienta y el resto de la sal.

CONVIÉRTELO EN UNA COMIDA COMPLETA: Sirve esta colorida guarnición con una frittata de espinacas (pág. 226), unos pimientos rellenos (pág. 242), el fletán con glaseado de cítricos y jengibre (pág. 260) o las albóndigas de pollo (pág. 246).

Ensalada de col verde con aceite de limón

PARA 2 PERSONAS

TIEMPO DE PREPARACIÓN: 20 minutos

1 diente de ajo picado

zumo de 1 limón

¼ de taza de aceite de oliva virgen extra

1 col verde mediana, en tiras muy finas

1 taza de zanahorias, en tiras

2 cucharadas de anacardos picados

1 cucharadita de semillas de sésamo

½ cucharadita de sal

½ cucharadita de pimienta negra

1 cucharada de albahaca fresca, en tiras

Ahorra tiempo y usa 4 tazas de col ya cortada y envasada, o 2 tazas de col envasada y 2 de tiras de brócoli. Añadir una manzana Granny Smith cortada en láminas finas también le dará a la ensalada algo más de acidez. Un aliño con base de mayonesa le aportará más cremosidad: sustituye el aceite de oliva por un cuarto de taza de mayonesa básica (pág. 197). Por último, si quieres probar una variación divertida, prepara una ensalada picante. En lugar de aceite de limón, mezcla la ensalada con un aliño que contenga un cuarto de taza de vinagre de sidra de manzana, un cuarto de taza de kétchup Whole30 (pág. 343), y una cucharadita de salsa picante.

BATE bien el ajo y el zumo de limón en un cuenco de mezclar. Sin dejar de batir, añade lentamente el aceite de oliva en un chorrito constante hasta que todo quede bien ligado.

EN un cuenco grande mezcla la col, la zanahoria, los anacardos y las semillas de sésamo. Mezcla bien con una cuchara de madera, y riégalo con el aceite de limón. Salpimienta y remata con la albahaca.

CONVIÉRTELO EN UNA COMIDA COMPLETA: Este plato fresco y crujiente combina bien con casi cualquier cosa. Es un acompañante ideal de un bistec a la parrilla perfecto (pág. 172), resulta lo bastante ligero para completar un salmón escalfado con salsa de pepino y eneldo (pág. 266) y por su frescura va muy bien con las brochetas de ternera con chimichurri (pág. 238). Otra opción es rematarlo con unas gambas cocidas (frías), salmón, pollo o huevos duros para que sea una comida completa.

⭐ CORTAR LA COL EN TIRAS: *Cortar la col es una operación rápida y sencilla con la técnica adecuada. En primer lugar, corta la col por la mitad, y esa mitad, en dos mitades. Retira el corazón de cada cuarto (el tallo grueso y duro) con un cuchillo afilado. Colócalos por uno de sus lados planos y corta perpendicularmente en tiras finas, de arriba abajo. El resultado han de ser unas cintas largas de col, perfectas para ensalada. (Cortar las zanahorias en tiras también es fácil: usa los agujeros más grandes de tu rallador de queso y rállala hasta que solo te quede una rodaja.)*

Espárragos a la parrilla con limón

PARA 2 PERSONAS

TIEMPO DE PREPARACIÓN: 3 minutos

TIEMPO DE COCCIÓN: 5 minutos

TIEMPO TOTAL: 8 minutos

---

450 g de espárragos pelados

1 cucharada de mantequilla clarificada, *ghee* o aceite de coco, derretidos

½ cucharadita de sal

ralladura y zumo de 1 limón

Para que preparar los espárragos a la parrilla resulte algo más fácil, prueba a atar cuatro o cinco a dos pinchitos de madera o de metal, perpendicularmente, antes de sazonarlos, o colócalos en una cesta de parrilla, o envueltos en papel de aluminio y sobre la parrilla. De ese modo evitarás que, sin querer, los espárragos se caigan por entre las barras de la rejilla. Si no dispones de parrilla, cocina los espárragos en una plancha o sartén grande con una cucharada de grasa de cocción, a fuego medio-alto, durante 10 minutos, removiendo de vez en cuando para que se frían uniformemente.

PRECALIENTA una parrilla a temperatura media-alta (200 °C). Forra una bandeja de horno con papel de aluminio.

DISPÓN los espárragos en la bandeja, rocía con la grasa de cocción elegida y espolvorea con la sal. Con ayuda de unas pinzas, pasa los espárragos a la parrilla perpendicularmente al sentido de las barras de la rejilla, y asa durante unos 4-6 minutos, hasta que estén tiernos.

PASA los espárragos a una fuente. Echa por encima el zumo y la ralladura el limón justo antes de servir.

CONVIÉRTELO EN UNA COMIDA COMPLETA: Ya que tienes la parrilla o plancha caliente, combina los espárragos con una hamburguesa perfecta (pág. 171), unas gambas a la plancha perfectas (pág. 176) o un pollo a la plancha con salsa de curry y coco (pág. 250). Este plato también resulta lo bastante contundente como para acompañar un costillar de cerdo con salsa barbacoa ácida (pág. 276), y también combina muy bien con el salmón a la plancha con huevos a la benedictina (pág. 230).

⭐ PELAR LOS ESPÁRRAGOS: *Las partes más duras del tallo de los espárragos deben desecharse antes de cocinarlos. La manera más fácil de hacerlo es sujetar la parte de color más claro y doblarla hasta que se parta y se separe del resto. El espárrago se romperá por el lugar adecuado, así que no conviene pensar demasiado en esta operación. Otra opción es hacer un ramillete con varios espárragos y partirlos todos a la vez.*

Salteado de coles de Bruselas y calabaza

PARA 2 PERSONAS

PARA 2 PERSONAS

TIEMPO DE PREPARACIÓN: 15 minutos

TIEMPO DE COCCIÓN: 25 minutos

TIEMPO TOTAL: 40 minutos

---

3 cucharadas de aceite de oliva virgen extra

225 g de coles de Bruselas, limpias y en mitades

½ cebolla roja en tiras anchas de 2,5 cm

1 cucharadita de salvia seca

½ cucharadita de nuez moscada

½ cucharadita de pimienta negra

¼ de cucharadita de sal

3 tazas de calabaza cacahuete pelada y en dados

De una calabaza cacahuete grande suelen salir 2,5-3 tazas, así que, si compras una grande, ya no hace falta que cuentes tazas, porque para esta receta no hace falta que las medidas sean exactas. También puedes sustituirla por cualquier variedad de invierno: este plato también quedaría delicioso con las variedades delicata, bellota, kabocha o *buttercup*. ¿No es temporada de calabazas de invierno? Pues usa dos boniatos pelados y cortados en dados grandes. ¿Te apetece acompañarlo de algo? Añade beicon o jamón (aptos para el Whole30) tostado y desmenuzado, y semillas de granada para decorar.

CALIENTA el aceite de oliva en una sartén grande a fuego medio y remueve para que cubra bien el fondo. Cuando esté caliente, añade las coles de Bruselas y la cebolla y condimenta con la salvia, la nuez moscada, la pimienta y la sal. Tapa y cocina durante unos 5-7 minutos, agitando la sartén de vez en cuando, hasta que las coles empiecen a dorarse. Dales la vuelta, añade la calabaza y cocínalo todo unos 7-10 minutos más, hasta que la calabaza esté blanda al pincharla con un tenedor.

PÁSALO a una fuente o a platos individuales y sirve inmediatamente.

CONVIÉRTELO EN UNA COMIDA COMPLETA: Cuando eches la calabaza a la sartén, añade también salchicha cocida de cerdo o de pollo, o pollo cocido para completar el plato. También puedes servirlo con ensalada de ternera (pág. 240), con pollo a la plancha con salsa de curry y coco (pág. 250) o con solomillo de cerdo con costra de nueces (pág. 272).

⭐ COLES Y CALABAZAS ASADAS AL HORNO: *Este plato también puede prepararse en el horno, y así reservas los fogones para otras recetas. Primero sáltate el paso de cortar las coles por la mitad: limítate a eliminar las hojas exteriores y déjalas enteras. Precalienta el horno a 175 °C. En un cuenco grande combina las coles de Bruselas, la cebolla y la calabaza. Añade el aceite de oliva y mezcla bien hasta que las verduras queden bien impregnadas. Extiéndelo todo sobre una bandeja de horno forrada con papel vegetal y espolvoréalo con salvia, nuez moscada y sal. Asa en el horno durante 30-40 minutos, hasta que las coles y las calabazas estén tiernas al pincharlas con un tenedor.*

Ratatouille

PARA 2 PERSONAS

TIEMPO DE PREPARACIÓN: 20 minutos
TIEMPO DE COCCIÓN: 35 minutos
TIEMPO TOTAL: 55 minutos

¼ de taza de aceite de coco o de aceite de oliva virgen extra

¼ de cebolla picada fina

1 taza de calabacines en dados

1 taza de calabaza amarilla en dados

1 taza de berenjena en dados

½ cucharadita de sal

½ cucharadita de pimienta negra

½ taza de pimiento verde picado fino

½ taza de pimiento rojo picado fino

2 dientes de ajo picados

1 taza de salsa de tomate (pág. 344)

1 cucharadita de vinagre balsámico

3 hojas de albahaca fresca picada fina (opcional)

¿Te han quedado sobras? ¿No? Pues si duplicas las raciones de esta receta las tendrás. El *ratatouille* está delicioso frío. Sírvelo con huevos a la mañana siguiente para desayunar, o mézclalo con pollo o con gambas y tendrás un almuerzo fácil.

EN un cazo mediano, calienta el aceite a temperatura media, removiendo para que el fondo quede bien cubierto. Cuando esté caliente, añade la cebolla y sofríela removiendo durante 2-3 minutos, hasta que esté traslúcida. Añade los calabacines, la calabaza amarilla y la berenjena y salpimienta. Cocina 2 minutos, revolviendo a menudo. Añade los pimientos verde y rojo y déjalo en el fuego 2-3 minutos más. Añade el ajo y cocina durante 1 minuto, hasta que desprenda su aroma. Añade la salsa de tomate y media taza de agua. Mezcla bien y llévalo a una ebullición suave a fuego lento. Cocina unos 25 minutos, removiendo de vez en cuando, hasta que esté todo tierno.

PASA a una fuente, a una cazuela de barro o a platos individuales, rocíalo con el vinagre y si quieres, decora con albahaca.

CONVIÉRTELO EN UNA COMIDA COMPLETA:
Añade medallones de salchicha perfectos (pág. 180) o pollo precocinado en dados durante los últimos 10 minutos de cocción. O sirve con unos huevos escalfados perfectos (pág. 168), con albóndigas de pollo (pág. 246) o con unos pimientos rellenos (pág. 242).

⭐ RATATOUILLE A LA PARRILLA: *El* ratatouille *se puede preparar directamente en la parrilla. Precaliéntala a temperatura media-alta (200 °C) y prepara todas las hortalizas, cortando en cuartos la cebolla y los pimientos verde y rojo, y haciendo tiras largas y finas de calabacín, calabaza y berenjena. En un cuenco grande, cúbrelo todo con aceite y salpimienta. Pon primero la berenjena en la parrilla y asa durante 3 minutos. Añade después los pimientos y la cebolla y asa otros 2 minutos. Por último, incorpora el calabacín y la calabaza y cocínalo todo hasta que quede ligeramente quemado y tierno (unos 5 minutos más). (Da la vuelta a las hortalizas una vez durante la cocción.) Colócalo todo en una fuente, remata con la salsa de tomate caliente y la albahaca y sirve.*

Ensalada de remolacha asada, naranja y aguacate

PARA 2 PERSONAS

TIEMPO DE PREPARACIÓN: 10 minutos

TIEMPO DE COCCIÓN: 35-60 minutos

TIEMPO TOTAL: 45 minutos-1 hora 10 minutos

---

2 remolachas medianas

2 cucharadas de aceite de oliva virgen extra

1 cucharada de vinagre balsámico

1 naranja en dos mitades: de una mitad se usa la ralladura y el zumo, y de la otra, pelada, se aprovechan los gajos

½ cucharadita de sal

¼ de cucharadita de pimienta negra

1 aguacate cortado longitudinalmente, deshuesado, pelado y cortado en dados

---

Si piensas duplicar los ingredientes para que te sobre, hazlo con todos menos con el aguacate. La remolacha aliñada y los gajos de naranja aguantan bien en la nevera uno o dos días, pero el aguacate tiende a ennegrecerse y ablandarse. Lo mejor es añadir aguacate fresco justo antes de servir. A nosotros también nos encanta incorporar hojas de guisante o escarola para que aporten más texturas a la ensalada.

PRECALIENTA el horno a 220 °C.

LAVA y escurre bien las remolachas y pínchalas por todos los lados con un tenedor. Colócalas en un cuenco mediano, añade una cucharada de aceite de oliva y mézclalas para que queden bien impregnadas. Envuelve las remolachas con aceite en papel de aluminio y ciérralo bien por arriba para que queden selladas. Colócalas en el centro de una bandeja de horno y ásalas durante 35 minutos. Comprueba si están listas clavando un cuchillo fino en el centro: si entra con facilidad, es que están hechas. Si ofrecen resistencia, vuelve a envolverlas y devuélvelas al horno otros 10 minutos. Repite la operación hasta que el cuchillo penetre con facilidad. Déjalas reposar hasta que se hayan enfriado lo bastante como para poder manipularlas.

RETIRA la piel de las remolachas (no es mala idea usar guantes y delantal, porque la remolacha mancha las manos y la ropa). Córtalas en dados de 2,5 cm y colócalas en una ensaladera.

EN un cuenco pequeño mezcla la cucharada restante de aceite con el vinagre, el zumo de naranja, la sal y la pimienta, y bate bien hasta que se ligue todo.

AÑADE los gajos de naranja y el aguacate a las remolachas. Cubre con el aliño, espolvorea con la ralladura de naranja, mezcla bien y sirve.

CONVIÉRTELO EN UNA COMIDA COMPLETA: Esta ensalada fresca está deliciosa en cualquier temporada. Sirve con el pollo entero asado perfecto (pág. 175), con el pecho de ternera braseado (pág. 234) o con el fletán con glaseado de cítricos y jengibre (pág. 260).

⭐ REMOLACHAS. *Si adquieres remolachas con el tallo y las hojas, elimínalos antes de asarlas. Córtalos unos 2 cm por encima del tubérculo, no más. No hay que arriesgarse a cortar la propia remolacha, porque entonces sus jugos se escaparían al asarse. El tiempo de cocción de las remolachas varía bastante, así que no te sorprendas si las tuyas tardan una hora en estar listas. Planifica con tiempo o ásalas el día que dediques a los preparativos semanales, pues aguantan bien en la nevera 3-4 días. Pero asegúrate de pelarlas antes de guardarlas: son más fáciles de pelar cuando están tibias.*

Tubérculos asados con salsa de curry

PARA 2 PERSONAS

TIEMPO DE PREPARACIÓN: 15 minutos

TIEMPO DE COCCIÓN: 35 minutos

TIEMPO TOTAL: 50 minutos

---

1 taza de patatas peladas y en dados (de cualquier variedad)

1 taza de colinabo pelado y en dados

1 taza de nabos pelados y en dados

1 taza de chirivías peladas y en dados

1 taza de zanahorias peladas y en dados

¼ de taza de grasa de cocción

½ taza de salsa de curry (pág. 327)

Mezcla y combina algunos de los vegetales más contundentes en función de lo que esté disponible en tu verdulería local en cada temporada, y de lo que te apetezca comer. Ni siquiera tienen por qué ser tubérculos. La remolacha, la raíz de apio, el colinabo, la berenjena, las coles de Bruselas, el brócoli, la coliflor, el salsifí o la yuca también quedarían muy bien con la salsa de curry.

PRECALIENTA el horno a 200 °C. Forra 2 bandejas de horno con papel vegetal.

DERRITE la grasa de cocción (si hace falta), mézclala con todos los tubérculos en un cuenco y revuelve bien para que queden impregnados. Extiéndelos en una capa por las dos bandejas. No los juntes mucho, porque, si lo haces, en vez de asarse se cocerán al vapor.

ASA durante 30-40 minutos, hasta que los tubérculos estén ligeramente marrones por fuera y blandos al pincharlos con un tenedor. Pasa a una fuente de servir o a platos individuales y remata con la salsa de curry.

CONVIÉRTELO EN UNA COMIDA COMPLETA: Podrías añadir alguna salchicha cocida, pollo o carne de ternera cortada a la mezcla de tubérculos justo antes de servir y ya tendrías una comida completa: calienta la ración de proteínas en una sartén o al microondas antes de mezclar con las verduras calientes. También puedes combinar esta receta con unos huevos fritos perfectos (pág. 167), con una pechuga de pollo sellada perfecta (pág. 175) o con unas albóndigas de pollo (pág. 246).

⭐ **PELAR COLINABO:** *El colinabo es un cruce directo entre la col y el nabo, y cocido tiene un sabor dulce y sabroso. Pero puede resultar difícil de pelar. Tal vez tu pelador convencional (y más si no es muy bueno) no te sirva. Si con el pelador no te va bien, inténtalo con un cuchillo con punta. Primero parte el colinabo por la mitad. Coloca las dos mitades con la parte plana hacia abajo sobre una tabla de cortar y ve retirando la piel en pasadas de 2,5 cm. (Quizá necesites unas cuantas pasadas para llegar a la carne de color más claro.) Repite con la otra mitad.*

Calabaza espagueti asada

PARA 2 PERSONAS

TIEMPO DE PREPARACIÓN: 10 minutos

TIEMPO DE COCCIÓN: 1 hora

TIEMPO TOTAL: 1 hora 10 minutos

---

1 calabaza espagueti entera

2 cucharadas de aceite de oliva virgen extra

2 cucharaditas de hojas de tomillo frescas (o ¼ de cucharadita de tomillo seco)

½ cucharadita de sal

¼ de cucharadita de pimienta negra

Puedes asar la calabaza espagueti entera si le pinchas antes los lados con un tenedor, pero los fideos te quedarán más blandos y húmedos, porque soltarán más vapor en el interior de la calabaza. Te recomendamos que la cortes por la mitad y la cocines menos de lo necesario para que quede con la textura de la pasta al dente. Puedes comprobar si está hecha clavando un cuchillo afilado en la piel de la calabaza vuelta boca abajo: si se hunde con facilidad, seguramente es que ya está lista. También puedes usar un guante de cocina para darle la vuelta a la calabaza y pasar un tenedor por el lado de la calabaza. Si se separa de la piel fácilmente con una textura de espagueti, está cocida. Si tus «fideos» quedan demasiado firmes o no se dejan «arañar» con facilidad, vuelve a colocarla boca abajo, métela de nuevo en el horno durante 5-10 minutos y comprueba de nuevo. ¿El examen definitivo? Pruébala. Los «espaguetis» deben quedar tiernos: ni demasiado firmes ni pastosos.

PRECALIENTA el horno a 220 °C. Forra una bandeja de horno con papel de aluminio o papel vegetal.

CORTA la calabaza por la mitad, longitudinalmente, y retira las semillas con una cuchara grande. Añade el aceite de manera uniforme. Coloca la calabaza con la carne hacia abajo sobre la bandeja de horno.

ASA la calabaza durante 1 hora, hasta que se note tierna al clavar un tenedor. Dale la vuelta con cuidado y deja que se enfríe lo bastante para poder manipularla.

VE rascando la carne con un tenedor; la calabaza irá saliendo en tiras parecidas a fideos. Condimenta uniformemente con tomillo, sal y pimienta, y sirve inmediatamente.

CONVIÉRTELO EN UNA COMIDA COMPLETA: Es facilísimo conseguirlo. Remátalo con una salsa de tomate (pág. 344); añádele salchicha cocida, tomates asados, cebollas salteadas y nuestro pesto (pág. 335); o mezcla lo que te haya sobrado con espinacas al vapor y corónalo con huevos fritos y tendrás un desayuno fácil y rápido.

⭐ CORTAR LA CALABAZA: *Cortar por la mitad una calabaza espagueti puede ser la parte más complicada de esta receta. Melissa Joulwan, autora de la serie de libros de cocina* Well Fed, *sugiere usar un cuchillo con punta para «marcar» primero una línea en la piel y poder reseguirla a continuación con un cuchillo de cocina grande. En* www.w30.co/cutsquash *puedes ver un vídeo con la técnica completa.*

Boniato asado

PARA 2 PERSONAS

TIEMPO DE PREPARACIÓN: 10 minutos

TIEMPO DE COCCIÓN: 30-60 minutos

TIEMPO TOTAL: 40 minutos-1 hora 10 minutos

---

2 boniatos medianos

2 cucharadas de aceite de oliva virgen extra

2 cucharadas de mantequilla clarificada, *ghee* o mantequilla de coco

sal y pimienta negra

Los boniatos también pueden cortarse a lo largo, como lanzas largas, antes de asarlos; de esa manera resultan perfectos para untar en salsa. Añade las «lanzas» a un cuenco con el aceite de oliva y mezcla bien para que se impregnen. Colócalas sobre un papel vegetal en una bandeja de horno y asa como se indica, unos 40 minutos, hasta que los bordes estén marrones, pero no quemados. Combinan bien con al aliño ranchero (pág. 336), el alioli (pág. 329) o la salsa Sunshine (pág. 340).

PRECALIENTA el horno a 190 °C.

LAVA y seca muy bien los boniatos. Con un tenedor o cuchillo de punta, pínchalos por todos los lados. Frota el aceite de oliva por toda la piel de manera uniforme.

ENVUELVE los boniatos con papel de aluminio, sellándolo bien por la parte superior. Colócalos en una bandeja de horno y asa durante 30 minutos. A partir de la media hora, inserta un tenedor o un cuchillo hasta el centro del boniato cada 5 minutos; estarán cocidos cuando se noten blandos y tiernos. (Dependiendo del tamaño de los boniatos, esta operación puede tardar hasta una hora.)

RETIRA el papel de aluminio y corta los boniatos a lo largo para abrirlos. Sin quitarles la piel, añade una cucharadita de mantequilla a cada boniato, rascando la carne suavemente con un tenedor para que la mantequilla se derrita. Salpimienta al gusto.

CONVIÉRTELO EN UNA COMIDA COMPLETA. Este acompañamiento sencillo pero delicioso va muy bien con casi todo. A nosotros nos parece que combina maravillosamente con el pecho de ternera braseado (pág. 234), el pollo a la plancha con salsa de curry y coco (pág. 250), el bacalao con cobertura de setas y pimiento rojo (pág. 262) o las chuletas de cerdo con salsa de manzana especiada (pág. 278). Otra opción es rellenar los boniatos con tiras de cerdo mechado (pág. 274) y rematar con nuestra mayonesa de aguacate (pág. 330).

⭐ MANTEQUILLA COMPUESTA: *La mantequilla compuesta (pág. 199) será sin duda un añadido delicioso para este sencillo plato. Algunas combinaciones a tener en cuenta: 2 cucharaditas de hojas de romero picado y un cuarto de cucharadita de pacanas tostadas y picadas; media cucharadita de canela y media de nuez moscada, un cuarto de taza de nueces tostadas y picadas y un cuarto de taza de pasas picadas; o 2 dientes de ajo picados con 2 cucharaditas de romero, tomillo y salvia picados.*

Col rizada salteada con almendras

PARA 2 PERSONAS

TIEMPO DE PREPARACIÓN: 10 minutos

TIEMPO DE COCCIÓN: 5 minutos

TIEMPO TOTAL: 15 minutos

---

1 col rizada o kale, sin tallo y en tiras de 2,5 cm

3 cucharadas de grasa de cocción

1 diente de ajo picado

¼ de taza de láminas de almendra cruda

½ cucharadita de sal

½ cucharadita de pimienta negra

zumo y ralladura de ½ limón

La col rizada o kale es una verdura que debe lavarse bien antes de cocinarse, porque al natural puede resultar áspera. Lo mejor es lavarla y secarla bien en una centrifugadora de lechuga. Conviene hacerlo así sobre todo si se van a preparar chips de kale (véase el consejo). Si no tienes centrifugadora, puedes lavar las hojas y secarlas con papel de cocina hasta que queden totalmente secas.

LLEVA a ebullición una taza de agua en un cazo grande. Coloca un colador o una vaporera encima. Añade la col rizada, tapa y cuece al vapor entre 3 y 5 minutos, hasta que quede tierna, pero no blanda. Retira el colador o la vaporera del cazo y ponlo sobre un trapo de cocina por si gotea.

CALIENTA la grasa de cocción en una sartén grande a fuego medio-alto, removiendo para que cubra bien el fondo. Cuando esté caliente, añade el ajo y las almendras y cocina durante aproximadamente 1 minuto, hasta que el ajo desprenda su aroma. Aumenta la potencia del fuego, añade la col rizada y cocina 1 minuto más, revolviendo para que se mezcle bien con el ajo y las almendras. Pasa a una fuente y condimenta con la sal, la pimienta y el zumo de limón. Remata con la ralladura y sirve.

CONVIÉRTELO EN UNA COMIDA COMPLETA: Esta verdura contundente combina a la perfección con nuestra frittata de espinacas (pág. 226), con unos pimientos rellenos (pág. 242) o con un costillar de cerdo (pág. 276).

⭐ CHIPS DE COL RIZADA O KALE: *¿Quieres duplicar tu consumo de col rizada hoy? Prepara chips de col rizada en el horno mientras este plato se está preparando en los fogones. Precalienta el horno a 150 °C. Forra una bandeja de horno grande con papel vegetal. Separa las hojas de la col rizada y córtalas en trozos grandes. Métalas en un cuenco grande junto con media cucharada de aceite de oliva virgen extra y dales un buen masaje para que se queden bien impregnadas. Disponlas sobre la bandeja en una sola capa y espolvorea con sal. (Si es demasiada col para una sola bandeja, usa dos. No la amontones, porque las hojas quedarán blandas y no crujientes.) Asa 20 o 25 minutos, hasta que los bordes se vean marrones, pero no quemados. Deja enfriar 5 minutos en la bandeja y... ¡a disfrutar!*

Sopa de boniato

PARA 2 PERSONAS

TIEMPO DE PREPARACIÓN: 10 minutos

TIEMPO DE COCCIÓN: 25 minutos

TIEMPO TOTAL: 35 minutos

---

2 cucharadas de grasa de cocción

2 boniatos pelados y en dados grandes

½ cucharadita de jengibre molido (o 2 cucharadas de jengibre fresco picado)

1 pellizco de canela molida, y un poco más para decorar

1 taza de leche de coco entera

½ cucharadita de sal

¼ de cucharadita de pimienta negra

Para que la sopa quede más sabrosa, usa media cucharadita de ajo en polvo, media cucharadita de cebolla en polvo y una cucharada de hojas frescas de tomillo en lugar de canela, y añade unos champiñones recién laminados cuando vuelvas a introducir la sopa en el cazo para la fase final de la cocción. Si deseas obtener un sabor otoñal más tradicional, usa una mezcla de especias para tarta de manzana sin azúcar en vez de canela, añade cebolla dulce y manzana picadas finas en la fase final de la cocción, y remátalo con pacanas picadas. Para que la sopa esté menos espesa, hierve durante apenas 1 o 2 minutos y añade un caldo de pollo apto para el Whole30, de cucharada en cucharada, hasta que obtengas la consistencia adecuada.

EN una cazuela grande de tipo *cocotte*, calienta la grasa de cocción a fuego medio, removiendo para que cubra bien el fondo. Cuando esté caliente, añade los boniatos, revolviendo para que impregnen bien. Añade el jengibre y la canela y remueve durante 15 segundos. Añade 3 tazas de agua y la leche de coco y llévalo todo a ebullición. Hierve a fuego más lento durante unos 15 minutos, hasta que los boniatos estén blandos. Retira la cazuela del fuego.

EN una o dos tandas, pasa la mezcla de boniatos por una picadora y una batidora hasta que consigas una consistencia sin grumos, o usa una batidora de brazo para mezclar directamente en la cazuela. Devuelve la sopa a la cazuela. Cocínala hasta que adquiera el espesor deseado a fuego medio-bajo: cuanto más tiempo cueza, más espesa será. Salpimienta al gusto, decora con un poco más de canela y sirve.

CONVIÉRTELO EN UNA COMIDA COMPLETA:

Podrías añadir cualquier carne ya cocinada a esta sopa para convertirla en una comida completa. Prueba con pollo a la plancha, salchicha, ternera picada o vieiras. O sírvela con un acompañamiento de pimientos rellenos (pág. 242), vasitos de pepino thai (pág. 254) o barcos mexicanos de atún (pág. 258).

⭐ JENGIBRE FRESCO: *Pelar y picar el jengibre fresco puede ser una tarea difícil: ¡cuidado con los dedos! Primero hay que pelar la raíz retirando la piel con el borde de una cuchara o un pelador de verduras. (No te preocupes si te dejas por pelar alguna esquina.) Una vez pelado, puedes picar el jengibre a mano cortando la raíz en discos, y los discos en barritas, y las barritas en dados pequeños, varias veces, hasta que quede todo bien picado. También puedes usar un rallador pequeño tipo Microplane para rallarlo. Hazlo sobre un cuenco para recoger el jugo.*

ALIÑOS Y SALSAS

SI HAY UNA SECCIÓN DE ESTE LIBRO con la que te interesa familiarizarte es esta. De hecho, podrías usar solo nuestros básicos de cocina y estas salsas y aliños durante todo el Whole30 y no llegarías a aburrirte nunca con la comida.

Los aliños y las salsas son, literalmente, la chispa de la vida durante el Whole30. Transforman la carne y las verduras de siempre en platos redondos y llenos de sabor; gracias a ellos, una receta de inspiración mexicana pasa a ser un almuerzo con toques asiáticos; y te permiten convertir un pollo asado en 3 días de comidas totalmente distintas. Tomemos por ejemplo nuestro brócoli, champiñones y calabaza de la página 284. Sin la salsa de pimiento rojo, este plato no se aleja demasiado de... un plato de verduras con ajo, sal y pimienta. Si sigues preparando así tus guarniciones, en nada te llegará el aburrimiento durante el Whole30. Pero con un buen pesto... ¡tachán! Acabas de conseguir un acompañamiento que estalla de sabor y textura, hasta el punto de que podría convertirse en la estrella de tu cena, servido junto a una fuente de cualquier proteína básica.

Cuanto más juegues con estas recetas, más cuenta te darás de que las posibilidades son ilimitadas. Fíjate en las variaciones de nuestra mayonesa básica* (pág. 197). Una receta de 5 minutos puede transformarse de muchas maneras para añadirle profundidad, dimensión y una cremosidad de ensueño a tus platos.

Un momento..., ¿que no te gusta la mayonesa? Eso es que no has probado la nuestra.

Seamos sinceros: las que se venden en las tiendas tienden a ser viscosas, pastosas y saben..., bueno, un poco raro. Pero nuestra mayonesa, que está recién hecha a partir de 5 únicos ingredientes, es ligera y aérea. Su sabor es limpio, neutro, y no tiene regusto. Y una vez que la mezcles con una salsa picante, con un aguacate, con hierbas aromáticas frescas o con wasabi, sin darte cuenta acabarás rebañando el cuenco y lamiendo la cuchara después de preparar otra ración.

No nos cabe duda de que la mayonesa está llamada a causar tanto furor como los glaseados de las tartas.

Incorporar aliños y salsas a la planificación habitual de las comidas facilita también los preparativos, porque casi todas estas recetas pueden prepararse con antelación y en cantidades más generosas que luego pueden congelarse para usarse más adelante. Así que, si esto de la cocina es nuevo para ti, vamos a diseñar un plan para 3 noches de

cenas Whole30 que gire en torno a los aliños y las salsas.

Busca varias recetas de esta sección que te resulten deliciosas y prepara 3 o 4 con antelación. Vamos a preparar, por ejemplo, una tanda de mayonesa básica (pág. 197), nuestro chimichurri (pág. 326), la salsa Sunshine (pág. 340) y la salsa de curry (pág. 327). A continuación, planifica las cenas de la semana y compra ingredientes sencillos pensados específicamente para que acompañen bien las salsas que hayas preparado.

A la hora de la cena, usa nuestras «Técnicas básicas de la cocina Whole30» (a partir de la pág. 164) para preparar tus proteínas y tus verduras básicas. Pongamos que has pensado preparar un bistec a la parrilla con puré de boniato y espinacas al vapor; una pechuga de pollo a la plancha con zanahorias asadas y ensalada verde; o un salmón al horno con brócoli salteado, pimiento, cebolla y champiñones.

Y ahora llega el momento mágico... Aliña la carne y las verduras con uno de tus aliños o salsas (al bistec le quedaría muy bien el chimichurri, el pollo sabe genial con la salsa Sunshine, la ensalada verde se puede aliñar con vinagreta balsámica (pág. 348) y nuestra salsa de curry combina a la perfección con un salmón y unas verduras.

¿Te das cuenta de lo que ha ocurrido? Has tenido lista la cena en 20 minutos o menos, y tu familia cree estar en presencia de alguien con unas dotes geniales para la cocina. Además, has preparado tanta salsa y aliño que te sobra para preparar otros platos igual de emocionantes: unos huevos rematados con chimichurri para desayunar, un apio crudo untado en salsa Sunshine para el almuerzo, carne picada con salsa curry para cenar, además de una cantidad de mayonesa que te permitirá aliñar la ensalada de proteínas (pág. 179) los días en que te lleves la comida al trabajo.

¡Vaya! Es casi como si hubiéramos entrado en tu casa y hubiéramos cocinado todo esto para ti. ¡Qué suerte tienes! Si quieres más ideas para planificar comidas, ve a la página 213.

* Si no puedes comer huevos, no te preocupes: te hemos propuesto una versión sin huevos, por lo que no te perderás todas las variaciones de salsas que presentamos en esta sección.

Salsa Búfalo

SALEN 2 TAZAS

TIEMPO DE PREPARACIÓN: 5 minutos
TIEMPO DE COCCIÓN: 2 minutos
TIEMPO TOTAL: 7 minutos

½ taza de aceite de coco

½ taza de *ghee* o mantequilla clarificada

1 taza de salsa picante

2 cucharadas de vinagre de sidra de manzana

1 diente de ajo picado

¿Quieres aumentar el toque de picante un grado más? Añade un cuarto de cucharadita de cayena a la mezcla... o más si te atreves. La salsa Búfalo también se puede mezclar con carne de ternera picada para darle un toque picante a una hamburguesa. Remátala con un huevo frito, aguacate y un poco más de salsa.

EN un cazo pequeño, derrite despacio el aceite de coco y el *ghee* a fuego medio-bajo hasta que la mezcla quede totalmente líquida.

COMBINA la salsa picante, el vinagre y el ajo en un cuenco mediano y bate hasta que esté bien ligado. Sin dejar de batir, ve echando el aceite de coco y el *ghee* fundidos. La salsa debería tener una textura consistente y sin grumos.

CONSERVA esta salsa en un recipiente hermético hasta 7 días en la nevera. (Ten en cuenta que el aceite de coco y el *ghee* se solidifican con el frío, así que, cuando la saques de la nevera, espera un rato a que alcance temperatura ambiente y remueve suavemente para que vuelva a ligarse.)

⭐ ALITAS AL ESTILO BÚFALO: *Para conseguir las perfectas alitas de pollo al estilo Búfalo, ¡enciende la parrilla! Precaliéntala a temperatura media-alta (200 ºC). Añade 450 g de alitas y baja la tapa. Da vuelta a las alitas con bastante frecuencia y deja que se hagan durante 15-20 minutos hasta que empiecen a quemarse un poco y la piel empiece a burbujear. Mezcla las alitas con la salsa Búfalo en un cuenco grande justo después de sacarlas de la parrilla, y déjalas unos minutos así para que se impregnen bien de la salsa antes de servirlas con una guarnición de apio y zanahorias y nuestro aliño ranchero (pág. 336). (También puedes prepararlas al horno: precaliéntalo a 190 ºC y sigue la misma técnica para conseguir unas alitas doradas y crujientes en aproximadamente una hora.)*

Salsa Búfalo, *pág. 324*

Chimichurri, *pág. 326*

Salsa de curry, *pág. 327*

Guacamole, *pág. 328*

Chimichurri

SALEN 2 TAZAS

TIEMPO DE PREPARACIÓN: 10 minutos

¼ de taza de vinagre de vino tinto

¼ de taza de zumo de lima

2 dientes de ajo picados

½ chalota picada

1,5 tazas de aceite de oliva virgen extra

¼ de taza de cilantro fresco

¼ de taza de hojas de perejil frescas

½ cucharadita de sal

½ cucharadita de pimienta negra

El versátil chimichurri es un aliño fantástico para filetes, chuletas de cordero, pollo y huevos, y queda estupendo con verduras a la parrilla. También puede usarse para marinar carnes (como los cortes de la falda y la punta de paleta) antes de llevarlas a la parrilla.

MEZCLA el vinagre, el zumo de lima, el ajo y la chalota en una picadora o procesador de alimentos a velocidad baja. Añade despacio el aceite de oliva sin dejar de mezclar; el aliño empezará a emulsionarse. Añade el cilantro, el perejil, la sal y la pimienta y sigue mezclando a temperatura baja hasta que el aliño adquiera una textura uniforme y las hierbas queden muy picadas.

EL chimichurri dura o 2 o 3 días en la nevera. Si lo preparas con antelación, sácalo antes para que se ponga a temperatura ambiente antes de servirlo. Si el aliño se ha desligado, bate suavemente para que recupere su consistencia.

⭐ CONSERVAR EL CHIMICHURRI: *Si preparas mucho chimichurri, puedes congelarlo en porciones, en cubiteras. De esa manera podrás sacar solo la cantidad que necesites para una comida o receta en concreto. Llena las cubiteras con ayuda de una cuchara (no las llenes hasta arriba) y cúbrelas firmemente con film transparente. Cuando la salsa esté congelada, quita el papel, saca los cubitos y pásalos a una bolsa reutilizable con cierre hermético. Se conservan 6 meses en el congelador, y cada cubito pesa unos 30 g.*

Salsa de curry

SALEN 2 TAZAS

TIEMPO DE PREPARACIÓN: 15 minutos
TIEMPO DE COCCIÓN: 15 minutos
TIEMPO TOTAL: 30 minutos

1 cucharada de grasa de cocción
½ cebolla picada
1,5 cucharadas de jengibre fresco picado
1 diente de ajo picado
1,5 cucharaditas de polvo de curry amarillo
½ cucharadita de polvo de curry rojo
2 tazas de leche de coco entera
zumo y ralladura de ½ lima
½ cucharadita de sal
¼ de cucharadita de pimienta negra

¿El curry te gusta bastante picante? Sustituye la cucharada de curry rojo por media cucharadita de pimienta de Cayena o, simplemente, añade la misma cantidad de cayena que de curry en polvo. Esta salsa queda deliciosa con salmón, pescados blancos, pollo y verduras al horno.

CALIENTA la grasa de cocción en una sartén mediana a fuego medio. Cuando esté caliente, añade la cebolla y cocina 2-3 minutos, hasta que esté traslúcida. Añade el jengibre y cocina 1 minuto más, removiendo deprisa. Añade el ajo y deja otro minuto sin dejar de remover.

AÑADE los dos currys en polvo y remueve deprisa durante 30 segundos para destapar los aromas de las especias. Cuando se hayan desprendido las fragancias, añade la leche de coco. Deja que la mezcla se haga a fuego lento durante unos 8-10 minutos (sin que llegue a hervir) hasta que espese (mientras se enfría, seguirá espesando). Condimenta con el zumo y la ralladura de la lima, la sal y la pimienta.

MANTÉN templada y sirve enseguida, o deja que los aromas sigan desarrollándose en la nevera; se conserva unos 5 días. (Ten en cuenta que la leche de coco se solidifica en frío, así que sácala de la nevera y deja que alcance temperatura ambiente antes de servirla.)

⭐ RALLADURA DE CÍTRICOS: *Habrás notado que en muchas de las recetas de este libro se incluye la ralladura de cítricos. ¡No te saltes este paso! La ralladura (la parte coloreada de la piel) del limón, la lima, el pomelo y la naranja aporta muchísimo sabor a los platos, constituye una decoración atractiva y contiene más micronutrientes que el zumo. Si inviertes en un rallador especial para piel de cítricos no te arrepentirás; no son caros y ahorran mucho tiempo en la cocina. De todos modos, puedes conseguir el mismo efecto si frotas la fruta sobre los agujeros pequeños de un rallador normal o uno de tipo Microplane; o con un pelador de verduras primero, y picando la piel muy fina con un cuchillo. Cuando ralles la piel de los cítricos, asegúrate de retirar solo la parte coloreada, sin llegar al pellejo blanco, que es amargo.*

Guacamole

SALEN 3 TAZAS

TIEMPO DE PREPARACIÓN: 15 minutos

3 aguacates maduros, cortados a lo largo,
deshuesados y pelados

zumo de 1 lima

1 cucharadita de sal

½ cebolla picada fina

1 tomate en daditos

½ jalapeño despepitado, en daditos

3 cucharadas de cilantro fresco picado

1 diente de ajo picado

El guacamole es uno de los condimentos más versátiles. Úsalo para untar barritas de zanahoria, apio, pimiento y jícama; sirve una cucharada generosa en tu hamburguesa, en la pechuga de pollo o en los huevos; úsalo en vez de la mayonesa en una ensalada de atún o de pollo; o mézclalo con una salsa para conseguir un aliño de ensalada de inspiración mexicana. No tengas miedo y personaliza tu guacamole: añádele más zumo de lima y una pizca de ralladura, o espécialo más con un cuarto de cucharadita de comino y otra de pimienta de Cayena. Otra opción es saltarse la versión tradicional y añadirle piña y mango picados, fresas, semillas de granada o col rizada a la mezcla.

EN un cuenco mediano, mezcla los aguacates, el zumo de lima y la sal. Tritura con un tenedor o pasapurés si prefieres una textura más gruesa; usa una batidora de brazo si te gusta más cremoso. Añade la cebolla, el tomate, el jalapeño, el cilantro y el ajo.

SIRVE inmediatamente o guarda en un recipiente hermético y refrigera antes de servir. El guacamole se conserva en la nevera hasta 3 días.

⭐ CONSERVAR EL GUACAMOLE: *Por más que conserves el guacamole en un recipiente hermético, es probable que tras un día en la nevera detectes un tono marrón en la parte superior. No es moho y no va a modificar el sabor, pero no es agradable a la vista. Tienes dos opciones: o eliminar esa capa antes de servir, o mezclarlo todo con una cuchara hasta que el tono marrón desaparezca. También puedes probar con este truco de Kitchn.com para evitar que se forme esa capa más oscura: presiona bien el guacamole en el recipiente con el reverso de una cuchara antes de guardarlo para que quede muy apretado y eliminar así cualquier burbuja de aire. A continuación, cúbrelo con una fina película de agua templada, asegurándote de cubrir bien toda la superficie. El agua no permitirá que el aire entre en contacto con el guacamole y, al no haber contacto, no se oscurecerá.*

Variaciones de mayonesa

Estas salsas para mojar, aliños y marinadas con base de mayonesa parten siempre de nuestras mayonesa básica (pág. 197) o mayonesa sin huevo (pág. 198). Al mezclar y combinar ingredientes adicionales, cambiarás por completo el sabor y la inspiración de casi cualquier plato. Ninguna de estas variaciones lleva más de 5 minutos de preparación, y la cantidad resultante es de aproximadamente una taza.

Estas mayonesas pueden consumirse hasta una semana después de la fecha de caducidad de los huevos, así que apunta esa fecha en el cartón, súmale una semana y anota la fecha en el recipiente en el que la conserves.

Alioli

1 taza de mayonesa básica (pág. 197)
2 dientes de ajo picados
zumo de ½ limón

Para que el alioli quede más sabroso aún, asa el ajo antes de añadirlo a la mayonesa (véase el consejo en la pág. 342). Se trata de la salsa de untar perfecta para la verdura cruda o asada. También puedes usarlo con la ensalada de proteínas (pág. 179) o el puré de coliflor (pág. 290), o diluirlo un poco para conseguir un aliño cremoso para nuestra ensalada griega (pág. 298).

MEZCLA todos los ingredientes en un cuenco pequeño hasta que todo quede bien incorporado.

Mayonesa de wasabi

1,5 cucharadas de wasabi en polvo
1 taza de mayonesa básica (pág. 197)

La mayonesa de wasabi combina muy bien con el salmón, el atún y otros pescados, sirve para ligar ensaladas de atún o patata, y es una salsa ideal para untar patatas «fritas» asadas, además de resultar excelente para aliñar los espárragos a la parrilla con limón (pág. 304).

MEZCLA el wasabi en polvo y 1,5 cucharadas de agua en un cuenco pequeño hasta que se forme una pasta. (Si queda muy seco, añade un poco más de agua.) Mezcla la pasta de wasabi con la mayonesa en un cuenco pequeño hasta que quede bien incorporada. Añade más pasta de wasabi si te gusta más picante, pero ten en cuenta que el picante del wasabi tarda entre 5 y 10 minutos en «activarse», así que espera un poco antes de probar y añadir más.

Mayonesa de cilantro y lima

¾ de taza de mayonesa básica (pág. 197, sustituyendo el zumo de limón por zumo de lima)

¼ de taza de cilantro fresco picado

1 diente de ajo picado

Esta variación se usa con nuestra ensalada de ternera (pág. 240) y también combina muy bien con gambas y vieiras, o como salsa para untar verduras crudas, así como para regar la hamburguesa perfecta (pág. 171). También puede ser el aliño perfecto para nuestra ensalada thai fría (pág. 294).

INTRODUCE todos los ingredientes en un cuenco y mezcla bien.

Mayonesa de aguacate

1 aguacate cortado a lo largo, deshuesado y pelado

½ taza de mayonesa básica (pág. 197)

zumo de ½ lima

Para obtener una textura fina y cremosa, usa una picadora o una batidora de brazo. Si la prefieres más gruesa y con trozos, usa un tenedor para aplastar y mezclar. Esta mayonesa va muy bien para ligar ensaladas de atún, salmón, pollo o huevo, y es una salsa deliciosa para untar verduras crudas y asadas, así como un remate cremoso para la carne picada perfecta de inspiración mexicana (pág. 170).

EN un cuenco pequeño, aplasta el aguacate con un tenedor, un pasapurés o una batidora de mano; o tritúralo en la picadora a velocidad baja. Añade la mayonesa y el zumo de lima y mezcla o bate hasta que todo quede bien ligado.

Mayonesa de cilantro y lima, *pág. 330*

Mayonesa de aguacate, *pág. 330*

Mayonesa de wasabi, *pág. 329*

Mayonesa de hierbas

1 taza de mayonesa básica (pág. 197)

2 cucharadas de mezcla de hierbas picadas

1 diente de ajo picado

zumo de ½ limón

⅛ de cucharadita de pimienta de Cayena

Prueba con una mezcla de hierbas frescas (a nosotros nos gusta de romero, albahaca, tomillo, perejil y cebollino) y usa la mayonesa para cubrir una pechuga de pollo sellada perfecta (pág. 175) o para mezclar con una ensalada de atún, salmón o huevo. También quedaría deliciosa para cubrir nuestro boniato asado (pág. 316). O añade un poco de agua y agita para crear un aliño de ensalada cremoso.

INTRODUCE todos los ingredientes en un cuenco y mezcla bien.

Mayonesa de pimiento rojo asado

¾ de taza de mayonesa básica (pág. 197)

¼ de taza de salsa de pimiento rojo asado (pág. 336)

Esta es una manera estupenda de darle un toque distinto a un aliño o salsa que te haya sobrado. Esta variación resultaría deliciosa con una hamburguesa perfecta (pág. 171), con un bistec a la parrilla perfecto (pág. 172), con unos huevos revueltos perfectos (pág. 168), y también como salsa para untar verduras crudas o asadas.

MEZCLA la mayonesa y la salsa en un cuenco pequeño hasta que todo quede bien ligado.

Salsa tártara

1 taza de mayonesa básica (pág. 197)

2 cucharadas de hojas de eneldo frescas picadas

1 cucharada de pepinillos en vinagre con eneldo, picados

2 cucharaditas de cebollino picado

zumo de ½ limón

¼ de cucharadita de pimienta negra

La salsa tártara se sirve tradicionalmente con platos de pescado (como nuestro salmón al horno perfecto de la pág. 178), pero también resulta deliciosa con la ensalada de proteínas (pág. 179) o servida para untar «lanzas» de boniato (pág. 316).

COMBINA todos los ingredientes en un cuenco pequeño y mezcla hasta que quede bien ligado.

Mayonesa de hierbas, *pág. 332*

Salsa tártara, *pág. 332*

Mayonesa de pimiento rojo asado, *pág. 332*

Salsa holandesa

SALEN 2 TAZAS

TIEMPO DE PREPARACIÓN: 15 minutos

1,5 tazas de mantequilla clarificada sin sal o *ghee*

4 yemas de huevo grandes

2 cucharadas de zumo de limón

1 cucharadita de sal

⅛ de cucharadita de pimienta de Cayena (opcional)

La mayoría de la gente piensa en la salsa holandesa para cubrir los huevos escalfados (pág. 168), pero también queda muy bien con pescado a la parrilla, salmón ahumado y verduras como espárragos, judías verdes, coles de Bruselas y patatas.

EN un cazo mediano, a fuego bajo, derrite la mantequilla o el *ghee* hasta que esté tibio, pero sin que se vean burbujas.

INTRODUCE las yemas de huevo, el zumo de limón, la sal y la pimienta de Cayena (si te gusta) en una picadora o batidora, y pulsa para picar entre 10 y 15 veces. Ve echando lentamente la mantequilla o *ghee* sin dejar de mezclar a velocidad lenta, hasta que la salsa emulsione y se espese. Si se espesa demasiado, añade una cucharada de agua tibia.

SIRVE la salsa de inmediato o consérvala tapada en un cazo pequeño a fuego mínimo (no más de una hora). Prepara la salsa fresca cada vez que vayas a servirla, porque no se conserva bien en la nevera.

⭐ ES IMPORTANTE *que la mantequilla o el* ghee *esté templado, pero no caliente, porque si está demasiado caliente, la salsa se cortará. Si has preparado la mantequilla clarificada con mantequilla salada, no añadas más sal en esta receta. Siempre podrás añadir un pellizco después de probarla si hace falta.*

Pesto

SALEN 2 TAZAS

TIEMPO DE PREPARACIÓN: 10 minutos

½ taza de nueces

3 dientes de ajo picados

3 tazas de hojas de albahaca fresca envasada

1 taza de hojas de espinacas

zumo de ½ limón

1,5 tazas de aceite de oliva virgen extra

½ cucharadita de sal

½ cucharadita de pimienta negra

Usa esta salsa en lugar de la salsa de tomate; pruébala mezclada con nuestra carne picada perfecta de inspiración italiana (pág. 170), o para aliñar unos pimientos rellenos (pág. 242). Otra de nuestras comidas «de ingrediente» favoritas consiste en preparar una calabaza espagueti asada (pág. 314), añadir unos tomates secos y alguna salchicha apta para el Whole30, o una salchicha de pollo, y rematarlo con el pesto y unos piñones. También resulta deliciosa sobre los huevos, o mezclada con tu ensalada de proteínas favorita (pág. 179).

CALIENTA una sartén sin aceite a fuego medio-alto. Cuando esté caliente (salpícala con unas gotas de agua: si chisporrotea, es que está caliente), añade las nueces en una sola capa y remueve o agita con frecuencia durante unos 2 minutos, hasta que estén ligeramente doradas.

MEZCLA las nueces y el ajo en una picadora y pulsa varias veces para picar. Añade la albahaca y las espinacas y pulsa de nuevo hasta que todo quede picado, pero no mucho. Añade el zumo de limón. Mientras mezclas a velocidad baja, ve añadiendo el aceite de oliva en un chorrito fino y continuo hasta que los ingredientes queden bien ligados. Salpimienta y pulsa unas cuantas veces más para mezclarlo todo.

SE puede conservar en la nevera hasta 2-3 días, o congelar en cubiteras (véase la técnica en la pág. 326).

⭐ PIÑONES DE PESTO: *El pesto tradicional se prepara con piñones, pero pueden resultar caros. Nosotros los hemos sustituido por nueces, pero tú puedes recurrir a cualquier fruto seco que tengas a mano: unas pacanas o unas almendras quedarían igual de bien.*

Aliño ranchero

SALEN 1,5 TAZAS

TIEMPO DE PREPARACIÓN: 15 minutos

1 taza de Mayonesa básica (pág. 197)

¼ de taza de crema de coco (pág. 196)

2 cucharadas de vinagre de vino tinto

1 cucharada de perejil fresco picado

½ cucharadita de ajo en polvo

½ cucharadita de cebolla en polvo

½ cucharadita de pimienta negra

¼ de cucharadita de pimentón

Este aliño espeso y cremoso, apto para niños, queda genial para rociar pollo, pescado o cerdo; es una salsa perfecta para untar verduras crudas, y resulta deliciosa con una ensalada verde.

BATE bien la mayonesa, la crema de coco y el vinagre en un cuenco pequeño. Añade el perejil, el ajo en polvo, la cebolla en polvo, la pimienta y el pimentón, y mezcla hasta que los ingredientes se integren del todo.

ESTE aliño aguanta en la nevera 2-3 días.

⭐ SUPER SNACK: *Prepara nuestra salsa Búfalo (pág. 324), nuestras alitas picantes, corta unos bastones de zanahoria y apio, y sirve con el aliño ranchero (pág. 336), y tendrás un aperitivo ideal para tomar mientras ves deportes en la tele, para una celebración de Año Nuevo o simplemente para picar en cualquier inauguración.*

Salsa de pimiento rojo asado

SALEN 2 TAZAS

TIEMPO DE PREPARACIÓN: 10 minutos

1 tarro (450 g) de pimientos rojos asados, escurridos

¼ de taza de aceite de oliva virgen extra

¼ de cebolla mal cortada

2 dientes de ajo picados

2 cucharadas de perejil fresco picado

1 cucharada de alcaparras escurridas

zumo de ½ limón

½ cucharadita de sal

½ cucharadita de pimienta negra

Nosotros te recomendamos que combines esta salsa con la receta de brócoli, champiñones y calabaza (pág. 284), pero cuando hemos puesto a prueba este plato, hemos acabado por poner la salsa a prácticamente todo (a los huevos fritos por la mañana, a nuestra hamburguesa del mediodía y a la coliflor asada por la noche). Si preparas doble ración, nos lo agradecerás.

INTRODUCE todos los ingredientes en una picadora y pulsa entre 5 y 10 veces para mezclarlo todo bien, a velocidad alta, hasta que quede sin grumos.

SE conserva bien en la nevera hasta 5 días.

⭐ ESTA SALSA *puede cambiar fácilmente de sabor si sustituyes la misma cantidad de pimiento por tomates secos o berenjena asada. O prueba con unas olivas negras para preparar una crema parecida a la tapenade con la que cubrir verduras o carne.*

Salsa holandesa, *pág. 334*

Pesto, *pág. 335*

Aliño ranchero, *pág. 336*

Salsa de pimiento rojo asado, *pág. 336*

Salsa romesco

SALEN 2 TAZAS

TIEMPO DE PREPARACIÓN: 15 minutos

TIEMPO DE COCCIÓN: 10 minutos

TIEMPO TOTAL: 25 minutos

---

2 cucharadas de grasa de cocción

½ taza de almendras picadas

1 cebolla pequeña, en dados

3 dientes de ajo picados

1 cucharadita de chile en polvo

1 cucharadita de pimentón

2 tomates despepitados y picados

2 cucharadas de aceite de oliva virgen extra

1,5 cucharaditas de vinagre de vino tinto

1 cucharadita de sal

½ cucharadita de pimienta negra

El romesco es una salsa tradicional a base de ajo, frutos secos y pimiento originaria de España, pero nosotros le damos nuestro toque personal usando tomates en vez de pimientos. Esta salsa combina perfectamente con nuestras gambas al romesco con fideos de calabacín (pág. 264), y también puede servirse con carnes o pescados a la parrilla; y con coliflor, brócoli o coles de Bruselas asadas. O como salsa para cubrir una hamburguesa.

DERRITE la grasa de cocción en una sartén grande a fuego medio-alto. Cuando esté caliente, añade las almendras y tuéstalas 3 minutos, removiendo a menudo. Añade la cebolla y sofríe 2 minutos. Agrega el chile en polvo y el pimentón y cocina hasta que desprendan sus aromas (unos 30 segundos). Por último, añade los tomates, mezcla bien todos los ingredientes y cocina durante unos 2 minutos, revolviendo para que los trozos más sabrosos se despeguen del fondo de la sartén y el tomate esté bien caliente.

PASA la mezcla a una picadora o procesador de alimentos. Añade el resto de los ingredientes y pica a velocidad baja hasta que la salsa quede fina, y viértela entonces en una salsera o en un tarro de cristal para conservarla.

DÉJALA enfriar antes de meterla en la nevera. Esta salsa se conserva hasta 5 días.

⭐ DESPEPITAR LOS TOMATES: *Despepitar un tomate puede ser una tarea pringosa si los cortas en dados antes de retirar las pepitas. Prueba el siguiente método: coloca el tomate sobre una tabla de cortar, con la marca del tallo hacia arriba. Córtalo de izquierda a derecha por la mitad para obtener dos mitades idénticas. A continuación, rasca con una cuchara pequeña para retirar las semillas y el corazón blanco. Te ha de quedar solo la carne firme del tomate, que es más fácil de cortar en dados.*

Salsa picante

SALEN 3 TAZAS

TIEMPO DE PREPARACIÓN: 15 minutos

6 tomates despepitados, sin corazón y en dados

½ taza de cilantro fresco picado

½ cebolla en daditos

3 dientes de ajo picados

1 jalapeño en daditos

½ cucharadita de sal

¼ de cucharadita de pimienta negra

zumo y ralladura de ½ lima

La salsa picante mexicana es un gran sustituto del kétchup, y anima casi cualquier ingrediente. Queda deliciosa con unos huevos revueltos perfectos (pág. 168), es un remate ideal para una pechuga de pollo sellada perfecta (pág. 175) o una hamburguesa perfecta (pág. 171). También combina muy bien con barritas de apio, zanahoria y jícama, y naturalmente con nuestro guacamole (pág. 328).

MEZCLA todos los ingredientes en un cuenco pequeño y bate suavemente para que los sabores se integren. Sirve de inmediato o deja que se asiente en la nevera entre 1 y 3 horas para que se integre aún más.

ESTA salsa se conserva en la nevera hasta 1 semana.

⭐ PREPARACIÓN RÁPIDA: *Con un cortador de verduras puedes reducir a la mitad el tiempo de preparación y asegurarte de que todos los dados tengan el mismo tamaño. Lo venden en cualquier tienda de productos de cocina, o en Amazon; su precio oscila entre 10 y 25 euros. También podrías usar una picadora e ir picando con cuidado cada verdura por separado. No las piques todas juntas, porque la salsa te quedará como una pasta aguada.*

Salsa Sunshine

adaptada de la receta de *Well Fed*, de Melissa Joulwan

SALE 1 TAZA

TIEMPO DE PREPARACIÓN: 10 minutos

½ taza de mantequilla de pipas de girasol no edulcorada

½ taza de leche de coco

zumo de 1 lima

1 cucharada de aminos de coco (opcional)

1 diente de ajo picado

½ cucharadita de copos de pimiento rojo triturados

½ cucharadita de vinagre de arroz o de sidra de manzana

Esta salsa para untar (la favorita en el universo de seguidores del Whole30) resulta deliciosa con verduras frescas crudas (zanahorias, pimientos morrones, apio o brócoli), como aliño de verduras al horno (zanahorias, chirivías, boniatos), como salsa para nuestra pechuga de pollo sellada perfecta (pág. 175) y como aliño de la ensalada thai fría (pág. 294) o la ensalada de col verde (pág. 302). Si no encuentras mantequilla de pipas de girasol apta para el Whole30, puedes usar mantequilla de almendra.

MEZCLA todos los ingredientes en un cuenco pequeño y remueve para que se integren bien. Se conserva hasta 3 días en la nevera en un recipiente hermético.

⭐ AMINOS DE COCO: *Los aminos de coco son un sustituto de la salsa de soja hechos a partir de la savia fermentada del cocotero. Su sabor es notablemente parecido al de la salsa de soja, y podrían ser una puerta abierta a todo un mundo para la cocina de inspiración asiática. En muchas tiendas pequeñas de alimentación saludable venden aminos de coco, pero también pueden comprarse online a través de Amazon u otros minoristas. No son necesarios para la salsa Sunshine, pero nos parece que son tan versátiles que compensan la inversión de 6-8 euros, que es lo que cuestan. (Nosotros nos llevamos incluso una botellita a nuestro restaurante de sushi favorito.)*

Salsa romesco, *pág. 338*

Salsa picante, *pág. 339*

Salsa Sunshine, *pág. 340*

Salsa barbacoa ácida, *pág. 342*

Salsa barbacoa ácida

SALEN 2 TAZAS

TIEMPO DE PREPRACIÓN: 15 minutos

TIEMPO DE COCCIÓN: 1 hora 10 minutos

TIEMPO TOTAL: 1 hora 25 minutos

---

2 cucharadas de *ghee* o mantequilla clarificada

1 cebolla pequeña en dados

3 dientes de ajo asado (véase consejo)

1 boniato grande, pelado y en dados de 2,5 cm

½ taza de sidra de manzana

1 lata (85 g) de tomate concentrado

1 cucharada de vinagre de sidra de manzana

1 cucharadita de pimentón

1 cucharadita de sal

½ cucharadita de chipotle en polvo

Si asas una cabeza de ajo entera de una vez, te sobrará para otras recetas. Pela los dientes de ajo asados que te hayan sobrado y guárdalos en un recipiente hermético. Cúbrelos por completo con aceite de oliva virgen extra y consérvalos en la nevera hasta una semana. No hace falta que recalientes los dientes de ajo antes de añadirlos a la receta: añádelos al cazo o la sartén y se calentarán con el resto de la receta.

CALIENTA el *ghee* en una sartén mediana a fuego medio. Cuando esté caliente, añade la cebolla y sofríe durante 15 o 20 minutos, removiendo de vez en cuando, hasta que empiece a oscurecer y caramelizarse.

MIENTRAS tanto, mezcla el ajo asado, el boniato y la sidra de manzana en un cazo mediano. Añade agua hasta que apenas cubra los boniatos (no los cubras del todo). Lleva a ebullición y baja el fuego para que cueza a fuego lento durante unos 15 minutos, hasta que el boniato esté tierno al pincharlo con un tenedor. Escurre y reserva el líquido del cazo.

MEZCLA la cebolla salteada y el boniato en una picadora o batidora. Añade la pasta de tomate, el vinagre, el pimentón, la sal y el chipotle en polvo. Añade un cuarto de taza del líquido que has reservado y bate a velocidad baja o media. Si la mezcla todavía queda muy espesa, añade más líquido, un cuarto de taza cada vez, sin dejar de batir, hasta que consigas la consistencia deseada. (Esta salsa debería tener la consistencia del kétchup.)

SE conserva en la nevera 2 o 3 días.

⭐ AJO ASADO: *Para esta receta podrías usar ajo crudo, pero te perderías el sabor más dulce y suave del ajo asado. Para asar ajos, precalienta el horno a 200 °C. Retira la piel suelta del exterior de una cabeza de ajo grande y envuelve la cabeza en papel de plata, cerrando bien por arriba. Coloca en una bandeja de horno y ásala durante 45 minutos, hasta que el bulbo se vea ligeramente marrón por arriba y esté blando al apretarlo. Retíralo del papel de plata con cuidado y reserva hasta que se enfríe y se pueda manipular. Pela con cuidado cada diente de ajo con ayuda de la punta de un cuchillo para abrirlo (a veces es más fácil apretar para que salga el ajo).*

Kétchup Whole30

SALE 1 TAZA

TIEMPO DE PREPARACIÓN: 5 minutos

TIEMPO DE COCCIÓN: 10 minutos

TIEMPO TOTAL: 15 minutos

1 taza de tomate concentrado

½ **taza de sidra de manzana**

½ **taza de vinagre de sidra de manzana**

1 **cucharadita de ajo en polvo**

½ **cucharadita de sal**

⅛ **de cucharadita de clavo de olor molido (opcional)**

No esperes ese sabor tan familiar del kétchup de bote con esta receta: los kétchups comerciales son espesos y dulces porque contienen azúcar (casi 4 g por cucharada). De hecho, Heinz usa tanto jarabe de maíz alto en fructosa como jarabe de maíz para endulzar su salsa. Podríamos usar pasta de dátil para que nuestro kétchup resultara más dulce, pero no lo hacemos porque no responde al espíritu del Whole30. Este kétchup tiene un sabor más cercano a un vinagre ligero, y queda distinto, pero igualmente delicioso, con huevos, hamburguesas y «patatas fritas» al horno.

CALIENTA un cazo mediano a fuego medio. Añade la pasta de tomate, la sidra de manzana y el vinagre. Mezcla muy bien y caliéntalo a fuego lento sin que llegue a hervir.

AÑADE el ajo en polvo, la sal y el clavo de olor y cuece, revolviendo a menudo para que no se queme (si hace falta, baja más el fuego en este punto). Sigue cociendo durante 5-8 minutos, hasta que el kétchup haya espesado lo bastante para cubrir el reverso de una cuchara. Retira del fuego y deja que se enfríe antes de servir. Se conserva hasta 2 semanas en un recipiente hermético.

Salsa de tomate

SALEN 3 TAZAS

TIEMPO DE PREPARACIÓN: 15 minutos

TIEMPO DE COCCIÓN: 1 hora

TIEMPO TOTAL: 1 hora 15 minutos

---

1 cucharada de grasa de cocción

1 cebolla picada fina

2 ramas de apio picadas finas

1 zanahoria pelada y picada fina

2 dientes de ajo picados

1 lata (800 g) de tomate triturado

1 cucharadita de tomillo fresco

1 cucharadita de orégano fresco

1 hoja de laurel

1 cucharadita de sal

1 cucharadita de pimienta negra

Si sirves esta salsa fresca, puedes sustituir la lata de tomate por 6 tomates frescos. También puedes convertirla fácilmente en una salsa de carne: añade 450 g de la carne picada perfecta (pág. 170) que te hayan sobrado y una taza de caldo de ternera en los últimos 10 minutos de cocción. Sirve con calabaza espagueti asada (pág. 314), con unos fideos de calabacín (pág. 264) al vapor o con unas espinacas escaldadas si quieres una comida rápida, sencilla y completa.

CALIENTA la grasa de cocción en un cazo grande a fuego medio. Cuando esté caliente, añade la cebolla, el apio y la zanahoria y sofríe durante 2-3 minutos, removiendo, hasta que la cebolla empiece a verse traslúcida. Añade el ajo y remueve alrededor de 1 minuto. Añade el tomate, el tomillo, el orégano, la hoja de laurel, la sal y la pimienta.

BAJA el fuego, tapa el cazo y cuece a fuego lento durante aproximadamente una hora, removiendo cada 20 minutos, hasta que la salsa esté espesa y sin grumos. Retira la hoja de laurel.

ESTA salsa se conserva en la nevera entre 5 y 7 días.

⭐ CONSERVAR LA SALSA: *Si piensas congelar la salsa, el tomate enlatado, de hecho, sabe mejor. En el congelador dura entre 3 y 4 meses, pero como en el interior se introducen cristales de hielo tengo que advertirte de que es posible que quede más aguada que cuando entró. Siempre puedes volver a espesarla añadiendo otra lata de tomate mientras la recalientas.*

Variaciones de vinagretas

Todas estas variaciones se basan más o menos fielmente en nuestra receta de la vinagreta básica (pág. 202). Al mezclar y añadir ingredientes adicionales, puedes crear sabores únicos para tus aliños y marinadas. Para que la vinagreta te quede más cremosa, usa mayonesa básica (pág. 197) en vez de aceite de oliva en cualquiera de estas recetas. Para preparar todas estas recetas no se tarda más de 10 minutos, y sale una taza.

Como todas ellas contienen ingredientes frescos, guárdalas en la nevera 3-4 días como máximo. Tendrás que sacar el recipiente media hora antes de servir, porque el aceite de oliva se endurece y queda turbio cuando se enfría. Agítala bien antes de servir.

Vinagreta de hierbas y cítricos

1,5 cucharadas de zumo de naranja

1,5 cucharadas de zumo de limón

1,5 cucharadas de zumo de lima

2 dientes de ajo picados

2 cucharaditas de mostaza en polvo

¾ de taza de aceite de oliva virgen extra

1 cucharadita de hojas frescas de tomillo

1 cucharadita de cilantro fresco picado

1 cucharadita de perejil fresco picado

½ cucharadita de sal

½ cucharadita de pimienta negra

Este aliño queda genial con nuestro pollo salteado (pág. 360). También constituye la marinada perfecta o el aliño de pescados, gambas o vieiras, o de una ensalada verde fresca.

BATE bien los zumos de naranja, limón y lima, el ajo y la mostaza en polvo en un cuenco. Vierte despacio el aceite de oliva sin dejar de batir para que emulsione. Añade el tomillo, el cilantro, el perejil, la sal y la pimienta y bate hasta que ligue bien.

Vinagreta italiana

¼ de taza de vinagre de vino tinto

2 cucharadas de orégano fresco picado (o 2 cucharaditas de orégano seco)

1 diente de ajo picado

1 cucharadita de mostaza en polvo

¾ de taza de aceite de oliva virgen extra

½ cucharadita de sal

¼ de cucharadita de pimienta negra

Esta es una marinada excelente para pollo o gambas, y puede usarse en vez del limón en nuestra ensalada de col verde (pág. 302).

MEZCLA el vinagre, el orégano, el ajo y la mostaza en polvo en un cuenco pequeño. Añade el aceite de oliva en un chorrito constante sin dejar de batir para que emulsione. Salpimienta al gusto y bate de nuevo hasta que quede todo bien ligado.

Vinagreta de hierbas
y cítricos, *pág. 346*

Vinagreta de
frambuesa y nueces,
pág. 348

Vinagreta de frambuesa y nueces

½ taza de frambuesas frescas, picadas finas o trituradas

¼ de taza de vinagre de sidra de manzana

2 cucharadas de nueces picadas finas

1 cucharadita de cilantro fresco picado (o ¼ de cucharadita de cilantro seco)

¾ de taza de aceite de oliva virgen extra

sal y pimienta negra

Este aliño se usa para nuestra ensalada de pollo de corral a la parrilla (pág. 252), y también queda delicioso con cualquier ensalada de verano con espinacas baby, frutos rojos cortados (arándanos, moras, fresas y frambuesas) y pepino cortado en dados, así como con cualquier variación de las ensaladas de proteínas (pág. 179). También pueden sustituirse las frambuesas por otros frutos rojos, y en invierno usar semillas de granada trituradas.

MEZCLA las frambuesas, el vinagre, las nueces y el cilantro en un cuenco pequeño. Vierte el aceite de oliva en un chorrito constante, sin dejar de batir, para que emulsione. Salpimienta y bate bien para que se incorporen todos los sabores.

Vinagreta balsámica

¼ de taza de vinagre balsámico

2 dientes de ajo picados

2 cucharaditas de mostaza en polvo

¾ de taza de aceite de oliva virgen extra

1 cucharadita de cilantro fresco picado (o ¼ de cucharadita de cilantro seco)

sal y pimienta negra

Este aliño se usa en nuestro solomillo de cerdo con costra de nueces (pág. 272), y también es un gran remate para las verduras a la parrilla (pág. 182), los pescados blancos y las ensaladas. También nos gusta preparar una variación más cremosa (sustituyendo el aceite de oliva por mayonesa básica, pág. 197) para untar bastoncitos de verduras crudas, para echarla sobre el salteado de coles de Bruselas y calabaza (pág. 306) o para mezclarla con la ensalada de proteínas (pág. 179).

MEZCLA el vinagre, el ajo y la mostaza en polvo en un cuenco pequeño. Añade el aceite de oliva en un chorrito constante, sin dejar de batir, para que emulsione. Añade el cilantro, salpimienta al gusto y bate bien para que se incorporen bien los sabores.

Vinagreta asiática, *pág. 350*

Vinagreta latina, *pág. 350*

Vinagreta balsámica, *pág. 348*

Vinagreta asiática

¼ de taza de vinagre de arroz

1 cucharada de aceite de sésamo

1 diente de ajo picado

½ cucharadita de jengibre fresco picado

¾ de taza de aceite de oliva virgen extra

copos de pimiento rojo

sal y pimienta negra

Se trata de un fantástico aliño alternativo que combina de maravilla con nuestra ensalada thai fría (pág. 294). Su alternativa más cremosa (usando mayonesa básica, pág. 197, en lugar de aceite de oliva) puede mezclarse con el arroz de coliflor (pág. 292) o usarse para cubrir un salmón al horno perfecto (pág. 178).

MEZCLA el vinagre de arroz, el aceite de sésamo, el ajo y el jengibre en un cuenco pequeño. Añade el aceite de oliva en un chorrito constante, sin dejar de batir, para que emulsione. Sazona con un pellizco de copos de pimiento rojo, sal y pimienta, y bate bien hasta que quede todo bien ligado.

Vinagreta latina

2 dientes de ajo picados

1 jalapeño despepitado y picado

zumo de 5 limas

¾ de taza de aceite de oliva virgen extra

2 cucharadas de cilantro fresco picado

2 cucharadas de perejil fresco picado

½ cucharadita de sal

¼ de cucharadita de pimienta negra

BATE bien el ajo, el jalapeño y el zumo de lima en un cuenco pequeño. Ve echando despacio el aceite de oliva sin dejar de batir para que emulsione. Añade el cilantro, el perejil, la sal y la pimienta, y bate bien hasta que quede todo bien ligado.

Esta marinada resulta deliciosa con un bistec a la parrilla perfecto (pág. 172), con una pechuga de pollo sellada perfecta (pág. 175) o con unas gambas a la plancha perfectas (pág. 176).

PLATOS DE UNA SOLA CAZUELA

ANTES DE QUE TE EMOCIONES DEMASIADO con el título de esta sección, debemos confesarte algo: para preparar algunas de estas recetas vas a necesitar más de una cazuela.

Está bien, está bien, para casi todas.

Sabemos que ya te estabas imaginando que después de cocinar tendrías la cocina recogida en un par de minutos (solo tú, un estropajo y una cazuela, a diferencia del rastro de destrucción que queda después de preparar, cocinar y servir una cena). Pero, en realidad, el título de esta sección no se refiere a los recipientes que vas a usar para cocinar, sino más bien al hecho de que lo que vas a preparar son comidas completas (con proteínas, verduras y grasas naturales) en un solo plato, sin necesidad de añadir acompañamientos ni guarniciones que combinen.

Así pues, al menos en este punto sí te lo ponemos más fácil, aunque para tu lavavajillas no vaya a serlo tanto.

Si tienes la sensación de vivir en la «cárcel de la comida sana» (sin poder separarte de la tabla de cortar, los fogones y el fregadero) durante este Whole30, hablemos un poco de algunas maneras de agilizar los preparativos, las cocciones y el proceso de lavado y limpieza.

El primer paso es organizar y preparar más cantidad. Resérvate unas horas el domingo, o 30 minutos alguna noche al salir del trabajo, para preparar cosas con antelación. Prepara una marinada o una mezcla de especias que sepas que vas a usar pronto, deja listos tres o cuatro aliños y salsas, y pica las verduras (aguantan bien unos días en la nevera en un recipiente con tapa). Cuanto menos tengas que hacer cuando vas con prisas para tener lista la cena, más limpia te quedará la cocina.

Coloca un cuenco grande «para la basura» en la encimera, donde irás echando las pieles y las puntas de las cebollas, los corazones de las manzanas y los tallos de las hierbas aromáticas. Limitar los desplazamientos hasta el cubo de la basura ahorra tiempo y posibles «vertidos» accidentales en el suelo.

Reutiliza los utensilios de cocina siempre que puedas. Si solo estás picando verduras, no hace falta que uses más de una tabla de cortar; recoge los restos y pasa al siguiente ingrediente. Lo mismo ocurre con los cuchillos y con las tazas de medir: tal vez debas aclararlos un momento bajo el grifo, pero no hace falta usar uno para cada cosa. (De todos modos, cuidado con la carne cruda; para esta sí hace falta usar en exclusiva una tabla de cortar, y los utensilios que entren en contacto con la carne cruda deben lavarse muy bien antes de volverse a usar.)

Combina ingredientes siempre que puedas. Si añades cebolla, pimiento y champiñones a la sartén

a la vez, déjalo todo en la misma tabla de cortar o resérvalos en el mismo cuenco: no hay necesidad de manchar más de la cuenta. Lo mismo vale para las mezclas de especias: si vas a mezclar todas las especias en la sartén de todos modos, usa un único recipiente para tenerlas a mano durante la preparación.

Si la receta exige impregnar las verduras en aceite antes de asarlas, puedes introducirlas en un cuenco, añadir el aceite y mezclarlas... o puedes hacer como nosotros, que extendemos las verduras sobre la bandeja de horno forrada, echamos el aceite uniformemente sobre las verduras y las frotamos con las manos hasta que queden bien impregnadas. Un recipiente grasiento menos que lavar. Saldrás ganando.

Por último, ya sabes que cualquier libro de cocina te dirá que vayas lavando los cacharros a medida que los uses, pero es que es verdad. (O, como mínimo, dales un agua.) Si algo tiene que hervir a fuego lento durante unos minutos, aprovecha para lavar uno o dos cuencos, pasa un trapo por la encimera o devuelve a su sitio los frascos de especias. Si logras terminar la receta con una cocina relativamente limpia, recoger después de la cena será un momento.

Sobre todo si se lo pides a tu pareja o compañero/a de piso.

Pollo a la cazadora

PARA 2 PERSONAS

TIEMPO DE PREPARACIÓN: 15 minutos
TIEMPO DE COCCIÓN: 40 minutos
TIEMPO TOTAL: 55 minutos

---

4 cucharadas de grasa de cocción

450 g de muslos de pollo (con piel y hueso)

225 g de sobremuslos de pollo (deshuesados)

½ cucharadita de sal

½ cucharadita de pimienta negra

½ cebolla picada

½ pimiento morrón rojo, en dados finos

1 taza de champiñones laminados

2 dientes de ajo picados

1 cucharada de alcaparras escurridas

1 lata (400 g) de tomate en dados

1 taza de caldo de pollo o de agua

1 cucharada de hojas de albahaca frescas, mal cortadas

Aunque este plato también puede prepararse con todo el pollo deshuesado y sin piel, no queda tan bien. La piel del pollo retiene la grasa, y la grasa se traduce en sabor. Además, absorbe mejor la salsa y le da un toque entrañable y rústico a la receta. Si bien no se trata de una regla oficial, recomendamos comprar pollos de corral u orgánicos, sobre todo para recetas que incorporan la piel.

EN una sartén grande, de borde alto, calienta 2 cucharadas de grasa de cocción a fuego medio-alto, removiendo para que cubra bien el fondo. Salpimienta el pollo e introdúcelo en la sartén. Sella el pollo 3 minutos por lado, hasta que esté bien dorado. Retíralo de la sartén y reserva.

EN esa misma sartén, a fuego medio-alto, añade las 2 cucharadas restantes de grasa de cocción, la cebolla y el pimiento y saltea durante 2-3 minutos, hasta que la cebolla se vuelva traslúcida. Añade los champiñones y cocina removiendo 2 minutos más. Añade el ajo y remueve durante 1 minuto, hasta que desprenda su aroma. Por último, añade las alcaparras y el tomate troceado.

VUELVE a introducir el pollo en la sartén y cúbrelo con el caldo o el agua. Baja el fuego a temperatura media y, cuando empiece a hervir, cuécelo a fuego muy bajo hasta que el pollo alcance una temperatura interna de 71 °C (unos 30 minutos).

DECORA con la albahaca cortada y sirve.

⭐ CON UN POCO DE PLANIFICACIÓN, *podrías comprar un pollo entero de algo más de un kilo y usarlo para preparar esta receta. En primer lugar, hazlo según la técnica de la página 175. Separa la carne de muslos y sobremuslos (¡pero deja la piel!) y conserva en la nevera. A continuación, usa la carcasa para preparar un caldo siguiendo la receta de la página 195. Cuando ya lo tengas todo, puedes proceder con esta receta, añadiendo el pollo ya asado a la salsa. Déjalo cocer a fuego lento solo 10 minutos para que se caliente bien. De esa manera, el tiempo total de cocción será de 15 minutos, y podrás aprovechar prácticamente todo el pollo.*

CONVIÉRTELO EN UNA COMIDA COMPLETA:
Técnicamente, este plato de una sola cazuela puede comerse solo, pero para aportarle más valor nutricional puedes servirlo con arroz de coliflor (pág. 292), o con unas hojas de espinacas, o sobre un fino lecho de puré de patatas. Para darle un toque más italiano, sirve con fideos de calabacín (véase la técnica en la pág. 264), o con calabaza espagueti asada (pág. 314).

Sopa de pollo

PARA 2 PERSONAS (Y SOBRA)

TIEMPO DE PREPARACIÓN: 20 minutos
TIEMPO DE COCCIÓN: 25 minutos
TIEMPO TOTAL: 45 minutos

½ cucharadita de sal

½ cucharadita de comino

¼ de cucharadita de pimentón

⅛ de cucharadita de cayena

450 g de sobremuslos de pollo (deshuesados)

1 l de caldo de pollo o de verduras

2 boniatos medianos, en dados de 2,5 cm

1 cabeza de brócoli en ramilletes de 2,5 cm (reserva los tallos)

2 dientes de ajo picados

1 jalapeño en dados pequeños (opcional)

1 lata de 400 g de leche de coco

1 cucharada de cilantro fresco picado

zumo de 1 lima

½ cebolla roja pequeña, picada fina

¿Quieres darle un sabor distinto a este plato? Prueba a cocinar el pollo a la parrilla o a la plancha en vez de asarlo, sustituye el pollo por gambas o huevos duros, o usa coliflor en vez de brócoli. También puedes convertir este guiso en una sopa de pollo con «fideos» o con «arroz» añadiendo el arroz de coliflor (pág. 292) que te haya sobrado, o restos de calabaza espagueti asada (pág. 314), o «espaguetis» de verduras justo antes del recalentado final.

PRECALIENTA el horno a 175 °C.

MEZCLA la sal, el comino, el pimentón y la cayena en un cuenco pequeño. Condimenta los sobremuslos de pollo uniformemente con la mezcla de especias. Coloca el pollo en una bandeja de horno y ásalo durante 20 minutos. Saca el pollo del horno y déjalo reposar 5 minutos sobre una tabla de cortar. Corta el pollo en dados de 2,5 cm.

MIENTRAS el pollo se asa, vierte el caldo en un cazo mediano. Llévalo a ebullición, y añade entonces los boniatos. Cuece a fuego fuerte durante unos 10 minutos, hasta que los boniatos estén tiernos al pincharlos con un tenedor. Retíralos del fuego con una espumadera y reserva.

AÑADE al caldo los tallos de brócoli, el ajo y el jalapeño (si quieres que tenga un toque picante). Baja el fuego a temperatura media y deja hervir durante 15 minutos. Añade los ramilletes de brócoli y la leche de coco, y deja que hierva unos 5 minutos más, hasta que el brócoli esté muy tierno. Retira el cazo del fuego.

PASA el caldo y las verduras del cazo a una trituradora o batidora, y tritura hasta que quede sin grumos. Vierte la mezcla triturada en el mismo cazo y añade el pollo, los boniatos y el cilantro. Caliéntalo todo a fuego medio, removiendo bien, durante 2-3 minutos, para que se recalienten el pollo y los boniatos. Sirve inmediatamente.

DECORA la sopa con el zumo fresco de lima y con la cebolla roja picada fina.

⭐ PUEDES *llevarte este plato al trabajo para tener una comida caliente, aunque no dispongas de microondas. Antes de salir de casa, calienta la sopa a fuego medio-bajo hasta que esté caliente, pero sin que llegue a hervir, y viértela en un termo. Así se mantendrá caliente hasta la hora del almuerzo.*

Pollo primavera

PARA 2 PERSONAS (Y SOBRA)
TIEMPO DE PREPARACIÓN: 15 minutos
TIEMPO DE COCCIÓN: 27 minutos
TIEMPO TOTAL: 42 minutos

---

2 cucharadas de grasa de cocción

½ taza de cebolla en dados

2 dientes de ajo picados

1 cucharadita de orégano fresco picado

1 cucharadita de tomillo fresco

3 tazas de tomates despepitados, en dados
(unos 3 tomates grandes)

450 g de sobremuslos de pollo deshuesados
y sin piel, en dados de 2,5 cm

1 taza de judías en trozos de 2,5 cm

1,5 tazas de calabacín en dados medianos

1,5 tazas de calabaza amarilla en dados
medianos

¼ de cucharadita de copos de pimiento rojo

1 cucharadita de sal

½ cucharadita de pimienta negra

1-2 cucharadas de hojas de albahaca fresca

Este plato pide a gritos que lo sirvas sobre
un lecho de fideos de verduras. Puedes
acompañarlo con una calabaza espagueti
asada (pág. 314) o con unos fideos de
calabacín (pág. 264), o usar el cortador
espiral para preparar unos fideos de boniato
o de zanahoria al vapor.

EN una cazuela grande o en *cocotte*, calienta la grasa de cocción a fuego medio-alto y remueve para que cubra bien el fondo. Añade la cebolla, el ajo, el orégano y el tomillo, y cuece durante 2-3 minutos, hasta que la cebolla esté traslúcida y el ajo desprenda su aroma.

AÑADE los tomates y el pollo a la cazuela y cocina, revolviendo de vez en cuando, durante 3-4 minutos, hasta que el tomate se haya ablandado. Añade la judía verde, el calabacín y la calabaza y cuece 5 o 6 minutos más, hasta que las verduras estén tiernas, pero no blandas, y el pollo se vea bien cocido (que no esté rosado por el centro). Añade los copos de pimiento rojo, salpimienta, espolvorea con la albahaca, remueve durante 30 segundos para que se incorporen bien los sabores y sirve inmediatamente.

⭐ ALGUNOS ATAJOS: *Ahorrarás 5 minutos si usas una lata de 800 g de tomate troceado en lugar de preparar esta receta con tomates frescos. (No los escurras: añade todo el contenido de la lata en la cazuela al llegar al paso 2.) Y aunque las hierbas frescas potencian mucho el sabor, puedes sustituirlas por media cucharadita de orégano seco y media de tomillo seco, y por 1-2 cucharaditas de albahaca seca.*

Pollo salteado

PARA 2 PERSONAS

TIEMPO DE PREPARACIÓN: 10 minutos

TIEMPO DE COCCIÓN: 10 minutos

TIEMPO TOTAL: 20 minutos

---

3 cucharadas de grasa de cocción

450 g de pechuga o sobremuslo de pollo
(deshuesado y sin piel)

1 diente de ajo picado

1 cucharada de jengibre rallado

1 brócoli en ramilletes

2 tazas de champiñones laminados

2 zanahorias en juliana

225 g de judías verdes en trozos de 2,5 cm

2 cebollas tiernas picadas

zumo de ½ lima

1 cucharada de cilantro fresco picado

Este plato sencillo es la base perfecta para tu
salsa o aliño favorito (pág. 322). Si duplicas
las cantidades de la receta y escoges dos
aliños distintos, tendrás cubierta la cena
de hoy y la comida de mañana. El pollo
salteado también va bien acompañado
de una ensalada fresca. Usa tu lechuga
preferida de hojas consistentes (prueba la
Boston, la Bibb, la francesa o mantecosa, o
la romana), o corta un repollo muy fino, o
recurre a una ensalada de col ya cortada
y remátala con una vinagreta de hierbas y
cítricos (pág. 346) o una vinagreta latina
(pág. 350). ¿No te apetece pollo? Prueba
esta misma receta con gambas o con falda
de ternera.

CALIENTA 2 cucharadas de la grasa de cocción en una sartén
grande a fuego medio, removiendo para que cubra bien el fondo.
Pon el pollo en la sartén y séllalo 3 minutos por lado hasta que
el exterior esté dorado y se separe con facilidad de la sartén.
Añade el ajo y el jengibre. Cocina durante 1 minuto, hasta que
se desprendan los aromas. Saca el pollo de la sartén y córtalo en
tiras finas. Resérvalo.

LIMPIA y seca bien la sartén.

CALIENTA la cucharada restante de grasa de cocción en la
sartén a fuego medio-alto. Añade el brócoli, los champiñones,
las zanahorias y las judías verdes, y fríelo todo agitando hasta
que las verduras empiecen a ablandarse, unos 2-3 minutos.
Añade las tiras de pollo a la sartén, mezcla y sigue salteando 2-3
minutos hasta que todo esté bien caliente.

REMATA con la cebolla tierna, el zumo de lima y el cilantro.
Sirve inmediatamente.

⭐ REDUCE EL TIEMPO DE PREPARACIÓN Y COCCIÓN *a la
mitad usando un pollo o unas gambas que ya tengas hechos, y
sustituyendo las verduras frescas por una mezcla de verduras
congeladas. Descongela las verduras en la nevera mientras estás
en el trabajo y, cuando sea hora de cocinar, sigue las instrucciones
de arriba, friendo y agitando hasta que todo esté bien caliente.*

Chile clásico

PARA 2 PERSONAS (Y SOBRA)

TIEMPO DE PREPARACIÓN: 20 minutos

TIEMPO DE COCCIÓN: 1 hora 15 minutos

TIEMPO TOTAL: 1 hora 35 minutos

---

450 g de carne picada (ternera, cordero, bisonte)

1 cebolla picada fina

3 dientes de ajo picados

1 cucharadita de comino

1 cucharadita de chile en polvo

½ cucharadita de pimentón

½ cucharadita de mostaza en polvo

½ cucharadita de sal

1 pimiento morrón rojo, picado fino

1 pimiento morrón verde, picado fino

1 lata (400 g) de tomate en dados

2 tazas de caldo de ternera

Con remates distintos puedes conseguir cambios de sabor bastante apreciables en esta receta. Pruébalo con cilantro fresco, jalapeños, pimiento rojo machacado o un chorrito de aliño ranchero (pág. 336). Si eres una persona activa y necesitas comer más carbohidratos, corta unas patatas o una calabaza cacahuete en dados pequeños y añádelos al guiso justo antes de que arranque el hervor, o sirve tu chile sobre un «cuenco» hecho con la mitad de una calabaza bellota asada.

CALIENTA una cazuela grande o una sartén de paredes altas a fuego medio-alto (sin grasa de cocción). Añade la carne picada y cocina hasta que esté bien dorada (7-10 minutos). Retira la carne del recipiente con una espumadera y pásala a un plato, dejando en la cazuela la grasa que haya soltado.

AÑADE la cebolla, el ajo, el comino, el chile en polvo, el pimentón, la mostaza en polvo y la sal. Baja el fuego a temperatura media y sofríe 4-5 minutos, hasta que la cebolla esté traslúcida.

AÑADE el pimiento morrón, el tomate y el caldo. Sube el fuego a temperatura alta y lleva el chile a ebullición. Cuando empiece a hervir, baja el fuego y cuece a fuego lento durante una hora, sin tapar.

⭐ ESTA RECETA *puede prepararse fácilmente en una olla de cocción lenta. Sigue todas las instrucciones exactamente como aparecen arriba hasta el momento en que la cebolla queda traslúcida. En ese momento, pasa el contenido de la cazuela a la olla de cocción lenta. Añade el pimiento, el tomate y el caldo, y prográmala a fuego lento para que se cocine durante 6-8 horas.*

Paleta de cerdo asada con calabaza, col rizada y tomates

PARA 2 PERSONAS (Y SOBRA)
TIEMPO DE PREPARACIÓN: 10 minutos
TIEMPO DE COCCIÓN: 3 horas
TIEMPO TOTAL: 3 horas 10 minutos

2 cucharaditas de pimentón

1 cucharadita de chile en polvo

1 cucharadita de ajo en polvo

1 cucharadita de cebolla en polvo

1 cucharadita de sal

½ cucharadita de pimienta negra

zumo de ½ lima

700 g de paleta de cerdo (deshuesada)

1 calabaza cacahuete, en dados de 2,5 cm

1 manojo de col rizada sin tallos, cortada

1 taza de tomates en dados

Si te ha sobrado cerdo o si has hecho de más, congélalo en porciones de una taza para poder descongelarlo fácilmente para futuras recetas. Puedes servir la carne de cerdo que te haya sobrado con nuestra salsa barbacoa ácida (pág. 342), o sobre barcas de lechuga, o con una ensalada aliñada con nuestra vinagreta latina (pág. 350), rematada con huevos fritos y chimichurri (pág. 326), o acompañada con una frittata de verduras (pág. 226). Si no es temporada de calabaza cacahuete, sustitúyela por dos boniatos cortados en dados.

PRECALIENTA el horno a 150 °C.

MEZCLA el pimentón, el chile en polvo, el ajo en polvo, la cebolla en polvo, la sal y la pimienta en un cuenco pequeño. Añade el zumo de lima y mézclalo todo. Coloca el cerdo en una *cocotte* o en una cazuela honda de rustir y cubre todas las superficies de la paleta con la mezcla de especias. Añade una taza de agua y tapa totalmente con una tapadera o con papel de aluminio. Cocínala al horno, dándole la vuelta cada 45 minutos.

AL cabo de 2 horas y 15 minutos, añade a la cazuela la calabaza cacahuete y media taza de agua. Cuece media hora más, y después añade la col rizada y los tomates. Vuelve a meter la cazuela en el horno 15 minutos más.

SACA el recipiente del horno y déjalo tapado hasta la hora de servir. Con unas pinzas o una espumadera, reparte las verduras en platos, separa la carne de la paleta en trozos generosos y colócalos sobre las verduras. Rocíalo con el jugo del guiso ayudándote de una cuchara.

Hamburguesas fáciles de salmón

creadas por Melissa Joulwan para *It Starts With Food*

PARA 2 PERSONAS
TIEMPO DE PREPARACIÓN: 15 minutos
TIEMPO DE COCCIÓN: 30 minutos
TIEMPO TOTAL: 45 minutos

---

3 latas de salmón salvaje de 170 g (sin espinas, o con las espinas retiradas)

1 taza de boniatos en conserva

1 huevo

½ taza de harina de almendra

2 chalotas picadas finas, más un poco para decorar

2 cucharadas de perejil fresco picado (o 2 cucharaditas de perejil seco)

2 cucharadas de eneldo fresco picado (o 2 cucharaditas de eneldo seco)

1 cucharadita de sal

½ cucharadita de pimentón

¼ de cucharadita de pimienta negra molida

2 cucharadas de mantequilla clarificada, *ghee* o aceite de coco, fundidas

rodajas de limón para servir (opcional)

Aunque estas hamburguesas de salmón son una comida completa por sí mismas (sobre todo si están rematadas por la salsa tártara de la pág. 332), combinan muy bien con unas judías verdes salteadas y una ensalada fresca del huerto, con nuestros espárragos a la parrilla con limón (pág. 304), o con boniato asado (pág. 316). También quedan muy buenas recalentadas, por lo que puedes duplicar la cantidad y disfrutarlas a la hora del desayuno del día siguiente: combina 2 hamburguesas con unas espinacas rehogadas y un huevo frito.

PRECALIENTA el horno a 220 °C y forra una bandeja de horno con papel vegetal.

ESCURRE bien el líquido del salmón y desmenuza el pescado en un cuenco grande, eliminando las espinas y separando la carne con un tenedor. Añade el boniato, el huevo, la harina de almendra, las chalotas, el perejil, el eneldo, la sal, el pimentón y la pimienta, y mezcla bien con una cuchara de madera.

PINTA el papel vegetal con la grasa derretida, y ve llenando hasta un tercio una taza de medir para ir dividiendo la masa de las hamburguesas e ir poniéndolas sobre el papel. Aplasta las bolas con la mano hasta que queden uniformes.

ÁSALAS durante 20 minutos y después dales la vuelta con una espátula y vuelve a meterlas en el horno. Cocina unos 10 minutos más, hasta que estén bien doradas.

SIRVE con láminas de chalota y, si quieres, con rodajas de limón para exprimirlas sobre las hamburguesas.

⭐ EN TU TIENDA DE PRODUCTOS SALUDABLES *encontrarás latas de salmón sin espinas, y de esa manera ahorrarás 10 minutos del tiempo de preparación. Busca un salmón que sea salvaje para asegurar un alto nivel nutricional, en especial de ácidos grasos omega-3 antiinflamatorios, como EPA y DHA. Estos ácidos grasos proceden de lo que come el salmón (algas, krill). El salmón de piscifactoría no se alimenta de esas cosas, por lo que no contiene esos mismos ácidos grasos.*

Redondo a la cazuela

PARA 2 PERSONAS (Y SOBRA)
TIEMPO DE PREPARACIÓN: 15 minutos
TIEMPO DE COCCIÓN: 6-8 horas
TIEMPO TOTAL: 6-8 horas

**700 g de carne de ternera para rustido
(aguja, costillar deshuesado, pecho,
redondo, tapa)**

1 cucharadita de sal

½ cucharadita de pimienta negra

1 cebolla laminada

3 zanahorias sin pelar, en trozos de 5 cm

3 ramas de apio, en trozos de 2,5 cm

1 calabaza cacahuete pequeña, pelada y en
dados grandes

2 dientes de ajo

2 ramitas de tomillo

2 tazas de caldo de ternera o de agua

Si dispones de tiempo, puedes aportar más
sabor a tu rustido dorando la carne, las
cebollas y las zanahorias antes de introducirlo
todo en la olla de cocción lenta. Enciéndela
a temperatura baja y salpimienta la carne.
Derrite 2 cucharadas de mantequilla clarificada
o aceite de coco en una cazuela grande (o
cocotte) a fuego medio-alto. Añade las cebollas
y, sin revolver, séllalas durante 1 minuto
por un lado, y dales la vuelta con ayuda de
una espátula para sellarlas por el otro lado
durante 1 minuto más. (La cebolla debería
quedar ligeramente marrón.) Retira de la
cazuela, añade la zanahoria y repite el mismo
procedimiento hasta que quede marrón.
Añade una cucharada de grasa de cocción y
mete la carne en la cazuela. Séllala durante 1
minuto por lado hasta que esté marrón. Sigue
el resto de las instrucciones de arriba.

ENCIENDE tu olla de cocción lenta a fuego bajo, y salpimienta
la carne.

INTRODUCE la carne, la cebolla, la zanahoria, el apio, la
calabaza, el ajo y las ramitas de tomillo en la olla de cocción
lenta. Cúbrelo todo con caldo o agua (cúbrelo solo hasta la
mitad de la pieza de carne) y deja que cueza entre 6 y 8 horas.
Debe quedar tierno al pincharlo con un tenedor.

RETIRA la pieza de carne, pásala a una fuente grande y tapa con
papel de aluminio. Deja que repose 15 minutos antes de servir.

RETIRA las ramitas de tomillo del caldo y desecha. Corta
en rodajas la carne en contra de la veta. Sirve la carne y las
verduras en platos individuales y cubre con un poco del caldo.

⭐ COMO LA MADERA, *la carne también tiene su veta: fibras de
músculo que son más espesas y más prominentes en carnes que
trabajan más, y que son las que se usan para los rustidos. Cortar
estas piezas en paralelo a la veta (siguiendo la misma dirección
de la veta) puede hacer que la carne resulte mucho más dura. Es
mucho mejor cortar en contra de la veta (en perpendicular a esas
líneas) para ablandar de manera natural la carne y conseguir que
retenga una textura mucho más tierna.*

Pastel de carne y boniato

PARA 2 PERSONAS (Y SOBRA)
TIEMPO DE PREPARACIÓN: 10 minutos
TIEMPO DE COCCIÓN: 50 minutos
TIEMPO TOTAL: 1 hora

---

2 boniatos medianos, pelados y en dados grandes

4 tazas de agua fría

4 cucharadas de mantequilla clarificada o *ghee*

½ taza de leche de coco

1 cebolla picada fina

2 tallos de apio picados finos

1 zanahoria pelada y picada fina

450 g de carne picada (ternera, cordero, bisonte)

2 dientes de ajo picados

1 cucharadita de sal

½ cucharadita de pimienta negra

1 rama de hojas de tomillo fresco (o ¼ de cucharadita de tomillo seco)

2 cucharaditas de hojas de orégano fresco (o ½ cucharadita de orégano seco)

Si quieres que el plato resulte más ligero, usa puré de coliflor (pág. 290) en vez de boniato para la capa superior. También puedes preparar la receta con puré de patatas si te interesa darle un toque tradicional. Desmenuza un poco de jamón curado crujiente, o beicon apto para el Whole30, para espolvorearlo por encima, o sírvelo con nuestro kétchup Whole30 (pág. 343) si quieres que resulte más atractivo para los niños. Es un plato que puede congelarse sin problemas, por lo que, si duplicas las cantidades, podrás tener uno listo para comer y otro para conservarlo en el congelador.

PRECALIENTA el horno a 190 °C.

EN una cazuela grande, mete los boniatos cubiertos con agua fría y lleva a ebullición. Hiérvelos aproximadamente 10 minutos, hasta que estén tiernos al pincharlos con un tenedor. Escurre el agua de la cazuela, añade 2 cucharadas de la mantequilla y la leche de coco (con la cazuela retirada del fuego). Tritura los boniatos con un pasapurés, un tenedor de cocina grande o una batidora de mano, o métele todo en una picadora si prefieres una textura más cremosa. Pasa los boniatos a un cuenco y reserva.

VUELVE a llevar la misma cazuela al fuego y disuelve las dos cucharadas restantes de mantequilla a fuego medio. Añade la cebolla, el apio y la zanahoria y cocina durante 5 minutos removiendo. Agrega la carne picada y el ajo. Sofríe entre 7 y 10 minutos más, removiendo a menudo, hasta que la carne se vea marrón. Salpimienta y condimenta con el tomillo y el orégano. Retira del fuego y deja que la carne y las verduras se enfríen durante 5 minutos en la cazuela.

DISTRIBUYE uniformemente la carne y las verduras sobre el fondo de una cacerola apta para horno o una fuente de Pyrex de 30 x 22 cm. A continuación, esparce con cuidado el puré de boniato sobre la mezcla de carne y verduras. Asa al horno durante 30 minutos, hasta que la cubierta se dore ligeramente. Corta en porciones y sirve.

⭐ SI QUIERES QUE QUEDE MÁS TOSTADA *la costra de boniato, sube la bandeja un punto más en el horno. Y si te apetece darle un toque más sofisticado, usa las púas de un tenedor para dibujar rayas en el puré de boniato antes de meterlo en el horno.*

Sopa thai de coco

PARA 2 PERSONAS

TIEMPO DE PREPARACIÓN: 20 minutos
TIEMPO DE COCCIÓN: 40 minutos
TIEMPO TOTAL: 1 hora

---

caldo de pollo o de verduras (pág. 195)

2 l de agua

1 rama de citronela en trozos de 5 cm

1 raíz pequeña de jengibre, pelada y en trozos de 2,5 cm

1 chalota o 1 cebolla roja pequeña, en dados

1 jalapeño despepitado, cortado por la mitad

4 limas cortadas por la mitad, y su ralladura

450 g de sobremuslos de pollo (deshuesados), en dados de 2,5 cm

1 lata (400 g) de leche de coco

3 tazas de champiñones en cuartos

1 pimiento morrón rojo en dados

1 chirivía en rodajas de 0,5 cm

1 zanahoria en rodajas de 0,5 cm

1 cucharadita de sal

1 cebolla tierna picada fina

1 cucharada de cilantro fresco picado fino

¿Te gusta más picante? Despepita y corta en dados pequeños otro jalapeño y añádelo cuando pongas el pollo. ¿Tienes ganas de pescado o marisco? Pues sustituye por unas gambas, unas vieiras o un pescado blanco de carne firme. ¿Que te hacen falta más verduras? Añade una bolsa de espinacas baby o unos puñados de fideos de calabacín cuando retires la sopa del fuego, para que se escalden en el caldo caliente antes de decorar y servir.

EN una olla grande lleva a ebullición el caldo, la citronela, el jengibre, la chalota, el jalapeño y 6 de las mitades de lima. Baja el fuego y deja que hierva a fuego medio, con la olla destapada, durante 15 minutos.

SACA del caldo y escurre la citronela, la chalota, el jalapeño y las limas. Añade al caldo el pollo, la leche de coco, los champiñones, el pimiento, la chirivía, la zanahoria y la sal. Cuece a fuego medio-alto durante unos 25 minutos, hasta que el pollo esté bien hecho y la zanahoria y la chirivía estén tiernas.

SIRVE en cuencos y decora con cebollino, cilantro y ralladura de lima, y añade el zumo de las dos mitades de lima restantes.

⭐ NO TE DEJES INTIMIDAR *por la citronela. Esta planta algo astillosa con aroma de limón es un condimento habitual en las recetas tailandesas. Para usarla, corta el bulbo inferior y elimina las hojas externas, más duras, hasta dejar solo el corazón amarillo. Esta hierba (y muchas otras hierbas y especias interesantes) puedes encontrarlas en tu tienda de alimentación saludable o en algún mercado asiático; pero si no la encuentras, añade en su lugar más raíz de jengibre y la ralladura de media lima al caldo.*

COMIDAS PARA IMPRESIONAR

ES PROBABLE QUE durante tu Whole30 quieras recibir a gente en casa. Tal vez te toque a ti organizar la cena familiar, o un cumpleaños coincida con las semanas en las que sigues nuestro método, o tal vez simplemente te interese callar las bocas de familiares y amigos, que no dejan de decirte: «¡Pero si no puedes comer nada! Debes de echar de menos muchas cosas. Yo no podría comer así».

Sea cual sea la razón, lo tenemos todo previsto.

Cada una de las siguientes comidas para impresionar es completa y va desde el principio hasta el final: el plato principal más acompañamientos (algunas incluyen incluso aperitivos). Te proporcionamos un plan de acción para cada una, para ayudarte a prepararlas y planificarlas de manera que no tengas que ignorar a los invitados ni encadenarte a una sartén humeante.

A menos que tengas mucha experiencia culinaria, te recomendamos no preparar estos platos hasta que lleves una o dos semanas de Whole30 y hayas adquirido ya cierta experiencia con la planificación y la organización que implica cocinar varios platos a la vez. Con todo, no esperes demasiado. Preparar platos como estos hará que crezca mucho tu confianza culinaria, y hará saber a tus seres queridos que no, que no te estás muriendo de hambre, que no te falta de nada y que no te invade la tristeza durante el Whole30.

De hecho, si no les dijeras a tus invitados que acabas de servirles una comida Whole30, dudamos que alguien se diera cuenta, algo que tal vez dé pie a conversaciones del tipo: «¿Te ha gustado? ¿Verdad que estaba delicioso? ¿Pues sabes una cosa? Toda la comida era Whole30. Para que sepas que esta comida es increíble y entiendas que no hay carencias de ningún tipo. ¿Por qué no lo pruebas, mamá?».

Compartir buena comida tendiendo una emboscada es una estrategia totalmente válida en nuestro libro.

Barbacoa en el jardín

NADA EVOCA MÁS EL VERANO que una barbacoa en el jardín, pero tu relación con la comida ha subido bastante de nivel desde aquellos días de perritos calientes quemados, patatas fritas de bolsa reblandecidas y latas de refresco. Si invitas a la familia o a los amigos a una reunión al aire libre, quedarán impresionados con tu menú y ni siquiera se darán cuenta de que acaban de consumir su primera comida Whole30.

MENÚ

Ensalada de sandía de Dallas

Gambas al pesto con
tomates cherry

Bistec a la parrilla con
marinada seca

Verduras a la parrilla con
glaseado balsámico

¿A que da el pego?

Sin embargo, este menú exige cierta preparación previa. En primer lugar, a menos que tengas mucha experiencia con la parrilla, es preferible haber preparado algunos bistecs con esta técnica antes del gran día. Lo más probable es que tus invitados quieran sus piezas de carne a distintos puntos y, además, cada parrilla es distinta, y nuestros tiempos de cocción recomendados pueden diferir un poco de tu contexto concreto; así que enciende tu barbacoa una o dos semanas antes del evento y prepara unos bistecs de prueba. (No está tan mal; acabarás comiéndote esas carnes de prueba.)

También es recomendable invertir en ciertos utensilios para barbacoas, entre ellos un cepillo de púas metálicas para parrillas, unas pinzas largas y la cesta que mencionamos en la página 162. Sí, podrías asar las verduras directamente sobre la rejilla usando la técnica que exponemos en la página 182, pero te garantizamos que habrá bajas, y con una cesta para parrilla todo es más fácil.

Por último, asegúrate de que la barbacoa esté bien limpia cuando llegue el gran día. Una barbacoa sucia hace que la comida se pegue e impide ese sellado tan apetecible que intentas conseguir. Además, suelta mucho más humo y puede incluso incendiarse. Unos días antes del evento, calienta la barbacoa al máximo y, una vez caliente, limpia la rejilla con el cepillo metálico. (También puedes hacerlo así la próxima vez que cocines algo en ella.) Después, aplica una capa fina de aceite de oliva virgen extra para proteger la rejilla hasta el siguiente uso.

- Prepara el pesto

- Prepara el glaseado balsámico

- Prepara la ensalada de sandía

- Mezcla las especias para el marinado seco

- Corta todas las verduras que pondrás en la cesta para parrilla

- OPCIONAL: prepara una jarra de cócteles sin alcohol (págs. 411-412)

- OPCIONAL: prepara tu salsa de untar favorita (a partir de la pág. 329) y corta verduras en bastones

GUÁRDALO todo en la nevera en recipientes cubiertos, excepto el glaseado balsámico y la mezcla de especias, que puedes dejar sobre la encimera.

EN CUANTO A LOS TIEMPOS, estos platos son bastante fáciles de gestionar. En primer lugar, saca el pesto de la nevera y empieza a marinar los bistecs con el marinado seco más o menos una hora antes de que lleguen los invitados. Empieza a cocinar las gambas entre 15 y 20 minutos antes de que empiece la fiesta para poder disponer de un aperitivo listo cuando los invitados entren por la puerta.

CUANDO FALTE MEDIA HORA PARA LA HORA DE LA COMIDA, precalienta la barbacoa y el horno y sella los bistecs a la parrilla. Encarga a alguien que los meta en el horno mientras tú pasas la cesta llena de verduras a la parrilla. Es posible que estas tarden más en asarse que la carne (sobre todo si te gusta poco hecha), pero no está mal dejar que la carne repose unos minutos.

NO TE OLVIDES DE LA ENSALADA DE SANDÍA. Podría ser lo mejor de la comida. (Dallas la inventó después de probar un plato parecido en un restaurante mexicano de Seattle.) Déjala en la nevera hasta que sea la hora de servirla, porque sabe mejor fría.

SÍRVELO TODO DE MANERA INFORMAL, invitando a los asistentes a acercarse con sus platos a la comida. (¡Esto es una barbacoa! ¡Nada de formalismos!) Tú indícales qué piezas de carne están más hechas y cuáles menos, y deja que ellos se sirvan el acompañamiento que quieran.

Ensalada de sandía de Dallas

PARA 4 PERSONAS

TIEMPO DE PREPARACIÓN: 10 minutos
TIEMPO DE ENFRIADO: 20 minutos
TIEMPO TOTAL: 30 minutos

---

900 g de sandía, en dados grandes

2 cucharadas de aceite de oliva virgen extra

zumo de 2 limas

hojas de 4 tallos de menta fresca picada fina

½ chile verde despepitado, picado fino (opcional)

INTRODUCE todos los ingredientes en un cuenco grande no reactivo y mézclalos bien con una cuchara de madera. Tapa y deja que se enfríe en la nevera al menos 20 minutos antes de servir. La ensalada también puede prepararse con un día de antelación.

Gambas al pesto con tomates cherry

PARA 4 PERSONAS

TIEMPO DE PREPARACIÓN: 25 minutos
TIEMPO DE COCCIÓN: 10 minutos
TIEMPO TOTAL: 35 minutos

---

2 cucharadas de grasa de cocción

¼ de cebolla picada fina

1 diente de ajo picado

300 g de gambas crudas, peladas y desvenadas (21-25 unidades)

2 tazas de tomates cherry o tomates uva, cortados por la mitad

1 taza de pesto (pág. 335)

CALIENTA la grasa de cocción en una sartén grande a fuego medio. Cuando esté caliente, echa la cebolla y sofríela durante 2 minutos, removiendo. Añade el ajo y sofríe más o menos 1 minuto, hasta que desprenda sus aromas. Incorpora las gambas y remueve para que se integren bien con la cebolla y el ajo. Cocínalas más o menos durante 1 minuto y añade los tomates. Vierte un cuarto de taza de agua, tapa y deja cocer durante 4-6 minutos, hasta que las gambas adquieran un tono rosado brillante y tomen forma de «C», y los tomates estén tiernos y empecen a arrugarse.

TRASLADA el contenido de la sartén a una fuente y baña con el pesto.

Bistec a la parrilla con marinada seca

PARA 4 PERSONAS

TIEMPO DE PREPARACIÓN: 5 minutos
TIEMPO DE MARINADO: 15-30 minutos
TIEMPO DE COCCIÓN: 15-25 minutos
TIEMPO TOTAL: 20-30 minutos, más el marinado

---

3 cucharadas de sal

2 cucharadas de pimentón

2 cucharaditas de orégano seco

2 cucharaditas de mostaza molida

2 cucharaditas de cebolla en polvo

2 cucharaditas de pimienta negra

1 cucharadita de cúrcuma molida

1 cucharadita de ajo en polvo

¼ de cucharadita de cayena

4 bistecs (150-225 g cada uno) para asar a la parrilla (solomillo, asado de tira, entrecot, filete).

PARA preparar la marinada seca, mezcla todos los condimentos en un cuenco pequeño. Reserva 2 cucharadas y guarda el resto en un recipiente hermético. Lo bueno es que se puede tener hecho con semanas de antelación, así que puedes duplicar las cantidades y guardar más marinada para tu próxima barbacoa.

CONDIMENTA cada filete de manera uniforme por ambos lados usando 1,5 cucharaditas de marinada seca. Deja que los filetes se marinen a temperatura ambiente entre 15 y 30 minutos.

MIENTRAS los filetes se marinan, precalienta la parrilla a temperatura alta (260 °C) y el horno a 175 °C.

COLOCA los filetes sobre la parrilla caliente en un ángulo de 45 grados respecto a la rejilla. Deja que los bistecs se sellen durante 2-3 minutos; sabrás que están listos cuando se despeguen con facilidad de la rejilla. Cuando estén listos, usa unas pinzas para dar la vuelta a los filetes 90 grados, y sella 2 minutos más. De esa manera crearás un bonito dibujo de parrilla en la carne. Dales la vuelta y repite los 2 pasos del proceso de sellado por la otra cara.

PASA los bistecs a una bandeja de horno o una sartén de hierro colado. Llévalos al horno y asa 8-12 minutos, dependiendo del grosor del corte y de la temperatura deseada (consulta las guías en la pág. 172). Usa un termómetro para carne hasta que aprendas a determinarlo por el aspecto y el tacto de la carne. Recuerda sacarla del horno cuando esté 15 grados por debajo de la temperatura deseada, porque seguirá asándose mientras reposa.

DEJA que los bistecs reposen a temperatura ambiente durante 5 minutos antes de servir.

Verduras a la parrilla con glaseado balsámico

PARA 4 PERSONAS

TIEMPO DE PREPARACIÓN: 20 minutos
TIEMPO DE COCCIÓN: 35 minutos
TIEMPO TOTAL: 55 minutos

---

1 taza de vinagre balsámico

1 manojo de espárragos, sin los extremos, en trozos de 2,5 cm

1 calabacín en dados grandes

1 calabaza amarilla en dados grandes

1 cebolla tierna o amarilla, en láminas de 2,5 cm

2 pimientos morrones despepitados, sin nervios, en tiras de 2,5 cm

¼ de taza de aceite de oliva virgen extra

½ cucharadita de sal

½ cucharadita de pimienta negra

2 cucharadas de perejil fresco, picado fino

PARA preparar el glaseado balsámico, lleva a ebullición el vinagre en un cazo pequeño a temperatura media-alta. Cuando hierva, baja el fuego y cuece a fuego lento durante 20-30 minutos hasta que el vinagre balsámico se haya reducido a la mitad. Retira del fuego, deja que se enfríe y reserva. (Puedes prepararlo hasta una semana antes, conservándolo en un recipiente tapado a temperatura ambiente.)

PARA asar las verduras, precalienta la parrilla a temperatura alta (260 °C).

INTRODUCE los espárragos, el calabacín, la calabaza, la cebolla y el pimiento en un cuenco grande y baña con la mitad del aceite de oliva. Mézclalo todo con las manos hasta que quede bien impregnado y colócalo en una cesta para barbacoa.

COLOCA la cesta sobre la parrilla y cierra la tapa. Asa durante 15-20 minutos, agitando la cesta de vez en cuando. Las verduras estarán listas cuando el pimiento y la cebolla se vean quemados por los bordes y estén lo bastante tiernos para comerse.

TRASLADA las verduras a un cuenco de servir. Báñalo todo con un cuarto de taza del glaseado de vinagre balsámico y el aceite de oliva restante. Salpimienta y decora con el perejil. Sírvelas tibias o a temperatura ambiente.

⭐ TÉCNICAS DE PARRILLA: *Si tienes cierta experiencia en barbacoas (o alguien que te ayude), puedes cortar las verduras en rodajas y asarlas directamente sobre la rejilla, tal como se describe en la técnica de la página 182. Da un poco más de trabajo, pero con este método conseguirás esas rayas características en las verduras (como en la fotografía de la pág. 188), y además, te permite asar también fruta (unas rodajas de piña o unos trozos de mango) y añadirla a la mezcla.*

Cita romántica

ESTE MENÚ PARA UNA CITA ROMÁNTICA es el único en el que las cantidades son para 2 personas; si vienen carabinas, duplica las cantidades. Lo organizamos de tal manera que puedas prepararlo casi todo el día anterior o por la mañana, y así dispongas de más tiempo para atender a tu cita. (Lo último que quieres es distraerte sellando vieiras mientras tu cita entra por la puerta.)

MENÚ

Vieiras braseadas con salsa de jengibre y arándanos

Ensalada de col y pimiento morrón con vinagreta de sidra de manzana

Arroz de coliflor con coco

Brochetas de pollo a la citronela

Nosotros lo organizamos así: la mañana de tu cita, prepara la marinada y marina el pollo en la nevera. También te interesa preparar la vinagreta y la ensalada de col, y guardarla, ya aliñada, en un cuenco de servir o en un recipiente de vidrio, en la nevera. También prepararíamos una jarra de agua infusionada (pon unas rodajas de naranja y unas hojas de menta en una jarra de agua y deja que infusionen en la nevera o sobre la encimera).

Plantéate servirlo todo en fuentes, y no directamente de los fogones a los platos. Tendrás que lavar más, sí, pero queda más elegante y evita la incómoda espera hasta que regreses de la cocina.

Una media hora antes de que llegue tu cita, empieza a humedecer los pinchos (si es necesario), haz la *mise-en-place* (pág. 206) para el arroz de coliflor separando los ramilletes, picando la cebolla y midiendo la leche de coco y el coco rallado. Dispón esos productos en cuencos individuales junto a los fogones, limpia el procesador de alimentos para que esté listo para la salsa de arándanos y ensarta el pollo en los pinchos y déjalos sobre la bandeja de horno.

Cinco minutos antes de la hora de llegada de tu cita, precalienta el horno a 175 °C. La idea es que el aperitivo de pollo esté en el horno cuando tu cita entre por la puerta, lo que te dará tiempo a saludarla tranquilamente y tomarte algo con ella, mientras de la cocina salen unos apetecibles aromas de pollo y citronela.

Ofrece asiento a tu cita mientras sacas la ensalada de col de la nevera y el pollo del horno. Ten lista una fuente bonita para los pinchos, y siéntate y charla mientras los dos disfrutáis del aperitivo. No tengas prisa: tienes toda la noche, y lo bueno es poder disfrutar tanto de la comida como de la compañía.

Cuando creas que es el momento, habrá llegado la hora de impresionar a tu cita con un poco de magia culinaria. Si es amable, se ofrecerá a ayudarte, así que pídele que sirva la ensalada de col en cuencos y que ponga la mesa. (De hecho, si no te ofrece ayuda, pídesela tú; que se siente ahí sin hacer nada mientras te ve cocinar puede añadir más presión a la que ya tienes.)

Ponte un delantal, ya que cuesta mucho quitar de la ropa las manchas de arándanos, y pon en marcha el arroz de coliflor mientras picas el jengibre y preparas la salsa de arándanos. Mientras la salsa se cuece, puedes salpimentar las vieiras.*

Una vez que tengas bien ligada la salsa de arándanos y la mantengas caliente en un cazo pequeño al tiempo que sigues hirviendo a fuego lento el arroz de coliflor, es hora de preparar las vieiras. Ten a punto otra fuente por si tienes que cocerlas por tandas. Séllalas y pásalas a la fuente cuando estén listas. Traslada la salsa de arándanos a una salsera o a una jarrita, pasa el arroz de coliflor con coco a un cuenco y llévalo todo a la mesa: las vieiras, la salsa, el arroz y la ensalada de col, junto con los utensilios de servir adecuados.

La mesa ya debería estar puesta, así que ya solo te queda llenar los vasos de agua, encender unas velas y aceptar los cumplidos que te dedique tu cita.

---

* Si tu cita es alérgica al marisco, puedes sustituir las vieiras por el salmón al horno perfecto (pág. 178). Cuando saques los pinchos de pollo del horno, sube la temperatura a 230 °C. Mete el salmón en el horno cuando empieces a preparar la salsa de arándanos; no debería tardar mucho más en cocinarse.

Vieiras braseadas con salsa de jengibre y arándanos

PARA 2 PERSONAS

TIEMPO DE PREPARACIÓN: 10 minutos

TIEMPO DE COCCIÓN: 10-15 minutos

TIEMPO TOTAL: 25 minutos

PARA LA SALSA DE JENGIBRE Y ARÁNDANOS

1 taza de arándanos frescos o congelados

1,5 cucharaditas de jengibre fresco picado fino

¼ de cucharadita de sal

PARA LAS VIEIRAS

300 g de vieiras bien secas

½ cucharadita de sal

½ cucharadita de pimienta negra

3 cucharadas de grasa de cocción

PARA PREPARAR LA SALSA DE JENGIBRE Y ARÁNDANOS: Descongela los arándanos (si es necesario) y mézclalos con una taza de agua en un cazo pequeño a fuego medio-alto. Lleva a ebullición y añade el jengibre y la sal. Baja el fuego y cuece 5 minutos a fuego medio, hasta que los arándanos se abran y suelten su jugo y el jengibre se hinche.

La salsa puede dejarse con trozos, pero queda más bonita si la pasas por una batidora para afinar la textura. Vuelve a meterla en el cazo después de batirla para que se mantenga tibia.

PARA PREPARAR LAS VIEIRAS: Salpimienta uniformemente por ambos lados. Calienta la grasa de cocción en una sartén grande a fuego medio-alto. Cuando esté caliente, añade las vieiras sin amontonarlas (tal vez debas hacerlas en varios turnos). Cocínalas unos 3 minutos, hasta que empiecen a separarse de la sartén y se doren. Ayudándote de unas pinzas de cocina, da la vuelta a las vieiras y repite la operación de sellado 2 minutos más.

PASA las vieiras a una fuente o a platos individuales. Remata con un cuarto o media taza de salsa de arándanos. Sirve el plato tibio o a temperatura ambiente.

Ensalada de col y pimiento morrón con vinagreta de sidra de manzana

PARA 2 PERSONAS

TIEMPO DE PREPARACIÓN: 20 minutos

PARA LA VINAGRETA

¾ de taza de aceite de oliva virgen extra

¼ de taza de vinagre de sidra de manzana

2 cucharadas de perejil fresco, picado fino

1 diente de ajo picado

sal y pimienta

PARA LA ENSALADA

½ col lombarda en tiras finas

1 manojo de hojas de col rizada sin nervios, en tiras

½ pimiento morrón despepitado y en tiras muy finas

½ taza de zanahoria rallada

½ taza de manzana en juliana

2 cucharadas de almendras en láminas

1 cucharadita de sal

½ cucharadita de pimienta negra

PARA PREPARAR LA VINAGRETA: Mezcla el aceite de oliva, el vinagre, el perejil y el ajo en una botella para aliños o en un cuenco. Agita o mezcla bien hasta que el aceite de oliva quede bien incorporado. Salpimienta.

PARA PREPARAR LA ENSALADA: Mezcla la col lombarda, la col rizada, el pimiento morrón, la zanahoria, la manzana y las almendras en un cuenco mediano. Revuelve bien y añade media taza de vinagreta. Salpimienta.

DEJA enfriar en la nevera durante al menos 30 minutos antes de servirla. Puedes preparar tanto la vinagreta como la ensalada con hasta un día de antelación. Usa la vinagreta sobrante para refrescar el sabor de la ensalada que te sobre, o consérvala en la nevera hasta 5 días.

Arroz de coliflor con coco

PARA 2 PERSONAS

TIEMPO DE PREPARACIÓN: 10 minutos

TIEMPO DE COCCIÓN: 15 minutos

TIEMPO TOTAL: 25 minutos

1 coliflor cortada en ramilletes

2 cucharadas de aceite de coco, *ghee* o mantequilla clarificada

¼ de cebolla picada fina

1 taza de leche de coco

¼ de taza de copos de coco rallados

½ cucharadita de sal

¼ de cucharadita de pimienta negra

1 cucharada de cilantro picado fino

Para convertir los ramilletes de coliflor en «arroz», métebelos en una picadora y pulsa unas 20-25 veces, hasta que queden convertidos en pedacitos pequeños del tamaño de granos de arroz. (Mejor hacerlo por tandas: no conviene llenar demasiado la picadora ni pulsar tanto que el producto resultante quede pastoso.)

EN una sartén grande, derrite la grasa de cocción a fuego medio y remueve para que cubra bien el fondo. Cuando esté caliente, añade la cebolla y sofríe durante 2-3 minutos, removiendo, hasta que esté traslúcida. Añade entonces el «arroz» de coliflor y la leche de coco y mezcla bien. Tápalo y cuece al vapor unos 10 minutos, hasta que el arroz haya absorbido la leche de coco y la coliflor esté tierna. (¡La mejor manera de comprobarlo es probando un poco!) Con una cuchara de madera, rasca los restos marrones pegados en el fondo de la sartén y mezcla con el arroz.

RETIRA la sartén del fuego y añade el coco rallado, la sal y la pimienta. Incorpora el cilantro picado removiendo con suavidad y sirve caliente.

Brochetas de pollo a la citronela

PARA 2 PERSONAS

TIEMPO DE PREPARACIÓN: 20 minutos
TIEMPO DE MARINADO: 20 minutos-24 horas
TIEMPO DE COCCIÓN: 8-12 minutos
TIEMPO TOTAL: 30 minutos, más el marinado

---

2 cucharadas de aceite de coco
1 cucharadita de aceite de sésamo
1 taza de citronela limpia y picada
2 cucharadas de cebolla tierna picada
1,5 cucharaditas de jengibre fresco rallado
1 diente de ajo picado

zumo de ½ lima
225 g de pechuga de pollo sin hueso ni piel, en tiras de 2,5 cm
1 cucharada de grasa de cocción (derretida, si hace falta)
½ cucharadita de sal
¼ de cucharadita de pimienta negra

SI usas pinchos de madera, déjalos en remojo en agua de 30 minutos a 1 hora para evitar que se quemen.

PARA preparar la marinada, calienta el aceite de coco y el aceite de sésamo en una sartén grande a fuego medio. Cuando el aceite esté caliente, añade la citronela, la cebolla, el jengibre y el ajo y sofríe 1 minuto, removiendo, para que se liberen los sabores. Retira del fuego y añade el zumo de lima sin dejar de remover. Espera 5 minutos a que la sartén se enfríe.

INTRODUCE las tiras de pollo en una fuente de cristal o en una bolsa de plástico y vierte la marinada sobre el pollo. Sella la bolsa o tapa el recipiente y marina el pollo a temperatura ambiente al menos 20 minutos, o en la nevera de un día para otro.

PRECALIENTA el horno a 175 °C. Forra una bandeja de horno con papel de aluminio.

SACA el pollo de la nevera y desecha el exceso de marinada.

CORTA el pollo marinado en trozos de 2,5 cm y ensártalo en los pinchos. Distribuye las brochetas sobre la bandeja de horno, pinta con la grasa de cocción y salpimienta. Asa 8-12 minutos hasta que el pollo esté bien cocido y no se vean partes rosadas en el centro. Sirve como entrante.

⭐ SI NO ENCUENTRAS *citronela en tu tienda de productos asiáticos, no te preocupes. Duplica la cantidad de jengibre y añade la ralladura de una lima.*

La fiesta de las tapas

EVIDENTEMENTE, no es nuestra intención que te aísles durante el Whole30, pero la idea de ir a una fiesta (o de organizarla tú) puede darte un poco de miedo. Te prometemos que es más fácil de lo que crees, por más que ya hayan pasado a la historia los días en los que servías nachos con salsa de queso de bote y decías que eso era lo que había para picar en tus fiestas.

MENÚ

Pimientos rellenos de
costillas

———

Tomates secos

———

Champiñones portobello

———

Anchoas

Y si no han pasado a la historia, deberían hacerlo muy pronto. Permítenos ayudarte.

Este plato es perfecto para llevar a una cena compartida, o como plato principal durante la reunión de un club de lectura, un cumpleaños o un encuentro para ver un partido de fútbol. Queda tan bien frío como caliente, lo que te da una gran flexibilidad a la hora de preparar con antelación (o no) los ingredientes que deben cocinarse. Por el momento, pongamos que vas a celebrar en casa un encuentro a las 7 de la tarde, y que piensas servir estas tapas calientes.

Las costillas tardan 8 horas en cocinarse en la olla de cocción lenta, así que empieza con los preparativos por la mañana y ponlas a guisar antes de las 10:30 horas. Una vez que las costillas estén en marcha, prepara el glaseado balsámico. No es nada difícil. Una vez rompa a hervir, baja el fuego al mínimo, marca 20 minutos en un temporizador de cocina y vete a hacer tus cosas. De hecho, puedes aprovechar ese rato para preparar también la vinagreta balsámica. Cuando el glaseado esté listo, déjalo enfriar, pásalo a un recipiente hermético y déjalo sobre la encimera, o en la despensa. No necesita refrigerado.

Hacia las 17:15 horas, precalienta el horno y empieza a marinar los sombreros de los champiñones con la vinagreta balsámica (con el aliño, no con el glaseado). Baña los pimientos con aceite de oliva e introdúcelos en el horno a las 17:30 horas.

Sacarás los pimientos sobre las 18:10 horas para que se enfríen. Los champiñones también entran en el horno a la misma hora, en la misma bandeja. Sobre las 18:40 horas puedes pelar los pimientos y cortar los champiñones.

¡Y mira qué bien! Las costillas ya se han guisado y se mantienen calientes en la olla de cocción lenta: una sincronización perfecta. Reduce la salsa, mecha la carne de las costillas y mezcla en un cuenco. A continuación, ponte a rellenar los pimientos y a asegurarlos con palillos.

Tal vez haya algún invitado que se presente temprano a la cita y que esté llegando en ese momento. Pues también llega en el momento perfecto sin saberlo... Pídele que te ayude a emplatar los tomates secos, los champiñones y las anchoas mientras tú te dedicas a rellenar los pimientos y a disponerlos en la fuente. Cuando todo esté ya en su sitio, riega los pimientos y los champiñones con el glaseado balsámico, espolvorea con las alcaparras y la sal y sirve.

Ah, nos olvidábamos de mencionar que tienes tiempo de vestirte y peinarte mientras los pimientos se asan y los champiñones se marinan. Pero no te olvides de ponerte un delantal cuando vuelvas a la cocina. ¿Sabes lo que cuesta quitar las manchas de glaseado balsámico de las prendas de algodón?

Costillas de ternera estofadas

PARA 8 PERSONAS

TIEMPO DE PREPARACIÓN: 10 minutos

TIEMPO DE COCCIÓN: 8 horas

TIEMPO TOTAL: 8 horas 10 minutos

---

3 cucharaditas de sal

2 cucharaditas de pimienta negra

1400 g de costillas de ternera cortadas

4-6 cucharadas de grasa de cocción

1 cebolla en cuartos

6 dientes de ajo pelados

4 ramitas de tomillo fresco

2 tazas de sidra de manzana

PRECALIENTA el horno a 175 °C.

MEZCLA 2 cucharaditas de sal y toda la pimienta en un cuenco pequeño y usa la mezcla para salpimentar las costillas uniformemente por ambos lados.

EN una *cocotte* o cazuela que pueda ir al horno, derrite 4 cucharadas de la grasa de cocción a fuego medio-alto. Cuando esté caliente, sella las costillas durante 1 minuto por lado, hasta que estén bien doradas (Seguramente tendrás que hacerlo por tandas, y añadir una cucharada más de grasa de cocción por tanda.)

PASA todas las costillas a una olla de cocción lenta. Añade la cebolla, el ajo, el tomillo, la sidra de manzana y 8 tazas de agua, y cocina a baja temperatura durante 8 horas. Para saber si están bien cocidas, deberían notarse tiernas al pinchar con un tenedor.

DESMENUZA las costillas en un cuenco, desechando los huesos y el exceso de grasa. Vierte el líquido de cocción (después de retirar las ramitas de tomillo), la cebolla y el ajo en una picadora o batidora y bate a velocidad baja hasta que esté todo bien ligado. Pasa la salsa resultante a un cazo mediano y hierve a fuego medio. Cuece durante unos 5 minutos, hasta que se espese. Rectifica con la cucharadita de sal sobrante.

LLEVA las costillas desmenuzadas a un cuenco de servir, mezcla con la salsa y reserva. (Lo usarás todo para rellenar los pimientos de tu plato de tapas.)

Pimientos rellenos de costillas, tomates secos, champiñones portobello y anchoas

PARA 8 PERSONAS

TIEMPO DE PREPARACIÓN: 20 minutos
TIEMPO DE COCCIÓN: 50-60 minutos
TIEMPO TOTAL: 1 hora 20 minutos, más el tiempo de cocción de las costillas

---

4 champiñones portobello sin los tallos

½ taza de vinagreta balsámica (pág. 348)

1 taza de vinagre balsámico

8 pimientos morrones (rojos, amarillos o naranjas)

¼ de taza de aceite de oliva virgen extra

costillas de ternera estofadas (pág. 391)

2 tazas de tomates secos en aceite

2 tazas de olivas de Kalamata (o negras), deshuesadas

100 g de anchoas en aceite, escurridas

2 cucharadas de alcaparras escurridas

1 cucharadita de sal gruesa

PRECALIENTA el horno a 230 °C. Forra una bandeja de horno con papel vegetal.

EN una fuente poco profunda o en una bolsa con cierre hermético, marina los champiñones sin tallo con la vinagreta balsámica durante 30 minutos a temperatura ambiente.

MIENTRAS se marinan los champiñones, prepara el glaseado balsámico: lleva a ebullición el vinagre balsámico en un cazo pequeño a fuego medio-alto. Baja el fuego y deja que hierva a fuego lento durante 20-30 minutos, hasta que se reduzca a la mitad. Retira del fuego, deja enfriar y reserva. Debe quedar lo bastante espeso como para cubrir la cuchara, pero no tanto que no se pueda verter. (Puedes completar este paso hasta una semana antes; consérvalo en un recipiente tapado a temperatura ambiente.)

EN un cuenco grande, cubre los pimientos con el aceite y coloca sobre la bandeja de horno preparada. Asa durante 30-40 minutos, y dales la vuelta una vez durante la cocción, hasta que la piel quede arrugada y quemada. Pasa los pimientos a un cuenco y tápalos con papel de aluminio. Déjalos enfriar 30 minutos.

MIENTRAS los pimientos se enfrían, baja la temperatura del horno a 175 °C. Retira los champiñones de la marinada y desecha la vinagreta. En la misma bandeja de horno forrada, asa los champiñones en el horno durante 10 minutos, dales la vuelta y asa 10 minutos más, hasta que el centro quede blando. Deja que se enfríen y córtalos en tiras.

RETIRA la piel quemada de los pimientos y deja solo la pulpa asada. Desecha las semillas y los nervios, y corta cada pimiento en cuatro cuartos iguales. Llena cada cuarto con una cucharada de las costillas estofadas, envolviendo la carne con el pimiento, y fija con un palillo.

DISPÓN los pimientos rellenos, las tiras de champiñón asado, los tomates secos, las olivas y las anchoas en una o más fuentes. Riega los pimientos y los champiñones con un chorrito fino de glaseado balsámico. Remata con las alcaparras y espolvorea sal gruesa. Sirve tibio o frío.

COMIDAS PARA IMPRESIONAR

Cordero para una cena en familia

EN NUESTRO PAÍS no hay nada más tradicional que una buena pieza de carne entera, un puré de alguna verdura y una guarnición de ensalada, pero nosotros hemos dado nuestro toque a estos platos para que sean aptos para el Whole30. Es imposible que los miembros de tu familia se levanten con hambre de la mesa con esta contundente cena, y hasta los más escépticos se verán obligados a admitir que, en realidad, esta «dieta loca» que estás siguiendo está llena de alimentos conocidos, nutritivos y deliciosos.

MENÚ

Pierna de cordero

Puré de coliflor y brócoli

Ensalada de remolacha asada con vinagreta de pomelo y tomillo

Casi toda esta cena puede (y debería) prepararse con antelación, para poder manejar la pierna de cordero de manera relajada y tener tiempo y capacidad mental para socializar con los invitados. Te proponemos lo siguiente:

Compra la pierna de cordero no más de 2 días antes de la cena y asegúrate de que tenga el hueso. El sabor que le aporta compensa el inconveniente de tener que rodear el hueso al trinchar y, además, así contarás con un hueso para preparar un caldo de huesos (pág. 196) cuando termines.

La noche anterior a la cena (o esa misma mañana) prepara el puré de coliflor y consérvalo en la nevera. Ese también es el momento de asar las remolachas. Tardan una hora en el horno y pelarlas es un proceso un poco sucio, por lo que conviene quitárselo de encima antes de que lleguen los invitados. Además, la ensalada se sirve fría, de modo que, en realidad, es un paso que puede completarse hasta un día antes de la cena.

Por último, prepara la vinagreta y consérvala en la nevera.

El cordero debe marinarse durante 8 horas, por lo que hay que preparar la marinada, o bien la noche antes, o la mañana antes de la cena, y meterla en la nevera para que se marine ya

desde primera hora. (En todo caso, una hora más o menos no hará variar mucho el sabor.) Lo ideal es que haya alguien en casa hacia la mitad del proceso para regar la pierna con el líquido de la marinada.

Empieza a asar la pierna de cordero de 3 kilos un par de horas antes de la cena; alarga una media hora el tiempo de cocción si la pieza es más grande. En realidad, mientras se asa, no hay mucho que hacer: basta con programar el temporizador a los 30 minutos para bajar la temperatura del horno, y luego a los 90 para la primera comprobación con el termómetro.

Diez minutos antes de que el cordero esté listo, pasa el puré a un cazo y empieza a recalentarlo a fuego medio-bajo, removiendo de vez en cuando. Simultáneamente, saca la vinagreta de la nevera. (Así conseguirás que el aceite de oliva no se vea tan turbio.)

Una vez que hayas sacado la pierna de cordero del horno y esté reposando, monta la ensalada de remolacha en un cuenco grande o en cuencos individuales.

Cuando el cordero ya haya reposado el tiempo necesario, ha llegado la hora de trincharlo. Hazlo cortando primero lonchas finas en paralelo al hueso, hasta que llegues a él. Pasa esas lonchas a una fuente, y a continuación apoya la pierna en la superficie plana que habrás creado y empieza a trinchar del extremo más grueso de la pierna, perpendicularmente al hueso. Sigue hasta que vuelvas a tocarlo. Pasa esas lonchas al plato y sigue cortando perpendicularmente hasta que llegues al final. Te quedarán entonces unos «bloques» de carne que, una vez retirados del hueso, podrás cortar en lonchas finas. Al cortar la carne de este modo, a contrapelo, queda más tierna y sabrosa.

Puedes repelar la carne que todavía quede en el hueso y usarla para bocadillos o para preparar una frittata (pág. 226), o úsalo todo tal como está para un caldo de huesos de cordero, siguiendo la receta de nuestro caldo de huesos de ternera de la página 196.

Sirve los cortes de cordero con una guarnición de puré caliente, aliñados con la vinagreta.

Pierna de cordero

PARA 4 PERSONAS (Y SOBRA)

TIEMPO DE PREPARACIÓN: 15 minutos
TIEMPO DE MARINADO: 8 horas
TIEMPO DE COCCIÓN: 2-2,5 horas
TIEMPO TOTAL: 2 horas 15 minutos-2 horas 45 minutos, más el marinado

---

½ taza de aceite de oliva virgen extra

zumo y ralladura de 1 limón

1 cucharada de romero fresco

1 cucharada de tomillo fresco

1 cucharadita de sal

½ cucharadita de pimienta negra

1 pierna de cordero con hueso (2,5-2,5 kg)

MEZCLA el aceite de oliva, el zumo y la ralladura del limón, el romero, el tomillo, la sal y la pimienta en un cuenco no reactivo y bátelo todo hasta que quede bien ligado. Seca la pierna de cordero con papel de cocina, coloca en el cuenco con la marinada y dale la vuelta para que se empape toda la carne. Cubre con papel de aluminio y déjalo 8 horas en la nevera, dándole la vuelta y rociando a las 4 horas. (Si no tienes rociador de pavo, usa una cuchara grande para verter la marinada sobre el cordero unas cuantas veces.)

PRECALIENTA el horno a 200 °C. Coloca el cordero marinado en una cazuela de horno grande y asa sin tapar durante 30 minutos. Baja la temperatura del horno a 160 °C y sigue asándolo entre 90 minutos y 2 horas, hasta que la temperatura interior alcance los 57 °C (si te gusta entre poco hecho y al punto) o 60 °C (si te gusta al punto). Los tiempos de cocción varían en función del tamaño de la pierna y del horno, así que empieza a controlar la temperatura con el termómetro para carne a partir del minuto 90, y contrólala cada 10 minutos.

SACA el cordero del horno y deja que repose 10 minutos antes de trincharlo siguiendo las instrucciones de la introducción del menú.

Puré de coliflor y brócoli

PARA 4 PERSONAS

TIEMPO DE PERPARACIÓN: 20 minutos
TIEMPO DE COCCIÓN: 15 minutos
TIEMPO TOTAL: 35 minutos

1,5 tazas de caldo de pollo o de verduras

1 coliflor sin tallo, cortada en ramilletes

2 manojos de brócoli cortados en ramilletes

3 dientes de ajo picados

1 taza de leche de coco

2 cucharadas de mantequilla clarificada o *ghee*

1 cucharadita de sal

¼ de cucharadita de pimienta negra

1 cucharada de perejil fresco picado

EN un cazo, lleva el caldo a ebullición a fuego medio-alto. Añade la coliflor, el brócoli, el ajo y la leche de coco. Cuece tapado durante 12-15 minutos, hasta que notes tiernos los ramilletes al pincharlos con un tenedor.

continúa

PASA la mitad de los ramilletes y del líquido a un procesador de alimentos o batidora (los ramilletes ocupan tanto que tendrás que preparar el puré a tandas, así que calcula a ojo qué es la mitad y no te preocupes, porque al final todo se juntará). Tritura a velocidad baja hasta que adquiera una consistencia fina y traslada a un cuenco. Tritura el resto de los ramilletes y el líquido.

VUELVE a introducir el puré en el procesador y añade la mantequilla clarificada, la sal y la pimienta, y tritura hasta que todo quede bien ligado. Añade el perejil y sigue triturando el puré a velocidad baja hasta que quede completamente fino.

EL puré puede prepararse hasta un día antes de la cena y recalentarse en un cazo al fuego justo antes de servir.

Ensalada de remolacha asada con vinagreta de pomelo y tomillo

PARA 4 PERSONAS
TIEMPO DE PREPARACIÓN: 10 minutos
TIEMPO DE COCCIÓN: 50 minutos
TIEMPO TOTAL: 1 hora

---

4 remolachas medianas
¾ de taza + 2 cucharadas de aceite de oliva virgen extra
¼ de taza de zumo de pomelo
2 dientes de ajo picados

2 cucharaditas de mostaza en polvo
2 cucharaditas de tomillo fresco
1 cucharadita de sal
½ cucharadita de pimienta negra
1 bolsa de rúcula (aproximadamente 140 g)
¼ de taza de almendras en láminas o en virutas

PRECALIENTA el horno a 220 °C.

LAVA bien las remolachas y pincha todos los lados con un tenedor. Ponlas en un cuenco mediano y añade 2 cucharadas de aceite de oliva. Mezcla para que se empapen bien. Envuélvelas por separado en papel de aluminio y presiona bien las puntas del papel para que queden bien cerradas. Colócalas en el centro de una bandeja de horno y ásalas durante 40 minutos. Comprueba si están cocidas abriendo con cuidado el papel de aluminio y clavando un cuchillo fino hasta el centro. Si penetra con facilidad, es que las remolachas están cocidas. Si notas resistencia, vuelve a cerrarlas y ásalas 5 minutos más. Repite hasta que estén tiernas.

MIENTRAS las remolachas se están asando, prepara la vinagreta. Bate bien el zumo de pomelo, el ajo y la mostaza en polvo en un cuenco pequeño. Añade el resto de los tres cuartos de taza de aceite de oliva en un chorrito constante sin dejar de batir, para que emulsione. Añade el tomillo y salpimienta.

DEJA enfriar las remolachas hasta que puedas manipularlas sin quemarte. Pélalas (tal vez debas usar guantes, porque el jugo de la remolacha mancha la piel). Córtalas en dados de 2,5 cm y colócalas en un recipiente de vidrio con tapa. Deja que se enfríen al menos 30 minutos antes de servir.

DISPÓN la rúcula en un cuenco de servir, añade las remolachas y las almendras en virutas, y aliña con la vinagreta.

Comida de celebración

LA PRIMERA VEZ QUE ORGANIZAMOS una cena en casa para una fecha señalada fue el día en que nos sentimos al fin adultos de pleno derecho. La gente tiene algunas ideas equivocadas sobre este tipo de comidas, a saber, que cocinar un pavo entero es muy difícil y que para asegurarse de que todo esté listo a la vez hace falta actuar con precisión militar.

MENÚ

Judías verdes con vinagreta de higos

Crema de calabaza

Salchichas a la cazuela con manzana y calabaza

Espinacas a la crema

Pavo asado con salsa

Calma.

Te vamos a desvelar tres secretos. El primero, que cocinar un pavo es una cosa muy fácil. Tarda bastante, pero mientras está en el horno, requiere muy pocas atenciones. El segundo, que a nadie le importa que las cosas lleguen a la mesa en momentos distintos, que haya algo que no esté muy caliente ni comer con una hora de retraso según el horario previsto. Nosotros vamos a hacer todo lo que esté en nuestra mano para ayudarte a cumplir con precisión la cronología general que se expone a continuación, pero la verdad es que no importa tanto.

Por último, si aun así sientes estrés, recuerda que en estas celebraciones, lo importante no es la comida. Nuestra familia ha vivido algunos desastres culinarios, pero no le importaron a nadie porque estábamos todos juntos y eso era lo que contaba. Así que no te agobies por que las cosas salgan perfectas, porque seguramente no será así, y a nadie le importará lo más mínimo.

Dicho esto, hemos diseñado esta comida para que quedes como una estrella de los fogones. (De nada.) Hemos llegado incluso a enviar este menú entero a algunas personas que siguen el Whole30 para comprobar en la práctica la viabilidad de nuestra cronología hora a hora. Las recetas son sencillas pero deliciosas, hay muchas cosas que pueden prepararse con antelación, y vamos a mostrarte una estrategia para ayudarte a preparar, cocinar y servir esta cena sin que te caiga ni una gota de salsa en el delantal.

1 O 2 SEMANAS ANTES

Para preparar esta comida vas a necesitar algunos utensilios de cocina específicos, que no se usan más que una vez al año, pero que deben tenerse para esta ocasión. Asegúrate de que tu cocina esté bien provista bastante antes del gran día.

- Recipiente o bolsa de plástico grande para macerar (debe caber un pavo entero)

- Cazuela de asar

- Rociador de pavo

- Termómetro para carne (en realidad ya deberías tenerlo)

- Pincel de cocina

- Fuentes de servir (un cuenco para la calabaza cacahuete y las salchichas a la cazuela, fuentes o cuencos para las judías verdes y las espinacas, una tabla de cortar grande y una bandeja para el pavo, y una salsera o jarrita para la salsa si quieres darle un toque de distinción).*

- Utensilios de servir (un cuchillo y un tenedor de trinchar, y varias cucharas y cucharones)

---

* Cómprala, porque no está bien que una persona adulta sirva la salsa en una taza de café con leche.

NUESTRA PROPUESTA DE CRONOLOGÍA: La comida familiar será para seis personas el domingo a las 14:00 horas, lo que en realidad significa que la gente no se sentará a la mesa y empezará a servirse los platos hasta las 14:15-14:30 horas. (Adapta nuestra cronología si el evento cae en otro día de la semana o se celebra a otra hora.)

NOCHE DEL MIÉRCOLES O MAÑANA DEL JUEVES
En primer lugar, despeja la nevera, porque vas a necesitar un 42 % de tu espacio disponible durante los siguientes 3 días con ese pavo gigante. Después, compra un pavo congelado. Deberás empezar a descongelarlo no más tarde del jueves por la mañana, asumiendo que pese de 3,5 a 4,5 kilos. (Si lo adquieres fresco, no lo hagas más de dos días antes del gran día para asegurar que llegue en un estado óptimo.) Coloca el pavo congelado en un recipiente o en una bolsa de plástico antes de llevarlo a la nevera, porque al descongelarse, perderá humedad y jugos.

MAÑANA O TARDE DEL SÁBADO
Prepara las salchichas y mete la mezcla de carne en la nevera (sin cocer) hasta el día siguiente, o, más fácil aún, descongela los 450 g de salchichas que todavía conservas en tu congelador. Prepara la crema de calabaza y, una vez enfriada, consérvala en un recipiente tapado en la nevera. Prepara la vinagreta de higos y pásala a una jarra de cristal con tapa, o a cualquier recipiente con tapa, que también conservarás refrigerado. Coloca las espinacas en un recipiente o plato sin tapar, y mételas en la nevera para que se descongelen despacio. (Sueltan líquido en el proceso, por lo que conviene que haya algo que lo recoja.) Una vez que el pavo esté totalmente descongelado, colócalo en la bandeja o la bolsa del macerado y mételo en la nevera. (Para estos últimos pasos tal vez te haga falta otro par de manos.)

MAÑANA DEL DOMINGO
Revisa las espinacas para asegurarte de que estén descongeladas. Si todavía se notan duras en el centro, déjalas en la encimera, sobre un plato.

Prepara tu cocina para la avalancha de ingredientes, cacharros y pinches de cocina (también conocidos como «familiares bien intencionados»). Saca las fuentes de servir y los utensilios, recluta a alguien para que ponga la mesa y revisa por última vez los ingredientes que vas a necesitar. (Una hora antes de la comida no

NOTA AL MARGEN: Si alguien se ofrece a traer algo (o asignas platos a los diferentes miembros de tu familia), sugiérele que prepare la crema de calabaza, que es fácil de calentar al fuego antes de servir, y la vinagreta de higos, lo que te ahorrará dos tareas el sábado por la tarde.

es momento de descubrir que tu pareja usó la última lata de leche de coco para prepararse un batido al volver del trabajo.)

Por último, planifica un poco tu estrategia en la cocina. Vas a tener muchos platos preparándose a la vez y te ayudará contar con alarmas o temporizadores que te recuerden cuándo debes rociar el pavo o sacar la cazuela del horno. Si los usas, asegúrate de etiquetarlos bien. Escribe, por ejemplo, «rociar pavo» o «empezar espinacas». O usa la alarma del teléfono para programar temporizadores específicos para cada cosa, y así te será más fácil recordar a qué plato corresponde cada pitido.

DOMINGO, 9:30 HORAS

Empieza a preparar el pavo (rellénalo y frótalo bien con grasa), y precalienta el horno con la idea de poner el pavo a asar a las 10:00 horas. Te estamos dando un margen de tiempo muy amplio en este punto para que no tengas que ir con prisas ni al asarlo, ni al dejarlo reposar, ni al trincharlo. Si tu termómetro para carne puede meterse en el horno, insértalo en la parte más carnosa de un muslo e introduce el ave en el horno a las 10 en punto.

Este sería un buen momento para pelar y cortar en dados la calabaza bellota con la que prepararás también el «relleno», porque cuesta un poco de pelar. Deja los dados de calabaza sobre un plato tapado en la nevera hasta que sea hora de usarlos.

Una vez lo hayas hecho, dispones de unas horas libres, así que es buen momento para ducharse, vestirse y recoger y limpiar un poco...

DOMINGO, 13:00 HORAS

Saca la vinagreta y la crema de calabaza de la nevera. Escurre bien las espinacas y reserva, sin sacarlas aún del colador. (No hace falta que ensucies otro plato.) Empieza con tu *mise-en-place* para las salchichas a la cazuela, las espinacas a la crema y las judías verdes (no te olvides de crear el baño de hielo), pero no empieces a cocinarlas aún.

A partir de este momento haz menos caso de los tiempos recomendados y más a lo que ocurre con el pavo. Ya lleva 3 horas en el horno, así que debes comprobar la temperatura para ver hasta dónde debes llegar. Si te acercas a los 71 °C, sigue comprobando la temperatura cada 10 minutos. Si ya está listo, sácalo del horno y déjalo reposar. No te preocupes por si es temprano: en este caso, que repose un buen rato es mejor, y ya calentarás el

pavo con la salsa cuando lo sirvas. (Mantén el horno encendido a 190 °C, porque en media hora vas a necesitarlo para las salchichas a la cazuela.)

Empieza ahora a preparar la salsa. La terminarás con los restos pegados del pavo y con la harina de arrurruz una vez que el ave salga del horno.

DOMINGO, 13:30 HORAS

Pasa la crema de calabaza a un cazo. Déjalo sobre el fogón, pero no enciendas el fuego todavía. Empieza a preparar las salchichas a la cazuela también en los fogones.

DOMINGO, 13:45 HORAS

Mete la cazuela de las salchichas en el horno. Pon a hervir el agua para las judías verdes, escáldalas y «asústalas». Pon la crema de calabaza y la salsa a calentar a fuego lento, y añade los restos pegados del pavo a la salsa. Revuelve de vez en cuando cuando empiece a calentarse. Cuece las espinacas.

¿Las cosas empiezan a animarse en tu cocina? Ahora todos los platos están en marcha y eso está bien, porque, según nuestros cálculos, acabas de quedarte sin fogones libres. Este sería un buen momento para que la persona designada para trinchar el pavo procediera a dar cuenta de la hermosa ave. Existen varios vídeos tutoriales al respecto disponibles online; prueba este de *Cooking.com: http://w30.co/w30carving*.

DOMINGO, 13:55 HORAS

Pasa las espinacas a la fuente de servir.

Pasa las judías verdes a una sartén limpia, tuesta las almendras y termina de hacer las judías. Riégalas con la vinagreta, espolvorea con las almendras y pásalo todo a una fuente de servir.

Retira la salsa del fuego y añádele la harina de arrurruz desleída. Revuelve bien y pasa la salsa a la salsera.

Saca del horno la cazuela de las salchichas (ahora ya puedes apagarlo) y pásalas a una fuente.

DOMINGO, 14:00 HORAS

Cuelga el delantal y llévalo todo a la mesa, que ya aguarda muy bien puesta. ¡Felices fiestas! ¡A comer!

Judías verdes con vinagreta de higos

PARA 4-6 PERSONAS

TIEMPO DE PREPARACIÓN: 20 minutos
TIEMPO DE COCCIÓN: 10 minutos
TIEMPO TOTAL: 30 minutos

VINAGRETA DE HIGOS

¼ de taza de vinagre de vino blanco o vinagre de champán

¼ de taza de vinagre balsámico

½ cucharadita de mostaza en polvo

1 diente de ajo picado

¾ de taza de aceite de oliva virgen extra

¼ de taza de higos secos, picados finos (5-6 higos)

2 cucharaditas de hojas frescas de tomillo, picadas

½ cucharadita de sal

½ cucharadita de pimienta negra

JUDÍAS VERDES

2 tazas de hielo

2 cucharadas de sal

450 g de judías verdes limpias

2 cucharadas de grasa de cocción

¼ de taza de almendras en virutas

PARA PREPARAR LA VINAGRETA: Bate bien el vinagre de vino blanco, el vinagre balsámico, la mostaza en polvo y el ajo en un cuenco mediano. Sin dejar de batir, añade el aceite de oliva en un chorrito constante. Agrega los higos y el tomillo, y salpimienta.

PARA PREPARAR LAS JUDÍAS VERDES: Crea un baño de hielo para «asustar» a las judías llenando de agua hasta la mitad un cuenco grande y añadiendo después el hielo.

MEZCLA 3 tazas de agua y la sal en un cazo grande y lleva a ebullición a fuego fuerte. Añade las judías y escalda 20 segundos. Con ayuda de unas pinzas o de una espumadera, pasa inmediatamente las judías al baño de hielo para interrumpir la cocción. Tan pronto como estén frías, pasa a un colador y escúrrelas bien.

DERRITE la grasa de cocción en una sartén grande a temperatura media-alta, removiendo para que el fondo quede bien cubierto. Cuando esté caliente, añade las virutas de almendra y tuesta durante 30 segundos, agitando la sartén a menudo para que no se quemen. Retira las almendras de la sartén y reserva. Incorpora las judías verdes, removiendo para que se impregnen bien de la grasa de cocción. Cuece, agitando la sartén, durante unos 2 minutos, hasta que las judías estén tiernas pero al dente. (La mejor manera de comprobarlo es probar una.)

PASA las judías a una fuente, espolvorea con las almendras y aliña ligeramente con un cuarto de taza de la vinagreta (y más si lo deseas, pero en este caso con un poco basta). Revuelve bien hasta que quede todo bien impregnado y sirve de inmediato.

Crema de calabaza

PARA 4-6 PERSONAS

TIEMPO DE PREPARACIÓN: 15 minutos
TIEMPO DE COCCIÓN: 15-20 minutos
TIEMPO TOTAL: 30-35 minutos

3 cucharadas de mantequilla clarificada o *ghee*

1 kg de calabaza cacahuete, pelada, despepitada y en dados grandes (6 tazas)

2 dientes de ajo picados

½ taza de leche de coco

2 tazas de caldo de pollo

1 cucharadita de sal

½ cucharadita de pimienta negra

DERRITE la mantequilla en una *cocotte* o en una cazuela grande a fuego medio. Añade la calabaza, removiendo para que se impregne bien de la grasa. Cuece 5 minutos, removiendo una o dos veces, hasta que la calabaza empiece a dorarse. Añade el ajo y remueve durante 1 minuto, hasta que desprenda sus aromas. Añade la leche de coco y el caldo de pollo. Aumenta la potencia del fuego y lleva a ebullición. Una vez rompa el hervor, cuece a fuego medio durante 10-15 minutos, hasta que la calabaza esté tierna al pincharla con un tenedor.

PASA la calabaza a una batidora y bate a velocidad baja hasta que quede sin grumos. Si hace falta, añade más caldo de pollo o leche de coco hasta conseguir la consistencia deseada. Salpimienta.

Salchichas a la cazuela con manzana y calabaza

PARA 4-6 PERSONAS

TIEMPO DE PREPARACIÓN: 15 minutos
TIEMPO DE COCCIÓN: 20 minutos
TIEMPO TOTAL: 35 minutos

---

450 g de medallones de salchicha perfectos (pág. 180)

1 cucharada de grasa de cocción

2 tazas de champiñones blancos, cremini o portobello, en láminas finas

1 taza de manzana pelada y en dados

2 tazas de calabaza bellota pelada, despepitada y en daditos

1 cucharada de condimento para aves

¼ de taza de semillas de calabaza o pecanas picadas

sal y pimienta negra

PRECALIENTA el horno a 190 °C.

CALIENTA a fuego medio la grasa de cocción en una sartén de hierro colado o de otro material que pueda llevarse al horno. Una vez caliente, añade las salchichas y cocina hasta que estén bien doradas, unos 2 minutos por lado. Parte las salchichas en trocitos con una cuchara de madera y sigue cocinando unos 2 minutos más, hasta que empiecen a soltar su grasa. Añade los champiñones, la manzana y la calabaza y cuece durante unos 5 minutos, hasta que esté todo tierno al pincharlo. Añade el condimento para aves, espolvorea con las semillas de calabaza o las pecanas y mete la sartén en el horno. (Si no dispones de una sartén que puedas meter en el horno, pasa la mezcla a una fuente de cristal tipo Pyrex.) Asa

10-15 minutos hasta que la temperatura interna de la cazuela alcance los 60 °C. Salpimienta al gusto.

Espinacas a la crema

PARA 4-6 PERSONAS

TIEMPO DE PREPARACIÓN: 10 minutos
TIEMPO DE COCCIÓN: 10 minutos
TIEMPO TOTAL: 20 minutos

---

2 paquetes (280 g cada uno) de espinacas congeladas, descongeladas

2 cucharadas de mantequilla clarificada o *ghee*

½ cebolla en daditos

3 dientes de ajo picados

1 lata de leche de coco entera (380 g)

¼ de cucharadita de sal

¼ de cucharadita de pimienta negra

ESCURRE bien las espinacas descongeladas poniéndolas en un colador en el fregadero y retorciéndolas con las manos (como si escurrieras la colada). También puedes colocar un trapo o un papel de cocina sobre las espinacas y presionar con fuerza hasta que desaparezca el exceso de agua y las espinacas queden relativamente secas.

DERRITE la grasa de cocción en una sartén grande a fuego medio, removiendo para que el fondo quede bien cubierto. Cuando esté caliente, añade la cebolla y sofríe, removiendo, durante 2 minutos. Agrega el ajo y sofríelo más o menos 1 minuto, hasta que desprenda sus aromas. Añade las espinacas y remueve bien con una cuchara de madera o espátula.

AÑADE la leche de coco, la sal y la pimienta y cocínalo todo a fuego medio-alto. Lleva a ebullición y cuece 5-6 minutos, hasta que la leche de coco espese. Sirve tibio.

Pavo asado con salsa

PARA 4-6 PERSONAS (Y SOBRA)

TIEMPO DE PREPARACIÓN: 35 minutos

TIEMPO DE MACERACIÓN: 12-24 horas

TIEMPO DE COCCIÓN: unas 3 horas

TIEMPO TOTAL: unas 3 horas 30 minutos, más el tiempo de macerar

---

MACERADO Y PAVO

1 pavo de 3,5-4,5 kg

5 l de agua del grifo, caliente

1 taza de sal

2 tazas de zumo de manzana

1 cucharada de pimienta negra en grano

2 hojas de laurel partidas por la mitad

1 naranja en cuartos

2 limones en cuartos

3 ramas de tomillo fresco

3 ramas de romero fresco

3 l de hielo

CALDO DE LIMÓN Y ACOMPAÑAMIENTOS PARA EL PAVO

3 tazas de caldo de pollo

zumo de 2 limones

2 cucharaditas de sal

1 cucharadita de pimienta negra

1 manzana pelada y sin corazón

2 zanahorias peladas y en trozos de 2,5 cm

1 cebolla blanca pelada y en cuartos

hojas de 4 ramas de tomillo fresco

hojas de 2 ramas de romero fresco

¾ de taza de mantequilla clarificada, *ghee*, grasa de pato o aceite de coco

SALSA

2 cucharadas de grasa de cocción

cuello y menudos del pavo

1 cebolla grande en dados

1 rama de apio en dados

1 zanahoria en dados

2 tazas de caldo de pollo (pág. 195)

½ cucharadita de sal

¼ de cucharadita de pimienta negra

2 cucharadas de restos pegados a la sartén (o de mantequilla clarificada/*ghee*)

3 cucharadas de harina de arrurruz

SI has comprado un pavo congelado, asegúrate de que esté totalmente descongelado antes de macerarlo. (Descongélalo durante aproximadamente un día entero en la nevera por cada 2 kilos de pavo.) Extrae el cuello y los menudos (que habitualmente ya se presentan aparte, en una bolsa) de la cavidad del pavo y resérvalos en la nevera: se usan para preparar la salsa.

PARA PREPARAR EL LÍQUIDO DE MACERACIÓN: Vierte el agua caliente en una cazuela muy grande. Añade la sal y bate bien para que se disuelva. Sigue batiendo al tiempo que añades el zumo de manzana, los granos de pimienta y las hojas de laurel. Exprime la naranja y los limones directamente sobre el macerado. Añade el tomillo y el romero y mezcla bien. Introduce el hielo, de litro en litro.

PON el pavo descongelado en una olla grande o en una bolsa de plástico de macerar y cubre con el macerado. Deja macerar entre 12 y 24 horas en la nevera.

PARA PREPARAR EL CALDO DE LIMÓN: Mezcla el caldo de pollo con el zumo de limón en un cuenco grande y reserva.

PRECALIENTA el horno a 160 °C.

SACA el pavo del macerado y sécalo bien con papel de cocina. Salpimienta por dentro y por fuera. Rellena el hueco con manzana, zanahoria, cebolla, la mitad del tomillo y la mitad del romero. Con los dedos introduce un cuarto de taza de la grasa de cocción y el resto de tomillo y romero debajo de la piel del pavo. Pinta o frota la piel con la mitad restante de la grasa de cocción.

COLOCA el pavo con las pechugas hacia arriba en una bandeja honda de horno. Cúbrelo con papel de aluminio sin que quede apretado, pero fijándolo a los bordes de la bandeja para crear una especie de tienda de campaña. Asa durante 2 horas.

SACA el pavo del horno y desecha el papel de aluminio. Rocía todo el pavo con una taza del caldo de limón, sube la temperatura del horno a 190 °C y vuelve a meter el pavo. Asa 20 minutos más y rocíalo con otra taza de caldo de limón. Asa 20 minutos más y rocíalo de nuevo con la última taza del caldo. Asa 20 minutos más, hasta que la temperatura interior en el muslo alcance los 71 °C. (En este caso es importante contar con un termómetro para carne.)

DEJA que el pavo repose entre 20 y 40 minutos, o hasta que la temperatura interior alcance 73 °C. Pasa el pavo a una tabla de cortar. Retira el relleno del centro del pavo y desecha antes de empezar a cortarlo.

PARA PREPARAR LA SALSA: Calienta la grasa de cocción en un cazo grande a temperatura media-alta. Cuando esté caliente, sofríe el cuello y los menudos del pavo unos 5 minutos, removiendo para que no se quemen. Añade la cebolla, el apio y la zanahoria. Cocina 5 minutos, removiendo de vez en cuando, hasta que la cebolla esté traslúcida. Añade el caldo de pollo y lleva a ebullición. Baja el fuego y hierve los ingredientes a fuego medio durante 10 minutos, hasta que la zanahoria esté muy tierna.

RETIRA el cuello y los menudos y deséchalos. Pasa el caldo y las verduras a un procesador o batidora, añade la sal y la pimienta y bate hasta que quede sin grumos. Reserva la salsa hasta que el pavo salga del horno.

CON CUIDADO, vierte los restos pegados del pavo en el recipiente de la salsa (o añádele 2 cucharadas de mantequilla clarificada o *ghee* si te cuesta trasladar lo pegado). Devuelve la salsa al cazo y hiérvela a fuego lento.

EN un cuenco pequeño mezcla la harina de arrurruz y un tercio de taza de agua fría y mezcla bien. Al principio debería tener textura de pasta, pero después ha de adquirir la consistencia de una leche blanquecina. (No mezcles la harina de arrurruz directamente con la salsa, porque hará grumos.)

SACA la salsa del fuego e, inmediatamente, añade la mezcla de harina de arrurruz y agua. El calor de la salsa bastará para activar el poder espesante del almidón; remueve bien hasta que espese.

BEBIDAS

UNA DE LAS PREGUNTAS MÁS HABITUALES que oímos formular a los nuevos en esto del Whole30 es: «¿Y cómo hago en las reuniones sociales en las que todo el mundo bebe alcohol?».

Nuestra respuesta dura es: simplemente di «no» y aléjate, porque eres una persona adulta y dejaste de sucumbir a la presión de los demás cuando ibas a séptimo. Pero comprendemos que ciertas situaciones, como cenas con clientes, bodas o catas de vino pueden exigir algo más de flexibilidad para poder superarse.

Pero, un momento, ¿qué haces tú en una cata de vinos durante el Whole30?

Lo primero que debes recordar es que eres una persona igual de divertida cuando estás sobria que cuando tienes una copa de vino en la mano. Y lo segundo: si tú das mucha importancia al hecho de no beber alcohol, los demás también se la darán. En cambio, si tratas el tema como si nada, los demás harán lo mismo. O probablemente ni siquiera se den cuenta. (Si sientes cierta incomodidad, acércate a la barra y pide un agua con gas con una rodaja de limón: camuflaje instantáneo de vodka con tónica.)

Tu estrategia para superar los actos sociales sin alcohol durante el Whole30 depende de cómo te aborden. Si alguien te ofrece una bebida alcohólica, di, simplemente, «no, gracias» o «ya tengo agua, gracias». Si insisten, mantente en tus trece y cambia de tema sutilmente. La gente debería captar la indirecta y pasar a otra cosa.

Si te encuentras con alguien que te pone las cosas difíciles ante tu decisión de no beber alcohol, no inventes una excusa, porque las excusas piden a gritos una copa. Decir: «No puedo, tengo entrenador personal a las seis de la mañana» podría suscitar una respuesta del tipo: «Saldré a correr contigo al salir del trabajo. ¿Una margarita?». ¿Y entonces, qué haces?

En este caso, si crees que la persona será respetuosa y reaccionará bien, dile: «Me he comprometido a no tomar alcohol durante 30 días. Forma parte de un reseteado para mi salud y pienso cumplirlo». Si prefieres no hablar de salud o de dietas, suelta un directo «no, pero gracias» mientras lo miras fijamente a los ojos. O ve un paso más allá y dile: «He decidido estar un tiempo sin beber», lo que sugiere que se trata de una decisión personal que no está sujeta a debate. Llegados a este punto, la mayoría de gente deja de insistir... a menos que esté borracha.

Lo que nos lleva a la estrategia final: si es absolutamente necesario, opta por el escarnio público. Si alguien te falta inequívocamente al respeto por tu decisión, ponlo en evidencia: «¿A qué viene tanta presión? A mí no me apetece una margarita esta noche, pero no te estoy diciendo a ti que no te la tomes. ¿Podemos cambiar de tema, por favor?». Discúlpate e intégrate en otro corro, o sal afuera un momento para que tengan tiempo de recomponerse (y tú, un momento para mantener la concentración).

En resumen, el Whole30 no tiene por qué anular tu vida social y tú, a la mañana siguiente, te felicitarás y te sentirás genial. Además, ahora ya cuentas con unos cócteles sin alcohol que te ayudarán a celebrar un buen día en la oficina, o que te servirán para mantener alto el espíritu festivo durante una celebración familiar. ¡Chinchín!

Zinger de lima-limón

PARA 2 PERSONAS

TIEMPO DE PREPARACIÓN: 5 minutos

---

zumo de ½ limón

zumo de ½ lima

1 cucharadita de ralladura de jengibre fresco

350 ml de agua con gas

Decora tu copa con frambuesas o fresas: le añaden un atractivo toque de color.

EXPRIME el limón y la lima en una copa y añádele la ralladura de jengibre. Cubre con hielo y con el agua con gas. Agítalo un poco antes de servir.

⭐ EL CÓCTEL ZINGER *puede prepararse con variedad de frutas. Prueba esta mezcla: el zumo de medio limón, el zumo de una naranja, 2 cucharadas de zumo de granada, hielo y agua con gas. ¿Usas zumos embotellados? Prueba con un cuarto de taza de zumo de piña y 1 cucharadita de ralladura de jengibre fresco, hielo y agua con gas. ¿Prefieres algo menos dulce? ¿Qué te parece entonces un cuarto de taza de zumo no edulcorado de arándano rojo más el zumo de medio limón, hielo y agua con gas?*

Mojito de romero y frambuesa

PARA 2 PERSONAS

TIEMPO DE PREPARACIÓN: 5 minutos

¼ de taza de frambuesas (frescas o congeladas)

hojas de una ramita de romero fresco

zumo de ½ limón

350 ml de agua con gas

Se trata de machacar o aplastar los ingredientes contra un lado o el fondo de la copa. Al hacerlo, se liberan los sabores de los ingredientes frescos. Venden unas manos de mortero especiales que cuestan menos de 10 euros, pero también puede usarse el mango de un cuchillo de mantequilla o la punta redondeada de una cuchara de madera.

APLASTA las frambuesas y las hojas de romero en una copa o vaso grande. Añade el zumo de limón y el agua con gas, y agita o mezcla bien. Cuela la mezcla pasándola a otra copa, desechando las hojas de romero. Si quieres, añade hielo.

⭐ PARA SEPARAR *las hojas de romero de la rama, sostenla por arriba entre el pulgar y el índice. Usa esos mismos dedos de la otra mano para pasarlos por las hojas a contrapelo y así ir arrancándolas.*

Cóctel Paloma de naranja sanguina

PARA 2 PERSONAS

TIEMPO DE PREPARACIÓN: 5 minutos

zumo de 1 naranja sanguina
zumo de ½ lima
350 ml de agua con gas

¿Lo vas a servir en una reunión elegante? Decóralo con media rodaja de granada o de lima. Para dar otra dimensión a este cóctel sin alcohol, prueba a añadir zumo de granada recién exprimido; combina muy bien con la naranja sanguina y la lima.

VIERTE el zumo de naranja sanguina y de lima en un vaso. Añade hielo y agua con gas.

⭐ CONSERVA TUS NARANJAS SANGUINAS *en la nevera: te durarán hasta 2 semanas y no solo unos días, como cuando la dejas en la encimera. La temporada de la naranja sanguina va de diciembre a mayo, así que, si sirves esta bebida en verano, sustitúyela por cualquier otra variedad de naranja. (Y si vas a poner zumo envasado, usa un tercio de taza.)*

Sangría de té blanco

PARA 2 PERSONAS

TIEMPO DE PREPARACIÓN: 5 minutos
TIEMPO TOTAL: 40 minutos

1 bolsita de té blanco
1 bolsita de té de jengibre
1 taza de agua hirviendo
¼ de taza de mitades de uvas blancas
¼ de taza de manzanas Golden en dados
240 ml de agua con gas
rodajas de limón

Los melocotones, albaricoques y nectarinas casan bien con esta bebida. Córtalos en gajos y añade a las uvas y la manzana, o úsalos para decorar.

LLEVA a ebullición una taza de agua. Déjala enfriar durante 5 minutos. Añade las bolsitas de los tés e infusiona durante 7-10 minutos; retira y desecha las bolsitas. Enfría en la nevera 25 minutos.

METE la fruta en un vaso o copa grande y añade hielo si lo deseas. Vierte el té sobre la fruta y remata con agua con gas. Decora con gajos de limón.

⭐ DEJAR QUE LOS SABORES *de la sangría se mezclen bien da otra dimensión a esta bebida. Triplica las cantidades y deja que repose en la nevera en una jarra grande durante toda la noche. Sirve con hielo.*

Cóctel Paloma de naranja sanguina, *pág. 412*

Sangría de té blanco, *pág. 412*

Zinger de lima-limón, *pág. 411*

Mojito de romero y frambuesa, *pág. 411*

QUINTA PARTE

A modo de cierre

«Mi madre murió en el acto en un accidente de tráfico justo hace 10 meses. Desde entonces, mi dieta pasó de casi paleo a un exceso de alcohol, helados y galletas, o bien a no comer casi nada. Engordé casi 15 kilos, detestaba mi vida y me pasaba muchas horas al día sentada sin hacer nada, demasiado deprimida y agotada. Además, empecé a sufrir episodios de insomnio alternados con un sopor extremo. Había oído hablar del Whole30 y decidí probarlo. Ahora, todo el mundo a mi alrededor nota una gran diferencia, y yo también. No solo en mi talla (empiezan a caberme prendas que usaba antes de la muerte de mi madre), sino en mi energía y mi actitud. Ya no me paso horas sentada. Sonrío y canto por casa. Tengo ganas de ver a amigos y de conectar con la gente. No me paso el día llorando. Duermo perfectamente 9 horas todos los días. Por primera vez en 10 meses siento que puedo volver a disfrutar de la vida, y tengo energía para hacerlo. Mis familiares y amigos ven un cambio tan grande en mí que ellos también quieren probarlo. Muchos de ellos están empezando a seguir el Whole30. Siento que estoy recuperando mi vida.» MORGAN B.

En poco más de 30 días, te has comprometido con algo que te daba mucho miedo, has vencido obstáculos importantes para cumplir con tu compromiso y has conseguido transformar tu vida cambiando los alimentos que ponías en tu plato.

Pero ahora tienes una última pregunta.

¿Y ahora qué?

Ya has terminado el Whole30, has completado el proceso de reintroducción, has aprendido qué alimentos influyen en tu aspecto físico, tus emociones y tu calidad de vida. Tus gustos han cambiado, tus ataques de hambre/gula han disminuido o han desaparecido y sientes un amor recién descubierto por la cocina. Has creado unos hábitos nuevos y saludables, has roto con viejos patrones y has descubierto nuevas maneras de recompensarte, consolarte y tratarte.

Sí, pero ¿ahora qué?

Ahora vives tu vida dejándote guiar por esta nueva conciencia y por tus hábitos nuevos y saludables. A eso le llamamos «llevar tu propia bicicleta».

Llegados a este punto, no debería sorprenderte que te pidamos que crees un plan para la vida después del Whole30. Nosotros vamos a proporcionarte una plantilla general, pero tú tendrás que introducir los detalles sobre la base de lo que has aprendido durante el programa, tus metas y tu contexto, y lo que hayas decidido que «merece la pena» y lo que no.

Para quienes hayáis seguido nuestro «plan de paseo» (pág. 61) en la reintroducción, este plan va a resultaros muy familiar.

PASO 1: Come más o menos Whole30 siempre.

Relaja algunas reglas, reincorpora algún ingrediente que te apetezca, o alguna bebida, si has llegado a la conclusión de que su impacto negativo en tu aspecto físico, tus emociones y tu vida es mínimo y puedes pasarlo por alto. En tu caso puede traducirse en que vas a comer beicon curado con azúcar, o que te vas a poner crema en el café de la mañana, o que vas a pedir el sushi con arroz blanco, o que vas a disfrutar de las tortillas de maíz que vienen con los tacos de pescado.

Nosotros no podemos decirte qué resultados tendrá eso, porque es algo que se basa totalmente en lo que has aprendido durante el Whole30 y la reintroducción. Pero en todo caso, pillas la idea, ¿no? Tus alimentos diarios deberían seguir siendo aquellos que te aporten salud, aun si no son estrictamente compatibles con el Whole30.

Plantéate comer así en todas las comidas,

RUEDINES DE BICICLETA

Las reglas del Whole30 son muy específicas, y absolutamente innegociables. Sirven para eliminar parte del estrés que surge al tener que tomar decisiones propias, evitan las dudas ante las expectativas y te dan una meta clara. El método también te proporciona un apoyo fácil cuando te enfrentas a presiones sociales, una excusa ya predeterminada para explicar por qué no quieres un pedazo de tarta o una copa de vino. (Échanos la culpa a nosotros: lo superaremos.) Las reglas del Whole30 se parecen mucho a los ruedines de las bicicletas infantiles, al darnos todo el apoyo que necesitamos y permitirnos completar el programa con nuestro propio pedaleo. Pero cuando los 30 días acaban, los ruedines se retiran. Y ahora te toca a ti encontrar la manera de tomar tus propias decisiones alimentarias sin la comodidad de las reglas, que eran tus excusas predeterminadas. Es decir, tienes que mantener el equilibrio en tu propia bicicleta.

---

siempre, para siempre. Debería ser fácil, ¿no? Parece algo totalmente sostenible, completamente satisfactorio, no es para nada estresante y te permite mantener tu sangre de tigre. En realidad está chupado...

Bueno, da igual.

PASO 2: Pulsa el botón de «pausa» ante algo realmente especial o delicioso.

Un día (podría ser hoy mismo, o dentro de un mes) se te cruzará algo en el camino y te parecerá que merece la pena salirse de la norma. ¿Quién sabe qué será? Una botella de tu vino favorito, las galletas de chocolate de tu madre, un huevo Kinder. (Nosotros no juzgamos. Solo tú puedes decidir qué es especial o delicioso para ti.)

Cuando esto ocurra, pulsa el botón de «pausa» en general (en tu dieta, en tus manos que ya vuelan, en tu boca que ya ha empezado a salivar). Tú pulsa la pausa. Concédete un momento para respirar, pensar y poner en práctica las lecciones que has aprendido y que han de ayudarte a tomar la decisión más acertada.

Formúlate una serie de preguntas y respóndete con sinceridad: ¿Se trata de algo realmente especial, simbólico, culturalmente significativo o delicioso? ¿Comerlo o beberlo te va a alterar mucho, física o psicológicamente? ¿Crees de verdad que las consecuencias merecen la pena?

¿Lo quieres con todas tus ganas?

Esta última es la pregunta más importante de todas. A menudo comemos o bebemos cosas porque están ahí, o porque nos decimos que podemos, o porque sentimos tristeza/soledad/ansiedad/aburrimiento. Pero después de haber pasado por el Whole30 ya tienes la capacidad de crear la suficiente distancia entre la comida y tú como para evaluar de manera sincera si realmente quieres algo, y si las consecuencias valen la pena.

Tómate tu tiempo. Si decides que no es algo tan especial o delicioso, que te va a alterar mucho, que no

NUESTRA GUÍA PARA QUIENES SE DESVÍAN DEL CAMINO NUTRITIVO

Hemos convertido esta serie de preguntas reflexivas en una pequeña tabla muy divertida titulada *Guide to Nutritional Off-Roading*. Puedes descargarla en www.whole30.com/pdf-downloads.

merece la pena o que en realidad no te apetece, no lo tomes. ¿Por qué comer algo que sabes que va a perjudicar tu salud si ni siquiera te apetece? En ese caso, reconocerás que en realidad no echas nada de menos, y te anotarás una pequeña victoria que reforzará tus nuevos hábitos saludables y tu renovada autoconfianza.

Si llegas a la conclusión de que es especial y de que te compensa, y si realmente te apetece, pasa al Paso 3.

Y si te lo tienes que pensar mucho, es que no te apetece tanto. No nos des las gracias.

PASO 3: Cómetelo, saboréalo y pasa a otra cosa de una vez.

Has tomado la decisión consciente y deliberada de consumir ese algo especial que te compensa, eso que «sí, me apetece mucho». Pues ahora cómetelo (o bébetelo), pero ni se te ocurra estropear ese momento engulléndolo en dos bocados o viendo la tele mientras lo consumes. Eso sería desperdiciar de una manera vergonzosa un capricho delicioso.

Pongamos que la comida en cuestión es un plato de galletas con pepitas de chocolate que tu madre te ha traído hace un rato. Lo que nosotros queremos es que prestes la misma atención, que tengas la misma consciencia que has desarrollado durante el Whole30 ante esas galletas. Esto es lo que hay que hacer: dispones una galleta en un plato bonito. Te sientas en algún lugar en el que puedas concentrarte bien en esa galleta: puede ser con la familia, después de la cena; puede ser cuando no haya nadie más y estés en la mesa, puede ser mientras te das un baño de espuma y escuchas tu música favorita.

Eso sería genial.

Y ahora, cómete la galleta.

Hazlo a mordiscos pequeños. Mastícala bien. Nota su sabor, disfruta el olor y la textura. Hazla durar. Comparte la experiencia con una amistad o un familiar, o simplemente disfruta de ese momento de calma. Como nos damos el capricho para procurarnos una satisfacción mental, lo bueno es exprimir esa satisfacción al máximo a partir de lo que comemos.

ALERTA POR ATAQUES DE HAMBRE

Es posible que, después de haber decidido comerte esa galleta, te levantes a la mañana siguiente con el poderoso deseo de comerte 17 más. Es algo que tienes que prever para poder poner en «pausa» los planteamientos indecisos de ese día. Diseña un plan: si me despierto con unas ganas locas de azúcar, convertiré deliberadamente el día en un día Whole30, y evaluaré si me compensa comerme otra galleta dentro de uno o dos días. También podrías someterte a nuestra evaluación a la mañana siguiente y llegar a la conclusión, legítima, de que vuelve a compensarte comer unas galletas. En ese caso… ¡adelante, disfruta! Pero has de saber que cada vez que cedes, tu dragón del azúcar recupera algo de fuerza, por lo que conviene tener un plan sólido para enderezar la situación cuando se acaben las galletas.

Con este planteamiento, deberías disponer de mucho tiempo para darte cuenta de que tu deseo ha sido satisfecho y de que has conseguido esa satisfacción. Así pues, cuando eso ya sea así, deja de comer. Tal vez te llegará cuando lleves media galleta. Tal vez cuando te hayas comido cuatro. Eso no importa, siempre y cuando seas consciente del proceso en cada momento.

Y cuando ya estés, ya está. No hay culpa. Has tomado una decisión consciente, deliberada. Has prestado atención. Lo has disfrutado muchísimo. Y también has decidido dejar de comer.

No hay culpa.

Puede haber consecuencias, pero eso no es lo mismo. Las consecuencias pueden ser saber que te van a salir granos, que se te va a hinchar el estómago, que vas a tener menos energía. Afronta esas cosas, pero no te quedes ahí, supéralas. Despierta al día siguiente y vuelve al Paso 1. Y así una y otra vez, hasta el fin de los tiempos.

Pueden pasar semanas enteras hasta que te tropieces con algo que realmente merezca la pena. Es posible que, de manera consciente, deliberada, decidas consumir comidas y bebidas no muy sanas durante 8 días seguidos. Pero siempre que te ajustes a nuestro plan en tres pasos, seguirás reteniendo tus hábitos nuevos y saludables, la cintura que tienes ahora y la excelente calidad de vida que has conseguido gracias al Whole30.

Descarrilar

Y ahora, seamos realistas. Es inevitable que en algún momento, antes o después, vuelvas a caer en los hábitos de antes. A decir verdad, nos asombraría mucho que no te ocurriera. Piénsalo un poco: tu cerebro lleva años (o décadas) manteniendo unos hábitos poco saludables, una relación emocional no demasiado buena con la comida, sometida a unos poderosos ciclos de ataque de hambre/recompensa. ¿De verdad esperas que 30 días de Whole30 sustituyan de manera permanente esos viejos hábitos por otros nuevos, saludables?

OCURRE

Es más frecuente después de unos días de fiesta, unas vacaciones o un acontecimiento estresante, como el nacimiento de un hijo, un cambio de trabajo o una época de muchos viajes. Pero también puede ocurrir así, sin más, aunque en realidad tú sabes exactamente por qué. Bajas la guardia, las comidas de consuelo se abren paso discretamente, unas cuantas noches consumiendo alcohol llevan a unos cuantos días de decisiones alimentarias no muy acertadas... y antes de que te des cuenta te despiertas un día y te sientes fatal, pesas casi tres kilos más y te preguntas por qué vuelve a dolerte el hombro.

Nosotros, no. Así que no hagamos ver que tu talla de cintura se va a mantener para siempre como está ahora sin el menor esfuerzo, ¿de acuerdo?

Que no cunda el pánico. Todo va a salir bien porque (cómo no) para esto también contamos con un plan.

Si ves que tus opciones alimentarias se deslizan cada vez más hacia el territorio de lo menos saludable; cuando tu dragón del azúcar esté rugiendo, tus síntomas vuelvan a manifestarse y ya no te sientas en control de lo que comes...

Vuelve al Whole30.

Es muy fácil. Ya cuentas con un plan para aplacar los ataques de hambre, reducir los síntomas, potenciar la energía y retomar la libertad alimentaria. Empieza otro Whole30. Regresa a nuestra comunidad. Vuelve a ese estado de bienestar en el que aumenta tu autoconfianza y vuelves a estar al volante. Vuelve a pasar por todo el programa, punto por punto, tal como está escrito, sin cambiar una coma, incluido el proceso de reintroducción. Aprende aún más del sutil impacto que ejercen en ti los alimentos.

Y después quítale los ruedines a la bicicleta y monta sin ellos una vez más.

Y vuelta a empezar.

Con la exposición repetida al método y la práctica de la atención y la introspección que promueve nuestro programa, casi te garantizamos que con el tiempo aumentará el número de días y meses que pasarás viviendo de una forma saludable, y que los periodos e incursiones poco saludables «menguarán».

Dicho de otro modo: cada vez te resultará más fácil comer así, y te costará menos mantener el plan saludable que te has creado para ti.

Eso es lo que te deseamos, que uses la estructura, la comunidad y los recursos que te proporciona el Whole30 para alcanzar una libertad alimentaria auténtica, sostenible y duradera. Nosotros lo hemos conseguido, cientos de miles de personas lo han conseguido, y sabemos que tú también puedes.

Te deseamos lo mejor en tu salud.

Anexo

Recursos

Esta primera parte de la sección de recursos incluye páginas web, libros de cocina y contenidos de redes sociales que nos gustan mucho, de personas con las que hemos desarrollado estrechas relaciones personales y profesionales. Es gente inteligente y con talento, experta en Whole30 por derecho propio. Han seguido nuestro método, ofrecen recursos específicos para seguir con éxito el Whole30 y realmente han captado muy bien el espíritu y la intención del Whole30.

No todo lo que aparece en sus páginas, libros de recetas y redes sociales es compatible con el Whole30, pero eso tú ya lo sabías, ¿verdad? Ellos no comen con arreglo al Whole30 siempre, y tú tampoco lo harás. No se trata de una crítica; de hecho, nos alegramos mucho de que sea así.

Todos nuestros amigos aquí citados son realistas y ejemplifican lo que debería ser la «vida después del Whole30»: alimentos casi siempre saludables, compatibles con el Whole30; caprichos cuando, donde y siempre que les parece que les merece la pena y les compensa; alimentos que para ellos merecen la pena y que han descubierto gracias a su experiencia con el Whole30. Esto lo recalcamos porque debes leer el contenido de estas páginas web, recetas y publicaciones de redes sociales con la misma atención que pones al leer las etiquetas de los productos antes de comprarlos.

En internet cualquiera puede decir que esto o aquello es «compatible» con el Whole30 o «aprobado» por el Whole30. Pueden hacerlo y, de hecho, lo hacen. La verdad es que nosotros nos hemos encontrado con espantosos postres dulces, salados y grasos; con batidos de proteínas que llevan suero de leche, e incluso con suplementos «quemagrasas» con etiquetas #*Whole30* en Instagram. Moraleja: usa el sentido común para saber si algo es realmente «Whole30».

A menos que la fuente seamos nosotros (nuestra página web, este libro o los contenidos de nuestras propias redes sociales), no te fíes sin más de cualquier etiqueta que especifique «compatible con el Whole30». Aplica tu sentido crítico, lee atentamente las etiquetas/recetas/ingredientes, y decide si el producto en cuestión encaja o no con nuestro método.

La ventaja es que sí puedes confiar en que las páginas que enumeramos a continuación van a ser totalmente fiables cuando aseguran que algo en su web, su libro de recetas o sus redes sociales es 100 % compatible con el Whole30 (ya te lo hemos dicho, son expertos). Así que durante tu programa recurre a nuestra página web, a este libro, a los amigos que hemos enumerado aquí como fuentes básicas, y complémentalos con aquello que te encuentres por la blogosfera…, pero con cuidado.

SITIOS WEB
Whole30

www.whole30.com
Página oficial del método Whole30. Aquí encontrarás nuestro foro Whole30, nuestras descargas gratuitas, los productos aprobados por el Whole30, nuestros miembros y tantos artículos relacionados con el programa que no vas a poder leerlos todos en 30 días. Te aconsejamos que pases mucho tiempo explorando por aquí antes, durante y después del Whole30: aquí está el corazón de nuestra comunidad.
Facebook: *whole30*
Instagram: *@whole30, @whole30recipes*
Twitter: *@whole30*
Pinterest: *whole30*

Whole9

www.whole9life.com

Whole9 es la comunidad de salud y estilo de vida a partir de la que surgió el método Whole30. El «9» viene de los nueve factores que, según creemos, se combinan para aportarte una salud óptima: nutrición, sueño, movimiento saludable, gestión del estrés, socialización, entorno natural, crecimiento personal, diversión y juego, y moderación. Usa nuestros artículos y recursos, que te ayudarán a abordar la vida después del Whole30, y aprovéchate también de toda la capacidad propia que has ido desarrollando mientras seguías el programa para adoptar otras iniciativas saludables que te proponemos.

Facebook: *whole9*
Instagram: *@whole9life*
Twitter: *@whole9life*
Pinterest: *whole9*

The Clothes Make The Girl

www.theclothesmakethegirl.com

Melissa Joulwan no solo es autora de dos libros de cocina aprobados sobre el Whole30 (*Well Fed* y *Well Fed 2*), sino también una bloguera extraordinaria sobre alimentos, forma física, salud y estilo de vida, con centenares de recetas, planes alimentarios y recursos Whole30 disponibles gratuitamente en su sitio web.

Facebook: *theclothesmakethegirl*
Instagram: *@meljoulwan*
Twitter: *@meljoulwan*
Pinterest: *melissa-joulwan-the-clothes-make-the-girl*

Nom Nom Paleo

www.nomnompaleo.com

Nom Nom Paleo es la creación de la madre, *foodie* y, en sus propias palabras, «loca de la cocina» Michelle Tam. Lleva desde 2010 tomando religiosamente fotografías de sus platos Whole30 y compartiendo sus planes y recetas Whole30. También es autora del *bestseller* del *New York Times* titulado *Nom Nom Paleo: Food For Humans*, en el que figura un gran número de alimentos aptos para el Whole30.

Facebook: *nomnompaleo*
Instagram: *@nomnompaleo*
Twitter: *@nomnompaleo*
Pinterest: *nomnompaleo*

Popular Paleo

www.popularpaleo.com

Ciarra Hannah se ha propuesto promover el bienestar a través de comidas de verdad centradas sobre todo en la carne, la fruta, la verdura y las grasas saludables. Su sitio web está lleno de recetas cotidianas, en su mayoría aptas para el Whole30, y adecuadas para quienes sigan un protocolo autoinmune o contra el dolor o la fatiga crónicos.

Facebook: *popularpaleo*
Instagram: *@popular_paleo*
Twitter: *@popularpaleo*
Pinterest: *popularpaleo*

Rubies and Radishes

www.rubiesandradishes.com

La experiencia de Arsy Vartanian, que sanó su propio cuerpo con una dieta de estilo paleo, la llevó a entregarse a sus pasiones e intereses: el amor por la cocina, la compra de ingredientes frescos, orgánicos y de pastoreo, y la creación de platos deliciosos para su familia y los lectores de su blog.

Facebook: *rubiesandradishes*
Instagram: *@rubiesandradishes*
Twitter: *@rubies_radishes*
Pinterest: *arsy*

Stupid Easy Paleo

www.stupideasypaleo.com

Stephanie Gaudreau es una chef llena de talento, además de maestra y deportista. Sus deliciosos platos, salsas, aliños y guarniciones son tan sencillos que incluso quienes se estrenan en los fogones podrán recrearlos sin el menor fallo, y sus libros *Performance Paleo* son de lectura imprescindible para deportistas y aficionados al deporte que buscan iniciar su Whole30 o seguir la dieta paleo.

Facebook: *stupideasypaleo*
Instagram: *@stupideasypaleo*
Twitter: *@stupideasypaleo*
Pinterest: *stupideasypaleo*

Whole Life Eating

www.wholelifeeating.com

Tom Denham, miembro del equipo Whole30, es tanto un experto facilitador de nuestro método como el creador de más de 300 recetas deliciosas, fáciles, que con frecuencia precisan de una sola cazuela, y que él ofrece gratuitamente en su página web. ¿Qué es lo mejor? ¡Que todas están aprobadas para el Whole30! Si el Whole30 es nuevo para ti, parte de ellas y tendrás la absoluta certeza de que has escogido las recetas perfectas para nuestro método.

LIBROS DE COCINA

Solo existe un libro en que el 100 % de las recetas están aprobadas por el Whole30. Lo estás leyendo ahora mismo.

Sin embargo, hay un buen número de libros de cocina que ofrecen recetas deliciosas y compatibles con nuestro método, o recetas fácilmente adaptables para cumplir con él. De hecho, una vez que ganes confianza con el Whole30, podrás consultar cualquier libro de recetas y convertirlas en platos aptos para el programa.

Como siempre, también aquí conviene detectar ingredientes vetados, aprender a cambiar o eliminar los que no encajen y prescindir de la sección de postres y caprichos hasta que completes el Whole30.

Nom Nom Paleo: Food for Humans,
de Michelle Tam y Henry Fong

www.nomnompaleo.com

Presenta más de 100 recetas de la premiada bloguera Michelle Tam y fotografías e ilustraciones de su marido, Henry Fong. Nos encanta su enfoque fácil y sus imágenes paso a paso.

Paleo Comfort Foods y *Quick and Easy Paleo Comfort Foods*, de Julie y Charles Mayfield

www.paleocomfortfoods.com

Los Mayfield son dos chefs de gran talento que disfrutan cultivando, cocinando y degustando unos alimentos fantásticos. En su serie de alimentos reconfortantes paleo, los dos aportan sus raíces sureñas a tu cocina Whole30, demostrando que la comida sana puede ser también muy nutritiva.

Well Fed y *Well Fed 2*,
de Melissa Joulwan

www.theclothesmakethegirl.com

Los libros más vendidos de Melissa Joulwan contienen más de 300 deliciosas recetas e ideas para platos de todos los rincones del mundo, pero más importante aún es que las preparaciones y los tutoriales de cocina los convierten en una herramienta imprescindible para quienes inician su Whole30.

The Frugal Paleo Cookbook, de Ciarra Hannah

www.popularpaleo.com

Este libro de cocina presenta casi 100 recetas y combina un gusto exquisito con un enfoque de lo más práctico. Recurriendo a métodos de cocción más que contrastados para sacar el mejor partido a carnes y verduras, sus recetas son a la vez aptas para el Whole30 y para tu bolsillo.

The Performance Paleo Cookbook,
de Stephanie Gaudreau

www.stupideasypaleo.com

El libro especializado de Stephanie aporta 100 recetas sabrosas y llenas de nutrientes pensadas concretamente para mejorar el rendimiento deportivo en cualquier deporte y en el gimnasio, destacando por sus comidas ricas en carbohidratos y nutrientes.

Paleo Breakfasts and Lunches on the Go, de Diana Rodgers

www.radiancenutrition.com

Diana Rodgers, terapeuta nutricional y activista de la comunidad paleo, ha creado 100 comidas deliciosas y transportables que son tan sanas y fáciles de preparar como sofisticadas.

The Paleo Foodie Cookbook y *The Paleo Slow Cooker*, de Arsy Vartanian

www.rubiesandradishes.com

Con casi 250 platos para todos los días, estos libros de cocina contienen recetas sabrosas y creativas con una gran variedad de ingredientes, y ofrecen muchos consejos para comprar y cocinar pensados para quienes se aproximan por primera vez a la comida de verdad.

La cocina autoinmune, de Mickey Trescott

www.autoimmune-paleo.com

Más de 100 recetas perfectas para quienes siguen una dieta Whole30 sin huevos ni solanáceas, o un Protocolo Autoinmune Paleo.

APOYOS PARA EL WHOLE30

Ya hemos expuesto ampliamente cómo encontrar apoyos en casa en el paso 2 de «Empezar con el Whole30» (pág. 31). Aun así, nunca está de más contar con cierto apoyo, motivación y responsabilidad compartida. A continuación enumeramos los enlaces que vas a necesitar para encontrar la ayuda necesaria online, con nuestra comunidad.

The Whole30 Forum

www.w30.co/w30forum

Si tienes alguna pregunta, casi te garantizamos que alguien ya la ha formulado antes. Accede a esas respuestas, solicita consejo experto de nuestros moderadores y obtén el apoyo de otras personas que también siguen el Whole30 en nuestro foro gratuito.

Wholesome

www.whole30.com/wholesome

Nuestro boletín gratuito mensual lleno de entrevistas, recetas, eventos, información sobre medios de comunicación, testimonios, descuentos, recursos y más.

Descargas del Whole30 en PDF gratuitas

www.whole30.com/pdf-downloads

Encuentra en nuestro sitio web gran variedad de descargas en PDF, como nuestra lista de la compra, nuestra plantilla de comidas, la guía de los azúcares camuflados y la guía de productos locales, entre otras muchas cosas.

Gráficos Whole30 gratuitos

www.whole30.com/graphics

Anuncia tu compromiso con el Whole30, presume de haber completado el programa y comparte nuestra misión y nuestros mantras con amigos, familiares y seguidores de redes sociales con gran variedad de elementos gráficos que puedes descargarte gratuitamente.

Whole30 en Facebook

www.facebook.com/whole30

Recetas Whole30 en Facebook
www.facebook.com/OfficialWhole30Recipes

Whole30 en Instagram

www.instagram.com/whole30

Recetas Whole30 en Instagram
www.instagram.com/whole30recipes

Whole30 en Twitter

www.twitter.com/whole30

Whole30 en Pinterest
www.pinterest.com/whole30

COMPARTIR TU CASO DE ÉXITO

Nos encanta ver las fotos del antes y el después de nuestros lectores, compartir sus victorias sin báscula y sus testimonios. Lo decimos en serio: vivimos para ello. Hay distintas maneras de que compartas con nosotros tu historia Whole30, y te prometemos que te pediremos permiso expreso antes de compartirla de cualquier modo. (Si prefieres que quede entre tú y nosotros, ningún problema. En cualquier caso, nos interesa conocer tu experiencia.)

Por email

headquarters@whole30.com

Envíanos tu historia Whole30 (con la extensión que quieras) junto con tu ciudad, estado y cualquier fotografía que quieras mostrarnos. Muchas veces colgamos esos correos en nuestro blog *Whole30.com* o en nuestra página de testimonios de la «A a la Z», así que no te cortes y demuestra tu creatividad.

En Instagram

@whole30 y #whole30

No dudes en que veremos tus fotos del antes y el después, tu victoria sin báscula o cualquier otra expresión de tu éxito Whole30.

En Facebook

Comparte tu historia o fotografías en nuestro muro de Facebook Whole30, o etiquétanos en *@whole30* en tu post.

En Twitter

Envía un tuit a @whole30 con un enlace a tu historia de éxito con el Whole30; o, para abreviar, presume en un máximo de 280 caracteres.

ENCONTRAR UN PROFESIONAL DE LA MEDICINA FUNCIONAL

Si sufres alguna enfermedad crónica, te tratas de alguna dolencia o tomas medicación, o si sencillamente quieres aplicar una dieta y un estilo de vida coherentes a tu historial médico y a tus metas, que son únicas, te recomendamos encarecidamente que busques la ayuda de un profesional de la medicina funcional. Pero antes, ¿qué diablos es la «medicina funcional»?

La medicina funcional aborda las causas subyacentes de la enfermedad recurriendo a un enfoque basado en los sistemas, que vincula tanto al paciente como al profesional en una asociación terapéutica. Se trata de una evolución en la práctica de la medicina que aborda mejor los cuidados que se requieren en el siglo XXI. Al trasladar el foco, que en la práctica médica está centrado en la enfermedad, a un enfoque más orientado al paciente, la medicina funcional trata a la persona en su conjunto, y no un conjunto aislado de síntomas. Los profesionales de la medicina funcional pasan tiempo con sus pacientes, escuchan sus historias y estudian las interacciones entre los factores genéticos, ambientales y de estilo de vida que pueden influir en la salud a largo plazo y en las complejas enfermedades crónicas. De esa manera, la medicina funcional defiende una expresión única de la salud y la vitalidad para cada individuo.

WHOLE30 PARA NIÑOS

Aquí te dejamos unos sitios web para ayudarte a planificar, preparar y cocinar durante tu viaje Whole30 con niños.

Whole30 Kids

www.w30.co/whole30kids

Nom Nom Paleo

www.nomnompaleo.com

Everyday Paleo

www.everydaypaleo.com

The Paleo Mom

www.thepaleomom.com

Agradecimientos

Nuestra lista es tan larga que deberíamos escribir otro libro entero solo con ellos. El amor, el apoyo y el aliento de tanta gente han sido para nosotros una bendición increíble, y les debemos a todos ellos nuestra capacidad para cambiar muchas vidas.

En primer lugar, nuestro inmenso agradecimiento a Justin Schwartz, nuestro valeroso editor, por compartir tu valiosísima experiencia y tu búsqueda infatigable de la perfección con nosotros y con este proyecto. Por favor, edita tú todo lo que hagamos a partir de ahora y para siempre. Gracias.

A Bruce Nichols, Natalie Chapman, Cynthia Brzostowski, Rebecca Liss, Allison Renzulli, Brad Thomas Parsons, Jessica Gilo, Marina Padakis, y a todo el equipo de Houghton Mifflin Harcourt (incluida Brianne Halverson): sencillamente, os decimos «gracias». Gracias por creer en nosotros y en nuestra misión; por apoyar el método tal y como estaba diseñado; por vuestra entregada dedicación, vuestro increíble talento y vuestras generosas muestras de aliento. Nos sentimos felices, orgullosos y agradecidos por formar parte de la familia de HMH.

También estamos agradecidos con Liz Gough, de Yellow Kite/Hodder, y con Andrea Magyar, de Penguin Canada. Gracias por apoyar este libro y nuestro mensaje. Vuestra fe en nosotros significa mucho: gracias a nuestro duro trabajo y vuestra dedicación, nosotros podemos transformar más vidas.

A Christy Fletcher, Lisa Grubka, Grainne Fox, Melissa Chinchillo, Rachel Crawford, Hillary Black, y al equipo de Fletcher and Company, decirles que este libro es tan vuestro como nuestro. Habéis sido nuestras defensoras, animadoras, mentoras y amigas, y os estamos tan agradecidos que ni siquiera vamos a expresarlo de manera sofisticada: gracias. Por todo.

Asociarnos con vosotras ha sido la mejor decisión que hemos podido tomar.

A Alexandra Grablewski, Suzanne Lenzer y Nidia Cueva, nuestro talentoso y apasionado equipo de fotografía y estilismo gastronómico: habéis dado vida a la alegría, el sabor y la belleza de las recetas Whole30, y estamos enamorados de todas y cada una de las apetecibles imágenes de este libro.

Estamos en deuda todos los días con nuestros familiares y amigos. Creísteis en nosotros cuando dejamos nuestros empleos estables para perseguir nuestra pasión, y rezasteis por nosotros hasta que pudimos permitirnos contar de nuevo con un seguro médico. A nuestros padres, hermanas y hermano, gracias por vuestro apoyo infinito, vuestras palabras de aliento, vuestros consejos. Al único miembro díscolo de la familia (tú ya sabes quién eres), ya va siendo hora de que hagas un Whole30. Y de parte de Melissa a Mel Joulwan, Stephanie Gaudreau, Michelle Tam y Julie Mayfield: nuestro pequeño grupo de correo electrónico me ha salvado la vida y la salud mental más de una vez. Os quiero a todas y os deseo lo mejor.

Tenemos la suerte de contar con amigos y colegas de una inteligencia extraordinaria, y damos las gracias por que se mostraran dispuestos a poner su cerebro, su nombre y su pasión al servicio de este proyecto, que pretende cambiar vidas. A Jamie Scott y a la doctora Anastasia Boulais, gracias por vuestros conocimientos científicos, por vuestros comentarios sarcásticos y vuestra disposición constante a ejercer de abogados del diablo. Somos colegas en todos los sentidos de la palabra y damos las gracias por ello. A la doctora Emily Deans le agradecemos que siempre nos haya dedicado su tiempo para responder preguntas, leer algún párrafo y aportar su impecable perspectiva: eres una buena amiga y la mujer más inteligente que conocemos. Al doctor Luc Readinger, gracias por ser el mayor defensor del Whole30 en la comunidad médica ordinaria. Nosotros (y sus pacientes) hemos contado con la bendición de conocerle, y nos alegramos de poder considerarnos amigos. A Stephanie Greunke, dietista: eres la combinación perfecta de alegría, inteligencia y sentido común. Gracias por tus contribuciones, que van mucho más allá de las páginas de este libro.

Y a nuestro increíble equipo del Whole30, de un talento desmesurado y una lealtad militante: Robin Strathdee, nuestra extraordinaria periodista y responsable de nuestras redes sociales: tú haces que nuestra comunidad esté tan viva. Gracias por poner tanto de ti en este libro. A Tom Denham, nuestro corrector, nuestro experto y nuestro Ígor de Winnie-the-Pooh. Tú eres el Whole30. Gracias, gracias, gracias. A Erin Tandley, has trabajado duro en este libro y te lo agradecemos. A Crystal Ellefsen

y Kristen Crandall, vuestra ayuda, opiniones y apoyo ha sido de incalculable valor para nosotros y os agradecemos que hayáis formado parte de nuestro equipo.

A los pioneros que habéis allanado el camino de lo paleo (Robb Wolf, Mark Sisson, Loren Cordain y tantos otros), gracias por inculcar a la gente la idea de que es bueno comer comida de verdad y por poner unos cimientos que nos han permitido a muchos de nosotros divulgar nuestro mensaje compartido de salud, felicidad y vitalidad.

Y finalmente, lo más importante de todo: gracias a nuestra comunidad. A vosotros y a vosotras, lectores y lectoras de Whole30, participantes en el método, amistades virtuales... Lo sois todo. Sois nuestra motivación, nuestro apoyo, nuestro aliento, nuestra responsabilidad. Sin vosotros, sin vosotras, no existiría el Whole30. Os estamos eternamente agradecidos por estar presentes en nuestras vidas.

Índice temático

Índice de recetas